Mitteilungen der Deutschen Dendrologischen Gesellschaft

Nr. 104

www.quelle-meyer.de

Druck und Verarbeitung: Belvédère Print & Packaging B.V., Niederlande
Printed in the EU/Imprimé en Europe

ISBN 978-3-494-01794-5

Inhaltsverzeichnis

Vorwort

Sehr geehrte Mitglieder der Deutschen Dendrologischen Gesellschaft, geschätzte Leser,

der vorliegende Band 104 der Mitteilungen der Deutschen Dendrologischen Gesellschaft unterscheidet sich in der Aufmachung von den vorhergehenden Bänden. Der Vorstand hat beschlossen, den Druck des Jahrbuches nicht mehr vom Ulmer-Verlag, der über 40 Jahre damit beauftragt war, sondern vom Verlag Quelle & Meyer vornehmen zu lassen. Der neue Verlag wird die „Mitteilungen" auch in sein Verlagsprogramm aufnehmen.

Inhaltlich können Sie sich wie gewohnt auf Beiträge aus vielen Gebieten der Dendrologie freuen. So finden Sie in dieser Ausgabe Mitteilungen unserer Mitglieder zu der monotypischen Nadelgehölzgattung *Microbiota*, zu den Flügelnüssen der Gattungen *Pterocarya* und *Cyclocarya*, zur Weiß-Tanne, zum Baum des Jahres 2018, der Edel-Kastanie, sowie zum Sanddorn. Weitere Themen sind u. a. die Vielfalt von Sämlingen, die von Buchensorten erzielt wurden, sowie dendrologische Beobachtungen in Pakistan. Für den Camillo-Schneider-Preis, den die DDG erstmals im Jahr 2000 vergab, wurden 2018 zwei Preisträger ausgewählt: Frau Linnea Hesse befasst sich mit dem Verzweigungsmuster von Drachenbäumen, während sich Herr Ludwig Philipp mit der Geschichte der Blut-Buche in der Gartenkultur auseinandersetzt. Beide Preisträger zeigen in ihren Arbeiten eindrucksvoll, wie man sich wissenschaftlich mit ganz verschiedenen Aspekten der Dendrologie befassen kann.

Berichte von der erfolgreichen Studienreise nach Wales, der gelungenen „Hitze-Jahrestagung" in Ahrensburg, dem Winterseminar in Belgien und der Kür des Rekordbaumes bzw. Champion Trees des Jahres, einer Kornelkirsche in Nürnberg, vermitteln nicht nur die Eindrücke dieser Veranstaltungen, sondern stellen auch die Vielfalt der Aktivitäten der DDG im Jahreslauf dar. Diese Veranstaltungen wie auch zahlreiche weitere Aktivitäten, beispielweise die Regionalexkursionen oder der Kalender „Starke Bäume 2019", machen das Miteinander in unserer Gesellschaft lebendig. Ich danke allen, die die DDG tatkräftig durch Wort und Tat unterstützt haben, für diese wichtige Arbeit.

Foto: Carmen Jablonski.

Das vergangene Jahr 2018 war für den Gehölzfreund nicht einfach – wochenlange Trockenheit bei teilweise großer Hitze mit Rekordtemperaturen hat einigen Gehölzen sehr zugesetzt. Welche Auswirkungen der Sommer 2018 auf unsere Bäume und Sträucher hatte, dürfte wohl erst in diesem Jahr oder noch später zu beobachten sein. Der Klimawandel und die damit einhergehenden Auswirkungen auf die Umwelt werden in der Öffentlichkeit breit diskutiert. Die DDG bringt sich mit dem Fachwissen ihrer Mitglieder dazu vielfältig ein. Anlässlich der Jahrestagung 2019 in Freising-Weihenstephan werden mehrere Vorträge dieses Thema behandeln. Das interessante Programm konnten Sie bereits den Ginkgoblättern 156 entnehmen. Ich würde mich freuen, Sie zur Jahrestagung in Freising begrüßen zu können.

Ich danke den Autoren für die interessanten Artikel dieses Bandes herzlich. Solche Beiträge von Mitgliedern aus dem Gesamtgebiet der Dendrologie sind stets erwünscht, das gilt auch für die dendrologischen Kurzbeiträge. Die Redaktionsleitung bittet dabei um die Beachtung der modifizierten Autorenhinweise, deren Einhaltung die Bearbeitung der eingesandten Manuskripte sehr erleichtert. Hingewiesen sei auch auf den Abgabetermin für Manuskripte; diese sollen bis spätestens zum 30. September eingereicht werden, wenn die Arbeit im Band des Folgejahres erscheinen soll. Nur so kann gewährleistet werden, dass die „Mitteilungen" termingerecht vor der Jahrestagung der DDG vorliegen können.

Dem Redaktionsbeirat sei für die Begutachtung der Manuskripte gedankt. Ich danke, auch im Namen der Redaktion, dem Verlag Quelle & Meyer für die gute Zusammenarbeit, ebenso Frau CLAUDIA HUBER, die von Seiten des Verlags als Lektorin mit kritischem, professionelle, Blick diese Ausgabe des Jahrbuchs bearbeitete. Ein besonderer Dank gilt PETER A. SCHMIDT für die sorgfältige und zeitintensive Redaktionsleitung der vorliegenden „Mitteilungen".

Ich wünsche viel Freude beim Lesen,
Ihr

EIKE J. JABLONSKI, Präsident der DDG

Zum Gedenken an Günter Diamant, * 30.8.1929 † 26.10.2018

Werner Brockmann, Michael Dreisvogt, Eike Jablonski, Wolfgang Koslowski und Fred-Günter Schroeder

Günter Diamant, langjähriges engagiertes DDG-Mitglied, einige Jahre im Rat der Gesellschaft und von 2006 bis 2008 Fachreferent für Gartenbau, ist Ende Oktober 2018 im 90. Lebensjahr gestorben. Günter Diamant wurde 1929 in Moers geboren und wuchs dort mit zwei Schwestern auf; der Vater kehrte erst spät aus dem Krieg heim. Das Gymnasium konnte 1944 aus Kriegsgründen nicht weiter besucht werden, noch in den letzten Kriegsmonaten wurde Günter im „Volkssturm" eingesetzt. Nach Kriegsende fing er eine Lehre in der Baumschule Bendmann in Rheinhausen (Duisburg) an. In der Berufsschulklasse lernte er eine junge Gärtnerin kennen – seine Frau Gudula, die er 1955 heiratete. Sie haben vier Kinder großgezogen, ein Haus gebaut und nach der 1954 erfolgten Gärtnermeisterprüfung einen kleinen Gartenbaubetrieb gegründet, der aber in Folge der Ölkrise nur im Nebenerwerb weitergeführt werden konnte; u. a. wurden in zwei Gewächshäusern Rosen für die Blumenversteigerung in Moers angebaut. In einigen Sparten des Gartenbaus war Günter zu Hause, arbeitete als Baumschuler, Landschaftsgärtner und im Zierpflanzenbau in Krefeld und Düsseldorf, war an der Anlage des Duisburger Golfplatzes beteiligt und schließlich im gerade gegründeten Botanischen Garten Bochum tätig. Hier war er auch für die Ausbildung junger Gärtner zuständig. 1982, nach Ausscheiden aus dem Botanischen Garten Bochum, wurde wieder ein selbstständiger Landschaftsgartenbaubetrieb geführt. Die unterschiedlichen Vorhaben konnte Günter mit Hilfe seiner Frau Gudula bewerkstelligen, die ihn in allen Dingen stets unterstützte.

Auf dem Gelände entstand ab 1963 das Arboretum, eine Schatztruhe seltener Pflanzen. Eigene Selektionen, die er nach reiflicher Beobachtung vermehrte, wurden als Sorte herausgegeben. Ein von ihm gefundener Hexenbesen der Japanischen Tempel-Kiefer wurde ihm zu Ehren *Pinus bungeana* 'Diamant' benannt. 2007 erfolgte die Verleihung des Horst-Köhler-Gedächtnispreises durch die Deutsche Gartenbau-Gesellschaft. Der Preis wird Persönlichkeiten verliehen, die sich um den Ausgleich zwischen Technik und Natur beispielhafte Verdienste erworben haben und damit Gartenkultur und Landschaftspflege fördern. Die Zeitschrift Gartenpraxis porträtierte ihn 2008 in der Rubrik „Homo Horticola".

Foto: Marion Nickig.

Viele Mitglieder der DDG kannten Günter Diamant; wir haben ihn und seine Frau Gudula auf der fast schon legendären Kaukasus-Exkursion kennengelernt. Die auf dieser Reise erwachsene Freundschaft war für meine Frau und mich eine große Bereicherung. Sein immenses Pflanzenwissen gab er bereitwillig und mit einer großen

Portion rheinischen Humors weiter, ob auf der mehrtägigen Niederrheinexkursion oder anlässlich der Besuche der Jungen Dendrologen in seinem Arboretum. Ebenso bereitwillig gab er Pflanzen ab, die uns immer an GÜNTER erinnern werden. Das Arboretum in Duisburg-Rumeln wird bestehen bleiben, Tochter GERHILD hat ab 1994 ihren Staudenbetrieb dort aufgebaut.

Den Friedhof in Rumeln hat GÜNTER mit vielen seltenen Gehölzen bepflanzt. Dort fand auch die Trauerfeier statt; unter der großen Trauergemeinde fanden sich viele Dendrologen. Bei schönstem Oktoberwetter wurde GÜNTER DIAMANT unter orangerot glühenden *Nyssa sylvatica* und *Quercus coccinea* sowie einer *Picea breweriana* zur letzten Ruhe geleitet. EIKE JABLONSKI, Kruchten

Stellvertretend für die vielen DDG-Mitglieder, die GÜNTER DIAMANT schätzten oder mit ihm befreundet waren, nehmen einige von ihnen hier Abschied:

Mein Freund GÜNTER DIAMANT ist am 26. Oktober 2018 gestorben. Fast 90 Jahre alt ist er geworden.

Ein schönes Alter, und ein reiches. Ja, es ist so, der Umgang mit Pflanzen macht uns reich. Und GÜNTER hat dieses Leben genossen, trotz aller Arbeit, die nicht nach Stunden gemessen wurde. Für ihn war Arbeit nicht harte Fron, sondern Gestalten, Schaffen des Neuen, Schaffen von Lebensräumen für Pflanzen aus fernen Ländern. Das Ausprobieren, wie Pflanzen aus wärmeren Klimaten sich bei ihm in seinem Garten verhalten würden. Und er hatte gute Erfolge mit der Einbürgerung vieler Fremdländer. Da waren die Pflanzen Südamerikas, die *Nothofagus*, von denen er sechs verschiedene Arten hatte, und auch 27 Pflanzen von den Sequoien Kaliforniens, die er von dem Ehepaar MARTIN bekam. Bei den Eichen waren auch einige heikle, die ich nicht pflanzen könnte, wie *Quercus nigra* und *Q. ilicifolia*. Ich musste mich immer wieder wundern, was er alles in seiner kleinen Gärtnerei von ca. 1 ha am Mühlenweg in Rumeln an Pflanzenschätzen hervorgezaubert hat. Jeder Besuch bei ihm zeigte uns neue Schätze an Pflanzen, die bei mir in Norddeutschland nicht winterhart genug waren. Er hat in den Mitteilungen der DDG Nr. 92 (2007) einmal 170 Arten vorgestellt, die er dort kultivierte. Für mich war er ein unvergleichlich guter Gärtner, der von seinem Wissen über Pflanzen und auch von seinen Pflanzenschätzen gerne abgab. Ich habe viel von ihm gelernt. Trauer bleibt um einen großen Gärtner und guten Freund.

WERNER BROCKMANN, Buxtehude

Die Entwicklung und die Höhepunkte der Freundschaft von GÜNTER DIAMANT und mir möchte ich anhand der folgenden drei Stichwörter aufzeigen: Sequoiafarm, Patagonien, Emsbüren.

Obwohl GÜNTER und ich beide schon sehr lange DDG-Mitglieder waren, haben wir uns erst relativ spät kennengelernt, und zwar im Zusammenhang mit der in den 1950er Jahren bei den Dendrologen berühmten „Sequoiafarm". Nach Aufgabe der Sequoiafarm fand sich auf dem Gelände noch eine größere Menge inzwischen herrenloser Reste des aus der Baumschulzeit der MARTINS übrig gebliebenen Pflanzenbestandes. Diese wurden dann an GÜNTER DIAMANT übergeben, der schon seit längerer Zeit mit der Familie MARTIN befreundet war. Es ergab sich auch die Möglichkeit, Seminare für die Abhaltung von Fachkursen in den vorhandenen Räumlichkeiten zu veranstalten. Davon wurden nun die DDG-Gremien unterrichtet, Präsidenten waren damals Prof. FRANZ MEYER (bis 1976) und Prof. HORST BARTELS (1976–1990). Mit BARTELS wurde vereinbart, dass ein erster „Botanik-Kurs" im Juni 1976 stattfand. Offizieller Leiter, und zuständig für Morphologie und Systematik, war ich, gleich wichtiger Mitarbeiter und zuständig für die gärtnerische Unterrichtung war GÜNTER DIAMANT. So lernten GÜNTER DIAMANT und ich uns nun nach langer Zeit endlich näher kennen und entwickelten innerhalb der folgenden acht Jahre eine lebenslange Freundschaft.

Im Sommer 1998 bekamen wir den folgenden Anruf von DIAMANTS aus Rumeln: „Im kommenden Winter fahren wir nach Patagonien". Diese Exkursion nach Patagonien fand dann im Jahre 2000 wirklich statt, und in den nächsten Jahren folgten ihr noch einige weitere, zusammen mit vielen DDG-Mitgliedern. GÜNTER DIAMANT war die treibende Kraft und stellte die Kontakte zur Gastfamilie in Patagonien her.

Inzwischen verging die Zeit, aus den 2000ern wurden die 2010er Jahre, und unser zunehmendes Alter war für Fernreisen nach Übersee bald nicht mehr so gut geeignet. Wir hatten aber das Glück, noch eine weitere, reizvolle dendrologische Aufgabe übernehmen zu können, nämlich in Emsbüren. Dort sollte der dendrologisch reizvolle Pfarrgarten mit fachkundiger Hilfe renoviert werden. Im Winter 2012/2013 gab es durch eine Gruppe rüstiger, ja sozusagen tatendurstiger Rentner, die sich bald selbst als die „Dombautruppe“ bezeichneten, eine Bestandsaufnahme und grundlegende Neubearbeitung des gesamten Gartens. Neben der kirchlichen Dombautruppe etablierte sich zugleich ein Pendant aus der DDG: Gegründet wurde es von GÜNTER DIAMANT und mir; als weitere Mitarbeiter kamen der Leiter des Forstbotanischen Gartens Göttingen, VOLKER MENG, und der Raritäten-Baumschuler PAUL SCHWIETERS aus Holtwick hinzu. Die meisten Vorschläge für eine Verschönerung des Gartens kamen eindeutig von GÜNTER DIAMANT. Ein spezielles Andenken an ihn ist inzwischen in vollem Wachstum: Vor einigen Jahren trat in seinem Garten eine strauchig wachsende, nur etwa 1–2 m hoch werdende Mutation von *Rosa multiflora* auf. Diese Form hat er in großer Anzahl vermehrt, und sie ist inzwischen am Südrande des Pfarrgartens als Abschlusshecke gepflanzt worden. Ob er noch sehen konnte, dass sie in diesem Sommer schon ziemlich stark geblüht hat, wissen wir leider nicht. Ursprünglich hatte er die feste Absicht, sie als Sorte 'Emsbüren' registrieren zu lassen; wir hoffen, dass wir das zu seinem Andenken noch nachholen können.

FRED-GÜNTER SCHROEDER, Göttingen

Die erste Begegnung mit GÜNTER DIAMANT hatte ich im Jahr 1980 im Botanischen Garten Bochum. Als zuständiger Gärtnermeister für den gesamten Freilandbereich führte er das Bewerbungsgespräch mit mir. Nach meiner Einstellung als Gärtner dort war es ein großes Glück für mich, mit ihm zusammenzuarbeiten. Vieles über den Umgang mit Gehölzen und deren unerschöpfliche Fülle konnte ich von GÜNTER lernen. Wir hingen als Gruppe junger Gärtner förmlich an seinen Lippen. Leider hat er den Botanischen Garten 1982 verlassen und ist wieder in die Selbständigkeit gegangen.

Sehr gerne und selbstverständlich hat GÜNTER sein Wissen an Kollegen und Interessierte weitergegeben. Der Austausch war ihm wichtig. Ebenso war ihm wichtig, das komplexe Zusammenspiel der Schöpfung und den darin eingebetteten Menschen einzubeziehen – für einen respektvollen Umgang mit dem Lebewesen Pflanze. Kein Rundgang durch sein Arboretum war wie der andere. Jede Pflanze hatte ihre Geschichte und GÜNTER konnte viel Interessantes über sie erzählen – humorvoll und fundiert. Für ihn war die Arbeit mit den Pflanzen ein wichtiger Teil seines Lebens. Bis ins hohe Alter war es eine Freude für ihn, Gehölze zu vermehren und sich an deren Gedeihen zu erfreuen.

Wenn ihm etwas ein großes Anliegen war, so hat er dieses unter anderem auch in den DDG-Jahrbüchern für viele Menschen zu Papier gebracht – umfassend, tiefgehend und durchdacht – mit guter Wortwahl.

Ich verliere jemanden, mit dem ich in all den Jahren viele gute fachliche und auch tiefgehende Gespräche führen konnte.

WOLFGANG KOSLOWSKI, Neukirchen-Vluyn

GÜNTER DIAMANT war ein ganz besonderer Mensch und ein wahrer Edelstein unter den Gärtnern und Dendrologen.

Kenngelernt habe ich GÜNTER DIAMANT als dendrologischen Berater im Arboretum Härle Ende der 1990er Jahre. Aus ersten botanischen Gesprächen entwickelte sich eine Freundschaft, in der er mich als erfahrener Ratgeber und väterlicher Mentor stets gefördert und unterstützt hat. Sein umfassendes Wissen und seine vielfältigen Erfahrungen hat er sich in langen Jahren gärtnerischer Arbeit und stetiger genauer Beobachtung der Natur angeeignet. Dabei sind seine praktischen Tätigkeiten stets von umfangreichen Literaturrecherchen und fachlichem Austausch mit dendrologischen Kollegen begleitet worden. Humorvoll hat er seine Erkenntnisse gerne geteilt und auch zur Diskussion gestellt. Seine Liebe zur Natur und den Pflanzen hat er dabei gleichermaßen begeistert und begeisternd vermittelt. Mit der gleichen Freude hat er Erfahrungen anderer geteilt und sich für Projekte in vielen Gärten engagiert. Durch seine Erkenntnisse und seine großzügigen Pflanzengeschenke hat er viele Gärten und deren heutiges Erscheinungsbild bereichert.

Jederzeit offen für neue Erfahrungen war GÜNTER von einer lebenslangen und wohl nie endenden gärtnerischen Neugier geprägt. Immer gab es bei ihm Aussaaten, Anzuchten und Wünsche nach noch unbekannten dendrologischen Kostbarkeiten. Seine umfangreiche Gehölzsammlung voller Pflanzenschätze ist dabei sehr individuell geprägt: Mitbringsel von Freunden aus aller Welt, eigene Selektionen und botanische Raritäten machen die Sammlung in Duisburg-Rumeln zu einem einmaligen Ort des Pflanzenstudiums. Dabei zeigen sich in der Auswahl der Gehölze sowohl seine besonderen Vorlieben wie auch seine deutlichen Abneigungen (trotz zahlreicher Versuche meinerseits konnte ich ihn nie von der Schönheit panaschierter Pflanzen überzeugen).

Günter hat sich als geradezu philosophischer Gärtner weit über den üblichen Horizont hinaus für alle Zusammenhänge im Garten, in der Natur und auch in der Gesellschaft interessiert. Auf seinen Exkursionen und Unternehmungen hat er bei vielen Begegnungen und Gesprächen Menschen inspiriert und angeregt und sich dabei auch selbst bereichern lassen. Sein erfülltes Leben ist am 26. Oktober 2018 zu Ende gegangen.

Günter Diamant hat an vielen Orten und in vielen Herzen seine Spuren in dieser Welt hinterlassen. Wir werden ihn sehr vermissen!

Michael Dreisvogt, Bonn

Rainer Jansen zum Gedenken

Andreas Bärtels

Alles hat seine Zeit, die Zeit der Liebe, der Freude und des Glücks.
Pflanzen hat seine Zeit, Sterben hat seine Zeit,
Reden hat seine Zeit, Schweigen hat seine Zeit.
Es ist vorbei. – Die Liebe bleibt.

Mit diesen bewegenden Worten erhielten zahlreiche Mitglieder der Deutschen Dendrologischen Gesellschaft die traurige Nachricht vom Tod Rainer Jansens.

Der Dipl.-Kaufmann Rainer Jansen wurde am 26. Juni 1936 in Köln geboren, wuchs, zusammen mit einem Bruder und einer Schwester, in Hennef auf und lebte dort bis zu seinem Tod am 10. Dezember 2018. Am 18. Dezember 2018 nahmen die Familie, Freunde, zahlreiche Bekannte und DDG-Mitglieder in einem feierlichen Requiem in der Pfarrkirche St. Simon und Judas in Hennef Abschied von einem stets freundlichen, zugewandten, in sich selbst ruhendem Mann.

Nach dem Besuch des Gymnasiums in Siegburg wählte Rainer Jansen zum Studium der Betriebswirtschaft München und Insbruck als Studienorte. Von dort konnte er leicht seiner Leidenschaft als Bergsteiger und Skiläufer nachgehen. Die Alpen waren auch später oft Urlaubsziel der Familie.

Nach einigen Lehrjahren in anderen Betrieben trat Rainer Jansen in den Familienbetrieb ein, eine Maschinenfabrik in Hennef. Nach der Pensionierung seines Vaters war er in vierter Generation fast drei Jahrzehnte lang Geschäftsführer der Fabrik. Die Arbeit im eigenen Garten und später in der DDG waren ihm Ausgleich für seine verantwortungsvolle Tätigkeit.

Aus der 1966 geschlossenen Ehe mit Ursula Damblon gingen drei Kinder hervor. Die sieben Enkelkinder waren ihm eine Freude.

Neben seiner Arbeit im Betrieb war Rainer Jansen auch viele Jahre ehrenamtlich tätig, zunächst als Schöffe beim Arbeitsgericht, später beim Handelsgericht.

Die Familie Jansen, vor allem Frau Jansen, waren und sind sehr sozial engagiert. Seit 40 Jahren ist ihr Haus offen für Pilger, die sich auf dem Weg von Köln zur Wallfahrtsbasilika St. Georg in Walldürn befinden. Das soll auch so bleiben.

Hobbys waren für Rainer Jansen neben dem Skilaufen, Wandern und Radfahren auch das Singen im Madrigal- und Kirchenchor und das wöchentliche Doppelkopfspiel mit langjährigen Freunden.

Die Teilnahme an der Studienreise der DDG nach Irland im Mai 1978 hat Rainer Jansen offenbar so begeistert, dass er im gleichen Jahr, zusammen mit seiner Frau Ursula, in die DDG eintrat. Auf dieser Reise habe ich Rainer Jansen kennengelernt. Nur wenige Jahre später, 1981, wurde er zum Schatzmeister der DDG gewählt. Er blieb es bis 2002. Seine jährlichen Berichte zur Kassenlage der DDG waren stets knapp und präzise, häufig eingeleitet mit dem Spruch: „*The same procedure as every year.*" Von 2002 bis 2008 war Rainer Jansen Ratsmitglied der DDG.

Rainer Jansen war ein begeisterter Dendrologe. Sein gehölzreicher Garten genügte ihm nicht. Er bepflanzte auch Nachbars Garten mit Raritäten und unterhielt ein separates Grundstück, um seltene Gehölze kultivieren zu können. Neben den ausgepflanzten Bäumen und Sträuchern pflegte er mehr als einhundert Topf- und Kübelpflanzen. In vielen Töpfen wurden Gehölzsamen ausgesät, die auf Studienreisen gesammelt worden waren. In seinem letzten Lebensjahr musste Rainer Jansen noch schwere Sturmschäden erleben. Dem Orkantief Friederike fielen am 18. Januar 2018 eine alte Sumpfzypresse und eine alte Schwarz-Kiefer zum Opfer, die natürlich weitere Schäden in seinem Garten anrichteten.

Rainer Jansen war ein passionierter Pfeifenraucher. Er mochte auch auf Studienreisen nicht auf seine Pfeifen verzichten. Ich erinnere mich an eine Studienreise der DDG nach Südwestengland im Mai 1988. Nach einem Abendessen wurden wir von einem Feueralarm überrascht. Alle Hotelgäste mussten das Haus verlassen, nicht gerade angenehm für die Damen in ihren Abendgarderoben. Die Feuerwehr rückte an, Feuer wurde nicht gefunden. Schließlich wurde vermutet, dass Rainer Jansen, mit seiner Pfeife im Foyer direkt unter einem Rauchmelder stehend, den Alarm ausgelöst haben könnte.

Rainer Jansen war auch Gourmet und Weinkenner. Im Herbst 1997 habe ich für die DDG eine vierwöchige Studienreise nach Simbawe, Südafrika und Namibia organisiert. Das Ehepaar Jansen hat alle drei Teilreisen mitgemacht. Nach einem opulenten Abendessen in Südafrika fiel von Rainer Jansen ein hübscher Spruch in rheinischem Dialekt: „*Mer jläuv jar nit, wat en eine even jeht, wann mer sich aanstrengk.*" Mein längst verstorbener Freund Sigurd Lock, Gartenamtsleiter in Linz, war von diesem Spruch so begeistert, dass er ihn sich gleich notiert hat. Natürlich hat Rainer Jansen sich von dem bei Kapstadt besuchten Weingut nach der obligaten Weinverkostung einige Flaschen Rotwein nach Hennef schicken lassen.

Anlässlich der Marokkoreise der DDG im Juni 1997 wurde für die Reisegesellschaft zu Mittag im Rifgebirge in einem Erdofen ein Ziegenlamm zubereitet. Die lange Garzeit wurde von einer kleinen Gruppe zum Botanisieren genutzt. Das Ehepaar Jansen war dabei. Wir hatten uns so weit vom Grillplatz entfernt, dass wir gesucht und „eingefangen" werden mussten. Die Ziege schmeckte übrigens köstlich.

Ich erinnere mich gerne an eine privat organisierte Studienreise nach Neuseeland im Februar 1994, zusammen mit meiner verstorbenen Frau Sigrid, dem Ehepaar Jansen und Frau Ingeborg Grund. Die dreiwöchige Reise verlief äußerst harmonisch, trotz mancher Schwierigkeiten, wie zum Beispiel der allabendlichen Suche nach einer akzeptablen Unterkunft.

Es war mir stets eine Freude, Rainer Jansen und seine Frau bei DDG-Tagungen und Studienreisen zu treffen, ich werde ihn vermissen.

Die DDG hat Rainer Jansen viel zu verdanken. Wir werden ihn nicht vergessen.

Ehrentafel für langjährige Mitgliedschaft in der Deutschen Dendrologischen Gesellschaft

Für **40-jährige Mitgliedschaft** werden 2019 folgende Mitglieder mit der Ehrennadel – Goldenes Ginkgo-Blatt mit Perle – bedacht

Winfried Bardehle, Saarbrücken
Carl Defranceschi, Meran / Italien
Klaus Geeven, Moers
Hartmut Grombach, Kreßberg
Willy Hatt, Münster
Jürgen Illmer, Alpen
Wolfgang Keidel, Rügge
Reinhold Leuthardt, Ahlen
Dorothee Lobmeyer, Buchholz i. d. N.
Frank Meding, Osnabrück
Prof. Dr. Jörg J. Sauter, Altenholz
Prof. Dr. Peter A. Schmidt, Coswig OT Sörnewitz
Hans-Peter Selber, Offenburg
Jürgen H. E. Ströh, Hamburg

Mitt. Deutsch. Dendrol. Ges. (MDDG)	104	15–32	2019	ISBN 978-3-494-01794-5

Entdeckung und Wiederentdeckungen des Zwerglebensbaumes (*Microbiota decussata* Kom.; Cupressaceae), eines endemischen Nadelgehölzes des Sichote-Alin-Gebirges (Ferner Osten Russlands), in Natur und Kultur

Peter A. Schmidt, Svetlana N. Bondarchuk, Mikhail A. Salo und Ilya G. Bogachev

Summary

Discovering and rediscovering of the dwarf arborvitae (*Microbiota decussata* Kom.), an endemic conifer of the Sikhote-Alin (Russian Far East), in nature and cultivation

In this paper the history of discovering of the species *Microbiota decussata* in the Sikhote-Alin mountain range and of a new population of it in the State Nature Reserve (Zapovednik) Sikhote-Alin as well as the "rediscovering" of the species in Europe after its introduction in cultivation outside the USSR will be treated.

At first the characteristics, the habitats and the natural distribution of *M. decussata*, an endemic and relict species of the Sikhote-Alin and protected species of Russia, are described. A recently new discovered locality of the species in the State Nature Reserve Sikhote-Alin allows a more detailed description of a population and its habitat.

The monotypic genus *Microbiota* and the species *M. decussata* were described as new taxa in former USSR in 1923. Also in the 1920s first information about the unique species was published outside of the USSR, however, the species kept unknown or has been misidentified over 45 years. There was a significant lag between the plant's discovery and the recognition of the new genus and species by botanists and dendrologist in Middle and W-Europe as well as in Northern America. *M. decussata* was not mentioned in dendrological or conifer handbooks. Only after introduction of plants in the 1960s from Botanical Garden Tashkent via the Czech Arboretum Novy Dvur to Germany, Holland and England the situation fundamentally changed. Now the "new" species (about 50 years after discovering) was not only described in the literature outside the USSR and cultivated in botanical gardens and arboreta, it has become available in the nursery trade. *M. decussata* started a career as ornamental horticultural plant, which was decorated with several awards.

Gliederung

1 Einleitung

Während der in die Region Primorje im südlichsten Teil des Fernen Osten Russlands führenden Studienreise der DDG 2017 (Pietzarka & Schmidt 2018) ergab sich für die Exkursionsteilnehmer die

Gelegenheit, ein in vielerlei Hinsicht bemerkenswertes Nadelgehölz am natürlichen Standort im Sichote-Alin (Sikhote-Alin; Abb. 1) kennenzulernen: *Microbiota decussata*. Die 1923 neu beschriebene Gattung *Microbiota* und Art *M. decussata* waren außerhalb der ehemaligen Sowjetunion über Jahrzehnte kaum bekannt oder wurden verkannt bzw. nicht anerkannt. Erst seit Ende der 1960er Jahre, nachdem Pflanzen in Mittel- und Westeuropa in Kultur eingeführt wurden und die Art quasi „wiederentdeckt" wurde, fand *M. decussata* Anerkennung und bald weite Verbreitung als Ziergehölz in Europa und Nordamerika. Heute wird *M. decussata* nicht nur in allen Koniferen-Handbüchern oder Gehölz-Enzyklopädien beschrieben (z. B. Eckenwalder 2009, Farjon 2010, Debreczy & Rácz 2011, Auders & Spicer 2012, Bärtels & Schmidt 2014), sondern findet sich in fast jedem Baumschulkatalog (vgl. Ehsen & Müller 2014, Lappen 2015, Kiermeier & von Ehren 2018).

Erstgenannter Verfasser, der bereits vor 35 Jahren einen Beitrag zu dieser interessanten Art veröffentlichte (Schmidt 1983), war einer der Leiter o. g. genannter Studienreise der DDG 2017 und hielt in Dresden im Mai 2018 zum Kolloquium anlässlich des 85. Geburtstages von Rudolf Schröder, Teilnehmer der Exkursion 2017, auf dessen Wunsch einen Vortrag über *Microbiota decussata* (s. DDG-Rundbrief Juli 2018). Als 2018 nochmals eine kleine Gruppe das Sichote-Alin-Gebirge aufsuchte, berichtete Svetlana Bondarchuk, wissenschaftliche Mitarbeiterin im Staatlichen Zapovednik Sichote-Alin (Zapovednik ist der russische Begriff für streng geschützte Naturreservate), über eine Entdeckung bzw. Wiederentdeckung eines Vorkommens der Art in diesem Naturreservat, das zu einem Weltnaturerbegebiet (UNESCO World Heritage Site Central Sikhote-Alin) gehört. Es lag zwar ein älterer, aber lange Zeit unbeachtet und unbestimmt gebliebener Herbarbeleg vor (s. unter 4. und Abb. 8), aber bis 2017 war nicht bekannt, ob (dieser oder überhaupt) ein Fundort von *M. decussata* im Zapovednik existiert. Da über das neu aufgefundene Vorkommen bisher nur in

Abb. 1: Bewaldete Berghänge des südlichen Sichote-Alin (Region Primorje) mit Ajanfichten-Tannen-Koreazirben-Mischwäldern und offenen Blockhalden, Lebensräume des Reliktendemiten *Microbiota decussata*. Foto: P. A. Schmidt.

Russland publiziert wurde und die Beschreibung des Bestandes und seines Lebensraumes aber für die Leser der MDDG von Interesse ist, wird hier darüber berichtet. Der von S. Bondarchuk und ihren Kollegen in russischer Sprache vorgelegte Text wurde vom Erstautor ins Deutsche übersetzt und mit seinem Manuskript zu einer gemeinsamen Veröffentlichung zusammengeführt.

Die kyrillischen Orts- und Personennamen werden im Text meist nach Duden-Transkription, die Autorennamen und russischen Literaturzitate entsprechend wissenschaftlicher Transliteration wiedergegeben. Die wissenschaftlichen Namen der Pflanzen in Kapitel 4 wurden von den russischen Autoren übernommen. Bei den Namen von Gehölzen, zu denen es abweichende taxonomische Auffassungen oder Benennungen gibt, wird in Klammern der alternative Namen ergänzt.

2 Merkmale, natürliche Verbreitung und Lebensräume von *Microbiota decussata*

Die Gattung *Microbiota* ist monotypisch, zu ihr gehört nur die Art *M. decussata* Kom. (Syn. *Platycladus decussata* (Kom.) Jagel & Dörken). Neben den eine Entsprechung zum wissenschaftlichen Gattungsnamen *Microbiota* darstellenden und Bezug auf *Biota* (= *Platycladus*, Orientlebensbaum) nehmenden Namen Zwerglebensbaum und dwarf arborvitae sind diverse deutsche und englische Namen für die Art im Umlauf, z. B. Fächerwacholder oder -lebensbaum, Teppichwacholder oder -thuja, Sibirien- oder Tundrazypresse, Russian arborvitae oder subalpine arborvitae, Russian cypress oder juniper-cypress. In Russland wird einfach die wissenschaftliche Bezeichnung übernommen, der Gattungsname *Microbiota* direkt und das Artepitheton *decussata* übersetzt (perekrestnaja = kreuzweise, Bezug auf Blattstellung, s. u.): mikrobiota perekrestnaja.

Beschreibungen der Art finden sich zwar ausreichend in der Literatur (z. B. in Kap. 1 zitierte Bücher und Baumschulkataloge), sind aber nicht immer korrekt, worauf schon früher hingewiesen wurde (z. B. Velička 1986). Die Merkmale und Eigenschaften sowie Verbreitung und Lebensräume von *M. decussata* sollen deshalb nicht nur unter Berücksichtigung aktueller botanischer oder dendrologischer Standardwerke, sondern auch nicht allen zugänglicher oder erschließbarer russischsprachiger Quellen (z. B. Vorob'ev et al. 1966, Sokolov et al. 1977, Denisova & Pilipenko 1978, Ageenko et al. 1982, Krasnaja Kniga 1985–2008, Koropačinskij & Vstovskaja 2002, Barkalov et al. 2011) nochmals zusammengestellt werden (für eine konkrete Population s. auch Kap. 4):

0,2–0,7(–1,5) m hoher und bis 80–100 Jahre alter Spalierstrauch mit sich bewurzelnden Kriechsprossen (Hauptäste am Naturstandort bis 15 cm Ø, bis 5,5 m lang) und leicht bogig ansteigenden Ästen, meist die jüngeren die älteren überlagernd und dadurch in mehreren Lagen übereinander, dicht und feingliedrig fächerförmig verzweigt, Zweige mit an der Spitze übergeneigten Trieben

Abb. 2: *Microbiota*-Bestand auf einer Blockhalde an einem Berghang des Sichote-Alin bei Sergeevka (Rajon Partisansk, Region Primorje). Foto: U. Pietzarka.

(Abb. 2); langsam wachsend, unter optimalen Bedingungen an erwachsenen Pflanzen jährlicher Längenzuwachs der Endtriebe bis 5–7 cm.

Blätter gegenständig („decussata“ = kreuzweise gegenständig), an Jungpflanzen und an beschatteten Zweigen im Innern der Pflanze nadelförmig, sonst schuppenförmig, 1,5–5 mm lang und 1 mm breit, zugespitzt, dicht und dachziegelig angeordnet; durch etwas differenzierte kanten- und flächenständige Schuppenblätter junge Triebe leicht abgeflacht, oberseitige Schuppenblätter meist mit Öldrüse auf dem Rücken, frischgrün bis gelblich grün, im Winter bronzerot bis kupferbraun (Abb. 3), beim Zerreiben mit aromatischem Geruch. Nähere Beschreibungen zur Holz- und Blattanatomie finden sich bei Eckenwalder (2009).

Pflanzen einhäusig (Abb. 4), wie in der russischen Literatur seit den 1960er Jahren (z. B. Zamjatnin 1963, Vorob'ev et al. 1966) und später auch in Europa (z. B. Hoey Smith 1979, 1982) angegeben, obwohl in der Originalbeschreibung zweihäusig stand (Komarov 1923, Wolf 1924) und der Art lange Zeit Zweihäusigkeit zugeschrieben wurde (z. B. noch Krüssmann 1983), wobei die unregelmäßige Bildung männlicher Blüten (Pollenzapfen) oder weiblicher Zapfen (Samen-

Abb. 3: Auch im März Triebe noch mit winterlicher bronzeroter bis kupferbrauner Tönung der Schuppenblätter, bevor sie im Frühjahr wieder ergrünen. Botanischer Garten Dresden. Foto: P. A. Schmidt.

Abb. 4: An einer Pflanze am Naturstandort männliche Blüten (Bildmitte: gelblich, an Triebspitzen) und weiblicher Zapfen (linkes oberes Bildviertel: rotbraun, an kurzem Seitenzweig) als Beleg für die Einhäusigkeit. Foto: U. Pietzarka.

zapfen) auch Zweihäusigkeit vortäuschen kann („*plants monoecious or seemingly dioecious*", ECKENWALDER 2009, S. 346), so können z. B. Pflanzen mit geringer Neigung zu männlicher Blütenbildung auftreten (JAGEL & DÖRKEN 2016). Ab dem 10. Jahr (bei Pflanzen generativer Reproduktion) blühend, im April bis Juni unscheinbare blassgelbe ovale Pollenzapfen und eiförmige bis kugelige Samenzapfen, letztere im August bis Oktober reifend, reife Zapfen 3–6 mm lang und 3–4 mm Ø (zu kleinsten Zapfen von Koniferen auf der Nordhalbkugel gehörend), mit 2–3 Paar holziger, zur Reife weit auseinander spreizender Zapfenschuppen, auf deren Rücken sich ein dornartiger Fortsatz befindet (s. Abb. 20 in PIETZARKA & SCHMIDT 2018); Zapfen mit 1 Samen (ausnahmsweise 2), eiförmig bis ellipsoidisch, 2–4 mm lang, braun, glatt, flügellos. Vertiefende Darstellungen zu den Zapfen und Samen finden sich bei JAGEL & STÜTZEL (2001) und JAGEL & DÖRKEN (2016).

Lebensräume der frostharten Licht- bis Halbschattenpflanze sind steinige und felsige Hänge, Geröll- und Blockhalden im Sichote-Alin in (300–) 500–1 550 (überwiegend in 900–1 200) m ü. M., vor allem in der oberen Nadelwaldstufe und an der Waldgrenze (Abb. 2 und 5), u. a. mit Ajan-Fichte (*Picea jezoensis*), Nierenschuppen-Tanne (*Abies nephrolepis*), Korea-Zirbe (*Pinus koraiensis*), Gold-Birke (*Betula ermanii*), Azaleen (*Rhododendron dauricum* agg.), Porst (*Ledum hypoleucum* = *Rhododendron hypoleucum*), Kanadischem Hartriegel (*Cornus canadensis*), Moosglöckchen (*Linnaea borealis*), Pazifischer Bergenie (*Bergenia crassifolia* var. *pacifica*; Abb. 6). In Schluchten enger Flusstäler steigt die Art bis in die Koreazirben-Laubmischwald-Stufe hinab (vgl. Kap. 4; Abb. 9 und 10), an isolierten lückigen Standorten auf Felsen und Blockhalden vorkommend. In der Krummholzstufe tritt *M. decussata* gemeinsam mit der Zwerg-Zirbe (*Pinus pumila*) auf. In der alpinen Stufe wächst sie nur an geschützten Stellen von Südhängen. Die Art kann ausgedehnte und durch die in mehreren Schichten übereinander liegenden toten und lebenden Äste mit dichter Verzweigung fast undurchdringliche Bestände bilden (Abb. 2 und 5). Wegen des relativ hohen Gehalts ätherischer Öle (in Blättern 12,6 %,

Abb. 5: *Microbiota* auf Blockhalde am Rande eines lichten Ajanfichten-Tannen-Koreazirben-Waldes, vergesellschaftet mit Azaleen (*Rhododendron dauricum* agg.). Foto: P. A. SCHMIDT

Abb. 6: Blühende *Microbiota* und *Bergenia crassifolia* var. *pacifica*. Foto: U. PIETZARKA.

in Rinde 5,4 %; KRAUZE-BARANOWSKA et al. 2002) sind die Pflanzen leicht entzündbar, zumal auch abgestorbene trockene Äste vorhanden sind. Einerseits wird berichtet, dass *M. decussata* durch Brände stark leidet, sich aber danach durch generative Vermehrung die Bestände wieder erneuern, nach DENISOVA & PILIPENKO (1978) im Verlaufe vieler Jahre, nach SOKOLOV et al. (1977) bereits innerhalb

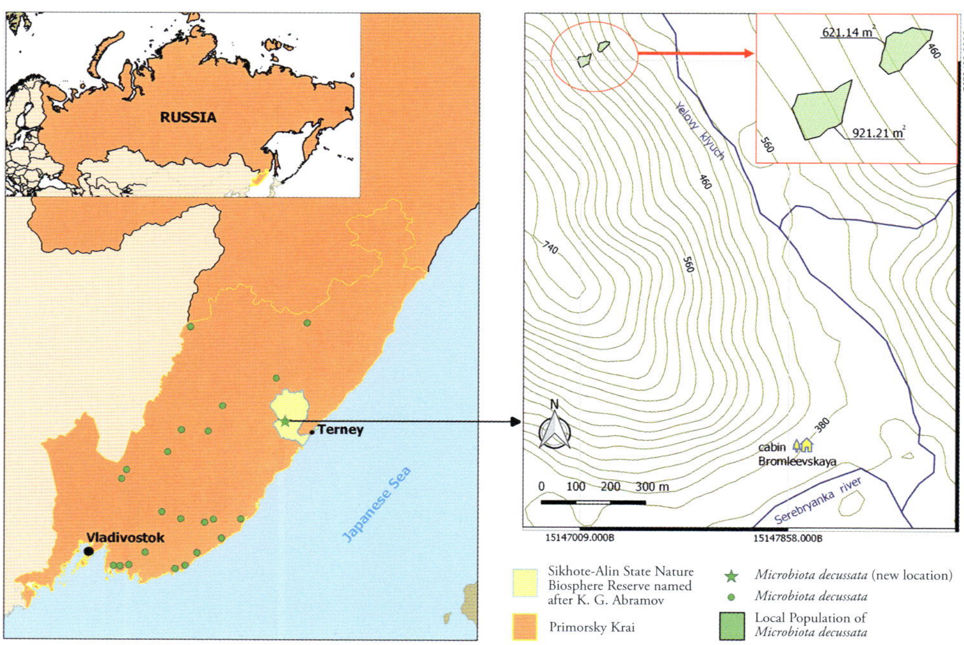

Abb. 7: Karten mit Vorkommen von *Microbiota decussata* in der Region Primorje (links) und dem Suchgebiet sowie den zwei neu entdeckten Beständen der Population im Naturreservat Sichote-Alin. Karten: M. A. SALO.

von 5 Jahren. Andererseits soll es vorkommen, dass die Pflanzen nur oberflächlich brennen, denn bei Blitzeinschlag entflammt nach V. Dinets (1998, in Earle 2018) die an ätherischen Ölen angereicherte Luft über den *Microbiota*-Beständen an den Berghängen explosionsartig, ohne dass die Pflanzen selbst dabei ernsthaft geschädigt werden.

Die Verbreitung des ostmandschurischen Florenelements (Charkevič & Kačura 1981, Elias 1986) ist auf das Sichote-Alin-Gebirge im südlichen Fernen Osten Russlands begrenzt, wo die Art in den Regionen Primorje (Abb. 7, linke Karte) und Chabarowsk (hier Nordgrenze bei 48°31' n. B.) vorkommt (Arealkarten z. B. in Sokolov et al. 1977, Krasnaja Kniga 1985–2008, Barkalov et al. 2011). Die oft zu findende Verbreitungsangabe Ostsibirien ist nicht korrekt, denn das östlichste Russland wurde in der Sowjetunion und wird heute in Russland Ferner Osten genannt (vgl. Vorošilov 1982, Koropačinskij & Vstovskaja 2002, aber auch Elias 1986, Bärtels & Schmidt 2014). Falsch ist die Angabe China (z. B. Kiermeier & von Ehren 2018).

Microbiota ist die einzige endemische Nadelgehölz-Gattung Russlands. Als in den 1970er Jahren die Erfassung und Dokumentation seltener und gefährdeter Arten der Sowjetunion begann, gehörte *M. decussata* zu den Arten des russischen Fernen Ostens, die in Vorläufer der „Rotbücher" und schließlich in das „Rotbuch der UdSSR" (zuletzt Krasnaja Kniga 1985) Aufnahme fanden. Begründet wurde dies vor allem mit folgenden Argumenten (vgl. auch Kurencova 1968, Urusov 1979, Charkevič & Kačura 1981):

- Seltenheit: isolierte Vorkommen in hochmontaner bis alpiner Stufe eines einzigen Gebirges,
- Reliktcharakter: einer der ältesten Vertreter der Flora im Fernen Osten,
- biologischen Eigenschaften als Risikofaktoren: z. B. Samen nur über geringe Entfernungen ausbreitungsfähig, geringe Toleranz gegenüber Brand und
- begrenzte Verfügbarkeit geeigneter Standorte.

Als eine im Rotbuch der Russischen Föderation (Krasnaja Kniga 2008b) aufgenommene Art unterliegt *M. decussata* dem gesetzlichen Schutz. Im Gegensatz zu Deutschland, wo in Roten Listen nur die Seltenheit und Gefährdung der Arten dokumentiert wird, sind in Russland die Arten des Rotbuches zugleich rechtlich geschützt. *M. decussata* fand ebenfalls Eingang in die Rotbücher der beiden Regionen (Region hier für russisches „Föderationssubjekt" Kraj), in denen die Art natürlich vorkommt, wobei in der Region Chabarowsk (Khabarovsk) nur 4 Fundorte bekannt sind (Krasnaja Kniga 2000) und sich in der Region Primorje der Verbreitungsschwerpunkt befindet (Krasnaja Kniga 2008a; Abb. 7).

In der Roten Liste der Internationalen Naturschutzunion (IUCN) wird *M. decussata* nicht als selten oder gefährdet eingestuft, zunächst wurde die Art wegen unzureichender Kenntnis den Kategorien Data Deficient bzw. Indeterminate (IUCN 1998), später (seit 2007) der Kategorie Least Concern (IUCN 2018) zugeordnet. Begründet wird dies u. a. damit, dass nach den IUCN-Red-List-Kriterien das Areal für das Kriterium Seltenheit zu groß sei, die Lebensräume unzugänglich seien und keine Beeinträchtigung durch wirtschaftliche Nutzung vorliege.

3 Zur Entdeckung von *Microbiota decussata* im Sichote-Alin und Kultivierung erster Pflanzen in botanischen Gärten der Sowjetunion

I. K. Schischkin (Šiškin) entdeckte 1921 ein unbekanntes, an einen flach wachsenden Wacholder erinnerndes Nadelgehölz im Sichote-Alin-Gebirge. Der von ihm gesammelte Herbarbeleg von Hängen am Tal des Flusses Sutschan (Sučan, heute Partizanskaja), Region Primorje, befindet sich im Herbarium des Botanischen Institutes der Russischen Akademie der Wissenschaften in St. Petersburg (= Lectotypus). Der berühmte russische Botaniker V. L. Komarow (Komarov), der in den ersten Jahrzehnten des 20. Jh. wesentlich zur Erforschung der Flora des Fernen Ostens beitrug, erkannte, dass es sich um eine bisher unbekannte Gattung handelt. Er beschrieb zwei Jahre später in einer Arbeit über neue asiatische Gymnospermen (Komarov 1923) die monotypische Gattung *Microbiota* und die Art *M. decussata* als neue Taxa. Dabei verwies er auf Ähnlichkeiten und Verwandtschaften mit der Gattung *Biota* (hierzu nur *B. orientalis*, heute *Platycladus orientalis*) und Wacholdern der Gruppe der Sadebäume (*Juniperus* sect. *Sabina*) hin. Diesen Gattungen ordneten spätere Autoren wie Pilger (1926) oder Rehder (1940), die *Microbiota* nicht anerkannten, die von Komarov beschriebenen Pflanzen zu (s. Kap. 5). Aus morphologischer (z. B. flügellose Samen, Dornfortsatz auf Rücken der Zapfenschuppe) und molekulargenetischer Sicht wird die Verwandtschaft zu *Platycladus* auch in der aktuellen Literatur herausgestellt (z. B. Gadek et al. 2000, Jagel & Stützel 2001, Jagel & Dörken 2016), allerdings findet eine Einbeziehung der Art in diese Gattung als *Platycladus decussata* (Kom.) Jagel & Dörken (Bull. Cupressus Conservation Project 4, 2: 59, 2015) bisher kaum Zustimmung.

Bereits ein Jahr nach der Neubeschreibung von *Microbiota* und *M. decussata* durch Komarov stellte DDG-Mitglied Egbert Wolf (Leiter des Arboretums der Forstakademie Leningrad; vgl. Schmidt & Lavrentyev 2011) die neue Gattung und Art im Jahrbuch der DDG und damit in deutscher Sprache vor (Wolf 1924). Damit wurde unmittelbar nach der Erstbeschreibung auch außerhalb der Sowjetunion auf die Art aufmerksam gemacht.

In der von Komarow begründeten 30-bändigen „Flora der UdSSR“ bearbeitete er im 1. Band selbst die Nadelgehölze (Komarov 1934) und beschrieb damit hier erneut „seine“ Gattung und Art. Schischkin, der das erste Vorkommen entdeckte, publizierte etwa 10 Jahre später eine Arbeit über *M. decussata* als Element der Vegetation der Ussuri-Provinz (Šiškin 1935). Zamjatnin (1963) präzisierte nach Untersuchungen am Naturstandort und Studium der verfügbaren Herbarbelege die bisherigen Beschreibungen von *M. decussata*, teilweise auch Literaturangaben korrigierend (z. B. zur angeblichen Zweihäusigkeit).

In der ehemaligen Sowjetunion wurde im Gegensatz zum Ausland (s. Kap. 5) die neue Gattung bzw. Art nie angezweifelt. Pflanzen von *M. decussata* gelangten aber, abgesehen von wenigen Ausnahmen, erst nach etwa drei Jahrzehnten in Pflanzensammlungen botanischer Gärten und Arboreten, wozu sicher die Abgelegenheit und schwierige Zugänglichkeit der natürlichen Vorkommen beitrug. Über die wahrscheinlich ersten kultivierten Pflanzen berichtete bereits Komarov (1934), dabei auf ihre dekorative Wirkung hinweisend: Forstbaumschule Chabarowsk. Nach Gorbunov & Orlenko (2005) ist die Art in den 1950er und 1960er Jahren in nur wenigen russischen botanischen Gärten in Kultur, so seit 1955 im Botanischen Garten der Staatlichen Universität Moskau, seit 1957 im Botanischen Garten Wladiwostok, seit 1962 im Arboretum Gornotajoshnoje (Region Primorje) und 1963 im Botanischen Garten des Komarov-Institutes in Leningrad (St. Petersburg), alles Einrichtungen der Akademie der Wissenschaften der UdSSR. Die Angabe 1976 von Gorbunov & Orlenko (2005) für den Botanischen Hauptgarten der Akademie in Moskau ist nicht korrekt, denn nach Demidov (2005) wurden hier erste Pflanzen bereits 1959 in Kultur genommen. Über das Wachstum und die Entwicklung von *M. decussata* in diesem Garten berichtete eine Mitarbeiterin des Gartens (Aleksandrova 1986) zur 14. Arbeitstagung Botanischer Gärten der DDR 1981, die unter dem Thema „Möglichkeiten und Aufgaben der Botanischen Gärten im Rahmen des Artenschutzes“ stand.

M. decussata befand sich in den 1950–60er Jahren ebenfalls in den Sammlungen botanischer Gärten anderer Sowjetrepubliken (z. B. Taschkent/Usbekistan, Salaspils/Lettland oder Kiew und Lwiw/Ukraine). Dabei sind die von F. N. Rusanow 1949 vom Naturstandort in den Botanischen Garten Taschkent eingeführten Samen und Pflanzen (Slavkina 1961) von besonderer Bedeutung, denn auf eine dieser Pflanzen geht die seit 1963 im tschechischen Arboretum Novy Dvur kultivierte Pflanze zurück (Velička 1986), von der die vegetative Vermehrung und Ausbreitung der Art in Deutschland und Westeuropa erfolgte (s. Kap. 5).

4 Entdeckung eines neuen Vorkommens von *Microbiota decussata* im Zapovednik Sichote-Alin mit Beschreibung des Bestandes und seines Lebensraumes

Die Flora und Vegetation des Staatlichen Natur-Biosphären-Zapovedniks Sichote-Alin namens K. G. Abramov (nachfolgend Zapovednik oder Naturreservat Sichote-Alin genannt) sind gegenwärtig recht gut erforscht (Autorenkollektiv 1982–2016). Ausgewählte Beispiele für seltene Arten Russlands und der Region Primorje in dem Naturreservat sind *Rhododendron fauriei* (*R. brachycarpum*), *Taxus cuspidata*, *Primula jesoana*, *Oplopanax elatus* oder *Leontopodium palibianum*. In diesem Zusammenhang muss auch *Microbiota decussata* genannt werden. Lange Zeit meinte man, dass diese Art auf dem Territorium des Zapovedniks nicht vorkommt. Erst 2016 wurde im Herbarium des Botanischen Garten-Instituts der Fernöstlichen Filiale der Russischen Akademie der Wissenschaften (BGI FEB RAS) in Wladiwostok ein im September 1941 im Zapovednik Sichote-Alin gesammelter Beleg von *M. decussata* „entdeckt“ (Abb. 8), woraufhin die Art in die Pflanzenliste des Naturreservates aufgenommen wurde (Autorenkollektiv 2016). Der auf dem Etikett vermerkte geographische Ort, an dem der Herbarbeleg vom Zoologen J. A. Salmin (Stellv. Direktor des Zapovedniks für wissenschaftliche Arbeit) gesammelt wurde, ist auf heutigen Karten des Naturreservates nicht verzeichnet. Ungewöhnlich ist die geringe Höhenlage des Fundortes (400 m ü. M.). Salmin brachte 1941 den Herbarbeleg zur Determination in das genannte Herbarium (damals zu Biologisch-Bodenkundlichem Institut gehörend). Erst 1969, also 28 Jahre später, erfolgte die Bestimmung als *M. decussata*. Nun ergab sich für die Botaniker des Naturreservates die Notwendigkeit zu überprüfen, ob das bzw. ein Vorkommen der Art noch in dem Schutzgebiet existiert.

Es wurden umfangreiche Vorarbeiten durchgeführt, Archivmaterial, Chroniken (Letopis‘ 1936–1946, Autorenkollektiv 1938), Forschungsberichte (Salmin 1935–1937, 1936–1939), Tagebücher (Bromlej 1941–1942, B. P. Kolesnikov in Man‘ko et al. 2012) und alte Karten (z. B. Anonymus 1940) ausgewertet. Im Ergebnis dieser Recherchen gelang es, einige Gebiete zu identifizieren, in denen ein Vorkommen der Art erwartet

Abb. 8: Von Ju. A. Salmin 1941 gesammelter Herbarbeleg von *Microbiota decussata*, aufbewahrt im Herbarium VBGI (Vladivostok Botanical Garden-Institute). Foto S. V. Prokopenko.

Abb. 9: Fundort der neu aufgefundenen Population von *Microbiota* am NO-exponierten Talhang des Baches Elovyi (s. Abb. 7). Foto: S. N. Bondarchuk.

werden könnte. Diese „Suchgebiete" waren Ziel mehrerer Expeditionen. Erfolgreich war schließlich eine Expedition im zentralen Teil des Zapovedniks im Sommer 2017, als die obere Grenze der Nadel-/Laubmischwaldzone am Elovyj-Bach (Yelovy klyuch) im Einzugsbereich des Oberlaufs der Serebrjanka (Serebryanka river; Abb. 7: Karte rechts) abgesucht wurde. Eine Population mit zwei von *M. decussata* dominierten Gebüschen konnte rechts des Baches (ca. 1 km entfernt von dessen Mündung, Abb. 7) an einem Steilhang (NO-Exposition) entlang der Grenze einer Blockhalde zum Wald (Abb. 9) aufgespürt werden. Damit wurde die Art für das Schutzgebiet neu bzw. wieder entdeckt.

Dieser *Microbiota*-Bestand (Abb. 10) setzt sich aus Individuen verschiedenen Alters zusammen. Die maximale Höhe der Pflanzen betrug 0,6–0,7 m, der Durchmesser basaler Stämmchen 7–15 cm. Der Bestand war so dicht (bis 100 % Deckung), dass darunter keine Gefäßpflanzen festgestellt werden konnten.

An einigen Pflanzen befanden sich Pollenzapfen, vereinzelt auch Samenzapfen desselben Jahres und vorjährige verholzte Zapfenschuppen. Sich bewurzelnde niederliegende Äste bildeten eigene Sprosssysteme aus. Bei vielen Pflanzen starben dabei die Mutterachsen ab und im Ergebnis der vegetativen Reproduktion entstanden selbständige Pflanzen. Es wurde aber auch generative Vermehrung beobachtet. Am Rande eines Gebüsches wiesen trockene Äste auf eine abgestorbene Pflanze hin. An der frei gewordenen Stelle wuchsen Jungpflanzen unterschiedlichen Alters (4–7 Jahre) mit nadelförmigen Blättern (Abb. 11). Umgedrehte Steine an der Basis der abgestorbenen Pflanze ließen vermuten, dass die entstandene Lücke auf einen Bären zurückzuführen ist, der hier nach Kleintieren suchte. Dadurch entstand ein Keimbett und Sämlingspflanzen konnten sich etablieren.

Die neu entdeckte Population befindet sich auf bewachsenen Blockhalden in der Stufe des Koreazirben-Laubmischwaldes. In der Nachbarschaft stocken in ihrer Struktur und Zusammensetzung komplexe Waldökosysteme, deren oberste Baumschicht (Höhe 26–30 m) aus *Pinus koraiensis* mit Anteilen von *Betula costata* besteht. In der

Abb. 10: Bestand von *Microbiota* an dem neu entdeckten Fundort (s. Abb. 7, 9). Foto: M. A. SALO.

Abb. 11: Juvenile Sämlingspflanze an dem neu entdeckten Fundort (s. Abb. 7, 9, 10). Foto: S. N. BONDARCHUK.

2. Baumschicht (Höhe 18–20 m) dominieren *Abies nephrolepis* und *Tilia amurensis*, zudem kommt *Quercus mongolica* vor. Darunter wachsen noch 10–12 m hohe Ahorne: *Acer mono* (*A. pictum*) und *A. ukurundense*. Der Unterwuchs ist dicht, artenreich und gleichmäßig verteilt. Es dominieren *Rhododendron sichotense* (*R. dauricum* subsp. *sichotense*), *Euonymus pauciflorus*, in Lücken *Philadelphus tenuifolius*. Weiterhin treten neben dem Jungwuchs der Baumarten noch Sträucher wie *Abelia coreana* und *Daphne koreana* sowie vereinzelt *Corylus mandshurica* auf. Als Lianen kommen *Actinidia kolomikta* und *Schisandra chinensis* hinzu. Zur Krautschicht (20 cm hoch, Deckungsgrad 80 %) gehören: *Carex nanella, C. quadrifolia, Scutellaria ussuriensis, Galium davuricm, Maianthemum bifolium, Mitella nuda, Viola sacchalinensis, Gymnocarpium dryopteris, Rhizomatopteris sudetica, Polypodium sibiricum, Anemonoides extremiorientalis, Oxalis acetosella, Convallaria keiskei, Moehringia lateriflora, Gentiana zollingeri*. Gut entwickelt ist ebenfalls die Moosschicht (Laubmoose 60 %, Laubflechten 10 %).

Auf den Blockhalden und im Steingeröll zwischen den *Microbiota*-Gebüschen sowie an ihrem Rande treten auf: *Acer ukurundense, Rhododendron sichotense, Rosa koreana, R. acicularis, Spiraea flexuosa* (*S. chamaedryfolia* var. *flexuosa*), *Abelia coreana, Euonymus pauciflora, Sedum middendorffianum, Dryopteris fragrans*. Zwischen den Steinen, wo sich humushaltige Feinerde ansammelt, wachsen reichlich Laubmoose, Laubflechten (*Peltigera*) und Strauchflechten (*Cladonia*).

Die untersuchten *Microbiota*-Pflanzen befinden sich in einem als normal zu bezeichnenden Zustand und vermehren sich vegetativ wie generativ. Trotz des Auftretens einiger abgestorbener Exemplare ist keine Degradation der Population festzustellen. Die an dem neuen Fundort vorgefundenen ökologischen Bedingungen bewegen sich im Rahmen der für die natürlichen Vorkommen der Art im Sichote-Alin bekannten Standorts- und Vegetationsverhältnisse.

Die Belege von *M. decussata*, die im Zapovednik Sichote-Alin gesammelt wurden, können im elektronischen Herbarium des Botanischen Gartens und Instituts Wladiwostok (Herb. VBGI) unter http://botsad.ru/hitem/30461/ (auch unter Nr. 30462-30465) sowie im Herbarium des Zapovedniks Sichote-Alin (Herb. SABZ) eingesehen werden.

5 Die „Wiederentdeckung" von *Microbiota decussata* nach Jahrzehnten ausbleibender Anerkennung der Art außerhalb Russlands

Obwohl bereits in den 1920er Jahren (Wolf 1924, Pilger 1926) außerhalb der UdSSR zur Kenntnis gebracht, wurde *Microbiota* lange Zeit als zweifelhafte Gattung angesehen. *M. decussata* blieb fast ein halbes Jahrhundert unbeachtet, bis Pflanzen dieser Art Ende der 1960er Jahre nach der Aufnahme in gärtnerische Kultur die Aufmerksamkeit in Mittel- und Westeuropa auf sich ziehen konnten.

Microbiota wurde selbst von namhaften Botanikern und Dendrologen verkannt bzw. nicht anerkannt. Meist wurde die Pflanze als abnormale Form eines Wacholders oder als Variation des Orientlebensbaumes (*Platycladus orientalis*) angesehen:

- Pilger (1926) gibt in dem botanischen Standardwerk Englers „Die natürlichen Pflanzenfamilien" eine Beschreibung von „*Macrobiota*" (Schreibfehler, gemeint ist *Microbiota*), allerdings betrachtet er *Microbiota* als eine Gattung unsicherer Stellung und vermutet, dass es sich um eine abnormale Form eines Wacholders aus der Verwandtschaft von *Juniperus pseudosabina* handelt.
- Rehder (1940, S. 55) geht zwar in seinem „Manual" kurz auf *Microbiota decussata* ein, erkennt aber die Art nicht an: „ … *is probably only a variation of Thuja orientalis* [= *Platycladus orientalis*, P.A.S.] *retaining the juvenile foliage up to the fruiting stage*". Nur 5 Zeilen vorher führt er eine juvenile Form derselben Art unter *Thuja orientalis* var. *decussata* (Beissn. & Hochst.) Mast. auf, was zur Verwirrung führen kann, auch wenn andere Autoren und Merkmale angegeben sind. Es handelt sich um die seit Mitte des 19. Jh. bekannte, früher als Varietät von *Thuja* bzw. *Biota orientalis* beschriebene Sorte 'Decussata', die heute als Synonym von *Platycladus orientalis* 'Juniperoides' aufgefasst wird (z. B. Ouden & Boom 1965, Auders & Spicer 2012).

Es lassen sich bis in die 1960er Jahre und darüber hinaus Belege dafür finden, dass in speziell den Nadelgehölzen gewidmeten Büchern die Art nicht anerkannt oder nicht genannt wurde (z. B. Pilát 1964, Dallimore & Jackson 1966, Eiselt & Schröder 1976). Ouden & Boom (1965, S. 224) nahmen allerdings trotz des Hinweises „*according to Pilger possibly an abnormal form of Juniperus …*" die Art in ihr Koniferen-Handbuch auf.

Der lange Zeitraum zwischen Entdeckung und Beschreibung der neuen Gattung und Art sowie ihrer Anerkennung außerhalb der Sowjetunion ist schon höchst erstaunlich. Möglicherweise trug auch Skepsis dazu bei, dass *Microbiota* keine Anerkennung fand, denn es ist schon außergewöhnlich, dass in den 1920er Jahren in der Holarktis noch eine neue Gattung der Koniferen entdeckt wurde. Freilich erfolgte die spektakuläre Entdeckung lebender Pflanzen der fossil vorher bekannten Art *Metasequoia glyptostroboides* in China gar erst in den 1940er Jahren, aber im Gegensatz zur eher unscheinbaren *Microbiota decussata* gelangte die auffällige chinesische Baumart bald in botanische Gärten und Parks.

Während Hoey Smith 1979 (S. 155) zu *Microbiota decussata* einfach konstatierte, „*Warum diese sehr schöne Konifere erst vor 10 Jahren Europa erreichte, wird immer ein Geheimnis bleiben.*", finden sich im Internet über die Jahrzehnte andauernde mangelnde Kenntnis von *M. decussata* recht abenteuerliche und nicht nachvollziehbare Begründungen:

- Die Entdeckung während der Zeit des Stalin-Terrors wurde von der sowjetischen Regierung 50 Jahre (und mehr als 20 Jahre nach Stalins Tod) vor westlichen Wissenschaftlern geheim gehalten (Callahan 2013).
- Der Fund von *M. decussata* wurde 50 Jahre von der Sowjetunion geheim gehalten und durch politische Geheimhaltung jegliche Kenntnis der Existenz außerhalb Russlands verhindert (Wikipedia 2018).

Diese abwegigen Auffassungen werden z. B. durch o. g. Publikationen widerlegt, so die in den 1920er Jahren in deutscher Sprache erschienenen Beschreibungen von *M. decussata* (Wolf 1924, Pilger 1926) und die Darlegung von Rehder (1940) zu seiner Auffassung über die Art in einem weltweit bekannten, in den USA herausgegebenen Gehölz-Handbuch. Abgesehen davon erfolgten die Veröffentlichungen von Komarov (1923, 1934) in auch ausländischen Wissenschaftlern zugänglicher Literatur. Es gab also durchaus zugängliche Informationen und diverse Publikationen außerhalb der Sowjetunion über die neue Gattung und Art. Jedoch erst mit der Einführung von Pflanzen in gärtnerische Kultur in den 1960er Jahren wurde ein entscheidender Durchbruch erzielt. Das Studium lebender Pflanzen ermöglichte es, Wissenslücken zu schließen.

Krüssmann (1967), der aus der Sowjetunion von A. Zvirgzds (Botanischer Garten Salaspils, Lettland) einen am Naturstandort gesammelten Herbarbeleg von *M. decussata* erhielt und in der Zeitschrift „Deutsche Baumschule" abbildete, stellte die Frage, ob denn die Art in Europa überhaupt in Kultur sei. Zwei Jahre später antwortete Andreas Bärtels, dass er die Pflanze nicht nur im tschechischen Arboretum Novy Dvur 1967 (Herkunft Botanischer Garten Taschkent 1957) gesehen habe, sondern 1968 von I. Musil aus Novy Dvur Stecklinge erhielt und im Forstbotanischen Garten Hann. Münden Pflanzen angezogen hat (Bärtels 1969). Von hier gelangten Stecklinge bzw. Pflanzen der vegetativ leicht vermehrbaren Art in viele Hände und Länder. Jetzt fand *M. decussata* nicht nur Anerkennung als Art, sondern startete in kurzer Zeit eine unglaubliche Karriere. Pflanzen wurden zu Gartenbauausstellungen in England 1973 (Award of Merit) und Holland 1976 (Goldmedaille zur Flora Nova in Boskoop), später auch in den USA (Cary Award in New England 1998) mit hohen Preisen geehrt. J. R. P. van Hoey Smith (Arboretum Trompenburg), der Pflanzen aus Stecklingen von A. Bärtels anzog, erhielt für seine Pflanze 1973 zur Chelsea Flower Show der Royal Horticultural Society in London die zweithöchste Auszeichnung. Er bedankte sich bei I. Musil und A. Bärtels dafür, dass *M. decussata* nun Eingang in gärtnerische Kultur finden konnte (Hoey Smith 1973a). Seit dieser Zeit ist die Art auch in der dendrologischen Literatur Mitteleuropas präsent (z. B. Krüssmann 1972, Hoey Smith 1973b–1982, Gelderen 1975). Nachdem A. Bärtels Zweige von Pflanzen aus Novy Dvur „Kordes-Jungpflanzen" zur Verfügung stellte, bot diese Baumschule dann ab 1975 *M. decussata* bereits im Handel an (Kordes 2018). Sie war also nicht erst seit den 1980er Jahren erhältlich, wie bei IUCN (2018) angegeben. Trotzdem muss es damals nicht so leicht gewesen sein, Pflanzen im Handel zu erlangen, denn mancher „Liebhaber" bediente sich in den folgenden Jahren noch in botanischen Gärten, so wurden Pflanzen gleich im Anzuchtbeet entwendet (Forstbotanischer Garten Göttingen, Bärtels 2018) oder nach ihrer Auspflanzung in Gartenquartiere gestohlen (Botanischer Garten Dresden, Schröder 2018).

Nicht nur in den 1970er Jahren (Hoey Smith 1973b), sondern bis heute dürften die meisten der im Handel erhältlichen Pflanzen auf die Pflanze in Novy Dvur und damit die Ursprungspflanze im Botanischen Garten Taschkent zurückgehen, also einen Klon darstellen (vgl. auch Bärtels 1978, Velička 1986, Eckenwalder 2009). Es wurden jedoch immer wieder über den internationalen Samentausch botanischer Gärten auch Pflanzen aus Samen angezogen, so bereits in den 1960er und 1970er Jahren u. a. in Polen (Rogow 1963, Samen aus Wladiwostok, Seneta 1981), in der ČSSR (z. B. Novy Dvur, Velička 1986) oder in Deutschland (BRD: Göttingen 1973/74, Samen aus Wladiwostok, Bärtels 2018; DDR: Dresden 1976/77, Samen aus Duschanbe/Tadschikistan, Schröder 2018).

In Nordamerika, wo die Art heute ebenfalls als vielseitig verwendbares Ziergehölz beliebt ist (Rose 2005), war der Zeitabstand zwischen Entdeckung der Art und ihrer Einführung in Kultur noch länger als in Europa. Im „Hortus Third" (Bailey & Bailey 1976), in dem alle in den USA und Kanada kultivierten Pflanzen enthalten sind, fand *M. decussata* noch keine Erwähnung.

6 Der Zwerglebensbaum als Ziergehölz

Unter den Nadelgehölzen für Gärten und Grünanlagen stellt *Microbiota decussata* eine der bedeutendsten Bereicherungen der letzten Jahrzehnte dar, was auch durch die rasche Ausbreitung in Kultur seit den 1970er Jahren in Europa und später in Nordamerika unterstrichen wird. Um Aussagen zur Eignung von *M. decussata* als Ziergehölz in Mitteleuropa zu erhalten, wurden 1980–82 im Arboretum Novy Dvur (zu Schlesischem Museum Opava gehörend, damals ČSSR) Kulturversuche durchgeführt (Velička 1986). Es wurden Wuchs und Entwicklung genetisch identischer Pflanzen (ca. 250, über Stecklinge von dem 1963 eingeführten Exemplar angezogen) unter differenzierten Boden- und Lichtbedingungen vergleichend untersucht.

Die frostharte Art ist anspruchslos an den Boden, sie gedeiht zwar optimal auf frischen Standorten, erträgt aber auch Trockenheit, sie wächst sowohl auf sauren als auch basenhaltigen Böden. Sie ist lichtliebend, gedeiht aber auch im Halbschatten, die früher verschiedentlich hervorgehobene Schattentoleranz hat sich nicht bestätigt. Die Pflanzen sind leicht über Samen und Stecklinge zu vermehren. Bisher sind keine Krankheiten oder Schädlinge bekannt, ein Vorzug gegenüber im Wuchs ähnlichen Wacholdern mit Kriechsprossen und/oder leicht ansteigenden Ästen. *M. decussata* eignet sich als Solitärpflanze oder für Gruppenpflanzungen für Vor- und Hausgärten, für Gebirgs-, Stein- und Heidegärten, für die Bepflanzung von Felsen, Mauern und Dachgärten, aber auch von Gräbern und Trögen, selbst als trittfester und schnittverträglicher Bodendecker (vgl. z. B. Bärtels & Schmidt 2014, Ehsen & Müller 2014).

Abb. 12: *Microbiota* im Botanischen Garten Perm (Russland). Foto: P. A. Schmidt.

Abb. 13: *Microbiota* gepflanzt an einem aufgeschichteten Steinwall an einer Touristenstation am Fuße des Falaza-Berges. Foto: P. A. Schmidt.

Im Gegensatz zur inzwischen erfolgten Ausbreitung und Verwendung als Ziergehölz in Mittel- und Westeuropa wie auch Nordamerika scheint die Art in Russland eher auf botanische Gärten und Arboreten (Abb. 12) beschränkt geblieben zu sein, obwohl immer wieder betont wird (z. B. Koropachinskyi & Vstovskaya 2002, Firsov & Orlova 2008), dass *M. decussata* für Grünanlagen, Gartenbau und Parks gut geeignet ist und breitere Verwendung verdient. Als die Art erste Auszeichnungen in Westeuropa erhielt, fand sie in dem umfassenden Werk über Ziergehölze in der UdSSR von Kolesnikov (1974) nicht einmal Erwähnung. Denisova & Pilipenko (1978) schrieben, dass sich die Art fast nicht in Kultur befindet und man die interessante Pflanze nur an wenigen Orten des Landes sehen kann, wobei sie lediglich die bereits o. g. botanischen Gärten und Arboreten (Chabarowsk, Taschkent, Leningrad, Moskau und Kiew; s. Kap. 3) aufführen. Unter den in den Grünanlagen der Stadt Ussurijsk gepflanzten Arten der natürlichen Flora (Fedina 2009) findet *M. decussata* keine Erwähnung, obwohl die Stadt in der Region Primorje, in der sich der Verbreitungsschwerpunkt der Art befindet, liegt. Allerdings konnten die Teilnehmer der DDG-Exkursion 2017 beobachten, dass Bewohner dieser Region die Art als Ziergehölz nutzen, denn sie siedelten von einem benachbarten natürlichen Vorkommen (Falaza-Berg) stammende Pflanzen an einer Mauer in einer nahegelegenen Touristenstation an (Abb. 13).

Von anderen, teils 200 Jahre und länger in gärtnerischer Kultur befindlichen Zypressengewächsen wie *Juniperus*, *Platycladus* oder *Thuja* wird eine Vielzahl abweichender Formen als Sorten kultiviert. Dies ist bei der erst wenige Jahrzehnte als Ziergehölz gepflanzten *M. decussata* (noch) nicht zu erwarten. Es sind aber im Gegensatz zur Angabe *„no cultivars"* bei IUCN (2018) bereits einige Cultivare bekannt. Auders & Spicer (2012) beschreiben drei: 'Gold Spot', 'Jakobsen', 'Sinclair'. Der „Plant Finder" (RHS 2018) kennt noch 'Trompenburg', benannt nach dem Arboretum, in dem van Hoey Smith die von ihm seit 1969 kultivierten *Microbiota*-Pflanzen (s. Kap. 5) beobachtete, worüber er mehrfach publizierte (Hoey Smith 1973b–1982).

Erwähnt sei noch, dass nach Koropačinskij & Vstovskaja (2002) und Firsov & Orlova (2008) *M. decussata* auch als Heilpflanze genutzt wird, letztere Autoren erwähnen zudem eine bodenverbessernde Wirkung.

Danksagung

Den Herren Rudolf Schröder (Dresden) und besonders Andreas Bärtels (Waake) sei für Informationen zur Einführung von *Microbiota decussata* in Kultur herzlich gedankt. Dr. Ulrich Pietzarka stellte freundlicherweise einige Abbildungen zur Verfügung. Der Erstautor dankt auch den russischen Kolleginnen und Kollegen der Staatlichen Landwirtschaftlichen Hochschule der Region Primorje in Ussurijsk für die Möglichkeit, *M. decussata* am natürlichen Standort kennenzulernen.

7 Literatur und andere Quellen

Ageenko, AS; Vasilev, NK; Globa-Michailenko, DA; Choljavko, VS (1982): Drevesnaya flora Dal'nego Vostoka. [Gehölzflora des Fernen Ostens]. Lesn. Prom., Moskva.

Aleksandrova, MS (1986): Seltene Nadelgehölze im Botanischen Hauptgarten der Akademie der Wissenschaften der UdSSR. Wiss. Z. Pädag. Hochschule Erfurt-Mühlhausen, Math.-Naturwiss. R. 22, 2: 51–54.

Anonymus (1940): Karta-schema Sichotë-Alinskogo zapovednika. [Karte des Zapovednik Sichote-Alin]. Archiv Staatl. Zapovednik Sichote-Alin. Inv.-Nr. 41.

Auders, AG; Spicer, DP (2012): Encyclopedia of Conifers, 2 vols. Kingsblue Publ. & Royal Horticultural Society, Nicosia.

Autorenkollektiv (1938): Trudy Sichote-Alinskogo zapovednika. Vypusk 1. [Schriften des Zapovednik Sichote-Alin. Jahrgang 1]. Poligrafkniga, Moskva.

Autorenkollektiv (1982): Rastitel'nyj i životnyj mir Sichote-Alinskogo zapovednika. [Pflanzen- und Tierwelt des Zapovednik Sichote-Alin]. Nauka, Moskva.

Autorenkollektiv (2000): Rastitel'nyj i životnyj mir Sichote-Alinskogo biosfernogo zapovednika: raznoobrazie, dinamika, monitoring. [Pflanzen- und Tierwelt des Biosphären-Zapovednik Sichote-Alin: Vielfalt, Dynamik, Monitoring]. Biologopočvenyj institut DVO RAN, Vladivostok.

Autorenkollektiv (2006): Rastitel'nyj i životnyj mir Sichote-Alinskogo zapovednika. [Pflanzen- und Tierwelt des Zapovednik Sichote-Alin]. Primorpoligrafkombinat, Vladivostok.

Autorenkollektiv (2016): Rastenija, griby i lišajniki Sichote-Alinskogo zapovednika. [Pflanzen, Pilze und Flechten des Zapovednik Sichote-Alin]. Dal'nauka, Vladivostok.

Bärtels, A (1969): Microbiota decussata Komar. Deutsche Baumschule 1969, 2: 50, 52.

Bärtels, A (1978): Ein neues interessantes Gartengehölz: Microbiota decussata. Gartenpraxis 1978, 7: 352–353.

Bärtels, A (2018): Schriftliche Mitteilungen.

Bärtels, A; Schmidt, PA (2014): Enzyklopädie der Gartengehölze. 2. Aufl. Ulmer, Stuttgart.

Bailey, LH; Bailey, EZ (1976): Hortus Third: A Concise Dictionary of Plants Cultivated in the United States and Canada. Macmillan, New York.

Barkalov, VJu; Vrišč, AE; Krestov, PV; Jakubov, VV (2011): Rastitel'nyj mir Ussurijskoj tajgi (polevoj atlas-opredelitel') / Plants of the Ussuri taiga (field guide). Dal'nevost. federal. univ. / Far Eastern Federal University, Vladivostok.

Bromlej, GF (1941–1942): Dnevniki. [Tagebücher]. Persönl. Archiv N. I. Labeckaja.

Callahan, S (2013): Comment to "*Microbiota decussata*". In: American Conifer Society: *Microbiota decussata*. http://conifersociety.org/conifers/microbiota/decussata/. Zugriff 31.08.2018.

Charkevič, SS; Kačura, NN (1981): Redkie vidy rastenij sovetskogo Dal'nego Vostoka i ich ochrana. [Seltene Pflanzenarten des sowjetischen Fernen Ostens und ihr Schutz]. Nauka, Moskva.

Dallimore, W; Jackson, AB (1966): A handbook of Coniferae and Ginkgoaceae. Arnold, London.

Debreczy, Zs; Rácz, I (2011): Conifers Around the World. Vols. 1–2. DendroPress, Budapest.

Demidov, AS (Red.) (2005): Drevesnye rastenija Glavnogo botaničeskogo sada im. N. V. Cicina RAN: 60 let introdukcii. [Die Gehölze des Botanischen Hauptgartens namens N. V. Zizin der Russischen Akademie der Wissenschaften: 60 Jahre Introduktionen]. Nauka, Moskva.

Denisova, GA; Pilipenko, FS (1978): Semejstvo Kiparisovye (Cupressaceae). [Familie Zypressengewächse]. In: Žizn' rastenij v šesti tomach. T. 4: Mchi, Plauny, Chvošči, Paporotniki, Golosemennye rastenija. [Das Leben der Pflanzen in 6 Bänden. Bd. 4: Moose, Bärlappe, Schachtelhalme, Farne, Nacktsamer]. Prosveščenie, Moskva. S. 383-398.

Earle, ChE (ed.) (2018): The Gymnosperm Database: *Microbiota decussata*. https://www.conifers.org/cu/Microbiota.php. Zugriff 31.08.2018.

Eckenwalder, JE (2009): Conifers of the world: The complete reference. Timber Press, Portland – London.

Ehsen, B; Müller, H-R (2014): Nadelgehölze und Rhododendron. BdB-Handbuch II. 3. Aufl. Cadmos, Schwarzenbek.

Eiselt, MG; Schröder, R (1976): Nadelgehölze. 4. Aufl. Neumann, Leipzig u. Radebeul.

Elias, TS (1986): The Distribution and Phytogeographic Relationships of the Woody Flora of the Soviet Far East. Aliso J. Syst. Evol. Bot. 11, 3: article 6. http://scholarship.claremont.edu/aliso/vol11/iss3/6.

Farjon, A (2010): A handbook of the world's conifers. 2 vols. Brill, Leiden & Boston.

Fedina, LA (2009): Rastenija prirodnoj flory v ozelenii g. Ussurijska (Primorskij kraj). [Pflanzen der natürlichen Flora in der Stadt Ussurijsk (Region Primorje)]. In: Problemy sovremennoj dendrologii. KMK, Moskva. S. 515–518.

Firsov, GA; Orlova, LV (2008): Chvojnye v Sankt-Peterburge. [Nadelgehölze in St. Petersburg]. Rostok, St. Peterburg.

Gadek, PA; Alpers, DL; Heslewood, MM; Quinn, CJ (2000): Relationships within Cupressaceae s. l.: a combined morphological and molecular approach. Am. J. Bot. 87: 1044–1057.

Gelderen, DM van (1975): Microbiota decussata. Dendroflora 1975, 11–12: 37

Gorbunov, JuN; Orlenko, ML (2005): Rastenija Krasnoj knigi Rossii v kollekcijach botaničeskich sadov i dendrariev. [Die Pflanzen des Roten Buches Russlands in den Sammlungen der botanischen Gärten und Arboreten]. GBS RAN, Moskva & IPP Grif i K, Tula.

Hoey Smith, JRP van (1973a): Brief an A. Bärtels und I. Musil. Persönl. Archiv A. Bärtels, Waake.

Hoey Smith, JRP van (1973b): *Microbiota decussata*. In: Two very rare conifers. Yearbook Intern. Dendrol. Soc. 1972: 50–52.

Hoey Smith, JRP van (1974): *Microbiota decussata*. Mitt. Deutsch. Dendrol. Ges. 67: 52–54.

Hoey Smith, J. R. P. van (1979): Ist *Microbiota* wirklich zweihäusig? Mitt. Deutsch. Dendrol. Ges. 71: 155–157.

Hoey Smith, JRP van (1982): *Microbiota decussata* monoecious. Yearbook Intern. Dendrol. Soc. 1981: 82.

IUCN (2018): IUCN Red List: *Microbiota decussata*. http://www.iucnredlist./org/details/30750/0. Zugriff 31.08.2018.

Jagel, A; Dörken, VM (2016): Die Zapfen der Zypressengewächse (Cupressaceae). Teil 2: Unterfamilie Cupressoidese. Mitt. Deutsch. Dendrol. Ges. 101: 19-40.

Jagel, A; Stützel, Th (2001): Untersuchungen zur Morphologie und Morphogenese der Samenzapfen von *Platycladus orientalis* (L.) Franco (= *Thuja orientalis* L.) und *Microbiota decussata* Kom. (Cupressaceae). Bot. Jahrb. Syst. 123,3: 377–404.

Kiermeier, P; Ehren, L von (2018): Lorenz von Ehren. Die Baumschule. Seit 1865. 5. Aufl. Baumschule Lorenz von Ehren GmbH & Co, KG, Hamburg.

Kolesnikov, AI (1974): Dekorativnaja dendrologija. [Ziergehölz-Dendrologie]. 2. Aufl. Lesnaja promyšlennost‘, Moskva.

Komarov, VL (1923): De Gymnospermis nonnullis asiaticis. Bot. Mater. Gerb. Glavn. Bot. Sada RSFSR 4: 177–181.

Komarov, VL (1934): Coniferales. In: Flora SSSR Bd. 1: 130-194. Akad. Nauk SSSR, Leningrad.

Kordes, G (2018): Schriftl. Mitteilung an A. Bärtels.

Koropačinskij, IJu; Vstovskaja, TN (2002): Drevesnye rastenija Aziatskoj Rossii. [Gehölze des asiatischen Teiles von Russland]. SO RAN Geo, Novosibirsk.

Krasnaja Kniga (1985): Krasnaja Kniga SSSR. Redkie i nachodjaščiesja pod ugrozoj isčeznovenija vidy životnych i rastenij. Tom 2. [Rotbuch der UdSSR. Seltene und vom Aussterben bedrohte Tier- und Pflanzenarten. Bd. 2]. 2. Aufl. Lesnaja promyšlennost‘, Moskva.

Krasnaja Kniga (2000): Krasnaja Kniga Chabarovskogo Kraja. Redkie i nachodjaščiesja pod ugrozoj isčeznovenija vidy rastenij i životnych. [Rotbuch der Region Chabarovsk. Seltene und vom Aussterben bedrohte Pflanzen- und Tierarten]. 2. Aufl. RIOTIP, Chabarovsk.

Krasnaja Kniga (2008a): Krasnaja Kniga Primorskogo Kraja. Rastenija. Redkie i nachodjaščie pod ugrozoj isčeznovenija vidy rastenij i gribov. [Rotbuch der Region Primorje. Pflanzen. Seltene und vom Aussterben bedrohte Pflanzen- und Pilzarten]. AVK Apel‘sin, Vladivostok.

Krasnaja Kniga (2008b): Krasnaja Kniga Rossijskoj Federacii. Rastenija i griby. [Rotbuch der Russischen Föderation. Pflanzen und Pilze]. KMK, Moskva.

Krauze-Baranowska, M; Mardarowicz, M; Wiwart, M (2002): The chemical composition of *Microbiota decussata*. Z. Naturforsch. C 57, 11–12: 998–1003.

Krestov, PV (2003): Forest Vegetation of Easternmost Russia (Russian Far East). In: Kolbek, J; Šrůtek, M; Box, EO (Eds.): Forest Vegetation of Northeast Asia. Kluwer, Dordrecht. S. 93–180.

Krüssmann, G (1967): *Microbiota decussata* Komar. Deutsche Baumschule 1967, 7: 201.

Krüssmann, G (1972; 1983): Handbuch der Nadelgehölze. 1. Aufl. 1972; 2. Aufl. 1983. Parey, Berlin und Hamburg.

Kurencova, GE (1968): Reliktovye rastenija Primor'ja. [Reliktpflanzen der Region Primorje]. Nauka, Leningrad.

Lappen, D (Hrsg.) (2015): Der Katalog. Baumschulen Lappen, Nettetal.

Letopis‘ (1936-1946): Letopis‘ prirody Sichote-Alinskogo zapovednika. [Chronik der Natur des Zapovednik Sichote-Alin]. Archiv Staatl. Zapovednik Sichote-Alin. Inv.-Nr. 1.

Man‘ko, JuI; Pimenova, EA (2012): B. A. Kolesnikov i Dal‘nij Vostok. [B. A. Kolesnikov und der Ferne Osten]. Dal‘nauka, Vladivostok.

Ouden, P den; Boom, BK (1965): Manual of Cultivated Conifers. Reprint 1978. Martinus Nijhoff, The Hague-Boston-London.

Pilát, A (1964): Jehličnaté stromy a keře našich zahrad a parků. [Nadelbäume und -sträucher unserer Gärten und Parks]. ČSAV, Praha.

Pilger, R (1926): Coniferae. In: Engler, A (Hrsg.): Die natürlichen Pflanzenfamilien nebst ihren Gattungen und wichtigeren Arten insbesondere den Nutzpflanzen 13: 121-166, 199–403. Engelmann, Leipzig.

Rehder, A (1940): Manual of Cultivated Trees and Shrubs Hardy in North America. Ed. 2. Macmillan, New York.

RHS (2018): Plant Finder 2018. Ed. 32. Royal Horticultural Society, London.

Rose, N (2005): *Microbiota decussata*: A Versatile Conifer. Arnoldia 63, 4: 15–16.

Salmin, Ju, A (1935–1937): Otčët „K biologii man'čžurskoj belki i kabargi". [Bericht zur Biologie des mandschurischen Eichhörnchens und Moschustieres]. Archiv Staatl. Zapovednik Sichote-Alin. Inv.-Nr. 10.

Salmin, Ju, A (1936–1939): Otčët „Ëkologija man'čžurskoj ili ussurijskoj belki". [Bericht „Ökologie des Mandschurischen oder Ussuri-Eichhörnchen"]. Archiv Staatl. Zapovednik Sichote-Alin. Inv.-Nr. 18.

Schmidt, PA (1983; 1985): *Microbiota decussata* Kom. – Microbiota, Zwerglebensbaum. Sammelblätter Gebirgspflanzen 3.03.19. Pflanzenbasar, Karl-Marx-Stadt 1983. Nachdruck in Gärtn.-Bot. Brief, Tübingen 1985.

Schmidt, PA; Lavrentyev, NV (2011): Egbert L. Wolf (1860–1931), ein deutscher und russischer Gärtner, Dendrologe und Botaniker in St. Petersburg. Mitt. Deutsch. Dendrol. Ges. 96: 11–32.

Schröder, R (2018): Mündliche Mitteilungen.

Seneta, W (1981): Drzewa i krzewy iglaste. [Nadelbäume und -sträucher]. Państw. Wyd. Naukowe, Warszawa.

Šiškin, IK (1935): *Microbiota decussata* Kom. kak ėlement rastitel'nogo pokrova Ussurijskogo kraja. [*Microbiota decussata* als Element der Pflanzendecke der Ussuri-Provinz]. Trudy Dal'nevost. Fil. AN SSSR, Ser. Bot. 1: 227.

Slavkina, TI (1961): Mikrobiota v Uzbekistane. Bjull. Glavn. Bot. Sada AN SSSR 42: 21–22.

Sokolov, SJa; Svjazeva, OA; Kubli, VA (1977): Arealy derev'ev i kustarnikov SSSR. Tom 1. [Die Areale der Bäume und Sträucher der UdSSR. Bd. 1]. Nauka, Leningrad.

Urusov, VM (1979): Ëkologo-biologičeskie osobennosti *Microbiota decussata* Kom. (Cupressaceae). [Ökologisch-biologische Besonderheiten von *Microbiota decussata*]. Botan. žurn. 64, 3: 362–377.

Velička, M (1986): *Microbiota decussata* Kom. v Arboretu Nový Dvůr (ČSSR) a její růstový vývoj. Čas. Slez. Muz. Opava (A) 35: 193–204.

Vorob'ev, DP; Voroshilov, VN; Gorovoj, PR; Šreter, AI (1966): Opredelitel' rastenij Primor'ja i Priamur'ja. [Bestimmungsbuch für die Pflanzen der Regionen Primorje und Priamurje]. Nauka, Moskva – Leningrad.

Vorošilov, VN (1982): Opredelitel' rastenij sovetskogo Dal'nego Vostoka. [Bestimmungsbuch für die Pflanzen des sowjetischen Fernen Ostens]. Nauka, Moskva.

Wikipedia (2018): *Microbiota decussata.* https://de.wikipedia.org/wiki/Sibirischer_Zwerg-Lebensbaum. Zugriff 31.08.2018.

Wolf, EL (1924): Dendrologische Mitteilungen aus Rußland. Mitt. Deutsch. Dendrol. Ges. 34: 334–336.

Zamjatnin, B (1963): K utočneniju charakteristiki *Microbiota decussata* Kom. [Zur Präzisierung der Charakteristik von *Microbiota decussata*]. Bot. Mater. Gerb. Bot. Inst. im. Komarova 22: 43–50.

Autoren:

Prof. em. Dr. Peter A. Schmidt
OT Sörnewitz, Am Wasserwerk 24
01640 Coswig, Deutschland

Svetlana N. Bondarchuk, Mikhail A. Salo
FGBU Sikhote-Alin State Nature Biosphere Reserve named after K. G. Abramov
Terney, Kraj Primorje, Russland

Ilya G. Bogachev
FGBUN Botanical Garden-Institute, Far East Branch of Russian Academy of Sciences
Vladivostok, Kraj Primorje, Russland

Mitt. Deutsch. Dendrol. Ges. (MDDG)	104	33–46	2019	ISBN 978-3-494-01794-5

Die Flügelnüsse *Pterocarya* und *Cyclocarya* (Juglandaceae)

Bernd Schulz

Zusammenfassung
Die Flügelnüsse sind zwei altweltlich verbreitete Gattungen mit 5 + 1 anerkannten Arten. Eine in einigen Merkmalen abweichende Art wird heute meist als *Cyclocarya* von der Gattung *Pterocarya* abgetrennt. In der vorliegenden Arbeit werden alle Arten besprochen und die kultivierten Arten vorgestellt.

Summary
The wingnuts *Pterocarya* Kunth 1824 and *Cyclocarya* Iljinsk.1953 (Juglandaceae DC. ex Perleb)
The wingnuts are two genera distributed in Eurasia, with 5 + 1 species. One species differs in some characteristics and is today usually separated as *Cyclocarya* of the genus *Pterocarya*. In the present work, all species are discussed and the cultivated species are presented.

Verwandtschaftliches Umfeld

Auch wenn sicher ist, dass die beiden Flügelnussgattungen nahe miteinander verwandt sind, ist das genaue verwandtschaftliche Verhältnis zueinander noch nicht endgültig geklärt (siehe Diskussion). Bereits frühere Arbeiten (z. B. Manning 1978, Schaarschmidt 1988) haben aber die Nähe der Walnuss, *Juglans* L. 1753, mit etwa 20 Arten in Eurasien sowie in Nord- bis Südamerika zu den Flügelnüssen erkannt. Diese natürliche Verwandtschaft bestätigen auch neuere phylogenetische Untersuchungen von Manos et al. (2001, 2007), die aber auch zugleich die Annahmen früherer Autoren zur Verwandtschaft innerhalb der Familie verbessern konnten.

Wal- und Flügelnüsse unterscheiden sich durch quer gefächertes Zweigmark und meist nackt überwinternde männliche Blütenstände von den anderen beiden Gattungen der Unterfamilie Juglandoideae: *Carya* Nutt. 1818 (Nordamerika und Ostasien) und *Platycarya* Siebold & Zucc. 1843 (Ostasien).

Die zweite zu den Walnussgewächsen gehörende Unterfamilie ist die der Engelhardioideae Iljinsk. 1990. Sie umfasst 3 (sub-)tropisch verbreitete Gattungen mit etwa 20 Arten: *Engelhardia* Lesch. ex Blume 1825 in Ost- und Südostasien, *Alfaroa* Standl. 1927 und *Oreomunnea* Oerst. 1856 von Mexiko bis ins nördliche Südamerika (Kolumbien). Alle bisher erwähnten Taxa besitzen unterständige Fruchtknoten. *Rhoiptelea chiliantha* Diels & Hand.-Mazz. 1932 ist Schwester der anderen beiden Unterfamilien. Die in Süd-China und Nord-Vietnam beheimate Art besitzt jedoch oberständige Fruchtknoten. Aufgrund dieser Abweichung wurde sie zuweilen als eigene Familie Rhoipteleaceae Hand.-Mazz. 1932 angesehen (APG I, 1988). Später wurde sie zu den Juglandaceae gestellt (APG II 2003, APG III 2009) und Reveal (2012) stellte für sie den Unterfamiliennamen Rhoipteleoideae auf.

Geschichte der Benennung

An der Benennungsgeschichte lässt sich die Entwicklung unserer Kenntnisse über die beiden Gattungen gut verfolgen. Hier werden zunächst nur die wichtigsten, überwiegend noch anerkannten (Fettdruck) Namen vorgestellt. Auf einige problematische Namen und Taxa wird in der Diskussion eingegangen und Synonyme sind bei den Arten angegeben. Die erste Kenntnis über die Flügelnüsse verdanken wir französischen Botanikern. André Michaux führte die Kaukasische Flügelnuss, *P. fraxinifolia*, als erste Art 1782 nach Frankreich ein (More & White 2005). Nach Tropicos.

org (2018) nannte J. L. M. Poiret (1755–1834) sie **1798** in J.-B. de Lamarcks (1744–1829) berühmter „Encyclopedie Methodique" *Juglans **fraxinifolia***. A. Michaux selbst (1746–1802) führte sie fünf Jahre später in seiner „Flora Boreali-Americana", die erst ein Jahr nach seinem Tod erschien, als *Juglans pterocarpa*. Den Gattungsnamen ***Pterocarya*** stellte K. S. Kunth (1788–1850) jedoch erst **1824** auf, mit *Juglans pterocarpa* Michx. 1803 als Typus. E. Spach (1801–1879) verwendete dann den ersten Artnamen und schuf **1834** die heute gültige Kombination ***Pterocarya fraxinifolia*** (Poir. in Lam.) Spach.

1845: P. F. von Siebold (1796–1866) & J. G. Zuccarini (1797–1848) beschrieben ***Pterocarya rhoifolia*** aus Japan.

1862: C. de Candolle (1836–1918) entdeckt ***Pterocarya stenoptera***.

1893: A. T. Batalin (1847–1896) beschreibt zwei weitere Arten: *Pterocarya* ***paliurus*** und ***P. macroptera***.

1898: A. R. Franchet (1834–1900) beschreibt *Pterocarya* ***delavayi*** und ***Pterocarya stenoptera*** **var.** ***tonkinensis***.

1899: Skan (1870–1939) entdeckt ***Pterocarya hupehensis***.

1904: C. K. Schneider (1876–1951) beschreibt die Hybride zwischen *P. fraxinifolia* × *P. stenoptera* als ***Pterocarya ×rehderiana***.

1916: A. Rehder (1863–1949) & E. H. Wilson (1876–1930) unterscheiden *Pterocarya* ***insignis***.

1929: L. Dode (1875–1943) erhebt Franchets Varietät in den Artrang: *Pterocarya tonkinensis*.

1953: Die Botanikerin I. A. Iljinskaja (1921–2011) stellt für *P. paliurus*, die sich in einigen Merkmalen auffällig von den anderen Flügelnussarten unterscheidet, eine neue Gattung *Cyclocarya* auf, so dass diese Art ***Cyclocarya paliurus*** (Batalin) Iljinsk. heißt.

1975: W. E. Manning (1899–2004) überführt *P. delavayi* 1898 und *P. insignis* 1916 als Varietäten zu ***Pterocarya macroptera***, die sich damit in 3 Varietäten **var. *delavayi*, var. *insignis*** und **var. *macroptera*** teilt.

Merkmale

Gefiederte Blätter gibt es in der Ordnung Fagales nur bei den Walnussgewächsen (inkl. *Rhoiptelea*). Sie sind typisch für Bewohner (sub-)tropischer Regionen, wo viele Walnussgewächse bis heute beheimatet sind. Nur Vertreter der Unterfamilie Juglandoideae sind in die gemäßigte Zone vorgedrungen. Die Arten der anderen Familien der Fagales, wie die Buchen- und Birkengewächse (Fagaceae, Betulaceae), besitzen einfache Blätter, bei den Casuarinaceae sind sie sogar stark reduziert, schuppenförmig.

Die Blätter der Flügelnüsse stehen wechselständig am Zweig. Bei einigen Arten finden sich an den Blattspindeln zwischen den Fiederblättchen flügelige Säume. Eine Endfieder ist vorhanden oder fehlt, der Rand der Fiedern ist gleichmäßig fein gesägt.

Oft wachsen die Flügelnussarten mehrstämmig. Trotz der für strauchförmigen Wuchs charakteristischen Mehrstämmigkeit weisen sie eine starke akrotone Förderung auf und werden mit Wuchshöhen von über 20 m und entsprechenden Stammdurchmessern stattliche Bäume. Ihr Zweigsystem zeigt eine beginnende Differenzierung in Lang- und Kurztriebe. Letztere sind einige Zentimeter lang und besitzen meist auch Seitenknospen. Alle Triebe enden mit relativ großen, vegetativen Endknospen. Die Seitenknospen sind unterschiedlich lang gestielt. Unter ihnen finden sich 1–3 absteigende Beiknospen.

In der Ordnung Fagales sind die Blüten eingeschlechtig und stehen meist in getrennten Blütenständen (Anpassung an die Windbestäubung). In der Regel sind beide Geschlechter auf einer Pflanze zu finden (einhäusig), seltener sind sie zweihäusig verteilt, wie in der Schwesterfamilie der Gagelstrauchgewächse (Myricaceae). Während die weiblichen Blüten der Flügelnüsse in langen, hängenden Ähren an diesjährigen Zweigen sitzen, befinden sich die männlichen in kürzeren Kätzchen. Die im Vorjahr angelegten männlichen Kätzchen überwintern entweder ungeschützt entlang der vorjährigen Zweige (Abb. 2d) oder am Grunde der Endknospe, wo sie anfänglich von hinfälligen Knospenschuppen geschützt dem Knospenkern anliegen (Abb. 15a, b). Die namensgebende Frucht besitzt Flügel, die vor allem von den Vorblättern gebildet werden. Sie vergrößern sich an der reifen Frucht entweder zweiseitig (*Pterocarya*) oder allseitig (*Cyclocarya*). Einige Autoren (Markowski 2007, Schaarschmidt 2017) glauben, dass die Vorblattbildungen der Juglandaceen von den Kernen, die sie dann als Nüsse bezeichnen, sauber trennbar sind. Eine Grenzziehung zwischen Vorblatt und Blütenbecher ist nach Leins & Erbar (2008) und eigener Anschauung jedoch nicht möglich. Deshalb gehören die fleischigen Hüllen bei Wal- und Hickorynüssen (*Juglans*, *Carya*) zur Frucht, die damit Steinfrüchte sind. Auch die Vorblattflügel der Flügelnuss sind nicht klar abzugrenzen und zählen zur Frucht. Genau gesehen sind auch ihre Früchte Steinfrüchte, denn zwischen dem holzigen Endokarp des Steinkerns und der festen Außenhülle (Exokarp), die sich in die Flügel fortsetzt, befindet sich ein schwammiges Mesokarp (Abb. 5a, 19a). Die Steinkerne der Flügelnüsse sind verschieden gebaut: Bei *Pterocarya* finden sich in der Sektion *Pterocarya* große, leicht aufbrechende Hohlräume (Abb. 8d), die sich in der Sektion *Platyptera* (Abb. 19) und bei der Gattung *Cyclocarya* (Abb. 24) nicht finden.

Wie die gefiederten Blätter verweisen auch die Knospen der Walnussgewächse auf ihre jüngere tropische Herkunft. Zum Vergleich: Bei den Gattungen der in der gemäßigten Zone verbreiteten und weit in den Norden vordringenden Birkengewächse sind die Knospen von Knospenschuppen geschützt und die Knospen der einzelnen Arten unterscheiden sich in den Gattungen nicht in ihrem Aufbau.

Im Gegensatz dazu sind die Knospen der beiden (sub-)tropisch verbreiteten Unterfamilien der Walnussgewächse nackt, während es innerhalb der artenreicheren Gattungen der Unterfamilie Juglandoideae, wie *Juglans* und *Carya*, sowohl Arten mit nackten Knospen als auch Arten mit Knospenschuppen gibt (Schulz 2013).

Wie diese beiden Gattungen zeigen auch die Arten der Flügelnüsse Unterschiede im Knospenschutz: Während die nackten Knospen bei *Cyclocarya* (Abb. 22a) und bei der Sektion *Pterocarya* (Abb. 2) aus großen, mit den Spitzen mehr oder weniger abstehenden Blättern bestehen, besitzen die Knospen der Sektion *Platyptera* zumindest anfangs Knospenschuppen und die folgenden Blätter sind kompakt zusammengelegt (Abb. 1b, 12, 13). Am Grund dieser geschützten Knospen finden sich auch die männlichen Blütenstände, dem kompakten Knospenkern anliegend und anfangs von den Knospenschuppen bedeckt (Abb. 15).

Material und Zeichnungen

Das untersuchte und gezeichnete Material stammt überwiegend aus einigen Botanischen Gärten (BG), denen ich herzlich danke: Ökologisch-BG Bayreuth, BG Berlin, BG Bonn, Stadtgebiet und BG Dresden, Hillier Gardens und BG Strasbourg.

Hinweis zu den Zeichnungen: Blüten und Früchte sitzen in hängenden Ähren, ihre Spitze zeigt in der Natur nach unten. Hier sind die weiblichen Blüten, die Früchte und Steinkerne in Seitenansichten mit ihren Spitzen nach oben dargestellt.

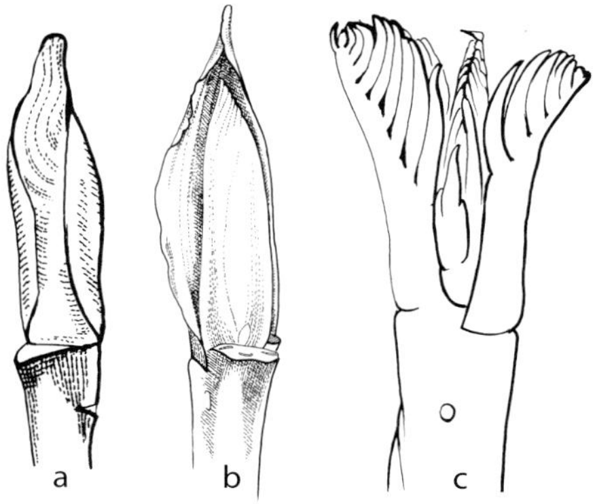

Abb. 1: *Pterocarya* Knospen: a *P. macroptera*, b *P. rhoifolia*, c *P. fraxinifolia*.

Schlüssel

1 Knospen anfangs mit Knospenschuppen, diese auch die männlichen Blütenstandskätzchen einschließend (Abb. 1a–b). Abgefallene Knospenschuppen hinterlassen am Zweig schmale Narben an der Jahresgrenze (Abb. 13b); männliche Kätzchen erscheinen mit den weiblichen an den neuen Trieben (Abb. 15) ***Pterocarya*, Sektion *Platyptera*** 2

1* Knospen ohne Knospenschuppen (Abb. 1c), männliche Blütenkätzchen entstehen am vorjährigen Holz (Abb. 2d) und überwintern nackt 3

2 Fiederblätter mit 11–21 Fiederblättchen (Abb. 14), Früchte mit Flügeln bis 2,5 cm breit (Abb. 18) . . . . ***P. rhoifolia***

2* Fiederblätter mit bis zu 7–13 Fiederblättchen, Früchte (Abb. 20) mit Flügeln meist deutlich über 3,5(–5) cm breit . . . . ***P. macroptera***

3 Frucht deutlich zweiseitig geflügelt, (Abb. 6a) ***Pterocarya*, Sektion *Pterocarya*** 4

3* Frucht ringsherum breit geflügelt (Abb. 24a), etwa 3,5–4 cm Ø . . . . ***Cyclocarya paliurus***

4 Frucht mit kurzen Flügeln (Länge zu Breite unter 2 : 1) (Abb. 6a) **5**
4* Fruchtflügel lang und schmal (Länge zu Breite über 2 : 1) (Abb. 8a) **6**
5 Fiederblättchen meist ≥ 11; häufigste Art in Kultur . . . . ***P. fraxinifolia***
5* Fiederblättchen meist 5–9(–15); nicht in Kultur befindliche Arten aus China . . . . ***P. hupehensis***
6 Blattspindel zwischen den Blättchen geflügelt (Abb. 7b) **7**
6* Blattspindel nicht geflügelt ***P. stenoptera* var. *tonkinensis***
7 Flügel an der Fiederblattspindel gezähnt (Abb. 7b) . . . . ***P. stenoptera***
7* Flügel an der Fiederblattspindel ungezähnt ***P. ×rehderiana***

Sektionen und Arten

Sektion *Pterocarya*

Männliche Blütenstände im Vorjahr angelegt, nackt überwinternd (Abb. 2d). Laubknospen sehr groß, nackt, gefiederte Blattspreiten nach außen weisend und Knospen dadurch an der Spitze breiter als am Grund (Abb. 2a, e, 3a). Steinkerne mit Hohlräumen (Lakunen), sichtbar im Längsschnitt nur in einer Schnittebene.

***Pterocarya fraxinifolia* (Poir. in Lam. 1798) Spach 1834, Kaukasische Flügelnuss**

(*Juglans fraxinifolia* Poir. in Lam., *Juglans pterocarpa* Michx., *Wallia fraxinifolia* (Poir. in Lam.) Alef. 1861, *Pterocarya caucasica* C. A. Mey. 1831, *P. dumosa* Lavallée 1877)

Blüten: Männliche Blüten in nackt überwinternden Kätzchen (Abb. 2d, 4a), sich zu bis 15 cm langen, dann überhängenden, walzigen Ähren entfaltend, in jedem Tragblatt bis 10(–12) sitzende Staubblätter; weibliche Blüten am diesjährigen Austrieb, hängende, bis 45 cm lange Ähren, Fruchtknoten unterständig, mit 4 Kelchblättern, die zweilappige Narbe glasig, durchscheinend, pinkrosa überlaufen (Abb. 3b).

Frucht: Zentraler Körper kegelförmig zugespitzt, mit breiten, abgerundeten Flügeln, zusammen bis 18 mm breit. Auf der Frucht rel. viele Schülferhaare, auf den Flügeln weniger. Bei eini-

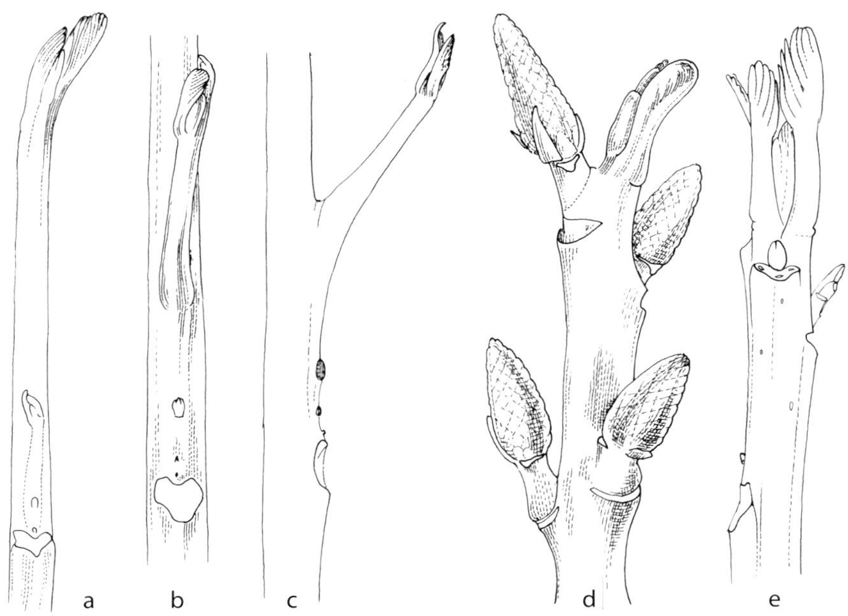

Abb. 2: *P. fraxinifolia* (Dresden), a Spitze eines Schossers, b, c gestielte Seitenknospe mit 3 winzigen absteigenden Beiknospen, d Kurztrieb von vergreistem Zweig mit 4 kegelförmigen Knospen der männlichen Blütenkätzchen, e *P. hupehensis* (Hillier), normal gewachsene Zweigspitze.

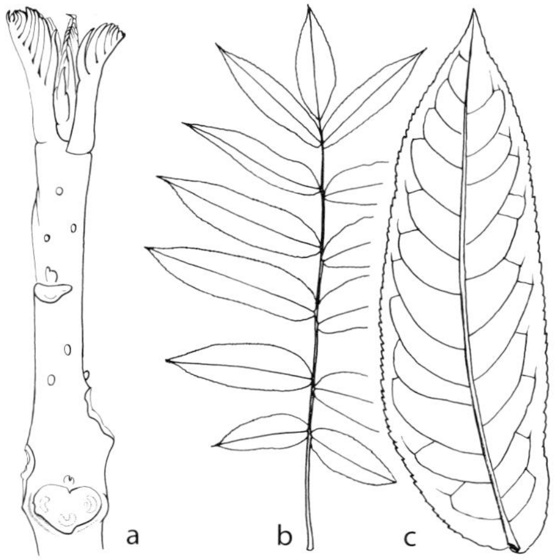

Abb. 3: *P. fraxinifolia* (Dresden), a Zweig mit nackter Endknospe, b Blatt, c Fiederblättchen.

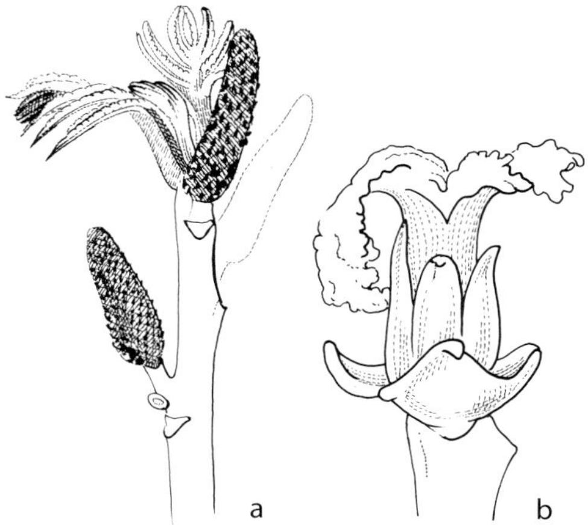

Abb. 4: *P. fraxinifolia* (Dresden), a Zweig mit männlichen Blütenkätzchen kurz vor der Entfaltung im Frühjahr, b weibliche Blüte.

gen Früchten sind die Fruchtflügel als schmaler Saum über dem Fruchtkörper verbunden (Abb. 6a), bei anderen Früchten sind sie auf der Oberseite deutlich getrennt (Abb. 5b). Solche Unterschiede scheinen innerhalb eines Fruchtstandes aufzutreten (basale Früchte verbunden, distale Flügel tiefer getrennt).

Steinkern (Abb. 5d, 6c) zugespitzt, mit Leisten, diese entspringen am Grund und verstärken sich allmählich. In der oberen Hälfte enden sie und laufen in die Spitze aus. Im Längsschnitt sind in einer Ebene große Lakunen (Abb. 6e) zu sehen.

Blätter (Abb. 3b–c): *P. fraxinifolia* besitzt die größten Blätter in der Gattung. An Blütentrieben sind sie bis 40(–45) cm, an Langtrieben bis 60 cm lang, mit 11–21 lang zugespitzten, gezähnten, bis

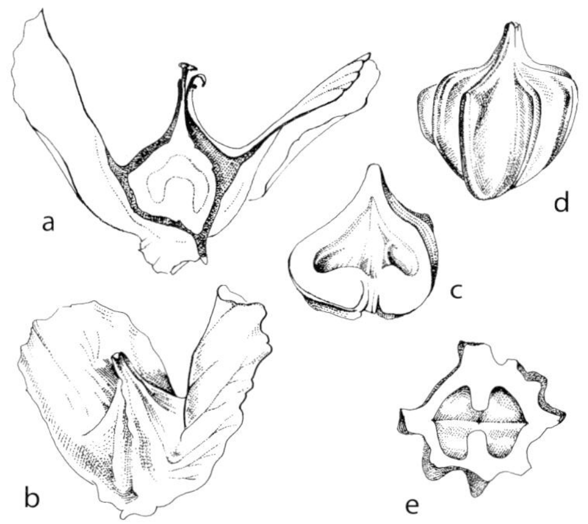

Abb. 5: *P. fraxinifolia* (Dresden), a–b Frucht (a Längsschnitt), c–e Steinkern (c Längs- und e Querschnitt).

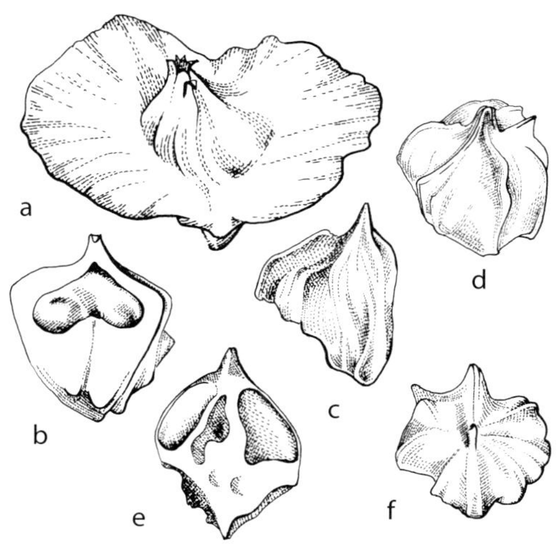

Abb. 6: *P. fraxinifolia* (Strasbourg), a Frucht, b–f Steinkern (b und e Längsschnitt, in e Lakunen sichtbar).

16 cm langen Blättchen, immer mit Endfieder. Die Blättchen sind unterseits fast kahl und nur in den Nervenwinkeln gebärtet, die ungeflügelte Blattspindel und die Mittelrippe sind mit braunen Schildhaaren besetzt.

Zweige olivgrün mit hellen Lentizellen; unter der Endknospe fast deckend mit rotbraunen Schildhaaren besetzt. Mark gefächert, weißlich, 1,2 mm bei 4,5 mm Ø. **Knospen** (Abb. 2) nackt, Blattspreiten der äußeren Blätter mit deutlich sichtbaren Fiedern, mit den Spitzen nach außen gebogen, rotbraun bis dunkelbraun durch deckende Schildhaare. Unter den Seitenknospen finden sich nach eigenen Beobachtungen an wüchsigen Langtrieben bis 3, offen liegende und an der Färbung gut erkennbare Beiknospen, nach SCHAARSCHMIDT (2017) bis 4 Beiknospen.

Bis über 25 m hoher, mehrstämmiger Baum mit dunkler, tiefgefurchter Rinde. Sich mit Wurzelschossern ausbreitend und Dickichte bildend. Kaukasus, Nord-Iran.

var. *dumosa* C. K. SCHNEID.

„Zweige ± auffällig gelbolivbräunlich, Blätter dichter stehend, dgl. Blättchen, diese im Mittel nur etwa 6 : 1,7 cm. […] in Tracht recht abweichend, aber spezifisch kaum verschieden. Wohl Kulturform."

H. G. REICHENBACH (1824–1889) zitiert im Gardeners' Chronicle 1877 aus Aufzeichnungen von VAN VOLXEM aus dem Kaukasus, nahe Lagodechi, im Osten Georgiens: *„In der Nähe des Flusses gibt es ausgedehnte Sümpfe, wo ich die* Pterocarya caucasica *sah, manchmal als riesiger Baum wachsend, und manchmal als strauchiger Busch, die beiden Formen kommen nebeneinander vor, so dass kein Zustand des Bodens oder der Exposition die Tatsache erklären kann, und es gibt, soweit ich es sehe, keine Zwischenform, und ich konnte keinen Unterschied zwischen den beiden Formen feststellen, außer hinsichtlich ihres Habitus' und ihrer Größe."*

Mehrfach wurden 2 Arten für den Kaukasus angenommen. DIPPEL (1892) verwendet für die Varietät den Namen *P. fraxinifolia*, während er für die typische Varietät den Namen *P. caucasica* C. A. MEYER 1831 verwendet. *P. caucasica* ist jedoch durch den Verweis auf *Juglans pterocarpa* MICHX. typifiziert und damit relativ sicher nur ein Synonym von *P. fraxinifolia*. Zugleich verweist DIPPEL auf den Namen *P. spachiana* LAVALLÉE (1882). Letzterer unterschied in einem Vortrag eine Pflanze ungewisser Herkunft: „P. spachiana *wurde mit* P. fraxinifolia *verwechselt, aber das Studium und der mehrjährige Vergleich der beiden lebenden Bäume, die unter demselben Namen zusammengefasst wurden, erlaubte Herrn Lavallée festzustellen, dass sie zu zwei vollkommen verschieden Arten gehören."* Leider werden keine Merkmale angegeben.

In Kultur findet sich wohl nur die typische var. *fraxinifolia*.

Im zentralen China ersetzt ***Pterocarya hupehensis*** SKAN *P. fraxinifolia*. *P. hupehensis* ist eine der 5 in der Flora of China anerkannten Arten. Ihr wird *P. sprengeri* PAMPANINI (1915) zugeordnet. SKAN selbst schließt *P. hupehensis* an *P.* (*macroptera* var.) *delavayi* aus der Sektion *Platyptera* an. Das Typusexemplar (Holotypus) 6158 aus „Dr. Aug. Henry's Collections from Central China 1885–88" (Etikett) im Natural History Museum London zeigt einen etwas vergreist wirkenden Zweig mit Fruchtständen. Die Früchte sind bis etwa 2,7 cm breit und die Blätter besitzen nur 5 Fiederblättchen (an einem relativ schwach entwickeltem Triebabschnitt). Sowohl die nackten Knospen als auch das Fehlen von Narben ehemaliger Knospenschuppen zeigen, dass das Taxon, entgegen SKANS Annahme, zur Sektion *Pterocarya* gehört. Diese Zuordnung nehmen auch REHDER (1940) und L. ANMIN et al. (1999) vor und dem entspricht auch der gesehene Zweig aus Hillier Gardens:

Blätter 5–9-fiedrig, Blättchen schwach zugespitzt, Rhachis fast kahl. Fruchtflügel etwa 13 mm breit.

Pterocarya stenoptera C. DC. 1862, Chinesische Flügelnuss

(*P. laevigata* hort. ex LAVALLÉE 1877, *P. chinensis* hort. ex LAVALLÉE 1865, *P. sinensis* hort. ex LAVALLÉE 1877, *P. japonica* Dippel 1892, *P. esquirolii* H. LÉV. 1916)

Blüte ähnlich *P. fraxinifolia*, Blütenstände etwas kürzer (männlicher bis 6,5 cm, weiblicher bis 30 cm lang). **Frucht** (Abb. 8, 9) mit schmalen, im spitzen Winkel zueinander stehenden Flügeln. Sowohl Winkel als auch Flügelform sind relativ variabel: Am Grund des Fruchtstandes sind die Flügel breiter und der Winkel stumpfer, zur Spitze werden die Flügel immer schmaler und der Winkel immer spitzer, bis die Flügel fast parallel stehen. Die in Abb. 8 gezeigte Frucht stammt aus der unteren Hälfte des Fruchtstandes, nicht von der Spitze.

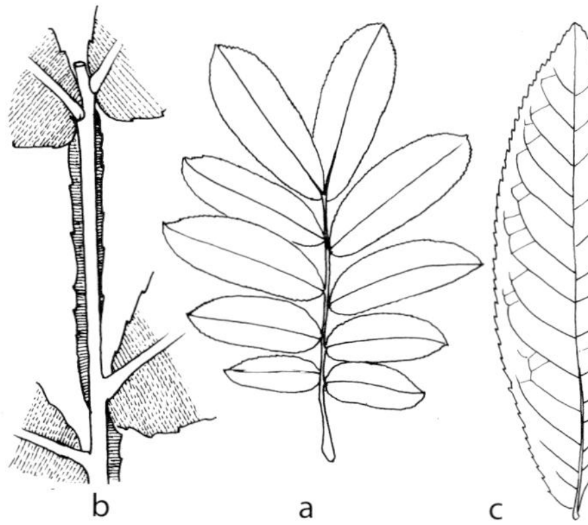

Abb. 7: *P. stenoptera* (Strasbourg), a Blatt, b Ausschnitt Blattspindel, c Fiederblättchen.

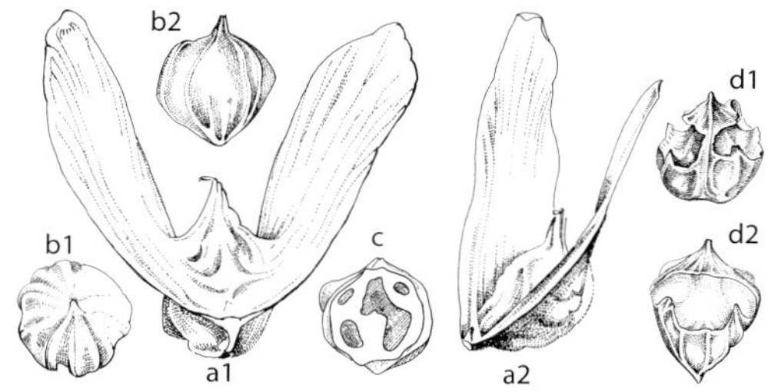

Abb. 8: *P. stenoptera* (evtl. *P.* ×*rehderiana*, Bonn), a Frucht in 2 Ansichten, b–d, Steinkerne (b1 seitlich, b2 von oben, c Längsschnitt, d Außenwände der Lakunen beim Freilegen des Steinkerns aufgebrochen.

Steinkern mit großen Lakunen. Diese sind nur durch sehr dünne Wandbereiche abgeschlossen, die beim Freipräparieren leicht aufbrechen, so dass tiefe Einschnitte (wie von zwei Seiten angebissen) entstehen (Abb. 8d).

Blätter (Abb. 7) mit bis zu 20(–24) Fiedern, bis 40 cm lang, meist ohne Endfieder. Fiederblättchen bis 8 cm lang, gezähnt, Spitze rundlich, nur kurz zugespitzt. Blattspindel und Mittelrippe unterseits behaart, sonst fast verkahlend. Blattspindel geflügelt, Flügel 2–3 mm breit, gezähnt. **Knospen** nackt braungelb bis dunkelbraun.

Bis 25 m hoher in China, Japan und Korea beheimateter Baum. Aus dem Süden des Verbreitungsgebiets Süd-Yunnan, Vietnam und Laos stammt die gelegentlich als eigene Art aufgefasste **var. *tonkinensis*** Franch. 1898 (*P. tonkinensis* (Franch.) Dode 1929) mit ungeflügelten Blattspindeln (Anmin et al. 1999). Sie ist vermutlich nicht frosthart. Die im BG Berlin gesehene Pflanze gehörte eindeutig zur var. *stenoptera*.

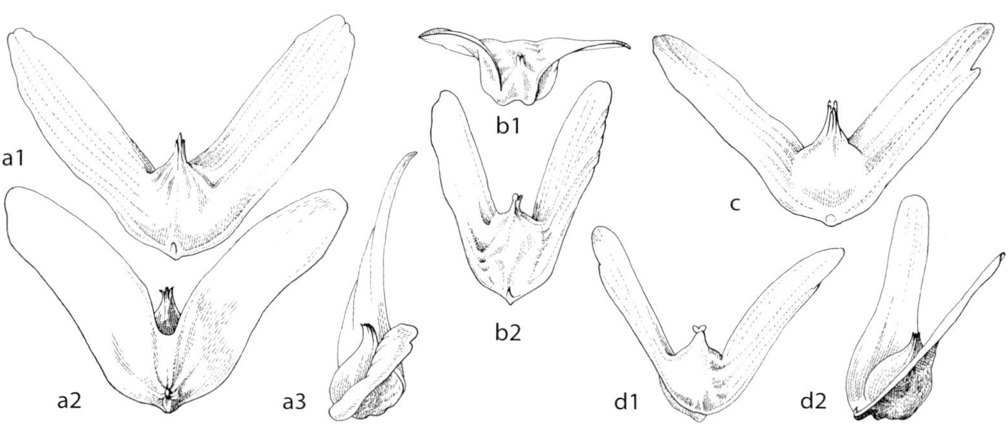

Abb. 9: *P. stenoptera* (Bayreuth), 4 Früchte in verschiedenen Ansichten, a1, b2, c und d1 von abaxial, a2 vom Ansatz (adaxial), b1 von der Spitze, a3 und d2 schräg seitliche Ansichten.

***Pterocarya* ×*rehderiana* C. K. Schneid. 1904, Hybrid-Flügelnuss**
(*P. fraxinifolia* × *P. stenoptera*)
Immer wieder entsteht, v. a. aus Saatgut von *P. stenoptera*, wenn beide Arten beieinander stehen, diese Hybride. Erstmals soll sie 1879 im Arnold Arboretum entstanden sein. Von dort schickte A. Rehder Material an Schneider, der die Hybride nach ihm benannte. **Blätter** sind etwas kleiner als bei *P. fraxinifolia*, an Langtrieben nur wenig über 40 cm lang. 12–24 Fiederblättchen, meist ohne Endfieder. Die Blattspindeln sind nur schwach flügelig gesäumt, diese Säume ungezähnt, um 1 mm breit. **Knospe** nackt, bei unterschiedlichen Exemplaren verschiedene Brauntöne beobachtet: von dunkelbraun bis heller und leuchtender rotbraun als bei *P. fraxinifolia*.

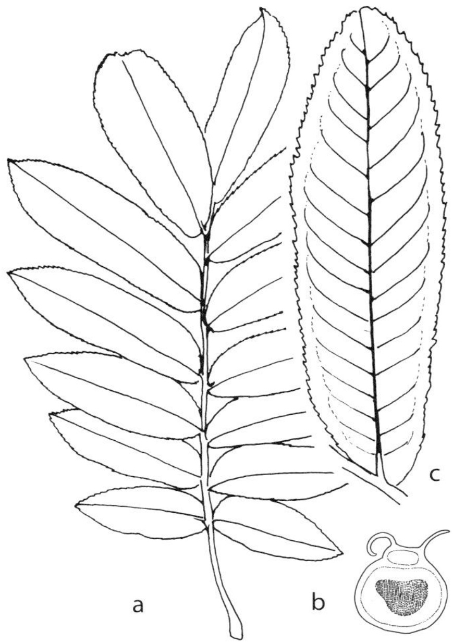

Abb. 10: *P.* ×*rehderiana* (Strasbourg), a Blatt, b Querschnitt Blattspindel, c Fiederblättchen.

Sektion *Platyptera* Nagel 1914
(Sektion *Chlaenopterocarya* Rehder & E. H. Wilson 1916)

Bei *P. rhoifolia* und *P. macroptera* überwintern die männlichen Blütenstände in der Endknospe. Diese Winterknospen sind zugespitzt und – zumindest anfänglich – von Schuppen eingeschlossen. Innerhalb der frühzeitig abfallenden Knospenschuppen sind die weiteren Blätter zu einem kompakten Kern zusammen gelegt. Steinkerne ohne Hohlräume (Lakunen).

***Pterocarya rhoifolia* Siebold & Zucc.1845, Japanische Flügelnuss**
(*P. sorbifolia* Siebold & Zucc. 1845)
Blüten in länglichen, hängenden Ähren, weibliche bis 30 cm lang, Blüte unscheinbar, Fruchtknoten

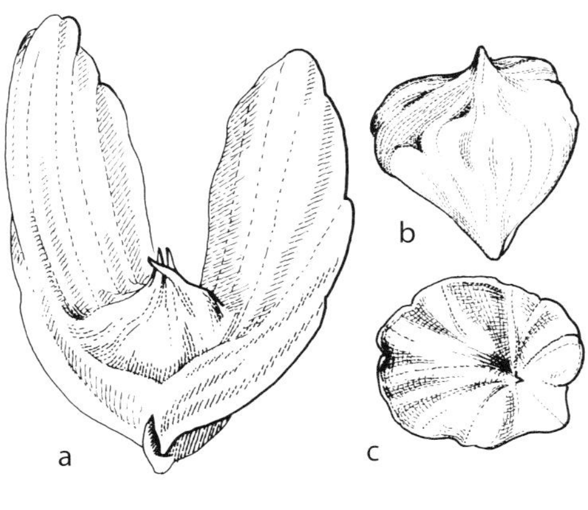

Abb. 11: *P.* ×*rehderiana* (Strasbourg), a Frucht, b Steinkern seitlich, c von oben.

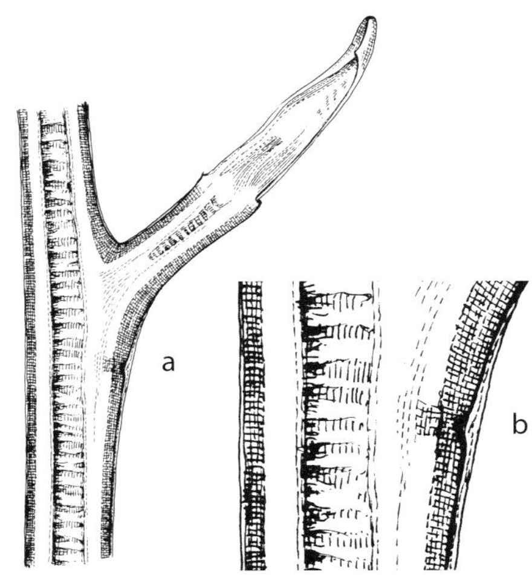

Abb. 12: *P. rhoifolia* (Dresden), a gestielte Knospen im Längsschnitt, b Ausschnitt. a und b auf Höhe der eingesenkten Beiknospe.

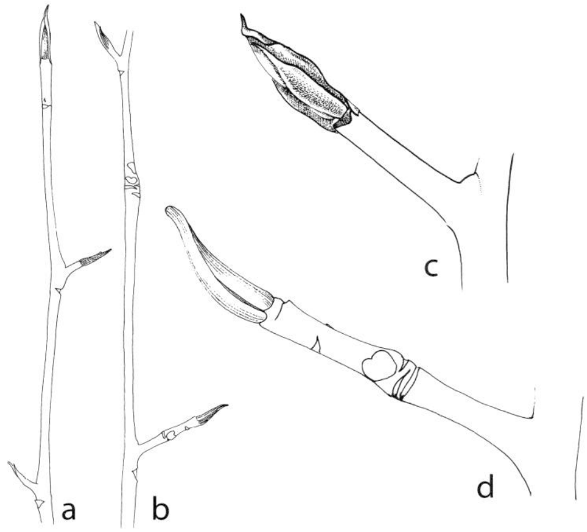

Abb. 13: *P. rhoifolia* (Dresden), a Zweigspitze(einjährig) mit gestielten Knospen, b Fortsetzung (oberstes Drittel einjährig), unten am zweijährigen Abschnitt mit Kurztrieb, c gestielte Seitenknospe, d Kurztrieb.

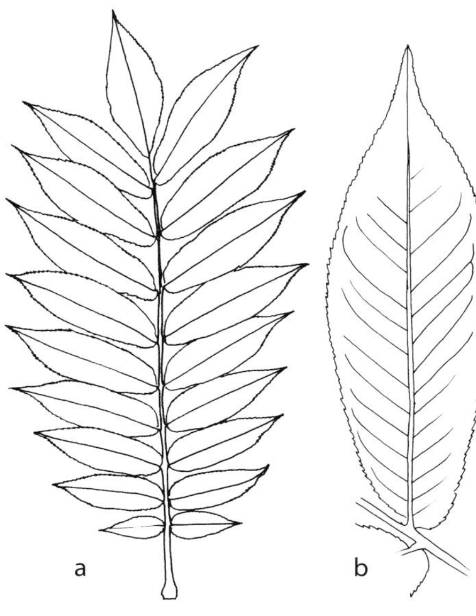

Abb. 14: *P. rhoifolia* (Dresden), a Blatt, b Fiederblättchen.

unterständig, in einer schuppenförmigen Tragblattachsel, seitlich mit den beiden Vorblätter verwachsen, mit 5 zur Hälfte verwachsenen Perigonblättern und zwei pinkrosa überlaufenen Narbenästen.

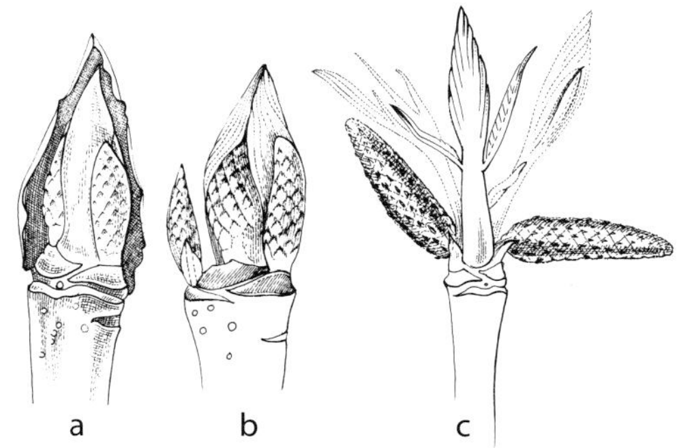

Abb. 15: *P. rhoifolia* (Dresden), männliche Blütenstandsknospen (Kätzchen), a in der Knospe, b nach Verlust der Knospenschuppe(n) frei, c sich entfaltend.

Abb. 16: *P. rhoifolia* (Dresden), weibliche Blüte.

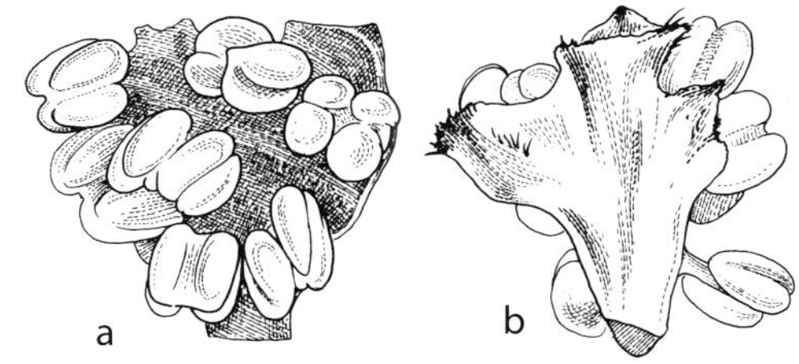

Abb. 17: *P. rhoifolia* (Dresden), männliche Blüte, a von unten, b von der Seite des Tragblattes.

Männliche Blüten dicht in 8 cm langen walzigen Ähren stehend, je 7–10 sitzende gelbgrüne Staubblätter in der Achsel eines 3-lappigen Hochblattes aus verwachsenen Trag- und Vorblättern.

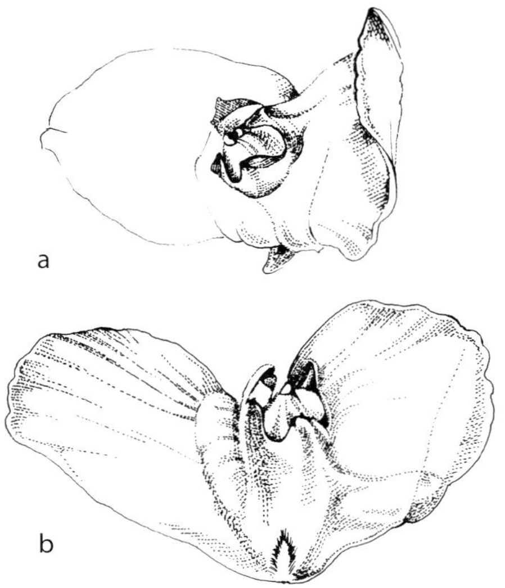

Abb. 18: *P. rhoifolia* (Dresden), Frucht in zwei Ansichten.

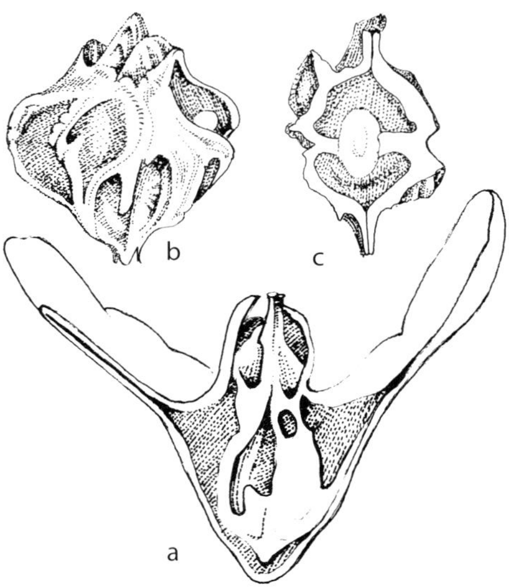

Abb. 19: *P. rhoifolia* (Dresden), a Frucht längs aufgeschnitten, b Steinkern, c derselbe im Querschnitt (schwammige Mesokarpschicht schraffiert).

Frucht (Abb. 18) leicht glänzende Oberfläche (glatter als bei *P. fraxinifolia*), mit Schülferhaaren. Mit Flügeln um 17 mm breit, Spitze gedrungen und abgerundet. **Steinkern** (Abb. 19) mit verschiedenartig durchbrochenen, vernetzten Leisten, kurz zugespitzt, Spitze umgeben von einem vielspitzigen fransigen Saum.

Blätter (Abb. 17) unpaarig gefiedert, mit bis 21 Fiedern, die Zahl der Fiederblättchen steigt mit der Blattlänge. Die Längenangaben unterscheiden sich bei den verschiedenen Autoren. Während Rehder (1940) eine Spanne von 20–40 cm angibt, liegt die Obergrenze in den gegenwärtigen deutschen Bestimmungswerken bei 30 cm: Schaarschmidt (2017) gibt 25(–30) cm und Roloff & Bärtels (2018) geben 20–30 cm an. Auch Anmin et al. (1999) und Lamant (2000) geben eine „Normallänge" von 20–25 bzw. 30 cm an, wobei sie jedoch die Obergrenze bei 40 cm Länge sehen. Tatsächlich liegt die Länge der Blätter auf zahlreichen im Internet einsehbaren Herbarbelegen in der Spanne der Normallänge. Da Botaniker, sofern vorhanden, immer Blüten- oder Fruchtzweige sammeln, handelt es sich bei den Blättern in den eingesehenen Herbarien fast ausschließlich um Blätter an kurztriebartigen Blüten- bzw. Fruchtzweigen, die gewöhnlich kleiner, als Langtriebblätter sind (Dörken 2010). Vielleicht kommt noch dazu, dass größere Blätter schlechter auf den Herbarbogen passen. Beides führt zu einer Selektion auf kleinere Blätter.

Nach eigenen Beobachtungen an der etwas eingezwängten Pflanze im BG Dresden sind die Blätter an kurztriebartigen Fruchtzweigen 20–25 cm lang, an normalen Langtrieben jedoch 33–38–46 cm. In optimaler Lage dürften Blattlängen von über 50 cm möglich sein. Die Fiederblättchen sind bis 12 cm, an Langtrieben bis 16 cm lang, unterseits auf den Nerven büschelhaarig, in den Nervenwinkeln hell gebärtet, Rand scharf gesägt. **Zweig** kahl, graubraun, Mark gefächert, weiß–hell ockergrau, 1,2 mm bei 3,7 mm Ø.

Unter den gestielten Seitenknospen befindet sich meist eine Beiknospe. Diese ist in die Rinde eingesenkt und äußerlich durch eine kleine Vertiefung über der Blattnarbe und im Längsschnitt sichtbar (Abb. 12). Selten kultivierter, über 20 m hoch werdender Baum aus Japan.

P. macroptera **Batalin**

Batalin (1893) beschrieb die Art nach von Potanin (1885) gesammeltem Material. Namensgebendes Merkmal sind die großflügeligen Früchte (gr. makro- = groß, pterón = Flügel): Einzelflügel 23–25–30 [mm] lang („*ala sola 23–25–30* [mm] *long*") und Steinfrucht mit Flügeln 45–60 mm lang („*drupa cum alis 45 usque 60* [mm] *long*") Dem entsprechen auch die Früchte der beobachteten Pflanze aus Strasbourg (vgl. TOURNAY 2010).

Von der in China beheimateten Art wurden mehrere Taxa zuerst als eigene Arten beschrieben, bevor sie MANNING (1975) als Varietäten zu *P. macroptera* stellte. ANMIN et al. (1999) unterscheiden sie wie folgt:

1 Blattstiel 2–6 cm lang; Fruchtstandspindel kahl; Früchte ganz oder fast kahl .... **var. *insignis***
1* Blattstiel 4–13 cm lang; Fruchtstandspindel und Früchte dicht behaart **2**
2 Blattstiel 4–8 cm lang; Fruchtflügel elliptisch-rhomboid, 2–3 × ca. 2 cm .... **var. *macroptera***
2* Blattstiel 5–13 cm lang; Fruchtflügel rundlich-eiförmig bis elliptisch, 1–2,5 × 1–1,3 cm **var. *delavayi*** (= *P. forrestii* W. W. SMITH.)

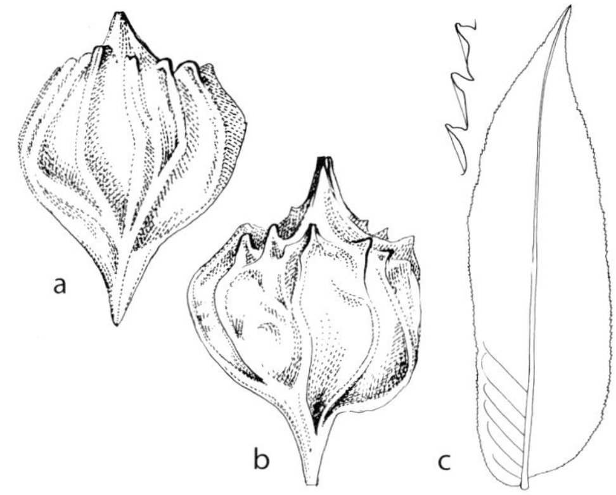

Abb. 21: *P. macroptera* (Strasbourg), a–b Steinkerne, c Fiederblättchen.

Die Fruchtform (Abb. 20) ist sehr ähnlich der von *P. rhoifolia*, besonders in der typischen Varietät aber viel größer: mit Flügeln über 4 cm breit. Der Steinkern ist auf beiden Seiten zugespitzt, unterhalb der oberen Spitze ist er jedoch, wie bei *P. rhoifolia*, etwas erweitert. In dieser kragenförmigen Erweiterung enden die Rippen in kleine Spitzen (Abb. 21 a–b).

Blatt etwa 40 cm lang, Spindel dicht filzig behaart, ungeflügelt, mit bis 13 Fiederblättchen. Fiedern (Abb. 21c) unterseits auf der Mittelrippe abstehend büschelig behaart, in den Nervenwinkeln dichter, Seitennerven lockerer behaart; oberseits auf der Mittelrippe nur schwach behaart, sonst fast kahl. **Endknospe** (Abb. 1a) mit einer Knospenschuppe, diese etwas behaart, zur Spitze gelbgrün (September); nächste Knospenblätter hellbraun, dicht behaart, mit sichtbarer Fiederstruktur, aber dem Knospenkern dicht anliegend. Bis 25 m hoher Baum in Südost- bis Zentralchina.

Cyclocarya paliurus **(BATAL.) ILJINSK. 1953**
(*Pterocarya paliurus* BATALIN 1893, *P. laruei* H. LÉV. 1916, P. *serrata* C. K. SCHNEID. 1912)
Die Gattung ***Cyclocarya*** schließt sich an *Pterocarya* an. Gemeinsam sind ihnen gefächertes Mark und geflügelte Früchte. Unterschiedlich sind die Flügelform (Abb. 24a–b), aber auch die Blüte:

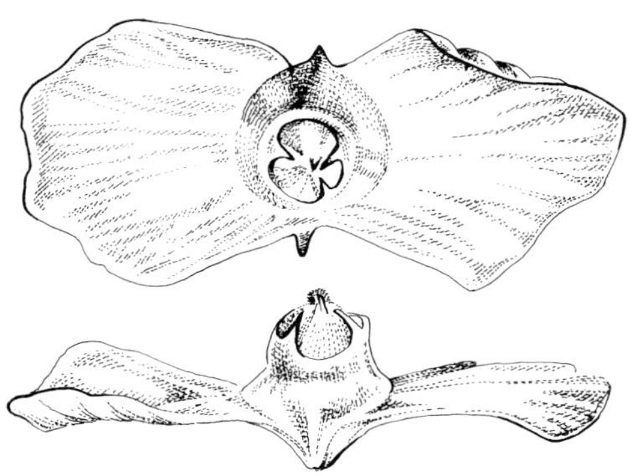

Abb. 20: *P. macroptera* (Strasbourg), Frucht in zwei Ansichten.

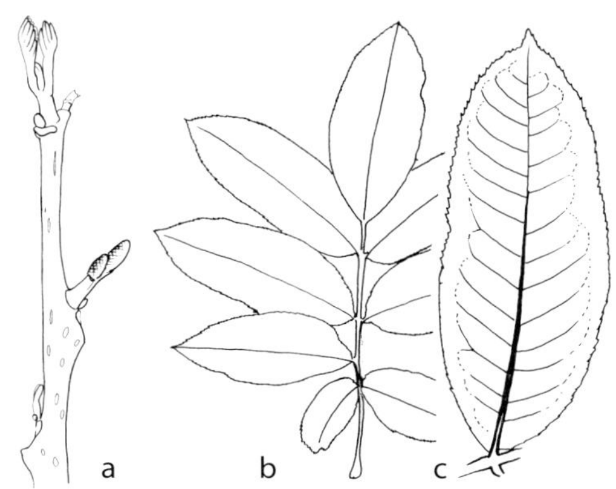

Abb. 22: *Cyclocarya paliurus* (Dresden): a Winterzweig mit nackter Endknospe, b Blatt, c Fiederblättchen.

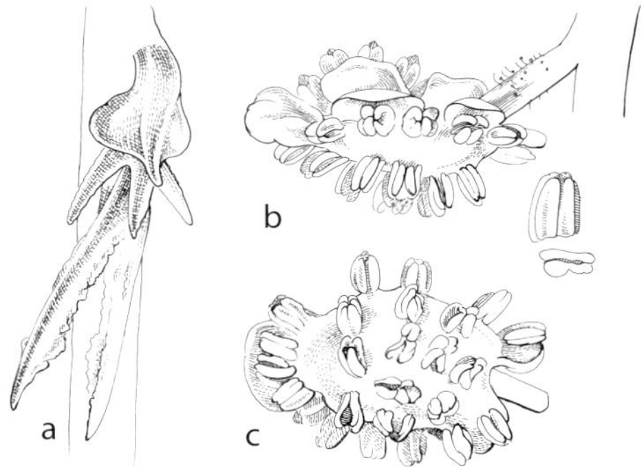

Abb. 23: *Cyclocarya paliurus* (Dresden): a weibliche Blüte, b und c männliche Blüten b seitlich und c von unten gesehen.

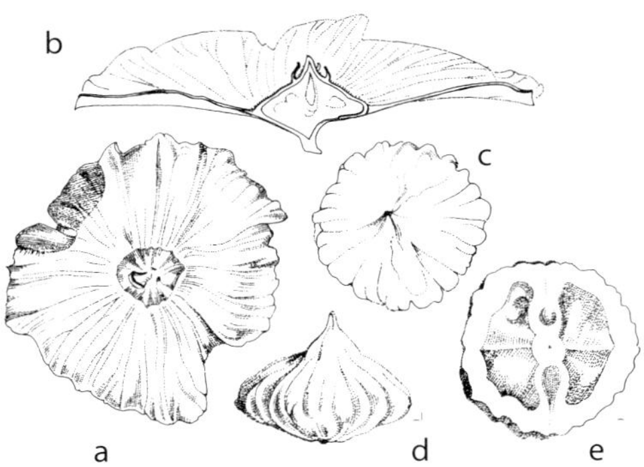

Abb. 24: *Cyclocarya paliurus*: Frucht und Steinkerne. a Frucht von oben, b Frucht längs geschnitten; c–e Steinkerne, c von oben, d von der Seite gesehen, e Querschnitt.

In der weiblichen Blüte sind die Narbenäste viel länger, die männlichen Blütenstände sind häufig zu 3 in Kurztrieben (bei *Pterocarya* einzeln) verbunden (Abb. 22a Mitte rechts) und die Zahl der Staubblätter ist deutlich höher als bei *Pterocarya* (Abb. 23).

Frucht relativ groß, allseits geflügelt, (mit Flügeln) in Draufsicht 3–4 cm Ø. Zentraler Bereich dunkler, zum Griffel fein abstehend behaart. Auf der ganzen Frucht kleine runde Schülferhaare.

Steinkern relativ flach (Abb. 24d), deutlich zugespitzt, im Querschnitt rund, leicht gefurcht. **Zweige** mit feinen weißen Schildhaaren. Mark weiß, gefächert, 1 mm bei 3,7 mm Ø. **Knospen** deckend mit hellen ocker bis rotbraun gefärbten Schildhaaren. Männliche Blütenstände in nackten Kätzchenknospen, meist zu 3 an einem kurzen Stiel, überwinternd. **Blätter** 20–25 cm lang, Spindel kahl oder filzig behaart, Blättchen 7–9, bis 14 cm lang und 6 cm breit (Abb. 22 b, c). Bis 30 m hoher Baum aus dem mittleren und östlichen China.

Diskussion

Batalin (1893) beschrieb *Cyclocarya paliurus* als *Pterocarya paliurus*, bevor Iljinskaja (1953) für sie eine neue Gattung schuf. Unstrittig ist die Nähe der 3 Gattungen *Juglans*, *Pterocarya* und *Cyclocarya* zueinander. Phylogenien (Manos 2007) zeigen mit geringer statistischer Wahrscheinlichkeit nach morphologischen Daten *Cyclocarya* als Schwester zu *Juglans* + *Pterocarya*, nach DNA-Daten ist *Cyclocarya* Schwester von *Pterocarya* (beide Sektionen berücksichtigt), während in den kombinierten Daten das Verhältnis der 3 Gattungen nicht aufgelöst wird. Auch neuere Untersuchungen (z. B. Mostajeran et al. 2017) können diese Verhältnisse nicht klären.

Innerhalb der Gattung *Pterocarya* sind die 3 Formenkreise um *P. fraxinifolia*, *P. stenoptera* und *P. rhoifolia* gut charakterisiert. Zum ***P. fraxinifolia*-Umkreis** gehört vermutlich die chinesische Art *P. hupehensis*, die sich durch eine durchschnittlich geringere Fiederblattzahl von der kaukasischen Art unterscheiden soll. Da sich die Zahlenangaben überschneiden und an Kurztrieben durchaus weniger Fiederblättchen als „arttypisch" pro Blatt ausbildet sein können, ist ohne Angabe der Herkunft keine sichere Abtrennung von *P. hupehensis* möglich – davon abgesehen, dass sich *P. hupehensis* wohl nicht in Kultur befindet. Die Ähnlichkeit der beiden Taxa lässt eine Zuordnung des Taxons als Unterart sinnvoll erscheinen.

P. stenoptera: Von den zahlreichen Gartennamen abgesehen, wie die von Lavallée 1865 und 1877 gesammelten (vgl. Synonyme), ist die Art mit den markant geflügelten Früchten selten mit anderen Arten verwechselt worden. Verwechselbar ist sie mit der Hybride *P.* ×*rehderiana*, die sich häufiger als die Art in Kultur befindet. Pflanzen mit ungeflügelten Blattspindeln werden zuweilen als *P. tonkinensis* (Dode) Franch. abgetrennt. Diese soll nach Anmin et al. (1999) weiter südlich, vom

Süden Yunnans bis nach Laos und Vietnam, vorkommen. Unklar ist, ob ihre Frosthärte für unser Klima ausreicht. Pflanzen unter diesem Namen im BG Berlin erwiesen sich als typische *P. stenoptera*.

Schwierig gestaltet sich die Abgrenzung von ***P. rhoifolia*** zu ***P. macroptera***. Da die aus Japan beschriebene *P. rhoifolia* auch in Ostchina (Shandong) in großer geographischer Nähe zu den Varietäten von *P. macroptera* vorkommen soll (Anmin et al. 1999), scheint die Zuordnung der Varietäten *P. macropteras* willkürlich, denn var. *delavayi* hat kleine Früchte wie *P. rhoifolia* und var. *insignis* kahle Früchte und Fruchtstände wie *P. rhoifolia*.

Die Unterscheidung von Taxa nach der Zahl ihrer Fiederblättchen erscheint mir ebenfalls nicht eindeutig gesichert. Da sich in Herbarbelegen meist Blüten-oder Fruchtzweige mit naturgemäß kleineren Blättern mit weniger Fiederblättchen befinden, besteht die Möglichkeit, dass die Angaben zur geringen Fiederblattzahlen bei den wenig bekannten Arten *P. hupehensis* und *P. macrocarpa* nicht die tatsächliche Variationsbreite wiedergeben.

Literatur

Anmin L; Stone, DE; Grauke, LJ (1999): Juglandaceae. In: Flora of China 4: 277–285. http://www.efloras.org/, Zugriff Sept. 2018.

APG I (1998): The Angiosperm Phylogeny Group. An Ordinal Classification for the Families of Flowering Plants. Annals of the Missouri Botanical Garden 85 (4): 531–553.

APG II (2003): The Angiosperm Phylogeny Group. An update of the Angiosperm Phylogeny Group classification for the orders and families of flowering plants. Botanical Journal of the Linnean Society, 141 (4): 399–436.

APG III (2009): The Angiosperm Phylogeny Group. An update of the Angiosperm Phylogeny Group classification for the orders and families of flowering plants. Botanical Journal of the Linnean Society, 161 (2): 105–121.

APG IV (2016): The Angiosperm Phylogeny Group, M. W. Chase, M. J. M. Christenhusz, M. F. Fay, J. W. Byng, W. S. Judd, D. E. Soltis, D. J. Mabberley, A. N. Sennikov, P. S. Soltis, P. F. Stevens: An update of the Angiosperm Phylogeny Group classification for the orders and families of flowering plants. Botanical Journal of the Linnean Society, 181 (1): 1–20.

Batalin, AT (1893): *Pterocarya macrocarpa* sp. nov. & *Pterocarya paliurus* sp. nov. Trudy Imp. S.-Peterburgsk. Bot. Sada xiii: 100–101.

Candolle, ACP de (1862): *Pterocarya stenoptera* C. DC. Annales des Sciences Naturelles; Botanique, série 4 (18): 34.

Dippel, L (1892): Handbuch der Laubholzkunde. Beschreibung der in Deutschland heimischen und im Freien kultivierten Bäume und Sträucher. Bd. 2. P. Parey, Berlin.

Dörken, VM (2010): Saisonalität und Langtrieb-/Kurztrieb-Differenzierung bei Gymnospermen: ursprünglich oder abgeleitet? Mitt. Deutsch. Dendrol. Ges. 95: 9–21.

Lamant, T (2000): Les *Pterocarya*, Segrez et Alphonse Lavallée. Bulletin de l'Association des parcs botaniques de France 30: 21–26.

Leins, P; Erbar, C (2008): Blüte und Frucht. Morphologie, Entwicklungsgeschichte, Phylogenie, Funktion und Ökologie. 2. Aufl. Schweizerbart, Stuttgart.

Levallée, A (1877): Arboretum Segrezianum: Énumération des arbres et arbrisseaux cultivés à Segrez (Seine-et-Oise) comprenant leur synonymie et leur origine avec l'indication d'ouvrages dans lesquels ils se trouvent figurés. J.-B. Baillière, Paris.

Levallée, M (1882): Présentation de la 4e livraison de l'Arboretum de Segrez. Bulletin des Séances de la Socièté Nationale d'agriculture der France. 297–298.

Manning, WE (1975): An Analysis of the Genus *Cyclocarya* Iljinskaya (Juglandaceae). Bulletin of the Torrey Botanical Club, 102 (4): 157–166.

Manning, WE (1978): The Classification within the Juglandaceae. Annals of the Missouri Botanical Garden 66: 1058–87.

Manos, PS; Stone, DE (2001): Evolution, Phylogeny, and Systematics of the Juglandaceae. Annals of the Missouri Botanical Garden. 88 (2): 231–269.

Manos, PS; Soltis, PS; Soltis, DE; Manchester, SR; Oh, S-H; Bell, CD; Dilcher, DL; Stone, DE (2007): Phylogeny of Extant and Fossil Juglandaceae Inferred from the Integration of Molecular and Morphological Data Sets. Syst. Biol. 56 (3): 412–430.

Markowski, M (2007): Morphologische und morphogenetische Untersuchungen an Blüten und Blütenständen ausgewählter Vertreter der Fagales s. l. Mitt. Deutsch. Dendrol. Ges. 92: 49–61.

More, D; White, J (2005): Die Kosmos Enzyklopädie der Bäume. Franckh-Kosmos, Stuttgart.

Mostajeran, F; Yousefzadeh, H; Davitashvili, N; Kozlowski, G; Akbarinia, M (2017): Phylogenetic relationships of Pterocarya (Juglandaceae) with an emphasis on the taxonomic status of Iranian populations using ITS and trnH-psbA sequence data. Plant Biosystems 151 (6): 1012–1021.

Pampanini (1915): *Pterocarya Sprengeri* Pamp. sp.n. Nuovo Giorn. Bot. Ital. 1915, n. s. xxii: 274.

Rehder, A (1940): Manual of Cultivated Trees and Shrubs – Hardy in North America. 2. Aufl. Macmillan Publishing, New York.

Reveal, JL (2012): Newly required infrafamilial names mandated by changes in the Code of Nomenclature For Algae, Fungi, and Plants. Phytoneuron 2012 (33): 1–32.

Potanin, GN (1885): Herbarbeleg von *Pterocarya macroptera* Batal. (Ex herbario horti Petropolitani) http://specimens.kew.org/herbarium/K000880858 (hier Früchte mit Flügeln um 5 cm breit).

Reichenbach, HG (1877): New Garden Plants. Gardeners' Chronicle 7, Jan. 1877: 72.

Schaarschmidt, H (1988): Die Walnussgewächse. Die neue Brehm-Bücherei. Bd. 591. 1. Aufl. Ziemsen, Wittenberg-Lutherstadt.

Schaarschmidt, H (2017): Juglandaceae. In: Schmidt, PA; Schulz, B (Hrsg.), Fitschen – Gehölzflora. 13. Aufl. Quelle & Meyer, Wiebelsheim.

Schneider, C (1904 ff.): Illustriertes Handbuch der Laubholzkunde; Charakteristik der in Mitteleuropa heimischen und im Freien angepflanzten angiospermen Gehölz-Arten und Formen mit Ausschluss der Bambuseen und Kakteen. Bd. 1. G. Fischer, Jena.

Schulz, B (2013): Gehölzbestimmung im Winter. 2. Aufl. Ulmer, Stuttgart.

Skan, SA (1899): Pterocarya hupehensis n. sp. J. Linn. Soc., Bot. xxvi: 493.

Tournay, F (2010): Première fructification en France de *Pterocarya macroptera*. Bulletin de l'Association des parcs botaniques de France 49: 37–38.

Tropicos.org. Missouri Botanical Garden (2018): http://www.tropicos.org, Zugriff Sept. 2018.

Autor:
Bernd Schulz
Institut für Botanik, TU Dresden
01062 Dresden
E-Mail: bernd.schulz@tu-dresden.de

Mitt. Deutsch. Dendrol. Ges. (MDDG)	104	47–64	2019	ISBN 978-3-494-01794-5

Variabilität der Morphologie und Anatomie von Nadeln der Weiß-Tanne (*Abies alba* Mill.) in Abhängigkeit von der Beschattung

Steffen Schmieder, Siegfried Fink, Jörg Grüner und Albert Reif

Zusammenfassung
Die verschiedenen Kompartimente von Baumkronen sind unterschiedlichen Einstrahlungs- und damit verbunden mikroklimatischen Bedingungen ausgesetzt. Dies führt zu morphologischen, anatomischen und physiologischen Anpassungen der Assimilationsorgane in den verschiedenen Kronenbereichen, im Falle der Weiß-Tanne (*Abies alba* Mill.) der Nadeln.

Diese Studie analysiert diese Variabilität der Tannennadeln innerhalb eines Baumindividuums aus dem Gebiet des Schauinsland bei Freiburg, SW-Schwarzwald. Wichtige Nadelparameter sind zwischen den einzelnen Kompartimenten einer Baumkrone verschieden und spezifisch mit der Einstrahlung korreliert. Innerhalb der Triebe der Halbschatt- und Lichtnadeln sind die Nadeln in zwei bis drei Zeilen angeordnet, die wechselnde Einfallswinkel der Nadelachse zum Licht zur Folge haben (Anisophyllie). Für diese Triebe wurden zwei bzw. drei Teilkompartimente abgegrenzt, bei denen ebenfalls große morphologische und anatomische Unterschiede auftreten.

Signifikant auf die verschiedenen (Teil-)Kompartimente reagieren die Parameter Nadellänge, Nadelquerschnittsbreite, Nadelquerschnittshöhe, Ausformung der Nadelspitze, Nadeltrockengewicht, Nadelvolumen, Dicke der Kutikula und der epikutikularen Wachsschicht. Mit zunehmendem Lichtgenuss werden die Nadeln kürzer, breiter und höher, also kompakter. Das Nadeltrockengewicht, das Nadelvolumen sowie die Dicke der Kutikula nehmen mit steigendem Lichtgenuss zu. Die epikutikulären Wachsschichten der Nadeln aus der Schatten- und aus der Lichtkrone unterscheiden sich signifikant. Die Nadelspitzen sind in den meisten Kronenbereichen „tannentypisch" ausgerandet und stumpf. Unausgerandete, „spitze" Nadeln kommen bei den anisophyllen Trieben vor, dort meistens im Teilkompartiment des höchsten Lichtgenusses. All diese morphologischen und anatomischen Charakteristika können als Anpassung an zunehmend trocken-wärmeres Mikroklima interpretiert werden.

Summary
The different compartments of tree crowns are exposed to different irradiation and microclimatic conditions. This causes morphological, anatomical and physiological adaptations of the assimilating leaves or needles in different crown compartments. This study analyses the variability of needles of Silver fir (*Abies alba* Mill.) within a large individual tree form the Schauinsland region near Freiburg, Southwestern Black forest. Relevant needle parameters differed between the crown compartments, and were significantly related to the compartments with respect to irradiation. Within the shoots in semi-shaded and exposed conditions, the needles are arranged in two or three rows (sub-compartments; anisophyllic shoots), related with different angles towards light. Between these sub-compartments

Significant responses of the (sub-)compartments towards the different light exposures and microclimate could be detected for needle length, width of needle cross-section, needle height, shape of needle tip, needle dry weight and volume, diameter of the cuticula and its epicuticular wax layer. Light-exposed needles are shorter, broader, and higher, compared to needles form the shade. The epicuticular wax layers of the cuticula from shade- and sun crown differ significantly. The tips of the needles are blunt in most compartments of the crown. Acute needle tips can be found in anisophyllic shoots, and there in the needles receiving most light. All the morphological and anatomical characteristics mentioned can be interpreted as adaptation towards dry, warm microclimatic conditions.

1 Einleitung

Der Standort in Verbindung mit der Herkunft führt bei vielen Baumarten zu morphologischen und anatomischen Veränderungen der Assimilationsorgane, welche als Anpassung zu interpretieren sind. Dies zeigen Untersuchungen von großklimatischen Gradienten von Wuchsorten (Pyakurel & Wang 2014) bis hin zu mikroklimatischen Unterschieden innerhalb eines Einzelbaumes (Hanson 1912).

In der Konkurrenz der Pflanzenarten ist Licht eine Zentralressource. Das Licht selbst und sein Einfluss auf die Standortsfaktoren Wärme, Feuchtigkeit und Verdunstung hat einen großen Einfluss auf Pflanzen und ihre Organe (Dengler 1930). Pflanzen versuchen, durch Wachstum sich ausreichend Belichtung zu verschaffen, um Photosynthese betreiben zu können (Büsgen & Münch 1927), oder passen sich morphologisch und anatomisch ungünstigen Lichtverhältnissen an (Dengler 1930).

Mit dem Anstieg der Lichtversorgung wie der Lichtausnutzung erhöht sich die Produktion von Biomasse (Dengler 1930), bis die Lichtsättigung der Photosynthese erreicht ist (Schulze et al. 2002). Zu starke Einstrahlung jedoch führt zu zunehmendem Wasserverlust bis hin zu negativer Stoffbilanz aufgrund hoher Lichtatmung (Schulze et al. 2002). Für eine optimale Stoffproduktion sind daher die Position, Ausrichtung sowie Aufbau der Assimilationsorgane bezüglich der Lichtversorgung zentral wichtig und daher unterschiedlich (Schütt et al. 1992, Matyssek et al. 2010). Die ans Licht angepassten Blätter werden als Lichtblätter und die an den Schatten angepassten Blätter als Schattenblätter bezeichnet.

Bei Betrachtung der einzelnen Baumarten sind bezüglich der Anpassung an gegebene Lichtverhältnisse sehr unterschiedliche Reaktionsmuster zu beobachten. Die unterschiedliche Lichtversorgung führt ontogenetisch zur Ausdifferenzierung von ans Licht angepassten Lichtblättern bzw. Schattenblättern. Diese Unterschiede sind bei Lichtbaumarten weniger ausgeprägt als bei Schattenbaumarten, die zu Anfang mit extrem wenig Licht aufwachsen und erst später in den Genuss von viel Licht kommen, also Blattorgane für beide Extreme ausbilden (Büsgen & Münch 1927). Ein bekanntes Beispiel hierfür ist das Blatt der Rot-Buche (*Fagus sylvatica*) (Kienitz-Gerloff in Kadereit et al. 2014). Im Vergleich zur Rot-Buche sind die Unterschiede bei den Licht- und Schattenblättern von Fichten- und Tannenarten noch stärker ausgeprägt; insbesondere für die Schattenbaumart Weiß-Tanne (*Abies alba* Mill.) werden große Unterschiede zwischen Licht- und Schattennadeln genannt (Büsgen & Münch 1927).

2 Blattmorphologie, -anatomie und Licht

Morphologisch gesehen können Form und Stellung der Blätter und Nadeln an den Zweigen erheblich variieren bis hin zu Anisophyllie (ungleiche Größe) und Heterophyllie (ungleiche Gestalt) (LWF 2004). Lichtblätter sind meistens dicker und derber als Schattenblätter (Dengler 1930). Bezüglich der Blattgröße treten deutliche Unterschiede auf (Anisophyllie), doch sind die Reaktionen der Schatten- und Lichtblätter nicht einheitlich gleich gerichtet. Bei vielen Baumarten nehmen die Blätter beim Übergang von vollem Licht in leichte Beschattung bis zu einem Höchstmaß an Größe zu und werden bei stärkerer Beschattung wieder kleiner (Dengler 1930, Büsgen & Münch 1927). Starkes Licht und starke Beschattung haben somit eine beeinträchtigende Wirkung auf die Blattgröße.

Auch bei der Weiß-Tanne variieren Größe, Form und Stellung der Nadeln erheblich. Von einer euphotometrischen Stellung im Schatten wechseln die Nadeln im Halbschatten in eine weniger stark ausgeprägte panphotometrische Stellung und im Licht in eine stark panphotometrische Stellung (Dengler 1930). Im inneren und unteren Kronenbereich, also in Bereichen mit reduziertem Lichtgenuss, sind die Nadeln abgeflacht, relativ lang (LWF 2004) und euphotometrisch orientiert. Sie stehen gescheitelt am Zweig und senkrecht zur Haupteinfallsrichtung des Lichtes, um so viel wie möglich davon für sich zu gewinnen und sich gegenseitig nicht zu beschatten (DENGLER 1930).

Wird die Einstrahlung stärker, so sind die Assimilationsorgane mit ihrer schmalen Seite der Lichtquelle zugewandt (Profilstellung). Die direkte Sonneneinstrahlung trifft somit nicht senkrecht auf, wodurch deren Wirkung gemildert wird (BÜSGEN & MÜNCH 1927). Die Lichtnadeln der Tanne sind daher panphotometrisch, sie haben eine bürstenartige Stellung am Zweig (DENGLER 1930) und sind relativ kurz, dick und rhombisch im Querschnitt (LWF 2004).

Anatomisch gesehen besitzen Lichtblätter ein mehrschichtiges, Schattenblätter ein einschichtiges Palisadenparenchym, welches zusätzlich noch ausgeprägte Interzellularen aufweisen kann (MATYSSEK et al. 2010). Weiterhin besitzen Lichtblätter eine dickere Epidermis und effektivere Kutikula als Schattenblätter (DENGLER 1930). Die Kutikula ist mit Wachsen in unterschiedlicher Form und Mächtigkeit beschichtet (Epikutikularwachse). Sie schützt, zusammen mit der Epidermis und dem Hypoderm, die Lichtblätter vor Verdunstung und übermäßigem kurzwelligen Licht (BÜSGEN & MÜNCH 1927, MATYSSEK et al. 2010).

3 Zielsetzung

Die Zusammenhänge zwischen Lichtversorgung und Nadelmorphologie und -anatomie werden in einem Fallbeispiel für ein großes, vorherrschendes Weiß-Tannen-Individuum untersucht. Auf der Grundlage des Wissens um die Variabilität von Blättern, werden folgende Hypothesen aufgestellt:

1. Stärker dem Licht ausgesetzte Nadeln entwickeln eine panphotometrische Nadelanordnung.
2. Starkes Licht und starke Beschattung reduzieren die Nadelgröße.
3. Stärker dem Licht ausgesetzte Nadeln besitzen ein mehrschichtiges Palisadenparenchym sowie besseren kutikulären Schutz gegen Verdunstung.

Zur Beantwortung dieser Hypothesen wurden folgende Fragen untersucht:

1. Hängt die Anordnung der Nadeln an den Zweigen mit unterschiedlichen Lichtverhältnissen zusammen, wann herrscht Isophyllie bzw. Anisophyllie vor?
2. Unterscheiden sich die Nadeln aus dem Schatten bezüglich der Nadellänge, Nadelquerschnittsbreite und Nadelquerschnittshöhe von denen, die im Halbschatten und Licht wachsen?
3. Spiegelt der morphologische Bau der Tannennadeln aus unterschiedlichen Kronenkompartimenten die unterschiedlichen Lichtverhältnisse wider?
4. Wie verhalten sich die Nadelvolumina und Nadeltrockengewichte unter verschiedenen Lichtverhältnissen?
5. Haben der Lichtgenuss, die Anisophyllie sowie die Nadelstellung einen Einfluss auf die Ausformung der Nadelspitze?
6. Unterscheidet sich die Dicke der Kutikula zwischen den Kompartimenten (Lichtverhältnissen)?
7. Haben unterschiedliche Kompartimente (Lichtverhältnisse) einen Einfluss auf die Ausprägung der epikutikularen Wachsschichten?

4 Wuchsort und Eigenschaften der Tanne

Die untersuchte Tanne entstammt dem Forstbetrieb 311/11 Stadtwald Freiburg im Breisgau, Distrikt 1 „Schauinsland", Abteilung 51 „Hintere weiße Felsen" (Forsteinrichtungswerk 2011). Die geographischen Koordinaten betragen 47°55'00.8"N/07°52'12.6"E bei 856 m ü. NN (Kartendatum WGS 84, Kartensphäroid WGS 84).

Der aktuelle Bestand war ein lockeres Fichtenbaumholz (70 % Fichte) mit einzelbaum- bis gruppenweiser Mischung von Rot-Buche (*Fagus sylvatica*) und Weiß-Tanne (*Abies alba*) (jeweils 15 %). Das Bestandesalter lag bei 60–110 Jahren. Der untersuchte Baum war ein Relikt aus einem Buchen-Tannen-Vorbestand, der nach dem 2. Weltkrieg in Folge der Reparationshiebe kahlgeschlagen und anschließend mit Rot-Fichte (*Picea abies*) und Douglasie (*Pseudotsuga menziesii*) wieder aufgeforstet wurde (SCHELL, P., Revierleiter Schauinsland, pers. Mitt.).

Der Standraum der Tanne war sehr heterogen, da die Krone aus verschiedenen Himmelsrichtungen unterschiedlich stark bedrängt wurde. Aufgrund des Standraumes bzw. der Konkurrenz beginnt der Kronenansatz je nach Exposition der Krone in unterschiedlichen Höhen. So lag er im

Norden bei 19,4 m, im Osten bei 13 m, im Süden bei 13 m und im Westen bei 20,5 m.

Die Tanne hatte ein Alter von etwa 180 Jahren, einen BHD von 60 cm und wird deshalb in die „natürliche Altersstufe" des Starkholzes gezählt (Röhrig et al. 2006). Die Baumhöhe betrug 30,1 m, sie ist in die Kraft'sche Baumklasse der Herrschenden einzuordnen (Röhrig et al. 2006).

Die Tanne wurde im März 2014 zur Probennahme gefällt. Standort war ein flachgründiger Block- und Felshang auf Gneis (Mittelhang, 52 % Hangneigung), SSW-Exposition, mittlere Jahreslufttemperatur 6,75 °C, mittlere Jahresniederschläge 1300 mm (DWD 2013). Die natürliche Waldgesellschaft entspricht einem montanen Hainsimsen-Buchenwald (Luzulo-Fagetum) mit Tanne (Reidel et al. 2013).

5 Material und Methoden

Die bifazial aufgebauten Nadeln der Weiß-Tanne werden bis zu 30 mm lang und 3 mm breit. Die Nadeloberseite ist glänzend dunkelgrün, die Nadelunterseite ist heller und mit zwei weißen, breiten Spaltöffnungsstreifen ausgestattet (LWF 2004). Das Mesophyll besteht oberseitig aus einem dichter gepackten Palisadenparenchym, zur Unterseite ist ein lockeres Schwammparenchym vorhanden (Fink 1996). Die Nadeln von *Abies alba* verbleiben 8–12 Jahre am Baum.

5.1 Einteilung der Krone in Kompartimente in Relation zur Lichtversorgung

Die vorliegende Arbeit untersucht in einer Fallstudie die Variabilität der einjährigen Nadeln des Nadeljahrgangs 2012 an einem etwa 30 m hohen Tannenindividuum aus dem Stadtwald von Freiburg in einem Altbestand aus Tanne, Buche und Douglasie. Hierzu wurde die Krone der Tanne vor dem Hintergrund der sommerlichen Beleuchtungsdauer und Beleuchtungsstärke in drei Kronenkompartimente eingeteilt, zwischen denen jeweils Übergangskompartimente bestehen, die nicht beprobt wurden.

Im **Kompartiment Schatten** waren die Nadeljahrgänge maximal eine Stunde der direkten Sonneneinstrahlung ausgesetzt. Die Bestrahlung mit direktem Licht fand in der Zeitspanne zwischen 12.30 Uhr und 14.00 Uhr statt. Die meiste Zeit des Tages waren sie jedoch voll beschattet. Die beprobten Äste entstammen einer Höhe von 13,3 m bis 21,3 m und waren in Richtung N, OSO, SO, S und NW ausgerichtet.

Im **Kompartiment Halbschatten** waren die Nadeljahrgänge mindestens 2 und maximal 3,5 Stunden der direkten Sonneneinstrahlung ausgesetzt. Die Bestrahlung mit direktem Licht fand in der Zeitspanne von 10.30 Uhr bis 14.00 Uhr statt. Die restliche Zeit des Tages waren sie beschattet oder wurden diffus beleuchtet. Äste wurden aus einer Höhe von 17,0 m bis 19,8 m entnommen und zeigten nach SO, SSO und S.

Im **Kompartiment Licht** waren die Nadeljahrgänge mindestens 5 und maximal 8 Stunden der direkten Sonneneinstrahlung ausgesetzt. Die Bestrahlung mit direktem Licht fand in der Zeitspanne zwischen 9.00 Uhr und 19.00 Uhr statt. Die restliche Zeit des Tages waren sie diffusem Licht ausgesetzt und wurden kaum beschattet. Die geernteten Äste kamen aus einer Höhe von 25,5 m bis 29,0 m und waren Richtung SO, S und SW exponiert.

5.2 Morphologie

Die Morphologie der Nadeln wurde anhand der Nadellänge (Nl), Nadelquerschnittbreite (Nqb), Nadelquerschnitthöhe (Nqh) und Nadelspitzenausformung untersucht. Beziehungen zwischen diesen Parametern wurden jeweils an derselben Nadel bestimmt.

5.2.1 Einteilung der Nadeln in Kompartimente und Teilkompartimente

Die Anordnung der Nadeln am Spross ändert sich mit Zunahme des Lichtgenusses (LWF 2004). Die Nadeljahrgänge der Kompartimente Schatten, Halbschatten und Licht haben jeweils eine unterschiedliche Gestalt und dreidimensionale Komplexität (Abb. 1). Die Nadeln im Kompartiment Schatten sind mehr oder weniger horizontal gescheitelt angeordnet. Im Kompartiment Halbschat-

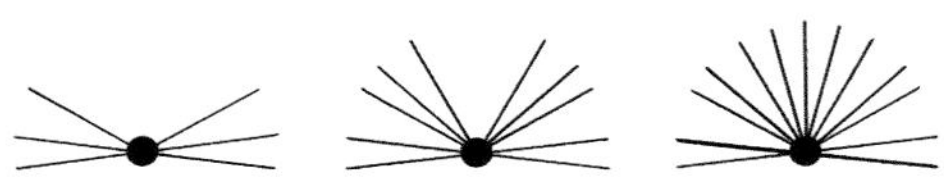

Abb. 1: Nadelstellung am Spross (Querschnitt).

Tab. 1: Einteilung des Sprosses (Querschnitt) in Teilkompartimente und jeweilige Ausrichtung der Nadeln zum Licht.

Kompartiment	Teilkompartiement	Ausrichtung der Nadeln
Schatten	Schatten	Horizontal, Nadeln aus dem Bereich –15° bis 30° in Relation zur Waagrechten
Halbschatten	Halbschatten 30° (HS30)	Horizontal, Nadeln aus dem Bereich –15° bis 30° in Relation zur Waagrechten
	Halbschatten 60° (HS60)	Nadeln aus dem Bereich 30° bis 60° in Relation zur Waagrechten
Licht	Licht 30° (L30)	Horizontal, Nadeln aus dem Bereich –15° bis 30° in Relation zur Waagrechten
	Licht 60° (L60)	Nadeln aus dem Bereich 30° bis 60° in Relation zur Waagrechten
	Licht 90° (L90)	Horizontal, Nadeln aus dem Bereich 60° bis 90° in Relation zur Waagrechten

ten kommen zu diesen schräg aufgerichtete Nadeln hinzu. Im Kompartiment Licht sind alle Nadelpositionen von horizontal bis vertikal vertreten.

Innerhalb der Kompartimente Halbschatten und Licht wurden daher Teilkompartimente unterschieden. Das Kompartiment Halbschatten wurde nach der Nadelstellung (Lage der Nadelspitze) an den Zweigen in die Teilkompartimente **Halbschatten 30° (HS30)** und **Halbschatten 60° (HS60)** und das Kompartiment Licht in die Teilkompartimente **Licht 30° (L30), Licht 60° (L60)** und **Licht 90° (L90)** unterteilt (Tab. 1, Abb. 1, 2).

Für jede Stichprobe wurde nach 20 %, 50 % und 80 % der Länge des Triebs aus dem Jahr 2012 eine Nadel entnommen. Wegen der oben beschriebenen Variabilität der Schatten-, Halbschatten- und Lichtsprosse wurde je nach Kompartiment eine unterschiedliche Anzahl an Nadeln pro Trieb entnommen. Im Kompartiment Schatten wurden 3 Nadeln, im Kompartiment Halbschatten 6 Nadeln (pro Teilkompartiment 3 Nadeln) und im Kompartiment Licht 9 Nadeln (pro Teilkompartiment 3 Nadeln) als Probenadeln ausgewählt. Insgesamt wurden je Kompartiment (Schatten, Halbschatten, Licht) 41 Jahrestriebe mit 123 Nadeln je Teilkompartiment beprobt.

Die Nadeln für die Bestimmung des Trockengewichtes stammten aus den drei Teilkompartimenten Schatten, Halbschatten 60° und Licht 90°. Insgesamt wurden je Teilkompartiment 30 Proben mit je 10 Nadeln erstellt. Die Nadeln wurden aus

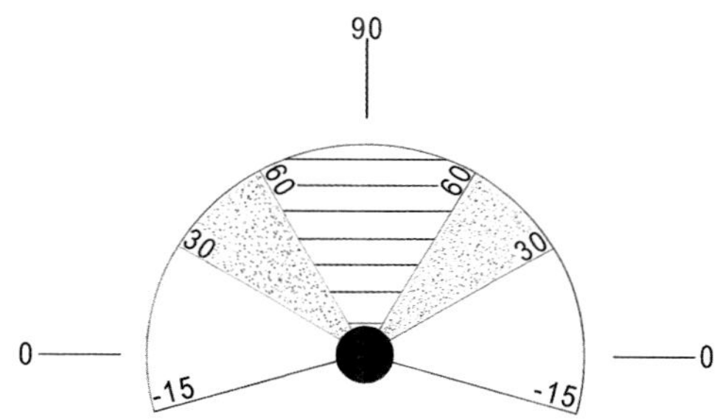

Abb. 2: Einteilung des voll belichteten Sprosses (Querschnitt) in drei Teilkompartimente. Diese unterscheiden sich durch die Stellung ihrer Nadeln in Relation zum Lichteinfall.

der Sprossmitte des letztjährigen Triebabschnittes entnommen.

5.2.2 Nadellänge, Nadelquerschnittsbreite, Nadelquerschnittshöhe

Die Nadellänge wurde durch Scannen der Nadeln mit einem Epson EX 10000 XL sowie die anschließende Messung der Nadellänge mittels der Software WinRHIZO Pro V. 2009 bestimmt. Die Nadelquerschnittsbreite und der Nadelquerschnittshöhe wurde anhand von Nadelquerschnitten unter dem Binokular (Leica EZ 4 D, mit integrierter Digitalkamera) unter einer 35-fachen

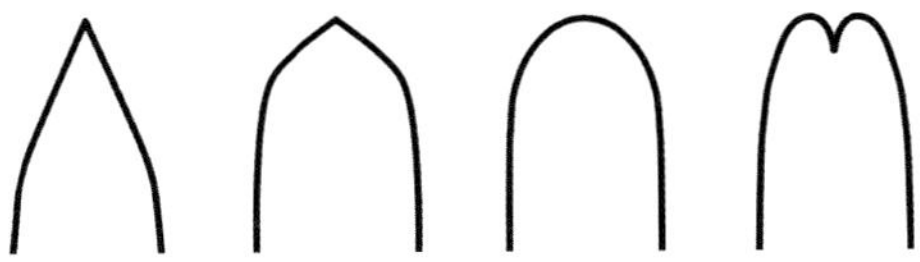

Abb. 3: Ausformungen der Nadelspitze bei der Tanne.

Vergrößerung mittels der Software LAS EZ Version V 1.1.1. vermessen.

5.2.3 Ausformung der Nadelspitze

Die Einteilung der Ausformung der Nadelspitze lehnt sich an die Einteilung von Gruber (1994) an. Neben dem am häufigsten vorkommenden ausgerandeten Nadelspitzentyp (Godet 1987) treten auch stechend spitze, stumpf spitze sowie abgerundete Nadeln auf (Abb. 3). Da jedoch eine Fülle von Zwischentypen existierte, wurde lediglich zwischen „ausgerandeten" und „unausgerandeten" Nadeln unterschieden. Die Untersuchung fand mit dem Lichtmikroskop Leica DM LB und dem Objektiv 10× PH1 (10-fache Vergrößerung) statt.

5.2.4 Nadeltrockengewicht, Nadelvolumen

Das Nadeltrockengewicht wurde nach Trocknung bei einer Temperatur von 105 °C über 72 Stunden in einem Trockenofen ermittelt.

Das Nadelvolumen für die Teilkompartimente Schatten (S), Halbschatten 60° (HS60) und Licht 90° (L90) wurde anhand eines geometrischen Modells berechnet: Der Nadelanlauf wurde als elliptischer Kegel, das mittlere Nadelstück als elliptischer Zylinder und die Nadelspitze wiederum als elliptischer Kegel modelliert. Das Zusammensetzen dieser drei Modellkörper bildete das Nadelvolumen. Die Parameter, die für die Berechnung der drei Einzelkörper nötig waren, wurden aus den Messdaten der Nadeln (Nadellänge, Nadelquerschnittsbreite, Nadelquerschnittshöhe) entnommen. Die durchschnittliche Länge des Nadelanlaufs (2,58 mm) und die durchschnittliche Länge der Nadelspitze (1,27 mm) wurden aufgrund von zufälligen Messungen über die Kompartimente hinweg ermittelt.

5.3 Anatomie

Zur anatomischen Untersuchung wurden für die drei Kompartimente 18 Nadeln ausgewählt. Bei diesen wurden jeweils die Dicke der Kutikula sowie die Morphologie der epikutikulären Wachsschichten vermessen. Insgesamt wurden 18 Nadelproben aus den Kompartimenten analysiert, wovon jeweils 6 Proben aus den Kompartimenten Schatten, Halbschatten und Licht stammten.

5.3.1 Präparation der Proben

Für die anatomischen Untersuchungen wurden die Nadeln fixiert, entwässert, eingebettet, geschnitten, gefärbt und dauerhaft versiegelt (Tab. 2).

5.3.2 Erfassung der Dicke der Kutikula und der epikutikulären Wachsschichten

Die Dicke der Kutikula wurde lichtmikroskopisch durch Schnitte an einem Axiophot von Zeiss gemessen. Mittels der Digitalkamera Axiocam MRc 5 wurden Detailaufnahmen der Schnitte in 1000-facher Vergrößerung erstellt. Die Messungen der Dicke der Kutikula wurden mit der Software Axio Vision AC ausgeführt. Um eine Vergleichbarkeit der Messungen gewährleisten zu können, wurde die Kutikula über alle 18 Nadelproben hinweg an derselben Stelle gemessen. Die Messung fand immer auf der Nadeloberseite mittig über der Epidermiszelle statt, die am nächsten zur Mittelader gelegen war. Bei der Untersuchung wurde die Kutikula inklusive ihrer epikutikularen Wachsschichten als Einheit angesehen und als Kutikula bezeichnet.

Die epikutikuläre Wachsschicht wurde exemplarisch an vier ausgewählten Nadeln rasterelektronenmikroskopisch analysiert. Hierbei entstammte eine Nadel aus dem Kompartiment Schatten, eine aus dem Kompartiment Halbschatten sowie zwei aus dem Kompartiment Licht. Folgende Präparationsschritte wurden durchgeführt:

- Heraustrennen ca. 10 mm langer Nadelstücke aus der Nadelmitte durch zwei Querschnitte und Lagerung im Gefrierschrank bei –80 °C.
- 4–5 Tage vor der Betrachtung im Rasterelektronenmikroskop werden die Nadelproben bei –57 °C gefriergetrocknet.
- Für eine Aufsichtsbetrachtung der Nadelproben werden diese auf doppelseitig klebende, elektrisch leitfähige Haftfolienstückchen in kreisrunder Form aufgeklebt.
- Montage der Nadelproben auf zylindrischen Aluminium-Probetischchen durch Aufkleben der doppelseitig klebenden, elektrisch leitfähigen Haftfolie.
- Besputterung mit Gold unter Anwendung des Agar Sputter Coater 109 (7–8 min., bei 15 mA

und 0,05 mbar ergibt eine Schichtdicke von 43–50 nm).

- Aufkleben der Nadelproben mit der Nadeloberseite auf die Probentische, da die Nadelunterseite in den Bereichen der Stomata bzw. der epistomatären Räume und deren Umgebung von Interesse war.
- Rasterelektronenmikroskopische Auswertung der Nadelproben an einem Hitachi TM 3000, Arbeitsabstand 6–15 mm, Beschleunigungsspannung 10–15 kV.
- Digitale fotografische Aufnahme.

5.4 Datenanalyse

Die Aufnahme und Auswertung der Beobachtungs- und Messdaten fand unter dem Betriebssystem Mac OS X Version 10.5.8 statt. Als Tabellenkalkulationsprogramm diente Calc aus dem Open Source Office Paket OpenOffice.org 3.4.1. Für die statistischen Auswertungen wurde mit der Open Source Statistiksoftware R gearbeitet.

Für die Untersuchung der Stichproben auf signifikanten Unterschied wurden zwei verschiedene Signifikanztests verwendet. Zur Analyse der Na-

Tab. 2: Präparation der Nadelproben für die anatomischen Untersuchungen.

Fixierung	Heraustrennen 5 mm langer Nadelstücke aus der Nadelmitte durch zwei Querschnitte, Einlegen in eine Fixierlösung (2%iges Glutaraldehyd [0,1 M], in Phosphatpuffer, pH 7,2).
	Wenigstens 2× Entgasung im Exsikkator mithilfe einer Vakuumpumpe.
Entwässerung	Die fixierten Proben 3× für jeweils 2 Stunden in Aqua dest. im Rotator schwenken.
	Anschließend aufsteigende Isopropanol-Reihe zur Entwässerung (jeweils 12 Stunden in 50%igem, 70%igem, 90%igem, 96%igem Isopropanol).
Einbettung	In 100%igem Isopropanol und Einbettlösung (Methacrylatharz-Lösung) im Verhältnis 1:1 für weitere 12 Stunden infiltrieren.
	2× reine Einbettlösung für je 24 h.
	In mit 0,5 % Katalysator versetzte Methacryletharz-Lösung einbetten.
	Ausrichten der Proben in Gelatinekapseln gemäß der gewünschten Schnittebene.
	Befüllen mit Einbettlösung.
	Aushärten im Wärmeschrank bei 60 °C für 24 h.
Anfertigung von Schnitten	Anweichen der Proben in 100 % wassergesättigter Atmosphäre (Feuchtkammer) für 2–3 Tage.
	Mit einem Rotationsmikrotom 3 µm dünne Schnitte anfertigen (Leica, RM 2165 bzw. Reichert-Jung, 2040; Hartmetallmesser).
	Schnitte mit Wasser auf Objektträger auf eine mit 50 °C temperierte Wärmeplatte zum Trocknen ablegen.
	Herauslösen von Einbettmittel: für 12 Stunden in reines Isopropanol tauchen.
Normfärbung	Normfärbung der Schnitte im Färbeautomaten MS TM Series Programmable Slide Stainer von Zeiss.
	12 Stunden in 3%iger Safranin- und 1%iger Acriflavinlösung.
	30 Minuten in 1%iger Lösung von Acid Yellow 29.
	3 Minuten in 1%iger Methylenblaulösung.
Versiegelung	Mit einem Tropfen Einschlussmittel (Fluka, DPX) und einem Deckglas (24×50 mm) zur Herstellung von Dauerpräparaten.

delspitze wurde aufgrund der nominalskalierten unabhängigen Daten auf den FISHER's-Exact-Test zurückgegriffen. Da nur zwei Drittel der morphologischen Stichproben bei metrischer Skalierung normalverteilt waren, wurde für metrische Daten der nichtparametrische WILCOXON-MANN-WHITNEY-Test verwendet (BORTZ et al. 2008, KÖHLER et al. 2012).

Für die grafische Darstellung der Ergebnisse aus metrischen Daten werden Boxplots verwendet, zur Darstellung der Ergebnisse aus nominalen Daten Balkendiagramme. Bei allen grafischen Diagrammen sind die Boxen bzw. Balken nach Kompartimenten unterschiedlich eingefärbt (Schatten: blau, Halbschatten: grün, Licht: gelb).

6 Ergebnisse

6.1 Morphologie der Nadeln

6.1.1 Nadellänge

Die Nadellänge nimmt mit höherem Lichtgenuss ab, dies zeigt der Vergleich der Kompartimente S, HS, L (Abb. 4). Auch der Vergleich der Teilkompartimente zeigt diesen Trend:

- Zwischen HS30 und L30 nimmt die Nadellänge mit zunehmendem Lichtgenuss ab.
- Im Vergleich der Teilkompartimente gleichen Winkels zur Horizontalstellung war kein Unterschied in der Länge feststellbar, die Nadellänge zwischen S und HS30 sowie zwischen HS60 und L60 war nicht signifikant verschieden.

In der Gesamtbetrachtung sind die Nadeln der schattigen Kronenteile (S, HS30) am längsten, die sonnenexponierten Nadeln (L90) am kürzesten.

6.1.2 Nadelquerschnittsbreite

Die Nadelquerschnittsbreite nimmt mit höherem Lichtgenuss insgesamt gesehen zu (Abb. 5). Der Vergleich der Teilkompartimente innerhalb eines Kompartiments zeigt unterschiedliche Effekte:

- Bei den halbschattigen Zweigen (Teilkompartiment HS30 versus HS60) war keine Veränderung der Nqb mit der Nadelstellung nachweisbar (n.s).
- Bei den lichtexponierten Kronenteilen war zwischen den horizontal versus schräg gestellten Nadeln (Teilkompartiment L30 versus L60) ebenfalls kein Breitenunterschied nachweisbar, jedoch werden bei starkem Lichteinfall im Teilkompartiment L90 die Nadeln schmaler.
- Vergleicht man die Teilkompartimente gleicher Winkelstellung der Nadeln über die Kompartimente hinweg, so nimmt die Nqb mit höherem Lichtgenuss zu.

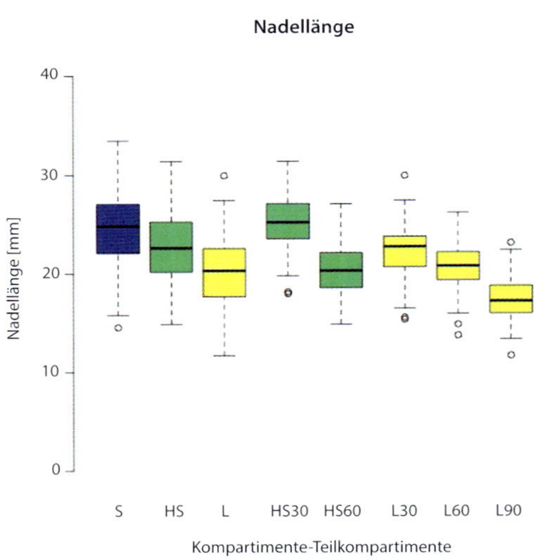

Abb. 4: Nadellänge in den Kompartimenten bzw. Teilkompartimenten.

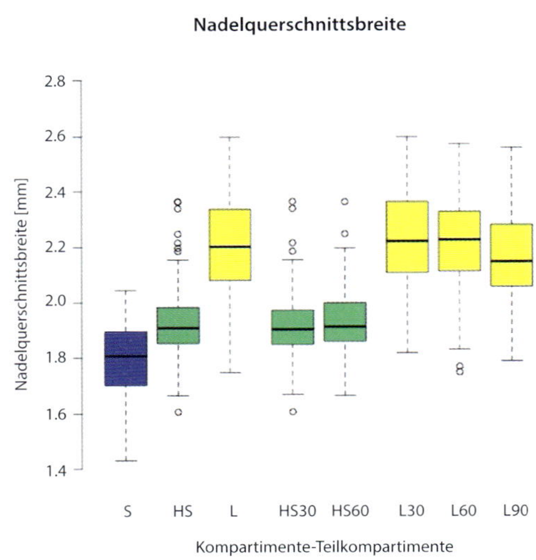

Abb. 5: Nadelquerschnittsbreite in den Kompartimenten bzw. Teilkompartimenten.

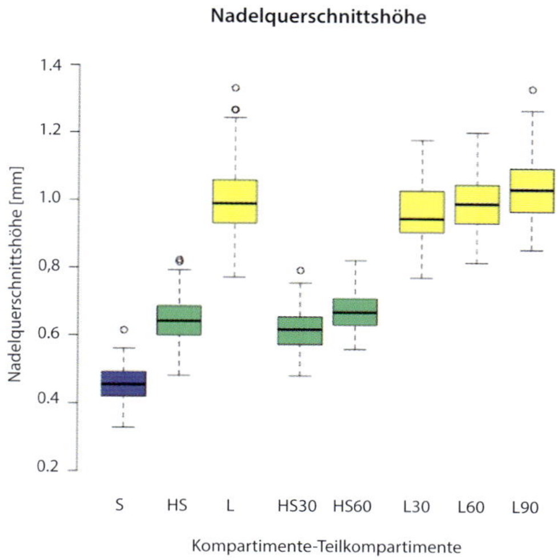

Abb. 6: Nadelquerschnittshöhe in den Kompartimenten bzw. Teilkompartimenten.

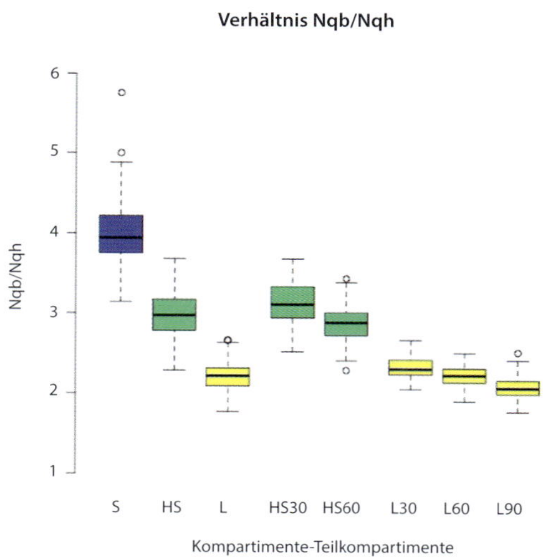

Abb. 7: Verhältnis von Nadelquerschnittsbreite und Nadelquerschnittshöhe in den Kompartimenten bzw. Teilkompartimenten.

Abb. 8: Nadelquerschnittsbreite und -höhe von Schattennadel (links oben), Halbschattennadel (rechts oben), Lichtnadel (unten) im Vergleich.

In der Gesamtbetrachtung sind die Nadeln aus der Schattenkrone am schmalsten und die Nadeln aus den weniger besonnten Teilkompartimenten der Lichtkrone L30/L60 am breitesten.

6.1.3 Nadelquerschnittshöhe

Die Nadelquerschnittshöhe wird beim Vergleich der Kompartimente, beim Vergleich der Teilkompartimente innerhalb eines Kompartiments sowie beim Vergleich der Teilkompartimente gleichen Winkels über die Kompartimente hinweg mit höherem Lichtgenuss größer. In der Gesamtbetrachtung sind die Nadeln aus der Sonnenkrone mit etwa 1 mm über doppelt so dick wie die nur 0,45 mm dicken Schattennadeln (Abb. 6).

Demnach sind die Nadeln aus den besonnten Kronenteilen die kürzesten, breitesten und dicksten. Innerhalb der Zweige der Lichtkrone sind die steilst stehenden Nadeln am kürzesten, schmalsten und dicksten. Innerhalb der Zweige der Halbschattenkrone sind die steilst stehenden Nadeln die kürzeren und dickeren, dies bei gleicher Breite.

6.1.4 Verhältnis von Nadelquerschnittsbreite zu -höhe

Das Verhältnis der Nadelquerschnittsbreite zur Nadelquerschnittshöhe (Nqb/Nqh) wird mit zunehmendem Lichtgenuss kleiner (Abb. 7, 8). Dieser Effekt zeigt sich sowohl beim Vergleich zwischen den Kompartimenten, zwischen den Teilkompartimenten innerhalb eines Kompartiments als auch zwischen den Teilkompartimenten gleichen Winkels über alle Kompartimente.

Die Ursachen der Verhältnisverkleinerung je Kompartiment und Teilkompartiment sind jedoch oft verschieden. So sinkt das Verhältnis beim Übergang S nach HS aufgrund des stärkeren Anstiegs der Nqh gegenüber der Nqb. Anders ist es beim Übergang von L60 nach L90: Dort sinkt das Verhältnis, weil die Nqb abnimmt und die Nqh zunimmt.

6.1.5 Verhältnis von Nadellänge zu Nadelquerschnittsbreite

Das Verhältnis der Nadellänge zur Nadelquerschnittsbreite (Nl/Nqb) wird mit zunehmendem Lichtgenuss ebenfalls kleiner (Abb. 9). Dieser Effekt ist ebenfalls im Vergleich zwischen den Kompartimenten, zwischen den Teilkompartimenten innerhalb eines Kompartiments sowie zwischen den Teilkompartimenten gleichen Winkels über alle Kompartimente zu beobachten.

Auch hier sind die Ursachen der Verhältnisverkleinerung je Kompartiment und Teilkompartiment oft unterschiedlich. So sinkt das Verhältnis beim Übergang HS nach L, weil die Nadellänge abnimmt und die Nqb zunimmt. Beim Übergang von L60 nach L90 sinkt das Verhältnis, weil die Nadellänge stärker abnimmt als die Nqb.

6.1.6 Verhältnis von Nadellänge zu Nadelquerschnittshöhe

Das Verhältnis der Nadellänge zur Nadelquerschnittshöhe (Nl/Nqh) nimmt mit zunehmendem Lichtgenuss ebenfalls ab (Abb. 10). Die Gründe einer Verhältnisverkleinerung je Kompartiment und Teilkompartiment sind auch hier verschieden. Beim Übergang von S nach HS30 steigt die Nadelquerschnittshöhe stärker an als die Nadellänge. Beim Übergang von HS nach L sinkt das Verhältnis, da die Nqh zunimmt und die Nadellänge abnimmt. Höhere Einstrahlung führt zu dickeren Nadeln.

Fazit: Mit höherem Lichtgenuss werden die Nadeln eher höher als breiter. Aus den Verhältnissen Nadellänge zu Nadelquerschnittshöhe lässt sich ablesen, dass die Nadeln eher breiter als länger werden. Die Tannennadeln nehmen mit steigendem Lichtgenuss eine kompaktere Gestalt an.

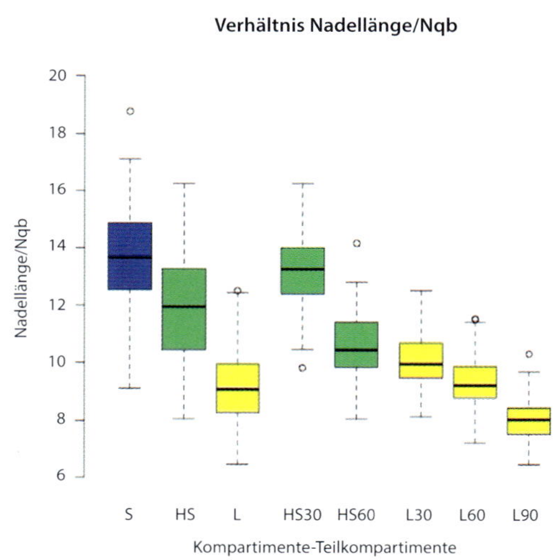

Abb. 9: Verhältnis von Nadellänge und Nadelquerschnittsbreite in den Kompartimenten bzw. Teilkompartimenten.

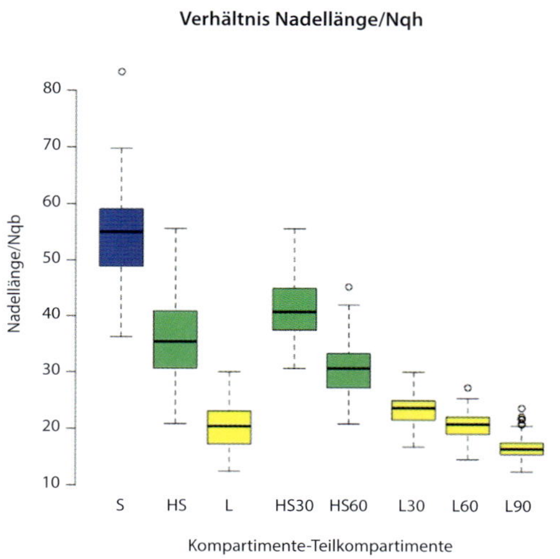

Abb. 10: Verhältnis von Nadellänge in und Nadelquerschnittshöhe in den Kompartimenten bzw. Teilkompartimenten.

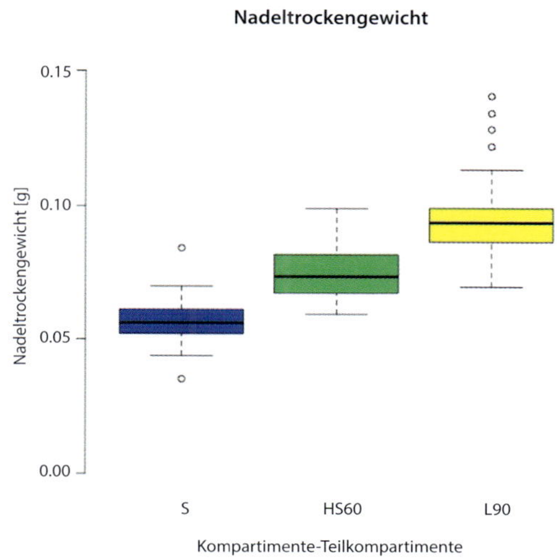

Abb. 11: Veränderung des Nadeltrockengewichts in Abhängigkeit von den Lichtverhältnissen in drei Teilkompartimenten.

6.1.7 Nadeltrockengewicht

Mit zunehmendem Lichtgenuss nimmt das Trockengewicht einer Tannennadel zu (Abb. 11). Die Nadeln in Schatten sind am leichtesten, etwas schwerer sind die Nadeln aus HS60 und am schwersten die Nadeln aus L90. Die Nadeln aus dem Schatten sind in etwa nur halb so schwer wie die Nadeln aus dem Licht. Das Gewicht der Halbschattennadeln liegt ziemlich genau in der Mitte zwischen Schattennadelgewicht und Lichtnadelgewicht. Das mittlere Gewicht einer Schattennadel liegt bei 5,673 mg, das einer Halbschattennadel bei 7,494 mg und das einer Lichtnadel bei 9,714 mg. Mit zunehmendem Lichtgenuss steigt das Nadeltrockengewicht an.

6.1.8 Nadelvolumen

Das Nadelvolumen steigt mit dem Lichtgenuss an (Abb. 12). Die Nadeln in S haben das kleinste Volumen, etwas größer im Volumen sind die Nadeln aus HS60 und das größte Volumen haben die Nadeln in L90. Das Verhältnis der Volumina verhält sich ähnlich wie das der Trockengewichte: Die Nadeln im Schatten haben in etwa die Hälfte des Lichtnadelvolumens. Das Volumen der Halbschattennadel zeigt eher in Richtung des Schattennadelvolumens.

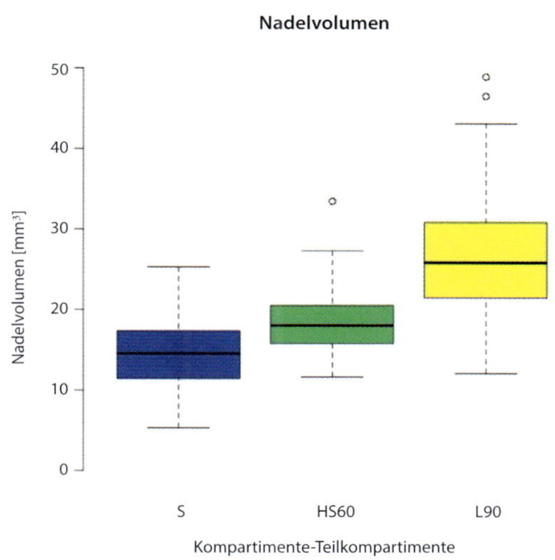

Abb. 12: Veränderung des Nadelvolumens in Abhängigkeit von den Lichtverhältnissen in drei Teilkompartimenten.

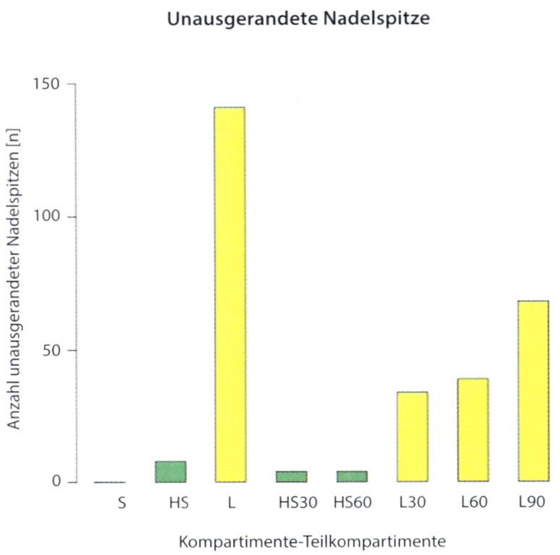

Abb. 13: Veränderung des Anteils nicht ausgerandeter Nadelspitzen in Abhängigkeit von den Lichtverhältnissen in drei Kompartimenten bzw. Teilkompartimenten.

6.1.9 Ausformung der Nadelspitze

Mit zunehmendem Lichtgenuss zeigt sich ein Trend der Ausformung spitzerer Nadeln (Abb. 13). Die Schattennadeln sind ausgerandet, mit zunehmendem Lichtgenuss nimmt der Anteil der nicht ausgerandeten Nadeln zu. Dieser Trend der Veränderung in der Anzahl unausgerandeter Nadeln ist nur bei den Teilkompartimenten (L30/L60 und L90) im Kompartiment L zu erkennen, also wiederum am Ort des größten Lichtgenusses.

6.2 Anatomie der Nadeln

6.2.1 Dicke der Kutikula

Die Dicke der Kutikula schwankt zwischen 1,05 µm und 1,72 µm (Mittelwert 1,41 µm) (Tab. 3). Zwischen den Kompartimenten besteht

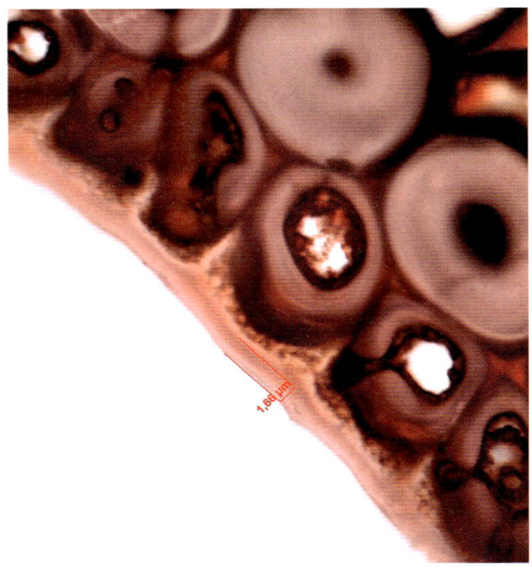

Abb. 14: Besonnte Tannennadel mit relativ dicker Kutikula.

Tab. 3: Dicke der Kutikula in µm – Stichproben aus den Kompartimenten.

Schatten (S) [µm]	Halbschatten (HS) [µm]	Licht (L) [µm]
1,57	1,25	1,3
1,24	1,05	1,72
1,55	1,4	1,66
1,39	1,38	1,3
1,52	1,42	1,51
1,24	1,19	1,48
1,27	1,59	1,41
1,45	1,39	1,58
Mittelwert S: 1,40	**Mittelwert HS: 1,33**	**Mittelwert L: 1,50**

kein signifikanter Unterschied. Auffallend jedoch ist der große Schwankungsbereich der Nadeln der Lichtkrone, hier erreicht die Dicke der Kutikula mit 1,72 µm den mit Abstand höchsten Maximalwert der Kompartimente. Auch der etwas höhere Mittelwert (1,50 µm) deutet einen Trend zu größerer Kutikuladicke unter hohem Lichtgenuss an (vgl. Abb. 14).

6.2.2 Epikutikuläre Wachsschichten

Die Morphologie der epikutikulären Wachsschichten wird anhand ausgewählter Schatten-/Halbschatten- und Lichtnadeln beschrieben. Die vier ausgewählten Nadeln repräsentierten jeweils morphologisch typische Nadeln aus den einzelnen Kompartimenten.

Auf der Kutikula der Schattennadel sind die Wachskristalle auf großer Fläche zu feinen Wachsfäden organisiert, welche locker miteinander vernetzt sind (siehe Abb. 15 links). Die Oberflächenstruktur ist rau.

Bei den Lichtnadeln sind die feinen Wachsfäden auf großer Fläche fast vollständig verschwunden. Lockere und feinvernetzte Strukturen wie bei der Schattennadel sind nur begrenzt vorhanden und am ehesten noch in den Bereichen der Stomata anzutreffen. Ein Großteil der Wachskristalle der Lichtnadeln scheinen miteinander verschmolzen bzw. verbacken zu sein (Abb. 15 rechts). Der Hauptteil der Oberfläche erscheint geglättet und teilweise durch tiefe und breite Risse zerfurcht.

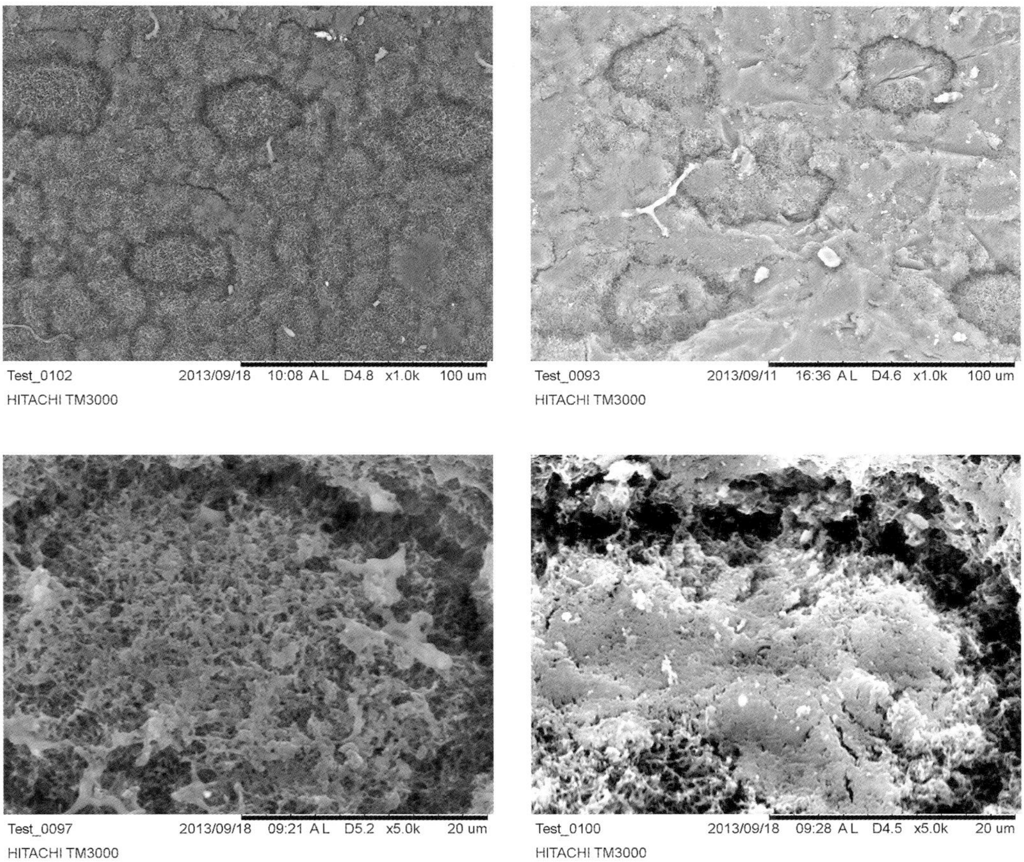

Abb. 15: Epikutikulare Wachsschicht von Schattennadel (links) und Lichtnadel (rechts) bei 1000-facher (oben) und 5000-facher Vergrößerung (unten).

7 Diskussion

Eine Vielzahl von Studien befasst sich mit den Unterschieden von Licht- und Schattenblättern und ihrer ökologischen Bedeutung. Für eine Vielzahl von Taxa wurden morphologische, anatomische und physiologische Unterschiede beschrieben und mit Standortsfaktoren in Beziehung gesetzt. Auch für europäische Tannenarten sind derartige Beziehungen bekannt, so für *Abies cephalonica* (Papageorgiou et al. 2015) und *Abies pinsapo* (Sancho-Knapik et al 2014). Für Jungpflanzen der nordamerikanischen Tannenarten *Abies grandis* und *Abies lasiocarpa* jedoch konnte nach Auflichtung keine derartige Reaktion festgestellt werden (Youngblood & Ferguson 2003). Insbesondere die Morphologie mit den Parametern Nadellänge, -breite und -dicke, Volumina, Oberfläche, Trockengewicht wurden von einer Vielzahl von Studien interpretiert als Anpassung an die unterschiedlichen Lichtverhältnisse (*Picea sitchensis*: Steele et al. 1989), damit einhergehend Einstrahlung und Trockenheit. Damit verbunden sind Anpassungen im anatomischen Aufbau der Nadeln.

7.1 Morphologie der Nadeln

7.1.1 Nadellänge, Nadelquerschnittsbreite, Nadelquerschnittshöhe

Die Parameter der Länge, Querschnittsbreite und Querschnittshöhe der Nadeln der Weiß-Tanne (*Abies alba* Mill.) folgen einem klaren Trend. Im Schatten sind die Nadeln relativ lang, schmal und niedrig. Mit steigendem Lichtgenuss nehmen die Nadeln an Breite und Höhe zu und an Länge ab. Dies mündet darin, dass die Nadeln im Kompartiment Licht, dem Kompartiment des höchsten Lichtgenusses, die kürzesten, breitesten und höchsten sind. Nach Schütt (1992) sind die Lichtnadeln relativ dick und kurz. Im Schatten hingegen sind die Nadeln abgeflachter und länger (LWF 2004).

Die Veränderungen der Nadelhöhe können dahingehend interpretiert werden, dass die Lichtnadeln aufgrund der höheren Photosyntheseleistung ein dichter gepacktes, mehrschichtigeres Palisadenparenchym haben als die Schattennadeln. Weiterhin bilden die Lichtnadeln eine dickere Kutikula, dickere Epidermis und ein dickeres Hypoderm als Schutzanpassungen gegenüber zu starker Verdunstung und Strahlung aus (Büsgen & Münch 1927).

Die Veränderungen der Nadeln bezüglich der Länge können damit erklärt werden, dass das Licht im Kompartiment Licht ausreichend vorhanden ist und eine Oberflächenvergrößerung durch eine Nadelverlängerung ineffizient wäre. Außerdem würden längere Nadeln zu einer Beschattung der weiter unten liegenden Nadeln führen, was sich nachteilig auf die Photosyntheseleistung insgesamt auswirken würde.

Eine Nadelverkürzung mit zunehmendem Licht kann darüber hinaus als Schutzanpassung gegenüber zu starker Sonneneinstrahlung (Überhitzungsschutz) und zu starker Verdunstung angesehen werden. Die Verbreiterung der Nadel mit zunehmendem Lichtgenuss lässt sich möglicherweise so interpretieren, dass der Vorteil einer höheren Photosynthese gegenüber der Verdunstungsschutzanpassung der Oberflächenverkleinerung überwiegt.

7.1.2 Anisophyllie

Beim Vergleich der Licht- mit den Halbschatten- und Schattennadeln konnten morphologische Unterschiede (Anisophyllie) festgestellt werden (vgl. auch LWF 2004). In L und HS waren an den Zweigen die mehr vertikal orientierten Nadeln am kürzesten und am höchsten. Da die vertikal („steil") orientierten Nadeln mehr Lichtgenuss haben als die etwas horizontaler orientierten Nadeln, dürften die Gründe für eine Verkürzung und Erhöhung der Nadel dieselben sein, die auch zwischen den Kompartimenten (S, HS, L) angemerkt wurden. Im Kompartiment L fand zusätzlich noch eine Anisophyllie bezüglich der Nadelbreite statt. So sind im Kompartiment L die steilst stehenden Nadeln etwas schmaler als die etwas flacher stehenden. Dies könnte wieder in Zusammenhang mit den Schutzanpassungen gegenüber Strahlung und Verdunstung stehen. Außerdem dürfte gegenseitige Beschattung der Nadeln eine Rolle spielen.

Die Nadeln, die die gleiche Nadelstellung aufweisen, aber aus unterschiedlichen Lichtverhältnissen stammen, zeigen weitgehend dasselbe Verhalten wie die Nadeln beim Vergleich der Kompartimente (S, HS, L). Die Nadeln werden mit zunehmendem Lichtgenuss breiter und höher. Im Hinblick auf die Nadellänge gibt es aber nur in einem Einzelfall eine Nadelverkürzung. Die Gründe für eine Verbreiterung und Erhöhung der Nadeln dürften auch wieder die gleichen sein, die schon bei den Kompartimenten (S, HS, L) festgestellt wurden.

Da die Nadeln gleicher Nadelstellung aus den Teilkompartimenten 30 und Teilkompartimenten 60 stammen, sind diese Nadeln immer mehr oder weniger von steileren Nadeln am Zweig beschattet. Dies könnte der Auslöser dafür sein, dass sich auch mit zunehmendem Lichtgenuss die Nadel nicht verkürzt.

7.1.3 Verhältnisse der Größenparameter

Zusammenhänge zwischen Parametern können über eine Verhältnisbildung sichtbar gemacht werden. Durch das ins Verhältnis setzen der Parameter Nqb, Nqh und Nadellänge von Nadeln aus unterschiedlichen Lichtverhältnissen (Kompartimente und Teilkompartimente) hat sich ergeben, dass mit zunehmendem Lichtgenuss stets eine Verhältnisverkleinerung verbunden ist. Daraus kann abgeleitet werden, dass die mit dem Lichtgenuss einhergehende Parameterveränderung (Nqb, Nqh, Nadellänge) einem Trend folgt. Es kann gesagt werden, dass die Nadeln mit steigendem Lichtgenuss kompakter werden. Der kompakte Bauplan ist die effizienteste Form für eine Lichtnadel. Eine relativ kleine Oberfläche schützt vor Überhitzung und zu starker Verdunstung. Ein großes Volumen führt zu einer höheren Photosyntheserate.

7.1.4 Nadeltrockengewicht und Nadelvolumen

Sowohl die Nadeltrockengewichte als auch die Nadelvolumina nehmen mit höherem Lichtgenuss zu. Auch in den Relationen der Gewicht- bzw. Volumenzunahme sind sie sich relativ ähnlich. Aufgrund von anatomischen Unterschieden lassen sich der Anstieg des Nadeltrockengewichtes und der Anstieg des Nadelvolumens erklären. Nach Napp-Zinn (1966) besitzt die Schattennadel von *Abies alba* Mill. nur ein schwach ausgebildetes Hypoderm. Das Palisadenparenchym ist maximal zweischichtig und das Schwammparenchym ist klein- und wenigzellig. Außerdem führt er auf, dass das Leitbündel wenig entwickelt ist und die zwei subepidermalen Harzkanäle keine sklerenchymatische Scheiden aufweisen. Die Lichtnadel hat hingegen ein zweischichtiges Hypoderm, ein großzelligeres Mesophyll, ein Palisadenparenchym an der Oberseite mit zwei bis drei Schichten und ein weiteres zweischichtiges Palisadenparenchym im unteren mittleren Bereich. Des Weiteren besitzt die Lichtnadel zwei gut ausgebildete Harzkanäle und ein gut entwickeltes Leitbündel (Napp-Zinn 1966). Nach Dengler (1930) besitzt die Lichtnadel eine dickere Epidermis als die Schattennadel. Aufgrund der höheren photosynthetischen Aktivität und aus Gründen des Schutzes (vor allem Verdunstungsschutz) ist in den Lichtnadeln mehr Biomasse vorhanden. Der Lichtgenuss hat somit unmittelbar Einfluss auf das Nadelvolumen und das Nadeltrockengewicht.

7.1.5 Ausformung der Nadelspitze

Nach Auswertung der Ergebnisse scheint es einen Zusammenhang zwischen Lichtgenuss und Nadelspitzenausformung zu geben. Die Mehrzahl der Lichtnadeln ist mit einer unausgerandeten Nadelspitze ausgestattet. Im Schatten hingegen kommt nicht eine einzige unausgerandete Nadelspitze vor. Eine unterschiedliche Anzahl unausgerandeter Nadelspitzen aufgrund von Anisophyllie und Nadelstellung kann nur innerhalb des Kompartiments mit dem höchsten Lichtgenuss festgestellt werden. Gruber (1994) hat die Ausformung der Nadelspitze bei *Abies alba* Mill. mit dem Verzweigungsgrad in Verbindung gebracht. So stellt er fest, dass Triebe 1. und 2. Ordnung Nadeln mit unausgerandeten Nadelspitzen aufweisen, wohingegen ausgerandete Nadelspitzen nur an Nadeln von Trieben 3. und 4. Ordnung vorkommen. Nach Matyssek et al. (2010) könnten die zugespitzten Nadeln vieler Koniferen eine Anpassung gegenüber Fressfeinden vergangener Zeiten sein.

7.2 Anatomie der Nadeln

7.2.1 Dicke der Kutikula

Bei der Weiß-Tanne wurden bei den Lichtnadeln die dicksten Kutikulä vorgefunden. Die Kutikula ist eine dünne wasserundurchlässige Schicht aus hydrophobem Kutin (Fink 1996). Die epikutikulären Wachse schützen in ihrer unterschiedlichen Form und Mächtigkeit vor Verdunstung. Darüber hinaus verleiht die Kutikula mechanische Festigung, sorgt für rasche Blattabtrocknung, dient der Fraß- und Infektionsabwehr und der Strahlungsreflexion (Matyssek et al. 2010). Höherer Lichtgenuss führt zu höherer Transpiration. Je nach Standort macht es für die Pflanze durchaus Sinn, an Orten hoher Sonneneinstrahlung (Lichtnadeln) eine Xerophyllie auszubilden, um nicht in Trockenstress zu geraten.

Da die Kutikula und die epikutikularen Wachschichten einen Teil der Strahlung reflektieren, schützen sie das Blatt vor Überhitzung (Schanderl & Kaempfert 1933). Dickere epikutikulare Wachschichten sowie die Ausbildung einer dickeren Kutikula wären für Lichtnadeln die logische Folge. Auch in dieser Untersuchung waren die Kutikulä der Lichtnadeln durchschnittlich am dicksten.

Schanderl & Kaempfert (1933) halten eine dicke Wachsschicht für ein ausgesprochen xeromorphes Merkmal. Das auffallende ultraviolette Licht wird durch die Wachsschichten abgeschwächt (Wuhrmann-Meyer & Wuhrmann-Meyer 1941). Des Weiteren hängt die Abschwächung des ultravioletten Lichtes direkt mit der Wachsschichtdicke zusammen. Die Sonnenblätter besitzen eine dickere Kutikula als die Schattenblätter (Napp-Zinn 1966).

7.2.2 Epikutikuläre Wachsschichten

Die epikutikulären Wachsschichten und deren Wachskristalle ändern ihre Morphe unter verschiedenen Lichtverhältnissen. Das Epikutikularwachs von *Abies alba* Mill. mit seiner fadenartigen Struktur der Kristalle besteht zu den größten Teilen aus sekundären Alkoholen, Diolen, freien Fettsäuren, Estern und Methylestern. Diese Bestandteile haben einen erhöhten Einfluss auf das Erscheinungsbild im Rasterelektronenmikroskop (Güth 2001). Eine im Schatten lockere, fein vernetzte Struktur mit rauer Oberfläche wechselt im Licht in eine verschmolzene Struktur mit geglätteter, aber durch tiefe und breite Risse geprägte Oberfläche der Wachsschichten.

Da die epikutikularen Wachsschichten in direktem Kontakt mit der Atmosphäre stehen, sind sie Umwelteinflüssen besonders ausgesetzt. Die Wachsschichten übernehmen eine Filterfunktion. Sie zerstreuen auffallende Strahlung fast restlos und verringern die Durchlässigkeit für kurzwellige Strahlung. In erster Linie sind die Wachsschichten als Strahlungsschutz wirksam (Schanderl & Kaempfert 1933). Der Annahme, dass die verschmolzenen Wachskristalle eine Anpassung sein könnten, steht entgegen, dass die verbackenen Stellen auch in den Einsenkungen zu den Stomata hin vorkommen und so den Gasaustausch beeinträchtigen. Da die Lichtnadeln einer hohen Lichtintensität und somit auch höherer Wärme ausgesetzt sind, könnte das Verbacken und Verschmelzen der Wachskristalle darauf zurück zu führen sein.

8 Fazit

Eine Vielzahl an Veröffentlichungen vergleicht Blattmorphologie, -anatomie und Physiologie mehrerer Arten aus unterschiedlichen Lebensräumen und diskutiert die jeweiligen ökologischen und funktionalen Zusammenhänge, so für laubabwerfende Baumtaxa im Vergleich (Hanson 1917, Talbert & Holch 1957) oder einzelne Gattungen und Arten wie Eiche (Abrams 1990, 1994, Blue & Jensen 1988, Bruschi et al. 2000, Castro-Diez et al. 1997, Kleinschmit et al. 1995), Ahorn (Hanba et al. 2002) oder Birke (Pyakurel & Wang 2013, 2014). Nur wenige Arbeiten dagegen existieren im Hinblick auf die innerindividuelle Variabilität der Photosyntheseorgane und versuchen, die Variabilität der Morphologie und Anatomie als Anpassung an das Mikroklima innerhalb der Baumkrone zu interpretieren (z. B. Eschrich et al. 1989, Niinemets et al. 1998).

Exponierte Kronenbereiche unterliegen einer größeren Einstrahlung, stärkeren Bewindung und somit auch höherem Wasserstress. Als Anpassung an die höhere Lichtversorgung kann die Zunahme der Dicke der Assimilationsorgane gesehen werden, da auch ein mehrschichtiges Palisadenparenchym ausreichend mit Licht versorgt werden kann. Dies wird bei anderen Nadelbäumen (*Pinus strobus*: Leal & Thomas 2003; *Tsuga heterophylla*: Tucker & Emmingham 1977), jedoch auch bei Laubbäumen entsprechend beobachtet und interpretiert, so bei nordamerikanischen laubabwerfenden Eichenarten (Abrams 1990, 1994), der Rot-Buche (Kienitz-Gerloff in Kadereit 2014) oder der chilenischen Südbuchenart *Nothofagus pumilio* (Ivancich et al. 2012).

Als morphologisch-anatomische Anpassung an den höheren Wasserstress wird eine Reduktion der Oberfläche in Relation zum Volumen, also eine größere Dicke der Assimilationsorgane gesehen. Hinzu kommen effektivere (dickere) Abschlussgewebe (dickere Kutikula, Epidermis, Hypoderm), was auch bei der Weiß-Tanne gezeigt werden konnte. Ähnliche Erklärungsmuster werden für die immergrüne chilenische Südbuchenart *Nothofagus pumilio* (dickere Blätter bei > 60 %, dünnere Blätter bei < 24 % Einstrahlung; Ivancich et al. 2012) angeführt.

Weiterhin kann die Schrägstellung der Assimilationsorgane als Anpassung an Wasserstress gesehen werden. Bei zu starker Einstrahlung reduziert

Schrägstellung die Erhitzung und somit Wasserverluste durch Transpirationskühlung. Auch die Anisophyllie der Nadelanordnung der Tanne würde so eine Erklärung finden. Entsprechende Phänomene sind auch für andere Angiospermentaxa beschrieben, so für krautige Arten wie Kompass-Lattich (*Lactuca scariola*; Werk & Ehleringer 1984) oder die ostasiatische *Arisaema heterophyllum* (Araceae; Muraoka et al. 1998).

In der Schattenkrone wird der Lichtkompensationspunkt der Photosynthese erreicht oder gar unterschritten. Als Anpassung an geringe Lichtversorgung kann die Zunahme der Fläche der Assimilationsorgane interpretiert werden (Optimierung der Lichtausnutzung) (Leal & Thomas 2003, Ivancich et al. 2012), wie dies auch für die Weiß-Tanne gezeigt werden konnte (geringe Nadelhöhe in Relation zur Fläche).

Insgesamt gesehen zeigt sich, dass die morphologische und anatomische Variabilität der Assimilationsorgane es Bäumen erlaubt, je nach sozialer Stellung bzw. Anteilen der Assimilationsorgane auf verschiedene Mikroklimabedingungen plastisch zu reagieren und optimiert die lichtökologischen Raumnischen im Bestandsgefüge zu besetzen.

9 Literatur

Abrams, MD (1990): Adaptations and responses to drought in *Quercus* species of North America. Tree Physiol. 7: 227–238.

Abrams, MD (1994): Genotypic and phenotypic variation as stress adaptations in temperate tree species: a review of several case studies. Tree Physiol. 14: 833–842.

Amann, G (1956): Bäume und Sträucher des Waldes. 3. Aufl. J. Neumann-Neudamm, Kassel.

Ashton, PMS; Olander, LP; Berlyn, GP; Thadani, R; Cameron, IR (1998): Changes in leaf structure in relation to crown position and tree size of *Betula papyrifera* within fire-origin stands of interior cedar-hemlock. Can. J. Bot. 76:1180–1187. https://doi.org/10.1139/b98-128

Blue, MP; Jensen, RJ (1988): Positional and seasonal variation in oak (Quercus: Fagaceae) leaf morphology. Amer. J. Bot. 75: 939–947.

Bortz, J; Lienert, GA; Boehnke, K (2008): Verteilungsfreie Methoden in der Biostatistik. 3. Aufl. Springer Medizin Verlag, Heidelberg.

Büsgen, M; Münch, E (1927): Bau und Leben unserer Waldbäume. 3. Aufl. Gustav Fischer, Jena.

Bruschi, P; Vendramin, GG; Bussotti, F; Grossoni, P (2000): Morphological and molecular differentiation between *Quercus petraea* (Matt.) Liebl. and *Quercus pubescens* Willd. (Fagaceae) in Northern and Central Italy. Ann. Bot. 85: 325–333.

Castro Diez, P; Villar Salvador, P; Perez Rontome, C; Maestro Martinez, M; Montserrat Marti, G (1997): Leaf morphology and leaf chemical composition in three *Quercus* (Fagaceae) species along a rainfall gradient in NE Spain. Trees 11: 12 –134.

Dengler, A (1930): Ökologie des Waldes. Springer, Berlin.

Eschrich, W; Burchardt, R; Essiamah, S (1989): The induction of sun and shade leaves of the European beech (*Fagus sylvatica* L.): Anatomical studies. Trees 3: 1–10.

Fink, S (1996): Die Koniferennadel. Naturwissenschaften 83: 448–458.

Fischer, A (2003): Forstliche Vegetationskunde. 3. Aufl. Ulmer, Stuttgart.

Godet, JD (1987): Bäume und Sträucher. Aboris-Verlag, Bern.

Gruber, F (1994): Morphologie der Weißtanne (*Abies alba* Mill.). Flora 190: 45–64.

Güth S. (2001): Rasterelektronenmikroskopische und chemische Untersuchungen zur Epicuticularwachs-Sekretion sowie zur Epidermis-Entwicklung im Verlauf der Nadel-Ontogenese bei Weißtannen (*Abies alba* Miller). Dissertationes Botanicae 351. J. Cramer, Berlin – Stuttgart.

Hanson, HC (1917): Leaf-Structure as Related to Environment. Amer. J. Bot. 4: 533–560.

Hess, D (2008): Pflanzenphysiologie. 11. Aufl. Ulmer, Stuttgart.

Kienitz-Gerloff in Kadereit, JW; Körner, C; Kost, B; Sonnewald, U (2014): Strasburger - Lehrbuch der Pflanzenwissenschaften. 37. Aufl. Springer Spektrum, Berlin – Heidelberg.

Ivancich, HS; Lencinas, MV; Martínez Pastur, GJ; Soler Esteban, RM; Hernández, L; Lindstrom, I (2012): Foliar anatomical and morphological variation in *Nothofagus pumilio* seedlings under controlled irradiance and soil moisture levels. Tree Physiol. 32: 554–564. doi:10.1093/treephys/tps0

Kleinschmit, JRG; Bacilieri, R; Kremer, A; Roloff, A (1995): Comparison of morphological and genetic traits of pedunculated oak (*Q. robur* L.) and sessile oak (*Q. petraea* (Matt.) Liebl.). Silvae Genet. 44: 5–6.

Köhler, W; Schachtel, G; Voeske, P (2012): Biostatistik. 5. Aufl. Springer, Berlin – Heidelberg.

LWF (Bayerische Landesanstalt für Wald und Forstwirtschaft) (2004): Beiträge zur Tanne. LWF Wissen 45.

Matyssek, R; Fromm, J; Rennenberg, H; Roloff, A (2010): Biologie der Bäume. Ulmer, Stuttgart.

Muraoka, H; Takenaka, A; Tang, Y; Koizumi, H; Washitani, I (1998): Flexible leaf orientations of *Arisaema heterophyllum* maximize light capture in a forest understory and avoid excess irradiance at a deforested site. Ann. Bot. 82: 297–307.

Napp-Zinn, K (1966): Blattanatomie der Gymnospermen. Borntraeger, Berlin.

Niinemets, Ü; Kull, O; Tenhunen, JD (1998): An analysis of light effects on foliar morphology, physiology, and light interception in temperate deciduous woody species of contrasting shade tolerance. Tree Physiol. 18: 681–696.

Oberdorfer, E (2001): Pflanzensoziologische Exkursionsflora. 8. Aufl. Ulmer, Stuttgart.

Papageorgiou, AC; Kostoudi, Ch; Sorotos, I.; Varsamis, G; Korakis, G; Drouzas, AD (2015): Diversity in needle morphology and genetic markers in a marginal *Abies cephalonica* (Pinaceae) population. Ann. For. Res. 58: 217–234. DOI: 10.15287/afr.2015.410

Pyakurel, A; Wang, JR (2013): Leaf morphological variation among paper birch (*Betula papyrifera* Marsh.) genotypes across Canada. Open J. Ecol. 3: 284–295. http://dx.doi.org/10.4236/oje.2013.34033

Pyakurel, A; Wang, JR.(2014): Leaf Morphological and Stomatal Variations in Paper Birch Populations along Environmental Gradients in Canada. Amer. J. Plant Sci. 5: 1508–1520. http://dx.doi.org/10.4236/ajps.2014.511166

Reidl, K; Suck, R; Bushart, M; Herter, W; Koltzenburg, M; Michiels, G; Wolf, T; unter Mitarbeit von Aminde, E; Brott, W (2013): Potentiell Natürliche Vegetation von Baden-Württemberg. Verlag Regionalkultur, Karlsruhe.

Schanderl, H; Kaempfert, W (1933): Über die Strahlungsdurchlässigkeit von Blättern und Blattgeweben. Planta 18: 700–750.

Schütt, P; Schuck, HJ; Stimm, B (1992): Lexikon der Forstbotanik. ecomed Verlagsgesellschaft, Landberg/Lech.

Schulze, E-D; Beck, E; Müller-Hohenstein, K. (2002): Pflanzenökologie. Spektrum Akademischer Verlag, Heidelberg – Berlin.

Sitte, P; Weiler, E; Kadereit, W; Bresinsky, A; Körner, Ch (2002): Lehrbuch der Botanik für Hochschulen. Begründet von E. Strasburger. 35. Aufl. Spektrum Akademischer Verlag, Heidelberg.

Sprugel, DG; Brooks, RJ; Hinckley, TM (1996): Effects of light on shoot geometry and needle morphology in *Abies amabilis*. Tree Physiol. 16: 91–98.

Steele, MJ; Coutts, MP; Yeoman, MM (1989): Developmental changes in Sitka spruce as indices of physiological age. I. Changes in needle morphology. New. Phytol. 113: 367–375.

Talbert, CM; Holch, AE (1957): A Study of the Lobing of Sun and Shade Leaves. Ecology 38: 655–658.

Tucker, GF; Emmingham, WH (1977): Morphological Changes in Leaves of Residual Western Hemlock after Clear and Shelterwood Cutting. Forest Science 23: 195–203.

Werk, KS; Ehleringer, J (1984): Non-random leaf orientation in *Lactuca serriola* L. Plant, Cell & Environ. 7: 81–87.

Wuhrmann-Meyer, K; Wuhrmann-Meyer, M (1941): Untersuchungen über die Absorption ultravioletter Strahlen durch Kutikular- und Wachsschichten von Blättern. Planta 32: 43–50.

Youngblood, A; Ferguson, DE (2003): Changes in needle morphology of shade-tolerant seedlings after partial overstory canopy removal. Can. J. For. Res. 33: 1315–1322. doi: 10.1139/X03-060

Autoren:

B. Sc. Steffen Schmieder,
Prof. Dr. Dr. h. c. Albert Reif
Universität Freiburg
Fak. Umwelt u. Natürl. Ressourcen (UNR)
Professur f. Standorts- und Vegetationskunde
Tennenbacher Str. 4
D-79085 Freiburg.
E-Mail: steffen-schmieder@gmx.de,
albert.reif@waldbau.uni-freiburg.de

Prof. Dr. Siegfried Fink
Universität Freiburg
Fak. Umwelt u. Natürl. Ressourcen (UNR)
Professur f. Forstbotanik
Bertoldstr. 17
D-79098 Freiburg
E-Mail: siegfried.fink@fobot.uni-freiburg.de

Dr. Jörg Grüner
Forstl.Versuchs- und Forschungsanstalt Baden-Württ.
Wonnhaldestr. 4
D-79100 Freiburg
E-Mail: Joerg.Gruener@forst.bwl.de

Mitt. Deutsch. Dendrol. Ges. (MDDG)	104	65–84	2019	ISBN 978-3-494-01794-5

Historische und rezente Naturdenkmale, Baumgruppen und Alleen der Edel-Kastanie (*Castanea sativa* Mill.) – Baum des Jahres 2018 – in Deutschland

Volker André Bouffier

Summary

October the 26th 2017, sweet chestnut (*Castanea sativa* Mill.) was appointed as "tree of the year 2018" in the zoological garden of Berlin. The exclamation of the German "tree of the year" started 1989 in order to arrange a focus of interest for the elected trees concerning for example new research, in case of sweet chestnut as an archaeophytic woody plant with a long history of introduction and culture since the Romans.

As 30th tree of the year, sweet chestnut was celebrated in 2018 on several meetings and conferences.

The distribution of chestnut is not only widespread in the mild climate especially in the southwest of Germany as a fruit tree closely linked to grapevine cultivation (*Vitis vinifera*), but also as a forest tree bringing the charming atmosphere of Mediterranean nature and lifestyle north of the Alps. In Heidelberg for example, it is significant for the city and the surrounding landscape on top of the nearby tree-covered Königstuhl hill, the chestnut is still characteristic of the forest, thus giving the old university town of Heidelberg a serene southern view – particularly during the flowering period from the beginning of June until July.

But in all Federal States sweet chestnut grows as a solitary tree, in groups or alleys, sometimes with an age of 200 years and older.

Among the fruit trees, the chestnut explicitly was an important fruit tree in Germany with some well-known bigger fruit selections, but nowadays only a few orchards with old solitary trees still exist – with a high ecological potential.

It is the aim of this article to show a lot of historical and culture facets of this tree in short stories, featuring some champion trees too.

Die Edel-Kastanie wurde durch das „Kuratorium Baum des Jahres" zum 30. Baum des Jahres ernannt. Dem Kuratorium gehören *„33 verschiedene Verbände, Institutionen und Einzelpersonen an, die auf dem Gebiet Natur- und Umweltschutz sowie Forstwirtschaft und Forstwissenschaft besonders aktiv sind"* (Fenner 2017).

Nach 1993 Speierling, 1997 Eberesche, 1998 Wild-Birne, 2008 Walnuss, 2010 Vogel-Kirsche, 2011 Elsbeere und 2013 Wild-Apfel ist es wieder einmal ein Gehölz, das sowohl pomologisch als viele Fruchtsorten (Klock 2017) hervorbringendes Kulturobst als auch waldbaulich, z. B. in Nieder- und Hochwäldern, sowie insbesondere gartenkünstlerisch von großem Interesse ist.

Die „Baum des Jahres – Dr. Silvius Wodarz Stiftung" gab zwei Faltblätter zur Edel-Kastanie heraus, die sich an Erwachsene und Kinder wenden, und einen Baumkalender, der die Edel-Kastanie im Verlauf der Jahreszeiten in Bild und Text anschaulich und facettenreich vorstellt. Damit unterscheidet sich dieser durch die Firma Grube unterstützte Baumkalender positiv von vielen Baum- und Fotokalendern, die „nur" stimmungsvolle Fotos ohne Bildunterschriften und Text bringen.

Die Edel-Kastanie rückte so 2018 deutschlandweit in den Fokus der Betrachtung, ihre europaweite, ja weltweite Renaissance und Wertschätzung ist jedoch bereits seit drei Jahrzehnten im Gange, was zahlreiche Tagungen, Projekte und wissenschaftliche Veröffentlichungen zur Folge hatte (Avanzato & Bounous 2009, Bounous et al. 2014).

Sie ist ein landschaftsprägender Charakterbaum vor allem in den historischen und rezenten Weinbauregionen im Südwesten Deutschlands und fällt besonders zur Blütezeit im Juni als Kastaniengürtel

Abb. 1:
Oben: Blick vom Philosophenweg (Südhang) auf Heidelberg während der frühen Blüte der Edel-Kastanie im „Jahrhundertsommer" 2018, Foto vom 04.06.2018.
Mitte: Plan mit „Kastanien Garthen" (1794/95) in Nähe der Molkenkur/Stadtwald Heidelberg (GLAK 204/502).
Rechts: ... und heutige dort zu verortende 200-jährige Edel-Kastanien-Bestände in Höhe der Klingenteichstraße bzw. am Gaiberger Weg unweit des Steinbruchs (Buntsandstein) (18.03.2015).

oberhalb der Wein„felder" an der Haardt („Deutsche Weinstraße", Pfalz) und im Elsass ins Auge. 2018 setzte die Blüte, durch das warme Frühjahr bedingt, bereits Ende Mai/Anfang Juni ein, währte aber, ob der hohen Temperaturen, nur ca. 1 Monat, wie wir in Heidelberg während der Jahrestagung der IG Edelkastanie am 15./16. Juni 2018 prognostizierten/feststellten (Abb. 1).

Als archäophytisches Gehölz hat die Art auch in Deutschland, am Rande ihrer nördlichen Verbreitung, eine spezifische Kastanienkultur hervorgebracht, die sich in der Literatur, Kunst (Fresken, Schnitzereien, Wandteppiche, Gemälde, ...), Sprache, dem Brauchtum, der Heilkunde, im Rechts- und Wirtschaftswesen sowie anhand zahlreicher kartographischer Belege und Archivalien belegen lässt (Bouffier 2015).

Neben ihrer waldbaulich differenzierten Bewirtschaftung wurde sie gartenkünstlerisch als Solitär, Baumgruppe, Allee, Kastanienhain oder Châtaigneraie in historischen Landschaftsgärten als Sinnbild/Thema südlicher, heiterer Landschaften verwendet.

Die obstbauliche Bewirtschaftung in Kastaniengärten wird noch heute in den Kestehainen im Vordertaunus sowie der Ortenau, den „Keschdegärde" in Dannenfels und an der Haardt lebendig, wo ihr langlebiges und schnell wachsendes Holz im historischen Kammertbau/Reberziehung für den Weinbau sehr förderlich war.

Aber man muss deutlich sagen, dass es sich bei diesen alten Kastanienhainen (sie sind z. B. ökologisch durch ihre vielen Bruthöhlen/Habitate sehr wertvoll) im Vergleich zu den waldbaulich bewirtschafteten Flächen heute leider nur noch um – stark gefährdete – Kleinstflächen handelt.

Kastaniengärten und Kastanienplantagen, die traditionell im weiten Pflanzverband (vgl. Huteeichen, Hutewald) kultiviert wurden, pflegte man früher (vor etwa 100 Jahren) noch intensiv. Durch mangelnde Pflege gehen sie jedoch allmählich in Wald über, werden durch Pioniergehölze, aber auch durch ihre eigenen Sämlinge (Kernwüchse) überwachsen und letztlich ausgedunkelt, sollten aber doch zumindest auf einigen besonders wertvollen Flächen gemäß ihrer kulturhistorischen Bedeutung erhalten werden.

Im Folgenden konnte nur eine sehr kleine Auswahl an Edel-Kastanien, den jeweiligen Bundesländern und dem Fotokarton aus dem Bildarchiv der DDG (Abb. 2) zugeordnet, berücksichtigt werden, wobei auch in diesem Archiv noch viele Funde im geschichtlichen Kontext dargestellt werden müssen, ein Desiderat für die Zukunft.

Im **Bildarchiv der DDG**, das Fritz Kneiff als Bilderwart betreute (Bouffier 2013), finden sich relativ viele Fotos zu Edel-Kastanien. Dabei ist es stets reizvoll zu recherchieren, ob sie genau zu verorten sind und wie sie sich seither entwickelt haben.

Abb. 2, eine bisher noch nicht veröffentlichte Zusammenstellung von Fotos, die Kneiff nach den Baumarten gruppierte, zeigt Europäische und Amerikanische Edel-Kastanien. Die Fotos a bis d sind während der Jahresversammlung der DDG in Köln 1933 in den besuchten Gärten entstanden (Schwerin 1933). Die Fotos e und f, die nicht im Zusammenhang mit dieser Kölner Tagung stehen, ordnete Kneiff dem Fotokarton thematisch-baumartenspezifisch zu.

Die Fotos a und d zeigen Edel-Kastanien im **Stadtwald Köln**, 1933 fotografiert von Dr. Kurt Heineck, in den Fotos als Größenmaßstab seine Frau Sonja Heineck (MDDG 56: 6) stehend. Die in der Gehölzliste unter Nr. 68 geführte Edel-Kastanie hatte 1933 einen Stammumfang (nachfolgend StU abgekürzt) von 2,90 m (Schwerin 1933, S. 461). Ob sie noch existent ist?

Das Foto b (von Franz Boerner) zeigt *Castanea sativa* im **Schlosspark Harff**. In dem durch den Braunkohletagebau (s. auch die Lausitz) leider zerstörten Park gab es viele seltene Bäume, darunter auch mehrere Solitäre der Europäischen Edel-Kastanie, aber auch „Am Wall, Kastanienhain" eine Amerikanische Edel-Kastanie von *„25 m Höhe, 2,20 m Umfang und einem Alter von 120 Jahren"* (Schwerin 1933, S. 470). Rechnet man das Alter von 1933 zurück, so kommt man auf das Pflanzjahr um 1813. Interessant, da auch die *Castanea dentata* in Tharandt aus dieser Zeit stammt. Nur hatte der Baum in Harff im milden Rheinland bereits nach 120 Jahren über 2 m Stammumfang, während er in Tharandt (Abb. 13) dazu fast 200 Jahre benötigte.

Das Foto c zeigt eine starke *Castanea sativa* im **Schlosspark Lerbach** (südöstlich von Bergisch-Gladbach), die 1933 mit 4,40 m StU in der Gehölzliste unter Nr. 21 (Schwerin 1933, S. 468) geführt wird. Dieser Baum ist wesentlich älter als der in den Jahren 1897–1910 von Albert Brodersen (1857–1913) umgestaltete Park und noch heute erhalten (Breloer 1933, S. 469).

Das Foto e zeigt Edel-Kastanien die Plattenstraße (B 417) nach **Wiesbaden** säumend. In der

Abb. 2: Vom Bilderwart der DDG, Fritz Kneiff, 1933 zusammengestellte Fotos zu Edel-Kastanien im Rheinland (Fotos a–d), Wiesbaden (Foto e) und Bad Homburg (Foto f), BA DDG IV, C, 136. Nähere Beschreibung im Text.

Nähe des Jagdschlosses Platte gibt es noch heute eine historische Kastanienplantage aus dem 18. Jh.

In den „Nachrichten aus dem Herzogthum Nassau" werden 1835 die Kastanienbestände im Taunus beschrieben. So heißt es zum Wiesbadener Stadtwald, dass er noch *„schöne Buchenhochwaldbestände"* [enthält]*; leider zeigen die jungen Aufwüchse öfter den Nachtheil des großen Wildstands, da hier das Leibgehege des Herzogs und das Edelwild in den Districten nächst dem Jagdschlosse Platte so vertraulich gemacht ist, daß man Rudeln von 20 und mehr Stück leicht nahekommen kann"... „Auf dem Wege dahin sind die Allèen und Anlagen von zahmen Kastanien (fagus castanea oder castanea vesca) ausgedehnt bis an den Abhang nächst der Platte, wo eine bedeutende Anlage von Roßkastanien* [*Aesculus hippocastanum*, Wildfutter] *folgt. Die Alleen von zahmen Kastanien* [*Castanea sativa*] *gewähren durch ihre Früchte eine einträgliche Nebennutzung; die Stadt Wiesbaden allein erhält in manchen Jahren, obgleich die Stämme meist noch jung sind* [von Kronberger Baumschulen bezogen], *und erst später ins Alter der größeren Fruchtbarkeit heranrücken, mehrere hundert Gulden Pacht dafür"* (H. 1835).

Es bestand in früheren Jahrhunderten eine gewisse Konkurrenz zwischen den Städten Kronberg und Wiesbaden, z. B. dahingehend, wer die Kastanien am frühesten zum Verkauf anbieten konnte.

Das Foto f zeigt eine Edel-Kastanie mit Rundbank im **Schlosspark Bad Homburg** vor der Höhe (Taunus), die nachgepflanzt wurde und das Cover des Flyers der IG Edelkastanie ziert.

Baden-Württemberg

Die ältesten **Edel-Kastanien-Stücke, in Heidelberg** früher „Fleeze" genannt, wachsen in der Nähe der Molkenkur und wurden früher primär obstbaulich bewirtschaftet (s. Bouffier 2015).

In einer Akte mit Laufzeit 1794/95 heißt es: *„Dieser District ist mit Kastanien Stämmen und obenher mit einigen Eichen durchgängig sehr licht bestellt* [...] *nun aber deshalb durch gegenwärtigen Kauf der Stadt zufallet, so ist unverzüglich darauf zu arbeiten, dass nun demselben zu einem Lustwald anlege und gestalte."*

Im Vorfeld hatte es immer wieder Ärger gegeben, dass die Bewirtschaftung des „Kastannien bzw. Kastanien Garthen" (Abb. 1, Mitte) durch den Abraum des Steinbruchs erschwert wurde, was einem diesbezüglich erstellten Plan anschaulich zu entnehmen ist (GLAK 204/502).

„Licht bestellt" deutet auf weite Pflanzabstände der lichtbedürftigen Fruchtbäume hin, die sich noch heute in Höhe der Klingenteichstraße bzw. am Gaiberger Weg verorten lassen (Abb. 1, rechts).

Edel-Kastanien-Allee auf der Insel Mainau, s. Zeiler (2009, S. 182). Die Insel Mainau verfügt über mehrere rezente bzw. anhand von verbliebenen „Zeugenbäumen" belegbare historische Alleen bzw. Baumreihen, davon drei noch aus der Gründungszeit des Gartens – *Castanea sativa* (1865), *Liriodendron tulipifera* (ab 1830) und *Morus alba* (1857, nur noch ein Baum erhalten). Nicht mehr vorhanden ist die *„berühmte Palmen-Allee der Trachycarpus excelsus"*, die durch den Polarwinter 1928/29 zerstört wurde (Schwerin 1931, S. 497). In der Edel-Kastanien-Allee haben einige Bäume deutliche Pfropflinien, die auf Veredlung schließen lassen.

Bühler Kastanien, s. Bouffier (2015).

Kastanienhain bei Gernsbach im Murgtal, s. Bouffier (2007a), den die DDG im Jahre 2017 anlässlich ihrer Jubiläumstagung zum 125-jährigen Bestehen in Karlsruhe besuchte (Gruber 2018, S. 203–204).

300-jährige solitäre Edel-Kastanie im **Schlossgarten Karlsruhe**, s. Bouffier (2018, S. 34–36).

ND Edel-Kastanie in Schnorrenbach (bei Weinheim) mit 6,75 m StU im 4/2017.

Niedersachsen

Die Edel-Kastanien-Allee im **Schlosspark Lütetsburg bei Norden** (Abb. 4) wurde nach dem Zweiten Weltkrieg aus ca. 100 Bäumen mit einem Abstand der Baumreihen von ca. 10 m angelegt. Die Bäume in der Allee hatten am 25.4.2014 meist einen StU zwischen 1,40 bis 1,50 m, das stärkste Exemplar 2,50 m StU, wobei auch viele junge Bäume unterpflanzt waren. Die Allee verläuft in N-S-Richtung, gen Westen wird sie durch einen Waldsaum aus Buchen und Eichen, gen Osten durch starke Buchen geschützt. Sie ist Teil eines ab dem Ende des 18. Jh. entstandenen dendrologisch wertvollen Landschaftsparks, der für seine Rhododendron- und Azaleenblüte bekannt ist. So „hoch im Norden" gedeihen die Edel-Kastanien noch prächtig. Die stärkste solitäre Edel-Kastanie des Parks (4,30 m StU im April 2014) entfaltet sich

Abb. 3: Edel-Kastanien-Solitär im Barockgarten von Haus Altenkamp, 5,14 m StU (25.04.2014).

Abb. 4: Edel-Kastanien-Allee im Schlosspark Lütetsburg bei Norden (25.04.2014).

Abb. 5: 200–250-jährige Edel-Kastanie mit 5,65 m StU (18.09.2015) mit (von links) DETLEF EHLERT, MARION SCHEICH und ANDREAS GOMOLKA oberhalb von Schloss Schwöbber.

neben einer Sumpfzypresse (3,34 m StU im April 2014) und könnte der „Mutterbaum" einiger Bäume in der Allee sein.

Edel-Kastanien-Solitär im Barockgarten von Haus Altenkamp, 5,14 m StU (25.04.2014). Wenige Stunden vor der Kür der Heeder Linde zum bundesweiten Rekordbaum (BOUFFIER & JABLONSKI 2014) besuchte ich am 25. April 2018 den Schlosspark Altenkamp. Die Eibenhecken in Formschnitt, so kann man PÜHL (1994, S. 84) nur zustimmen, wirken wie *„monumentale Architektur in Grün."*

Frei entfalten dürfen sich dort auch eine solitäre Blut-Buche, starke Stiel-Eichen sowie die im Stamm schon hohl angetroffene Edel-Kastanie (Abb. 3).

Im **Stadtforstamt Hameln**, Revier Heisenküche/Weserbergland, gibt es einen (2010) 155-jährigen Hochwald-Bestand aus Edel-Kastanien.

In Niedersachsen wurde die Edel-Kastanie spätestens im frühen 17. Jh. durch OTTO I. VON MÜNCHHAUSEN in den Schloss- und Gartenanlagen von Schwöbber kultiviert.

C. C. L. HIRSCHFELD schreibt 1788 im „Handbuch der Fruchtbaumzucht", Erster Theil:

S. 95: *„Der Kastanienwald bei Schwöbbern, zwischen Hameln und Pyrmont, trägt reichlich Früchte."*

Seite 104: *„... sondern ist auch stark gegen die härtesten Winter, die er in den Jahren 1709 und 1740 zu Schwöbbern glücklich ausgehalten hat, wo die Stämme alle gegen Norden und im schlechten trocknen Lande stehen ..."*

Vielleicht fanden die Edel-Kastanien ihren Weg über Schwöbber nach Hameln, Rinteln, Hessisch Oldendorf und Grohnde, wo sich heute eine Plantage zum Erhalt von Genressourcen befindet.

Oberhalb von Schloss Schwöbber steht auf dem Weg zur Försterei im Bestand ein etwa 200–250-jähriges Exemplar mit 5,65 m StU (2015, Abb. 5).

Nordrhein-Westfalen

Haus Bockdorf bei Kempen wurde 1880 für den Geheimen Kommerzienrat HUGO ALEXANDER VON HEIMENDAHL aus Krefeld umgebaut und ist heute ein vielseitiger Gutsbetrieb mit ca. 100 ha Land.

Das Gut wird erstmalig 1358 urkundlich erwähnt und gehörte in den vergangenen Jahrhunderten Kempener und Krefelder Familien. Der Name Bockdorf leitet sich von „Buchendorf" (niederdeutsch Bökendorf) ab. Alte Buchen oder alter Buchen-Hochwald findet sich dort heute noch.

Ein anschauliches Bild der *„gärtnerischen Anlagen auf Haus Bockdorf bei Kempen a. Rh."* vermittelt uns der von HEIMENDAHLsche Obergärtner B. OTTE Ende des 19. Jh.

Besonders den *„prächtigen Baumgarten der Castanea vesca und die Allee"* hebt er hervor, interessante Details zu den Maronen, den Erntemengen und -erlösen liefernd:

„Da die Bäume aus Samen erzogen [waren vor seiner Zeit schon dort, ggf. daher auch Sorten!], *so ist die Fruchtbarkeit der einzelnen sehr verschieden, ebenso auch die Gestalt, Größe und Farbe der Früchte: neben den kegelförmigen finden sich fast runde, mehr oder weniger glatte, große bis sehr große, den italienischen nichts nachgebende, aber auch sehr kleine Früchte, von tiefbrauner bis gelber Farbe. Keiner der Bäume besitzt gleiche Früchte: einzelne tragen sehr reich, andere dagegen gering oder gar nicht, selbst bei günstigster Blüthezeit* [trocken-warme Witterung für Windbestäubung!]. *Die Früchte fangen in der Regel vom 1. bis 10. October an zu fallen, werden dann ohne Hülsen gesammelt und möglichst bald an die Händler verkauft. Als wirklich gute Fruchtträger zeichnen sich etwa 20-25 Bäume aus, die seit sieben Jahren 114 Centner 91 Pfund Früchte lieferten, wovon, auf die Erntejahre vertheilt, auf das Jahr 1886 der Höchstertrag von 2845 Pfd., 1889: 1850 Pfd., 1885: 1811 Pfd., 1890: 1800 Pfd., 1884: 1770 Pfd. ... und auf 1787 der Mindestertrag von 563 Pfd. kommt. Gezahlt wird ein Durchschnittspreis von 15 Mk. pro Centner, was während der sieben Jahre 1725 Mk. ergiebt. Je früher die Ernte erfolgt, umso besser werden die Früchte bezahlt; sie bilden aber auch dann noch in hiesiger Gegend einen leidlichen Handelsartikel, wenn längst die italienischen Maronen am Platze sind"* (OTTE 1891).

Während ihrer Jahresversammlung in Kleve im Jahre 1928 besuchte die Deutsche Dendrologische Gesellschaft am 7. August auch das Gut Bockdorf, und ihr Präsident VON SCHWERIN konstatierte über den wertvollen Baumbestand des Parks:

„Die Allee der über 3 m Stammumfang messenden Esskastanien, Nr. 33 [in der Gehölzliste], *war wohl die Krone von allem"* (SCHWERIN 1928).

Während der Jahrestagung der IG Edelkastanie in Kempen (2010) kamen einige Sorten wie 'Bouche Rouge' außerhalb der Allee zur Pflanzung, als wir Haus Bockdorf als Tagungsstätte aufsuchten. Die Kontinuität in der Bewirtschaftung

Abb. 6: Blick nach Norden (Bonn) über den von Edel-Kastanien umgebenen Drachenfels und die Drachenburg bei Königswinter (Foto: Tourismus Siebengebirge GmbH, 06.07.2013).

Abb. 7: Stärkste *Castanea sativa* Bonns (6,64 m StU) mit MARTIN WESTENBERGER, am Wittelsbacher Ring, Relikt der Kurfürstlichen Baumschule (18. Jh.) (Foto und Messung vom 27.03.2014).

Abb. 8: Ca. 1870 begründete Allee aus 22 Edel-Kastanien (die stärkste mit 3,43 m StU) am Park Edelhoff-Stift, Bad Honnef (24.10.2013).

der Edel-Kastanie als Obstgehölz ist so gewahrt. Ein sehenswerter alter Kastanienhain an der **Burg Kempen** bietet sich ebenfalls zum Besuch an.

Von der ehemaligen **Edel-Kastanien-Allee** (nach Beyer 1991) **in Dersdorf** bei Bornheim ist nur noch ein Baum erhalten, den Fröhlich (1992) in der Reihe „Wege zu alten Bäumen" als noch verbliebenen Solitär im ehemaligen Park des Lindenhofes, Waldorfer Weg 73, wie folgt beschreibt: *„Alter: 220 Jahre, Höhe: 18 m, Umfang: 5 m, Krone: 17 m."* 2010 hatte er bereits einen Umfang von 5,90 m mit voller Krone erreicht, Abb. in Bouffier (2011, S. 197). Ganz in der Nähe ist auch der **Kastanienhain von Schloss Bornheim** einen Besuch wert, dessen Außengelände laut Informationstafel am Torhaus besichtigt werden darf.

In den MDDG 1933 (S. 506/7) beschreibt J. Niessen über 28 „Naturdenkmäler der Baumwelt in der Köln-Bonner Bucht." Der Artikel enthält nur eine Illustration, die einer starken **Edel-Kastanie an der Burg in Odenhausen** im Drachenfelser Ländchen (linksrheinisch, bei Wachtberg/Bonn), im Habitus sehr an eine Eiche erinnernd. Diesen *„sturmerprobten Baum mit gedrehtem Stamm, bei 5,60 m Stammumfang wohl das stärkste Exemplar der Rheinprovinz"*, fand ich im Frühjahr 2003 nur noch als Baumruine vor. Doch im Schutze seines starken vermodernden Stammes hatte sich wieder eine Edel-Kastanie als „Stammhalter" etabliert.

Das Bundesland Nordrhein-Westfalen hat die größte Anzahl teils über 200-jähriger Alleen aus Edel-Kastanien, z. B. die:

von Schloss Dyck, s. Dreisvogt-Prause (2011),
bei Hamminkeln, s. Bouffier (2013a, S. 236),
Haus Roland, Grafenberg bei Düsseldorf,
Bad Honnef (Abb. 8) bzw. auf dem Drachenfels (Abb. 6) bei Königswinter, s. Bouffier (2014),
Alleen in der Bönninghardt, s. Broecheler (2017, 2019).

Saarland

Die Herzogskastanien auf dem Karlsberg bei Homburg

Auch im Saarland gibt es wunderschöne waldartige Bestände, Alleen, Baumgruppen und Solitäre der Edel-Kastanie.

Herzog Karl II. August von Pfalz-Zweibrücken (1746–1795) (Stadtmuseum Zweibrücken 2010) ließ schon bald nach seinem Regierungsantritt im Jahre 1775 mit dem Bau des nach ihm benannten Residenzschlosses Karlsberg bei Homburg beginnen. Das Schloss und die Gärten sollen in ihrer Größe und Prachtentfaltung denen in Versailles geglichen haben. Doch die Pracht der erst zur Blüte gelangten ausgedehnten Schloss- und Gartenanlagen währte nicht lange. Sie fielen am 28. Juli 1793 einem von den vorrückenden französischen Revolutionstruppen gelegten Feuer zum Opfer. Noch heute erinnern uns an das Schicksal des Schlosses die nach dem Regenten benannten **„Herzogskastanien"**, welche nach Pfaff (2005) seit 1785 auf dem Karlsberg angepflanzt wurden. Diese „Baumgruppe" aus Edel-Kastanien bestand 1952 nach Fröhlich (1991) aus *„verbliebenen 21 Herzogskastanien"*; 1991 waren es dann nur noch 10.

Es könnte sich bei dieser planmäßigen Anpflanzung um die Reste einer „Chataigneraie" östlich des Herzogsgartens handeln. Diese „Chataigneraie" bzw. Kastanienplantage wurde im so genannten Ölplan (Karte des Fôret National Carls-Berg) eigens vermerkt (LA Speyer, Abt. Karten und Pläne W 1 Nr. 713). Mit einer Kopie des Plans und einem Luftbild bzw. Karten sollte es möglich sein, den Standort der Herzogskastanien mit der Chataigneraie ggf. in Deckung zu bringen.

Nach Schneider (2003) gehörten die Edel-Kastanien im *„Lustgarten des Herzogs … wohl zur elementaren Bepflanzung der Anlage, die somit einem Programm unterlag. 30 Jahre später ordnete Friedrich Ludwig Sckell, der die Carlsberger Anlagen 1785 kennenlernte, Kastanienbäume als Begleitgewächse einem Gott Jupiter geweihten Tempel zu …"*

Während das Schloss dem Erdboden gleich gemacht wurde und Vergangenheit ist, breiteten sich die angestammten Edel-Kastanien durch natürliche Verjüngung, aber auch den Einfluss des Menschen in den edellaubholzreichen Mischbeständen des Karlsberges aus und wurden auch in andere Landesteile verbracht.

Während der Jahresversammlung der Deutschen Dendrologischen Gesellschaft in Saarbrücken und Frankfurt a. M. 1937 besuchte die DDG u. a. das damals noch „*Bayr.*[ische] *Forstrevier Trippstadt mit 140jähr.*[igem] *Weisstannenhorst und den berühmten Weymoutskiefern von 1775* [1785]" (Müller 1937). Im Forstrevier Homburg war es der „Herzogs-Edelkastanienwald" anno „*1770* [,] *Castanea sativa ca. 30 Mutterbäume 310/20 cm U*[mfang] *mit Naturverjüngung*", der die Aufmerksamkeit der Teilnehmer erregte, vgl. Höfker (1937).

Sachsen

Im früheren Rittergutspark **„Park Weistropp"** im LSG Linkselbische Täler zwischen Dresden und Meißen sind neben Ziergehölzen auch wertvolle Edel-Kastanien-Bestände vorhanden (Abb. 11). An den linkselbischen Seitentälern/Weinbaugebieten des Elbtales zwischen Meißen und Dresden ist sie auf den Oberhängen weniger Kaltluftstau ausgesetzt. In den Tieflagen Dresdens (Großer Garten etc.) erfror sie im Polarwinter 1956 zum Teil.

Der **Edel-Kastanien-Park von Miltitz** (Kreis Meißen) soll bereits im 16. Jh. (1550 durch Karl von Miltitz, ggf. schon im 11. Jh. durch Bischof Benno von Meißen) angelegt worden sein und umfasst heute ca. 85 Bäume auf ca. 1 ha nach Norden abfallendem Hang. Die stärksten Edel-Kastanien (3,82 m StU; 3,65 m StU, mit Wulst) stehen in der Nähe eines alten Berg-Ahorns (Tiefzwiesel mit 4,54 m StU im Februar 2016) am unteren Eingang. Dort sind auch *Quercus robur* (5,43 m StU), *Fraxinus excelsior* (3,95 m StU) und eine Platane (3,69 m StU) zu finden.

Den Eingang zur Kirche flankieren zwei starke Blut-Buchen.

„Im Winter 1946/47 wurde der Baumbestand des Parks stark dezimiert. Alle älteren, aber auch gesunde Bäume, wurden zu Feuerholz verarbeitet. Dieser Aktion fiel auch ein Baum zum Opfer, von dem nur noch der Stamm vorhanden war, 5 Stahlreifen sicherten diesen bereits Jahrzehnte vor dem Zerfall", berichtete der Zeitzeuge Heinz Ulbrich in einem Brief vom 19. März 1996 an den Autor.

Man hat seitens Gemeinde eine Informationstafel errichtet und 1965 20 Bäume nachgepflanzt. Noch zu DDR-Zeiten gab es sogenannte Lesekarten für 1,– Mark bei der Gemeindeverwaltung Miltitz, s. Abb. in Bouffier (2018b).

Das **Naturdenkmal 5 Brüder in Oberwartha** (Abb. 12) besuchten wir anlässlich der Tagung der IG Edelkastanie im Jahre 2009 (Bouffier 2009), der stärkste Baum (hohl!) mit einem StU von 6,61 m (2016 erneut vermessen).

Die nach StU **stärkste Edel-Kastanie Sachsens** steht **in Gersdorf bei Roßwein,** Landkreis Mittelsachsen, s. Abb. in Bouffier (2018b) und Fotos von Andreas Roloff in Fenner (2017).

Im Baumbuch der Amtshauptmannschaft Döbeln heißt es 1937 zu diesem Baumveteranen:

„sehr alte Edelkastanie nahe der Gärtnerei des Rittergutes. Der Umfang des kurzen, gedrungenen Stammes beträgt 6,85 m [Vermessung von 1937?]. *Nachdem ein Sturm vor 18 Jahren dem Baum die Krone nahm* [1919?, bezogen auf das Erscheinungsjahr des Baumbuchs in 1937], *litt er noch einmal schwer unter der Kälte des Winters 1928/29* [gravierender Polarwinter]. *Zwar ist der Stamm an den Gabelstellen der stärksten Äste hohl, doch seine Blattkrone ist noch voll und der Fruchtertrag in günstigen Jahren reichlich. Zweifellos eine der stärksten und ältesten Edelkastanien Sachsens!*" (Herrmann 1937).

Falls der Baum um 1919 seine Krone verloren hat, so müsste das Foto auf S. 20 in Herrmann (1937) früher entstanden sein, denn es zeigt eine volle und vitale Krone.

Rudolf Schröder hat den Baum mit 8,27 m StU im November 2012 vermessen und ihn auf ca. 400 Jahre geschätzt (*www.championtrees.de*). Eine Tafel weist die Edel-Kastanie als ND aus. Diesen Schutzstatus erhielt der Baum bereits 1937 als einer der ersten in Sachsen. Die Tafel vermerkt ein Alter von 350 bis 500 Jahren und einen StU von 9,60 m. Vielleicht wurde der StU am Stammfuß gemessen, üblich ist jedoch die Messung in 1,30 m vom Boden.

Gerade in **Radebeul (westlich von Dresden)** sind noch einige Kastanienhaine und Solitäre in den Hausgärten vorhanden:

Die bekannteste Baumgruppe aus vier Edel-Kastanien (Abb. 9; weitere Fotos in Fenner 2017) befindet sich am **Haus Kynast** (Kynastweg 26), Radebeul-Zitzschewig. Der stärkste Baum hatte 2004 einen StU von 6,15 m, 2016 wurden 6,37 m gemessen. Oberhalb des Standorts erstreckt sich ein Weinberg.

Weitere *Castanea* an der **Villa Sorgenfrei** (Augustusweg 48);

Obere Bergstraße 18: ca. 5 Bäume, älter als 100 Jahre;

Obere Bergstraße 30: im Minckwitzer Weinberg, ca. 30 Bäume, StU bis 3 m;

Obere Bergstraße 46: starker Solitär und Buchengruppe;

Haus Steinbach, Bennostraße 41: Park mit altem Baumbestand, z. B. Blut-Buche? und Stiel-Eiche sowie 3 *Castanea* mit je 2–3 m StU;

Weinbergstraße 34a: 1 alte *Castanea* hinter dem Haus am Hohlweg;

Weinbergstraße 36: 1 *Castanea*, älter 100 Jahre, daneben Weingut „Drei Herren" mit zwei Platanen;

Kindertagesstätte im Mohrenpark (Mohrenstraße): mehrere alte *Castanea*.

Abb. 9: Baumgruppe aus vier *Castanea sativa* am Haus Kynast, Radebeul, v. l. 4,10 (am Haus); 6,37; 3,16 und Tiefzwiesel mit 2 Stämmen à 1,80 m StU (Messungen und Foto am 01.02.2016).

Abb. 10: *Castanea sativa* (4,62 m StU im Februar 2016) mit Martin Westenberger am Englischen Pavillon in Pillnitz, nach Kammeyer (1954, S. 210) um 1780 gepflanzt (Foto vom 21.06.2009).

Abb. 11: Prächtige *Castanea sativa* einer Baumgruppe im früheren Rittergutspark „Weistropp"/Sachsen.

Im **Forstbotanischen Garten Tharandt** sind noch einige Bäume aus der Gründungszeit (um 1811) erhalten, als JOHANN HEINRICH COTTA (1763–1844) einem Ruf des sächsischen Königs FRIEDRICH AUGUST I. nach Tharandt folgte, um hier seine im thüringischen Zillbach gegründete private Forstlehranstalt fortzuführen.

Am Goebel-Weg (Nähe Haupteingang) stehen auf gleicher Höhe, nur etwa 8 m voneinander entfernt, eine um 1811 gepflanzte *Castanea sativa* (Zwiesel, 4,34 m StU, 2016 gemessen, Abb. 13) und ihre amerikanische Verwandte, *Castanea dentata* (2,61 m StU, bundesweiter Rekordbaum der Art, drei weitere Exemplare unterhalb am Willkomm-Weg). Danach folgt ein seltener *Liriodendron tulipifera* 'Integrifolia', ebenfalls aus der Gründungszeit des Gartens.

Weitere starke *Castanea sativa* wachsen am Steilhang, darunter ein bewusst am Stammfuß eingesägter/geringelter Baum (Abb. 14). An der Baumschule des Gartens versammelten wir uns im Juni 2009 während der Jahrestagung der IG Edelkastanie zu einem Gruppenfoto (BOUFFIER 2009, S. 14) unter einer weiteren *Castanea sativa*, die nach FRÖHLICH (1989) eine Höhe von 18 m, einen StU von 4,50 m und eine Kronenbreite von 24 m hatte.

Ein Foto des starken Stammes befindet sich in den „Beiträgen zur Gehölzkunde 1985" auf der Umschlagseite vorne, oben links. In der Bilderläuterung dazu heißt es auf S. 120: *„Edel-Kastanie (Castanea sativa): Baum mit dem stärksten Stamm im Forstbotanischen Garten Tharandt (d $_{1,3}$ 145 cm, Höhe 18 m).“* 2009 war sie dann 5,03 m stark, und bei meinem letzten Besuch am 4. Februar 2016 hatte sie 5,17 m StU erreicht (Abb. 15). JANA RIECKHOFF (1998) bezeichnete diese Edel-Kastanie als *„der dickste Baum an der Universität* [Dresden]*“*.

Neben den Vorkommen im Elbtal zwischen Meißen und Dresden (Radebeul, Haus Kynast, Pillnitz etc.), Gersdorf und Miltitz befinden sich in Tharandt die ältesten Edel-Kastanien in Sachsen.

Während viele Edel-Kastanien mit Standorten im sächsischen „Tiefland" den Polarfrösten von 1928/29 und 1956/57 zum Opfer fielen, konnten sie sich im „Bergland" (weniger Kaltluftstau!, s. o.) mit dem kontinental geprägten Klima (heiße Sommer, sehr kalte Winter) „arrangieren". Weitere Vorkommen ermittelte SUSANNE KRAHN in ihrer Diplomarbeit „Historische Entwicklung und gegenwärtiger Zustand der Edel-Kastanie (*Castanea sativa*) im sächsischen Elbhügelland" (KRAHN 2011).

Zwei historische Edel-Kastanien am Rittergut Rehnsdorf bei Elstra

Beim Kauf einer historischen Ansichtskarte von 1908 aus der „Reihe 3: Naturdenkmäler: Bäume" war noch nicht klar, ob die beiden Edel-Kastanien noch vorhanden sind. HANS-ROLAND MÜLLER war so freundlich, vor Ort nachzusehen. Es gibt sie leider nicht mehr. Auf der Rückseite der Ansichtskarte ist vermerkt: *„Heimatschutz-Postkarten. Herausgeber und Verleger: Landesverein Sächsischer Heimatschutz, Dresden-A. Aufnahmen von A. Bruhm, Hundshübel (Nachdruck verboten). Edelkastanien. Im Jahre 1908: Umfang 5,61 m, Durchmesser 1,78 m, Höhe 16 m und Umfang 3,62 m, Durchmesser 1,15 m, Höhe 16 m“*.

Abb. 12: Naturdenkmal 5 Brüder (Edel-Kastanien) in Oberwartha/Sachsen, der stärkste Baum rechts mit 6,61 m StU am 06.02.2016.

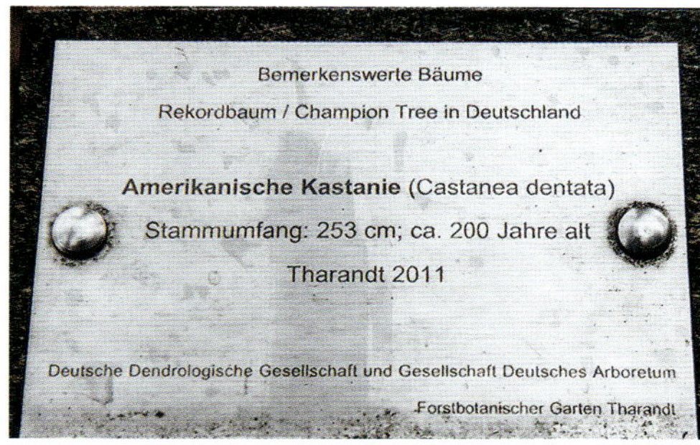

Abb. 13:
Links: *Castanea sativa* (Zwiesel, 4,34 m StU im Jahr 2016) links und *Castanea dentata* (2,61 m StU im Jahr 2016) rechts, beide um 1811 in der Gründungszeit des Forstbotanischen Gartens, Tharandt/ Sachsen gepflanzt.
Oben: Die *Castanea dentata* (rechter Baum aus der Abbildung links) wurde 2011 während des 200-jährigen Jubiläums des Forstbotanischen Gartens Tharandt als bundesweiter Rekordbaum ausgezeichnet.

Abb. 14: Edel-Kastanien am Steilhang des Forstbotanischen Gartens Tharandt.

Abb. 15: Nach Rieckhoff (1998) *„der dickste Baum an der Universität* [Dresden]"; am 4.02.2016 hatte die Edel-Kastanie an der Baumschule im Forstbotanischen Garten Tharandt 5,17 m StU erreicht.

Sachsen-Anhalt

Baumreihe aus 15 Edel-Kastanien im Landschaftspark **Dessau-Luisium.** Das Luisium, nordöstlich von Dessau gelegen, benannt nach Louise, Gemahlin des Fürsten Franz von Anhalt, ist Teil des „Gartenreichs Dessau-Wörlitz" und damit UNESCO-Welterbe.

Ausgehend von Schloss Luisium im Westen, erstreckt sich eine Baumreihe aus 15 Edel-Kastanien gen Osten bis zum Torbau (s. Foto in Bouffier 2018b).

Einige der Bäume (*Castanea sativa*) stammen noch aus der Zeit Ende des 18. Jh. und haben StU über 3 m erreicht. Sie werden durch mehrere Eichen gesäumt. Am 28.02.2018 konnte ich eine ca. 3 m starke *Pinus nigra* am Luisium vermessen. Danach folgen, von West nach Ost, *Castanea*-Exemplare mit 3,25; 2,92; 2,51; 1,45; 3,09 (Zwiesel ab 3 m Höhe); 2,53; 3,43 (einer der stärksten Bäume am Nordtor); 0,64; 0,16 (Hochstamm, 4 m hoch); *Quercus robur* mit 3,55 m StU; *Castanea* mit 0,63; Tiefzwiesel *Castanea* mit links 2,08 und rechts 3,66 m StU, danach noch zwei neu gepflanzte Hochstämme à 16/18, und am Ende der Baumreihe, etwa 5 m vom Osttor entfernt, steht schließlich eine letzte *Castanea* mit 2,73 m StU.

Eine solitäre *Castanea sativa* ganz in der Nähe, in Nachbarschaft zu einer Baumgruppe von vier *Pinus nigra,* hat im Freistand einen kurzen Stamm mit 4,98 m StU entwickelt und wurde ebenfalls Ende des 18. Jh. gepflanzt.

Hessen

Viele **„Kastanienstücke" im Vordertaunus/Hessen** – mit ertragreichen Sorten der Edel-Kastanie im Erwerbsobstbau – wurden spätestens Ende des 19. Jh. in weitläufige Villenparks und Landschaftsgärten umgewandelt, nachdem Maronen günstiger aus dem Ausland importiert werden konnten. Dabei beließ man die malerischen alten Edel-Kastanien als Baumbestand und integrierte, dem Zeitgeschmack entsprechend, seltene Koniferen (Bouffier 2006). Das bekannteste Beispiel hierfür ist Schloss Friedrichshof in Kronberg im Taunus. Die meisten alten Edel-Kastanien sind dort mittlerweile abgestorben, die neu eingebrachten Douglasien, Zedern, Tannen, aber insbesondere die vielen starken Mammutbäume prägen den Park bis heute.

Einige Gärten mit ehemaligen Kastanienhainen lassen sich noch anhand alter „Zeugenbäume" belegen:

Durch Oberstleutnant a.D. Hübsch (1926) wussten wir von einem ca. 200-jährigen Kastanienhain in Bad Homburg, den er nebst Foto in einer Kurzmitteilung in den MDDG beschreibt:

„*Die Eßkastanie, deren mächtiger Stamm hier abgebildet ist* [Abb. 16], *steht in meinem Garten in Bad Homburg. Höhe etwa 30 m, Stammumfang in Brusthöhe 5 m, Kronendurchmesser 23 m, Alter unbekannt. Der Baum bringt jährlich 50-80 kg große, reife Früchte, die im Haushalt Verwendung finden. In der Nähe dieses Baumes stehen noch mehrere andere alte Kastanienbäume; die Früchte aller dieser Bäume sind in Größe und Farbe verschieden.*"

Die oben erwähnte Edel-Kastanie konnte mit dem Foto von ca. 1926 (Abb. 16) aus dem Bildarchiv der DDG (Bouffier 2013) schließlich während des Besuchs der AG Historische Pflanzenverwendung der DGGL (Tagung im Schloss Bad Homburg) von Reimers Garten (Clausmeyer-Ewers 2016) in Bad Homburg dem heute noch vorhandenen Baum zugeordnet werden (Abb. 16). Ihr StU ist von 1926 mit 5 m auf stattliche 7,60 m im Jahr 2017 (in 1,30 m Höhe) angewachsen. Somit hat sie in 91 Jahren 2,60 m zugelegt, d.h. 2,8 cm/a, was auf die Zwieselbildung in etwa 3 m Höhe zurückzuführen ist, da beide Stämme separat Zuwachs zeitigen. Ihre früheren Nachbarn bzw. der ehemalige Kastanienhain sind nicht mehr vorhanden!

Ein ehemals berühmter, über **200-jähriger Kastanienhain in der Nähe des Jagdschlosses Platte** (bei Wiesbaden), der durch große, weit ausladende Bäume mit tief ansetzenden Kronen gekennzeichnet war (wie Eichen im Hutewald) ist nach Aufgabe der Bewirtschaftung durch Pioniergehölze und aufkeimende Edel-Kastanien, also schließlich durch seine eigene Verjüngung, ausgedunkelt und zum Absterben gebracht worden. Die ehemals obstbauliche Nutzung wegen der gesuchten Früchte, deren Ernte über Jahrzehnte dokumentiert wurde, ist in eine waldbauliche Bewirtschaftung übergegangen.

Der an seltenen, teils alten Gehölzen reiche **Park der Villa Hopf in Oberursel/Taunus** (Ebner 2007) geht zurück auf eine planmäßig angelegte (in Viererreihen im Verband gepflanzte) Edel-Kastanien-Plantage mit gepfropften Fruchtsorten. Karl Hopf kaufte 1893 dieses Grundstück, auf dem sich 52 Edel-Kastanien befanden.

Abb. 16: Edel-Kastanie (5 m StU, 1926) im ehemaligen Garten von Oberstleutnant Hübsch, BA DDG II, E, 12 (1926) links und derselbe Baum (7,60 m StU, 2017) heute in Reimers Garten, Bad Homburg/Hessen.

Abb. 17: Edel-Kastanie (5,46 m StU, Baum-Nr. 900) mit Franz Mohl im Park der Villa Hopf, Oberursel/Taunus (2015).

Abb. 18: Edel-Kastanien-Gigant (8,26 m StU am 18.02.2017) am Gläsgesberg in Trier, mit Martin Westenberger.

Vor dem Ersten Weltkrieg wurden noch 35 Zentner Maronen/Jahr nach Frankfurt verkauft (Hopf 1993).

Nachweislich wurde bereits in der ersten Hälfte des 15. Jh. in Frankfurt mit Edel-Kastanien gehandelt (1440), wie man dem Eidbuch A, Nr. 37, Bl. 58a–59a entnehmen kann. Unter Nr. 185 wird eine *„Dienstanweisung und Tarif für das Messen von Obst, Hopfen, Kastanien und Nüssen nebst Vorschriften über den Handel mit diesen Früchten“* gegeben (Bücher et al. 1915). Heute sind noch fünf dieser Baumveteranen mit einem Alter von 250 bis 300 Jahren vorhanden (Abb. 17) und sollten als Reste dieses historischen Hains so lange als möglich erhalten bleiben.

Die **Kastanienhaine in Mammolshain**, OT von Königstein im Taunus, werden gut gepflegt, außerdem neue Haine mit definierten Sorten angelegt (Bouffier 2007; Bouffier & Maurer 2009).

Rheinland-Pfalz

Einige pfälzische Kastanienhaine, die Johann Keiper (1928) und Julius Wilde (1936) noch enthusiastisch beschrieben, gibt es heute nicht mehr. Sie wurden spätestens nach dem Zweiten Weltkrieg gerodet und in landwirtschaftliche Flächen (auch Kirschenanbau!) umgewandelt wie z. B. der berühmte **Kastanienhain in Weisenheim am Berg** in der damals noch bayerischen Pfalz (Ruess 1922).

In dem 1922 erschienenen Buch von Johann Ruess über *„Die größten, ältesten oder sonst merkwürdigen Bäume Bayerns in Wort und Bild“* ist ein Foto des Kastanien-Hains bei Weißenheim am Berg von 1898 überliefert, ebenfalls abgedruckt in Bouffier (2015). Es zeigt die Kastanienernte in einem sehr alten, lichten Kastanien-Hain, der als Unternutzung die Beweidung mit Kühen ermöglichte. Mit langen Bohnenstangen wurden die Kastanien abgeschlagen, eingesammelt und in großen Körben (im Bild auf dem Kopf einer Frau) weggetragen. Die Krone des ca. 200–300-jährigen Baumes im Vordergrund links wurde stark zurück geschnitten, um die Bildung von jungem Fruchtholz zu fördern und somit der Vergreisung des Baumes entgegenzuwirken.

Erhalten haben sich nur noch spärliche Restflächen wie die **Kastanienhaine von Freinsheim** (Fries 1926; Sommer 1984, 1989) und **Dannenfels** (Bouffier 2011a/b/c, 2012). Letzterer ist einer der schönsten Kastanienhaine in Deutschland!

In einer von der Kreisgruppe Bad Dürkheim des BUND vorgelegten Biotopkartierung wurde 1987 zum ND 75 „Auf dem Hahnen“ in Freinsheim notiert:

„Der Hahnen liegt ca. 600 m westlich Freinsheims und ca. 30 m höher als der Ortskern. Es handelt sich dabei um eine mit alten Eßkastanien (Castanea sativa) bestandene Festwiese, die noch heute als solche genutzt wird. Die Eßkastanien (27. Stck.) haben teilweise einen Stammumfang von über 4m [tief angesetzte Kronen!] *und sind bis ca. 300 Jahre alt. Sie stellen mit ihren zahlreichen Hohlräumen hervorragende Biotope für Höhlenbrüter dar* [ich beobachtete dort wiederholt den Wiedehopf]. *Die Eßkastanie ist in der Pfalz als eingebürgert zu betrachten ... der Hahnenplatz ist von Wingerten umgeben“* (Northoff et al. 1987).

Heute sind nur noch wenige Altbäume verblieben, der Festbetrieb ist zum Glück eingestellt und die Fläche wurde durch einen kleinen Erdwall geschützt, um wildes Campen etc. zu verhindern. Es erfolgten Nachpflanzungen in Sorten.

Viele **Kirchweihfeste in der Pfalz** feierte man im Namen der Edel-Kastanie als „Keschte Kerb“. Nicht nur in Dannenfels am Donnersberg, sondern auch in Ramstein:

„Als einst eine Viehseuche die Ställe Ramsteins leerte, machten die Bauern ein Gelübde, jedes Jahr dem Hl. Wendelinus zu Ehren ein Fest zu feiern, wenn er helfen würde. So wurde auch im letzten Oktober das Wendelinusfest unter Beteiligung der ganzen Gemeinde und zahlreicher Auswärtiger durch Empfang der Sakramente und Teilnahme am Gottesdienste in herkömmlicher Weise gefeiert. Früher hieß das Fest die „Ramsteiner Keschte-Kerb“, weil an diesem Tage Kastanien feilgeboten wurden, die Dutzende von Haardter [„Deutsche Weinstraße“] *Bauern auf ihren Schubkarren hierher gebracht hatten“* (Anonym 1931).

Die **stärkste Edel-Kastanie in Trier**, als Teil eines Kastanienhains, befindet sich am Gläsgesberg, Nähe Hotel am Kockelsberg; sie hat einen StU von 8,26 m. Auf alten Fotos scheint sie als Tiefzwiesel zweistämmig – ein Baumgigant, der die Tagungsteilnehmer der IG Edelkastanie 2017 begeisterte (Abb. 18).

Kloster Rommersdorf, Stiftsstraße 2, 56562 Neuwied (Ortsteil Heimbach-Weis). Hier fallen zwei prächtige Solitäre der Edel-Kastanie (Abb. 1

in BOUFFIER 2018b) am Feldrand auf. Sie sind als Zeugen einer ehemaligen Baumreihe oder Allee mit vielen weiteren Kastanien und Nussbäumen zu verstehen, die 1917 größtenteils gefällt wurden (nach Auskunft von Dr. REINHARD LAHR im Juli 2011).

Ob man im guten Einvernehmen mit der Landwirtschaft die Allee wieder herstellen könnte? Dem Landschaftsbild wäre es sicher zuträglich. Eindrucksvolle Beispiele für Alleen aus Edel-Kastanien sind heute noch im Park Edelhoff in Bad Honnef und mehr noch am Niederrhein, z. B. Schloss Dyck (DREISVOGT-PRAUSE 2011) und Schloss Roland (Grafenberg, Düsseldorf), erhalten.

Die stärkere der beiden Edel-Kastanien in Rommersdorf hat einen Umfang von 5,30 m (und 3,88 m, am Engelstor, im Juni 2011) im Freistand erreicht und gehört ob ihres malerischen Kronenaufbaues zu den schönsten Edel-Kastanien in Deutschland. Eine Sitzbank lädt den müden Wanderer zur Rast ein und lässt ihn die herrliche Aussicht ins Rheintal genießen. Der Blick schweift über den imposanten Klosterkomplex, und in der Ferne lässt sich die mächtige Festung Ehrenbreitstein als Wahrzeichen hoch über der Stadt Koblenz ausmachen.

Am 23. Mai 2008 fand eine Exkursion nach **Prangenberg bei Neustadt/Wied** mit KLAUS DEMUTH statt. Dort gibt es einen ca. 1 ha großen Bestand aus Japanischen Edel-Kastanien (*Castanea crenata*) und ggf. auch Chinesischen Edel-Kastanien (*Castanea mollissima*), ggf. auch Hybride, auf einem NO- bis N-Hang mit ca. 20° Neigung. Die Pflanzung geht nach KÖNEMANN (1943) auf Herrn ETSCHEID aus Prangenberg zurück. In einer Höhenlage von 280 m ü. NN baute er *„einige frühreifende großfrüchtige Sorten, die sehr fruchtbar sind und ausreifen"* an. *„Etscheid arbeitet fast 2 Jahrzehnte an der Zucht der Edelkastanien. Er berichtet, über 20 Sorten in Arbeit zu haben."*

Dieser Quelle nach zu urteilen, müssten die ältesten Bäume um 1923 gepflanzt worden sein.

Die beiden größten Bäume hatten (im Mai 2008) 1,45 m StU bei einer Höhe von 21 m und 2,50 m StU bei 17,70 m Höhe. Ca. 55 Bäume aus der ersten Generation leben noch, teils mit gepfropften Sorten (ausgeprägte „Flaschenhälse", vgl. Abb. 14 in BOUFFIER 2018b, da Unterlagen stärker wachsen als aufgepfropfte Sorten). Sie tragen 2–3 Wochen früher als *Castanea sativa*. Die Blätter sind glänzend dunkelgrün, kleiner und unterseits behaart.

Die **Kastanienhaine in Dörrenbach** haben leider viele alte Baumveteranen verloren. Sie waren einst so berühmt wie Dannenfels, doch in den beiden Weltkriegen wurden unzählige Edel-Kastanien gefällt und zu Gerbstoffen (Tanninen) verarbeitet (GEIGER 1953, BOUFFIER 2011b). Vor dem Zweiten Weltkrieg beliefen sich alleine in Dörrenbach *„die Vorkriegsernten auf 15.000 bis 20.000 Mark"* (GEIGER 1953).

Für viele Kastanienhaine in Deutschland, insbesondere in der Pfalz, und im Elsass/Frankreich, gilt, was THEO GEIGER als Zeitzeuge 1953 konstatierte:

„Große alte Bestände sind der Axt zum Opfer gefallen und technisch verarbeitet worden. Nur noch vereinzelt begegnet man einem respektablen Baum, der ein Alter von über 200 Jahren aufzuweisen hat. Der gesamte Kastanienbau Dörrenbachs entbehrt mehr und mehr der planmäßigen Pflanzung. Während man ehedem hier die Kastanie veredelte und bewusst wie die Rebe ansiedelte, sind die meisten der heutigen Bestände als „Wildbau" zu bezeichnen. Das will heißen, daß man die Bäume sich selbst überlässt und die Nachtriebe eines gefällten Baumes den weiteren Bestand ergeben. So grünt heute um Dörrenbach zum Teil schon die fünfte Nachtriebsgeneration" [Stockausschläge gefällter Bäume, unveredelte Sämlingsbäume].

Vor dem Ersten Weltkrieg wurden zunehmend größere Mengen an Maronen aus Italien nach Deutschland eingeführt (JUNGE 1920). So kam es zu einem Preisverfall, der die Bewirtschaftung der deutschen Kastanienhaine und -plantagen mehr und mehr unrentabel werden ließ. So war es auch in Dannenfels am Donnersberg (BOUFFIER 2011b), wo nach GÜMBEL (2006, 2008) der Höhepunkt der flächenhaften Ausdehnung der Edel-Kastanie mit 27 ha um 1800 erreicht war, der Bestand aber heute nur noch 9 ha umfasst.

So ist der Rückgang der Kastanienhaine vor über 100 Jahren bereits eine Folge der „Globalisierung".

Bleibt die – schwache – Hoffnung, dass mit der Initiative „Baum des Jahres" das Bewusstsein für den Wert der alten Kastanienhaine und der landschaftsprägenden Baumart Edel-Kastanie geweckt wird, ein „Stück Italien" weiterhin in Deutschland gedeiht ... – und dass neue Haine nicht nur angelegt sondern fachgerecht und anhaltend gepflegt werden, damit auch künftige Generationen sich noch an dem südlichen Landschaftsbild mit den altehrwürdigen Baumveteranen erfreuen können!

Literatur

Anonym (1931): Das Wendelinusfest in Ramstein. Pfälzisches Museum, Pfälzische Heimatkunde, Heft 1/2, S. 25.

Avanzato, D; Bounous, G (Hrsg., 2009): Following Chestnut Footprints (*Castanea* spp.). Cultivation and Culture, Folklore and History, Traditions and Uses. Scripta Horticulturae 9. ISHS (International Society for Horticultural Science), Leuven.

Beissner, L (1912): Zur Gartenbauwoche in Bonn vom 6. bis 13. Juli. I. Allgemeines und Dendrologisches aus Bonn. Möller's Deutsche Gärtner-Zeitung Nr. 26: 310.

Beyer, K (1991): Naturdenkmale im Rhein-Sieg-Kreis. Hrsg. vom Rhein-Sieg-Kreis, Siegburg.

Bouffier, VA (2006): Kastanienkultur im Vordertaunus. Ein einzigartiges kulturhistorisches Erbe. Jahrbuch Hochtaunuskreis 15: 23–37.

Bouffier, VA (2007): Das Edelkastaniendorf Mammolshain im Taunus. Beiträge zur Gehölzkunde 17: 89–97.

Bouffier, VA (2007a): Alte und seltene Edelkastanien. BaumZeitung 41 (6): 17–18.

Bouffier, VA (2009): Auf den Spuren der Edel-Kastanie [Jahrestagung der IG Edelkastanie in Tharandt]. BaumZeitung 43 (5): 14–16.

Bouffier, VA (2011): Dendrologische Reisenotizen – unter Berücksichtigung einiger potenzieller Champion Trees auf Bundes-, Länder- und Kreisebene – in Deutschland. Beiträge zur Gehölzkunde 19: 187–203.

Bouffier, VA (2011a): „… wie ein Kranz ums ganze Dorf …". Kastaniengärten und Baumveteranen der Edelkastanie in Dannenfels. Donnersberg-Jahrbuch 2011. Heimatbuch für das Land um den Donnersberg 34: 195–201.

Bouffier, VA (2011b): Die Kastaniengärten in Dannenfels/Pfalz – Baumveteranen der Edel-Kastanie einst und jetzt. In: Jahresheft Pomologen-Verein e. V., Detmold. S. 102–119.

Bouffier, VA (2011c): Zur Gehölzverwendung vom späten Barock bis in die Gegenwart im Schlosspark von Kirchheimbolanden/Pfalz. Beiträge zur Gehölzkunde 19: 129–150.

Bouffier, VA (2012): Die „Dicke Keschde": Champion Tree 2012. BaumZeitung 46 (3): 18–20.

Bouffier, VA (2013): Die Geschichte der Bildersammlung der DDG – von ihren Anfängen bis zur Schaffung eines Bild- und Baumarchivs. Mitt. Deutsch. Dendrol. Ges. 98: 29–46.

Bouffier, VA (2013a): Dendrologische Reisenotizen – unter Berücksichtigung einiger potenzieller Champion Trees auf Bundes-, Länder- und Kreisebene – in Deutschland (II). Beiträge zur Gehölzkunde 20: 211–261.

Bouffier, VA (2014): Edel-Kastanien im Siebengebirge. TASPO BaumZeitung 48 (5): 18–19.

Bouffier, VA (2015): Die Edel-Kastanie (*Castanea sativa* MILL.) – Stätten und Facetten einer Kastanienkultur in Deutschland und Europa. Mitteilung FAWF Nr. 74/15: 189–220.

Bouffier, VA (2018): Historische und rezente Bäume im Botanischen Garten, am westlichen und östlichen Najadenbrunnen/Schlossplatz und im Schlosspark in Karlsruhe. Mitt. Deutsch. Dendrol. Ges. 103: 9–43.

Bouffier, VA (2018a): Stätten und Facetten einer Kastanienkultur in Deutschland. In: LWF (2018): Beiträge zur Edelkastanie, LWF Wissen 81 (hg. von der Bayerischen Landesanstalt für Wald und Forstwirtschaft, Freising). S. 20–29.

Bouffier, VA (2018b): Die Edel-Kastanie, Baum des Jahres 2018. Kurzportraits zu einigen historischen und rezenten Kastanienhainen, Alleen und Naturdenkmalen in Deutschland. In: Jahresheft Pomologen-Verein. S. 60–76.

Bouffier, VA; Maurer, WD (2009): Germany. In: Avanzato, D; Bounous, G (Hrsg.): Following Chestnut Footprints (*Castanea* spp.). Cultivation and Culture, Folklore and History, Traditions and Uses. Scripta Horticulturae 9. ISHS (International Society for Horticultural Science), Leuven. S. 53–62.

Bouffier, VA; Jablonski, EJ (2014): Neuer Champion: Die „Dicke Linde" zu Heede. TASPO BaumZeitung 48 (3): 22–24.

Bouffier, VA; Westenberger, M (2015): 10 Jahre IG Edelkastanie. Exkursion durch die Kestenhaine im Vordertaunus. Jahrbuch Hochtaunuskreis 2016: 175–179.

Bounous, G et al. (2014): Il Castagno. Risorsa multifunzionale in Italia e nel mondo. Edagricole, Milano. Edizioni Agricole di New Business Media srl.

Breloer, J (1933): Dendrologenreise 1933. Die Gartenwelt 37 (38): 469–471, 509–510.

Broecheler, K (2017): Die Edel-Kastanie – Haus- und Hofbaum par excellence auf der Bönninghardt. Beiträge zur Gehölzkunde 22: 6–18.

Broecheler, K (2019): Nachtrag zur Edel-Kastanie – dem Baum des Jahres 2018. Beiträge zur Gehölzkunde 23, im Druck.

Bücher, K; Schmidt, B (Hrsg., 1915): Veröffentlichungen der historischen Kommission der Stadt Frankfurt am Main, VI. Frankfurter Amts- und Zunfturkunden. Verlag Joseph Baer & Co. Frankfurt. S. 275.

CLAUSMEYER-EWERS, B (2016): Reimers Garten. Ein Portrait. In: WERNER REIMERS STIFTUNG (Hrsg.): Reimers Garten. Ein Bürgerpark am Taunus. Schnell & Steiner, Regensburg. S. 33–63.

DREISVOGT-PRAUSE, C (2011): Die 200jährige Edel-Kastanien-Allee von Schloss Dyck. Beiträge zur Gehölzkunde 19: 179–183.

EBNER (2007): Gehölze im Garten der Villa Hopf [kurze Geschichte, Luftbild, Pläne, Gehölze im Garten der Villa Hopf 2008].

FENNER, R (2017): Die Esskastanie. Baum des Jahres 2018. Baumkalender. Hrsg. von der Silvius Wodarz Stiftung.

FRIES, K (1926): Durch die Pfalz. Zweiter Band. Ein Kranz ums Jahr. Rheinpfalz Verlag, Speyer.

FRÖHLICH, H-J (1989): Alte liebenswerte Bäume in Deutschland. Cornelia Ahlering Verlag, Hamburg.

FRÖHLICH, H-J (1991): Wege zu alten Bäumen, Bd. 3 Rheinland-Pfalz, Saarland, WDV Wirtschaftsdienst, Frankfurt.

FRÖHLICH, H-J (1992): Wege zu alten Bäumen, Bd. 4 – Nordrhein-Westfalen, WDV Wirtschaftsdienst, Frankfurt.

GEIGER, T (1953): Im Paradies der Edelkastanie. Ein Besuch im Grenzdorf Dörrenbach zur Zeit der Kastanienblüte. Pfälzer Feierowend 5, Nr. 27: 1–2.

GRUBER, HF (2018): Bericht zur Jahrestagung der DDG vom 28. Juli bis 2. August 2017 in Karlsruhe. Mitt. Deutsch. Dendrol. Ges. 103: 195–210.

GÜMBEL, E (2006): „Der Handel besteht aus Obst und Kastanien“. Die Edelkastanie in Dannenfels. Donnersberg-Jahrbuch 2007, Heimatjahrbuch für das Land um den Donnersberg, Jahrgang 30: 160–163.

GÜMBEL, E (2008): „… fast sämtlich mit Obstbäumen bepflanzt“. Der Obstbau in Dannenfels. Donnersberg Jahrbuch 2008, Heimatjahrbuch für das Land um den Donnersberg, Jahrgang 31: 51–56.

H, D (1835): Nachrichten aus dem Herzogthum Nassau. Neue Jahrbücher der Forstkunde, 10. Heft: 77–81 [hrsg. von G. W. Frhrn. v. Wedekind. Großherzoglich Hessischem Oberforstrathe].

HERRMANN, R (1937): Baumbuch der Amtshauptmannschaft Doebeln. Hrsg. und verlegt vom Landesverein Saechsischer Heimatschutz, Dresden, S. 21.

HIRSCHFELD, CCL (1788): Handbuch der Fruchtbaumzucht, Erster Theil. In der Schulbuchhandlung, Braunschweig.

HÖFKER, H (1937): Jahresversammlung in Saarbrücken und Frankfurt a. M., 29. Mai bis 3. Juni 1937. Mitt. Dtsch. Dendrol. Ges. Nr. 49: 204–242.

HOMBACH, R (2010): Landschaftsgärten im Rheinland. Die Erfassung des historischen Bestands und Studien zur Gartenkultur des „langen“ 19. Jahrhunderts. Beiträge zu den Bau- und Kunstdenkmälern im Rheinland 37. Wernersche Verlagsgesellschaft, Worms.

HOPF, G (1993): Villa Hopf. Rückblick und Ausblick zum hundertjährigen Bestehen im Jahr 1993. Mitteilungen des Vereins für Geschichte und Heimatkunde Oberursel (Taunus) e.V., Heft 33, 1991 (1993): 57–58.

HÜBSCH (1926): Sehr alte Eßkastanie, Castanea sativa. Mitt. Dtsch. Dendrol. Ges. Nr. 37, S. 315 und Tafel 35.

JUNGE, E (1920): Das Strauch- und Schalenobst. Aus dem Nachlasse des Herrn Landesökonomierat Rudolf Goethe, zusammengestellt von E. JUNGE. Rud. Bechtold Verlag, Wiesbaden.

KAMMEYER, HF (1954): Der Pillnitzer Schloßpark und seine dendrologischen Schätze. In: PNIOWER et al. (1954): Gehölzkunde und Landeskultur. Referate zur Ersten Zentralen Tagung für Dendrologie in Dresden-Pillnitz am 29. bis 31. August 1953. Kleine Bibliothek der Natur- und Heimatfreunde Band 2, hg. vom Kulturbund zur demokratischen Erneuerung Deutschlands, Urania Verlag Leipzig und Jena. S. 204–211.

KEIPER, J (1928): Die Kastanie [Edel-Kastanie] in der Pfalz. In: BETSCH, R.; WINGERTER, L. (1928): Rheinpfalz. Ein Heimatbuch. Friedrich Brandstetter, Leipzig. S. 260–263.

KLOCK, P & T (2017): Veredelte Esskastanien. Jahresheft 2017 Pomologenverein, Hamburg, S. 90–99.

KNOPP, G; PARAKENINGS, B (Redaktion, 2003): Gartenkultur im Rheinland vom Mittelalter bis zur Moderne. Arbeitsheft der rheinischen Denkmalpflege 60, hrsg. von Landeskonservator Prof. Dr. UDO MAINZER. Michael Imhoff Verlag, Petersberg.

KÖNEMANN, E (1943): Nußbau in allen Lagen. Siebeneicher Verlag, Berlin.

KRAHN, S (2011): Historische Entwicklung und gegenwärtiger Zustand der Edel-Kastanie (*Castanea sativa*) im sächsischen Elbhügelland. Diplomarbeit am Institut Allgemeine Ökologie und Umweltschutz, Professur für Landespflege und Naturschutz, Technische Universität Dresden.

MÜLLER, R (1937): Die Weymouthskiefer (Weißkiefer) 1) früher und heute. Mitt. Dtsch. Dendrol. Ges. Nr. 49: 5–46.

NIESSEN, J (1933): Naturdenkmäler der Baumwelt in der Köln-Bonner Bucht. Mitt. Dtsch. Dendrol. Ges. Nr. 45: 505–509.

NORTHOFF, G et al. (1987): Biotopkartierung Verbandsgemeinde Freinsheim. Vorgelegt vom BUND, Kreisgruppe Bad Dürkheim.

OTTE, B (1891): Die gärtnerischen Anlagen auf Haus Bockdorf bei Kempen a. Rh. Zeitschrift für bil-

dende Gartenkunst, Band 2, IX. Jg.: 161–166, 193–198 (Schluß).
Pfaff, M (2005): Die Kastanien auf dem Karlsberg. Saarpfalz Kalender, Amt für Denkmalpflege und Heimatkunde, Landratsamt, Homburg. S. 111–113.
Pniower et al. (1954): Gehölzkunde und Landeskultur. Referate zur Ersten Zentralen Tagung für Dendrologie in Dresden-Pillnitz am 29. bis 31. August 1953. Kleine Bibliothek der Natur- und Heimatfreunde Band 2, hg. vom Kulturbund zur demokratischen Erneuerung Deutschlands. Urania Verlag Leipzig und Jena.
Pühl, E (1994): Parks und Gärten. Zwischen Weser und Ems. Isensee Verlag, Oldenburg.
Rieckhoff, J (1998): Der dickste Baum an der Universität. Bemerkenswerte Bäume in Botanischen Gärten der TUD[resden] (1): Eß-Kastanie. Universitätsjournal 3.
Ruess, J (1922): Die größten, ältesten oder sonst merkwürdigen Bäume Bayerns in Wort und Bild. Verlag von Piloty & Loehle, München.
Russwurm, W (1986): Naturdenkmale im Kreis Meinigen, hrsg. vom Kulturbund der DDR, Kreisleitung Meiningen, Gesellschaft für Natur und Umwelt, Druckerei „Freies Wort".
Schneider, R (2003): Schlösser und Landsitze [der] Herzöge von Pfalz-Zweibrücken in den Oberämtern Zweibrücken und Homburg im 18. Jahrhundert. Architektur – Intérieur – Gartenkunst.
Schwabe, G (1985): Haus Bockdorf in Kempen-Unterweiden. Sonderdruck aus Heimatbuch des Kreises Viersen. Die Geschichte unseres Hofes. Herausgeber: Verein der Freunde und Förderer der Denkmalpflege von Haus Bockdorf e.V., unveränderter Neudruck 1994 mit einem aktualisierten Vorwort.
Schwerin, F Graf von (1928): Jahresversammlung [der DDG] in Cleve mit Ausflügen vom 4.–12. August. Mitt. Dtsch. Dendrol. Ges. Nr. 40: 379 (402)–409.
Schwerin, F Graf von (1931): Jahresversammlung [der DDG] in Lindau mit Ausflügen vom 15.–22. Juni 1931. Mitt. Dtsch. Dendrol. Ges. 43: 467–515.
Schwerin, F Graf von (1933): Jahresversammlung [der DDG] in Köln mit Ausflügen vom 6.–12. August 1933. Mitt. Dtsch. Dendrol. Ges. Nr. 45: 436–504.
Sommer, O (1984): Edelkastanien - um das Jahr 1550 gepflanzt. Pfälzer Heimat 35, Heft 1: 36–38.
Sommer, O (1989): Der Baum an meinem Wege. Begegnungen mit Gehölzen. Verlag Emil Sommer, Grünstadt.
Stadtmuseum Zweibrücken (Hrsg., 2010): Die Wiege der Könige. 600 Jahre Herzogtum Pfalz-Zweibrücken. Ausstellungskatalog Rheinland-Pfälzische Landesausstellung in Zweibrücken und Homburg (29.8.–14.11.2010), Zweibrücken.
Wilde, J (1936): Kulturgeschichte der rheinpfälzischen Baumwelt und ihrer Naturdenkmale. Thieme, Kaiserslautern.
Zeiler, M (2009): Das Arboretum der Mainau. Beiträge zur Gehölzkunde 18: 178–185.

Archivalien

BA DDG = Bildarchiv der Deutschen Dendrologischen Gesellschaft, s. Bouffier (2013).

DDG/GDA-Bibliothek innerhalb der Fachbereichsbibliothek Forstwissenschaften (Niedersächsische Landesbibliothek) der Universität Göttingen, Büsgenweg 5, 37077 Göttingen, Christian von Schnehen-Ahrens, Tel.: 0551/39-33407, E-Mail: bbf@sub.uni-goettingen.de

GLAK = Generallandesarchiv Karlsruhe

LA Speyer = Landesarchiv Speyer

Autor:

Volker André Bouffier
Büdinger Str. 47
57647 Nistertal

Mitt. Deutsch. Dendrol. Ges. (MDDG)	104	85–93	2019	ISBN 978-3-494-01794-5

Sanddorn (*Hippophaë rhamnoides* L.) – von der Wild- zur Kulturpflanze

Hans-Joachim Albrecht

Zusammenfassung
Einleitend wird eine Übersicht der Arten der Gattung *Hippophaë* und der Unterarten von *H. rhamnoides* gegeben, zudem wird kurz die Verbreitungsgeschichte von *H. rhamnoides* im mitteldeutschen Raum dargestellt. Bevor die züchterische Bearbeitung des Sanddorns in der ehemaligen DDR und deren Ergebnisse ausführlich beschrieben werden, wird auf die unterschiedliche Nutzung des Sanddorns im Laufe der Zeit eingegangen.

Summary
Sea-buckthorn (*Hippophaë rhamnoides* L.) – from the wild to the cultivated plant
At the beginning the species of the genus *Hippophaë* and the subspecies of *H. rhamnoides* are listed, and attention is given to the history of distribution of the species *H. rhamnoides* in the area of Middle Germany. Before the breeding work on sea-buckthorn and the results of it in the former GDR are described in detail, the different use of the species in the course of time is shown.

Einleitung

Die Gattung *Hippophaë* L. wurde bis in das späte 20. Jh. mit 3 Arten beschrieben (Roloff & Bärtels 1996). Inzwischen hat sich die Zahl der Arten durch Entdeckungen und Forschungen in China auf 7 erweitert. Zu den vorher bekannten Arten *H. rhamnoides* L., *H. salicifolia* D. Don und *H. tibetana* Schldl. gesellen sich neuerdings die Arten *H. goniocarpa* Y. S. Lian et al. ex Swenson & Bartish, *H. gyantsensis* (Rousi) Y. S. Lian, *H. litangensis* Y. S. Lian & X. L. Chen ex Swenson & Bartish und *H. neurocarpa* S. W. Liu & T. N. He. Letztere hat dunkelgraue Früchte mit geringem Saftgehalt, aber hohem Ölgehalt (Lu Rongsen 1992).

Die für uns wichtigste Art, *H. rhamnoides* L., wurde 1971 auf Grund der morphologischen Merkmale und Verbreitung von dem finnischen Botaniker A. Rousi (Universität Turku) in mehrere Unterarten unterteilt:

- subsp. *rhamnoides* (Syn. subsp. *maritima* van Soest)
- subsp. *carpatica* Rousi
- subsp. *caucasica* Rousi
- subsp. *fluviatilis* van Soest
- subsp. *mongolica* Rousi
- subsp. *sinensis* Rousi
- subsp. *turkestanica* Rousi
- subsp. *yunnanensis* Rousi.

In Mitteleuropa sind von diesen Unterarten subsp. *rhamnoides* an der Nord- und Ostseeküste, subsp. *carpatica* von der NW-Küste des Schwarzen Meeres über die Karpaten bis in das deutsche Donaugebiet und subsp. *fluviatilis* im oberen Rhein-Tal, in den Alpen, Apenninen und Pyrenäen verbreitet (Rousi 1971). Es wird angenommen, dass der Sanddorn, der ein hohes Lichtbedürfnis hat, während der Späteiszeit aus dem Osten in unser Gebiet, eine damals baumlose Landschaft, eingewandert ist. Für den Raum der Mark Brandenburg zeigte sich in der ältesten Tundrenzeit (13 000–9 800 v. Chr.) bei Pollenanalysen die höchste Konzentration der Vorkommen. In diesem Zeitabschnitt fand er ideale Bedingungen und konnte zwischen Zwergsträuchern wie *Dryas*, *Salix*, *Betula nana* u. a. in vollem Umfang das Licht genießen (Brande 1993). Mit der später aufkommenden Waldbildung wurde der Sanddorn auf Reliktstandorte wie Dünen und Abbruchkanten verdrängt. Bereits in der Späten Warmzeit (3 000–700 v. Chr.) war er im Gebiet der Mark Brandenburg nicht mehr nachweisbar und kam nur noch an den Küsten von Ost- und Nordsee vor.

Nutzung des Sanddorns

Bereits Darmer (1952) weist darauf hin, dass in älterer Zeit der Sanddorn in der holzarmen Küstenlandschaft der ansässigen Bevölkerung vor allem als Brennholz diente. So mussten Verordnungen gegen den Einschlag von Sanddorn auf Dünen und an Steilufern erlassen werden, um die Schutzfunktion nicht zu gefährden. In außereuropäischen Gebieten wird der Sanddorn heute noch als Brennmaterial genutzt. Lu Rongsen (1952) gibt an, dass von einem 1 ha großen 6-jährigen Sanddornbestand 18 t Brennholz gewonnen werden können.

Besonders in den 1920er Jahren wurden in Deutschland fruchtende Sanddornzweige als Schmuckreisig genutzt, was oft zu starker Schädigung der Bestände führte. Die Nutzung zu diesem Zweck geht örtlich bis in frühere Jahrhunderte zurück. So berichtete bereits Bauhin (1650) über die Sitte in Belgien, Wohnungen mit fruchtenden Sanddornzweigen zu schmücken (Darmer 1952).

Die Bedeutung des Sanddorns mit seiner weitreichenden Ausläuferbildung zur Bodenfestlegung wurde bereits im 19. Jh. von einigen Fachleuten erkannt. Später setzte sich besonders Heuson (1947) für die Verwendung zum Zwecke des Küstenschutzes ein. Bereits in den 1930er Jahren wurde Sanddorn zur Bodenfestlegung an Halden und Kippen des Braunkohlebergbaus im Leipziger Gebiet verwendet, später auch in der Lausitz. In der DDR-Zeit wurde Sanddorn auch zur Böschungsfestlegung an Autobahnen gepflanzt, besonders auffällig ist dies an der Strecke zwischen Berlin und Hamburg. Einer der ältesten und umfangreichsten Bestände befindet sich in der Bergbaufolge-Landschaft des Kalkabbaus bei Rüdersdorf/Herzfelde. Auf die große Variabilität dieses Bestandes hatte bereits Eichholz (1958) hingewiesen. Ein beeindruckendes Beispiel gab es bei Lucka, wo im Gebiet des ehemaligen Tagebaus Phönix-Ost die Böschungen von einem Revierförster in Eigeninitiative bepflanzt und damit festgelegt wurden. Ab 1970 konnten diese Bestände beerntet werden und brachten einen jährlichen Ertrag zwischen 20 und 40 t (Anonym 1981). Ein weiteres gutes Beispiel war die Bepflanzung des ehemaligen Braunkohlentagebau-Geländes bei Brieskow-Finkenheerd, wo nach örtlichen Angaben ein Bergbauingenieur das Ausgangsmaterial aus Italien beschafft hatte. Die dortigen Bestände müssen der Unterart subsp. *fluviatilis* zugeordnet werden, was sich auch in den hohen Ascorbinsäurewerten widerspiegelt. An anderen Orten wurde ebenfalls Sanddorn gepflanzt, der sich gut entwickelte, wenn er die zusagende Bodenbeschaffenheit und einen freien Stand vorfand. Sobald ihn aber konkurrierende Bäume bedrängten, kam es zum allmählichen Absterben.

Der Wert der Früchte wurde in Deutschland recht spät erkannt. Zwar wurde schon von Bauhin 1650 die medizinische Bedeutung der Sanddornfrüchte beschrieben (Darmer 1954), doch zu einer allgemeinen Nutzung kam es nicht. Mancherorts wurden die Sanddornfrüchte sogar als giftig angesehen (Brühne 1943). Noch 1930 stellte Prof. Dr. Kochs von der Lehr-und Versuchsanstalt in Berlin-Dahlem, damals einer der führenden Wissenschaftler der Fruchtverarbeitungstechnologie, den Sanddornfrüchten zur Verwendung bei der Obstverwertung ein vernichtendes Urteil aus, indem er schrieb: *„Die orangegelben Beeren eigneten sich nicht zur Verwendung, gingen übrigens leicht in Buttersäuregärung über“* (Kochs 1930). Erst als Griebel & Hess (1940) den hohen Gehalt an Vitamin C in den Früchten entdeckten und dies veröffentlichten, war der Bann gebrochen. Etwa zur gleichen Zeit hatten sich in München Hörmann und Löhner mit den Inhaltsstoffen und den Verwendungsmöglichkeiten der Sanddornfrüchte befasst. Ersterer veröffentlichte die Ergebnisse in einer Broschüre (Hörmann 1941), in der er auch zur Vermehrung und zum Anbau sowie zur Feststellung von Standorten aufrief. Er war Vorsitzender der Arbeitsgruppe „Ernährung aus dem Wald“, die beim damaligen Reichsnährstand angesiedelt war und die in Kriegszeiten gefördert wurde. Bereits Anfang der 1940er Jahre begann die industrielle Verarbeitung der Früchte, zuerst bei der Firma Wolfra in Wolfratshausen bei München. Sanddornsaft wurde während des 2.Weltkrieges Flugzeugführern verabreicht (Hornsmann 1998). Wenig später folgte als Verarbeiter die Fruchtkelterei Donath in Erding bei München (Eichholz 1958). In der DDR hatte als erste die Firma Grossmann in Berlin-Rummelsburg mit der Verarbeitung der Sanddornfrüchte begonnen. Genutzt wurden Früchte aus zur Bodenfestlegung angepflanzten Beständen. Die Beerntung erfolgte durch die örtliche Bevölkerung in „Nach-Feierabend-Arbeit“ und Aufkauf durch Sammelstellen, von denen das Erntegut in bestimmten Zeitabständen abgeholt wurde. Sanddorn bietet bei der Beerntung einige Schwierigkeiten. Eine Einzelbeeren-Beerntung am Strauch ist in größeren Mengen nicht möglich, da die Beeren hohe Haltekräfte besitzen und beim Pflücken leicht einreißen oder aufplatzen, zudem sitzen sie sehr dicht am Holz. Deshalb hat sich im Ostseegebiet die Methode des Abmelkens, Ausquetschen des Saftes am Holz, für den Privatbedarf etabliert. Das Abschneiden der Beeren am Strauch ist nur bei relativ langstieligen Typen möglich und in der Praxis in großen Mengen nicht durchführbar. Deshalb hat sich Mitte des vorigen Jahrhunderts eine Erntemethode entwickelt, bei der gut mit Beeren besetzte Zweige abgeschnitten oder abgesägt und nach Hause transportiert wurden, wo sie entlaubt und in etwa 3 bis 4 cm lange Stücke geschnitten und so der Verarbeitung zugeführt wurden. Das Auspressen des Saftes erfolgte mit den Holzstücken (Abb. 1), wobei letztere als Presshilfe dienten (Landrock 1972). Wichtig war der richtige Zeitpunkt der Ernte. Die Beeren mussten voll ausgereift, aber noch fest sein. Zu späte Ernte verschlechterte die Qualität des Saftes. Mit dieser Methode wurden bis in die 1980er Jahre bedeutende Mengen Sanddornfrüchte verarbeitet, die aus Wildvorkommen an der Ostsee und aus etablierten Beständen mit Wildpflanzen im Binnenland stammten. So wurden im Jahr 1972 allein aus dem Herkunftsgebiet Brieskow-Finkenheerd 71 t Erntegut und von der Insel Rügen 72 t verarbeitet (Landrock 1972). Bei der Firma Grossmann, die nach der Verstaatlichung von der Firma „Venetia" übernommen wurde, wurden die Früchte auf einem Förderband durch Abbrausen gesäubert, dann in einer Vorpresse, die aus gegeneinander laufenden Gummibändern bestand, ausgepresst. Die anfallenden Trester wurden nochmals in einer Packpresse ausgepresst. Nach Erhitzen auf 75 °C wurde der Rohsaft in Ballons bis zur Verarbeitung zu Sanddornsüßmost zwischengelagert. Der gewonnene Süßmost wurde viele Jahre in den Gaststätten der DDR, besonders in Berlin, ausgeschenkt.

Abb. 1: Mit Holz zum Pressen geschnittenes Erntegut. Foto: H.-J. Albrecht.

Sanddorn-Züchtung in der DDR

Bei der Bildung des kombinatsähnlichen Betriebes VEG Saatzucht Baumschulen Dresden mit Betrieben in verschiedenen Gebieten der DDR im Jahre 1964 wurde der Verfasser mit dem Aufbau und der Leitung der Zuchtstation für Gehölze im Betriebsteil Berlin-Baumschulenweg (vormals L. Späth) beauftragt, eine Funktion, die er über 30 Jahre ausfüllte. Mit dieser Station wurde die planmäßige Züchtung von Zier- und Landschaftsgehölzen ermöglicht. In den ersten Jahren standen zwar andere Aufgaben im Vordergrund, u. a. die Verbesserung der Vermehrungstechnologie, doch begannen auch die ersten Züchtungsvorhaben. Die Baumschule in Berlin arbeitete damals bereits mehrere Jahre mit dem Küstenschutzamt mit Sitz in Warnemünde zusammen. 1964 wurde uns die Aufgabe gestellt, für Küstenschutzpflanzungen geeignete Sanddornpflanzen zu liefern (Bencard 1964). Als Forderungen standen:

- Widerstandsfähigkeit gegen Wind und Sandflug,
- bestes Erträgnis für Übersandung,
- dichter Habitus,
- starke Wurzelausläuferbildung und kräftige Verwurzelung des Bodens.

In gemeinsamer Arbeit wurden Versuche mit verschiedenen Herkünften unternommen, die dazu führten, dass 1971 eine Sämlingsherkunft unter der Bezeichnung „Auslese Rügen" in den Handel kam, die den Anforderungen weitgehend entsprach (Katalog VEG Saatzucht Baumschulen Dresden 1972/73). Bei diesen Arbeiten erkannte der Verfasser die außergewöhnliche Variabilität des Sanddorns. Nachdem sich auf Anregung von Prof. Leick (Hiddensee) Prof. Heinisch, Darmer und

Eichholz (alle Institut für Pflanzenzüchtung der Karl-Marx-Universität Leipzig) mit dem Sanddorn an der Ostseeküste beschäftigt hatten, stellten sie bereits in den 1950er Jahren die Forderung nach einer züchterischen Bearbeitung des Sanddorns und nach einer Ausweitung des Anbaus, ohne jedoch zu praktischen Ergebnissen zu kommen. Ihre Veröffentlichungen waren für die spätere Züchtungsarbeit unter der Regie des Verfassers von großem Wert.

Als der Verfasser Anfang der 1960er Jahre erstmals Sanddornsüßmost von der Firma Grossmann getrunken hatte, war er vom Wert des Produktes überzeugt und beschäftigte sich mit der Frage, wie man das Aufkommen von Sanddornfrüchten erhöhen und die Ernte erleichtern kann. Gespräche mit Frau Thierfelder (damalige Geschäftsführerin der Firma Grossmann) und Dr. P. Neubert (Humboldt-Universität Berlin) und Schriftverkehr mit der Firma Ackermanns Haus in Ellefeld, die bedeutende Mengen Sanddornmuttersaft aus Importen zur Herstellung von Säuglingsnahrung verarbeitete, gaben Veranlassung, Züchtungsarbeiten zu beginnen.

Es kam darauf an,

1. zu schnellen Ergebnissen zu kommen; dem kam die große Variabilität des Sanddorns entgegen; es konnten Selektionen aus den vorhandenen Beständen vorgenommen werden;
2. den Anteil weiblicher Pflanzen mit gleicher Reifezeit zu fördern; dazu mussten Klonsorten geschaffen werden;
3. rationelle Methoden zur autovegetativen Vermehrung der Klonsorten zu entwickeln;
4. Sorten, die nach Rückschnitt gut regenerieren, zu selektieren;
5. für Wirtschaftszwecke angelegte Pflanzungen (Plantagen) anzustreben, da es zunehmend Konflikte mit dem Naturschutz wegen der Schnittmethode, bei der weibliche Sanddornsträucher oft übel verstümmelt wurden, gab.

Folgende Zuchtziele wurden vom Verfasser 1971 festgelegt:

- hohe Ertragspotenz, dichter Fruchtbesatz und große Einzelfrüchte,
- hoher Fruchtsäure- und Ascorbinsäuregehalt (Vitamin C) der Früchte,
- geringe Bedornung,
- gutes Regenerationsvermögen nach Rückschnitt.

Zunächst ging es darum, sich einen Überblick über die in der DDR vorhandenen Bestände zu verschaffen. Ab 1972 wurden folgende erreichbaren Sanddornbestände gesichtet: Brieskow-Finkenheerd (ehemaliges Braunkohletagebau-Gelände), Rüdersdorf-Herzfelde (ehemaliges Kalkabbau-Gelände), Trebbin (Kiesgrube), Lucka (Braunkohle-Tagebau-Gelände), Thräna (ehemaliges Braunkohle-Tagebau-Gelände), Leitzkau (Grenzhecke um ein Privat-Arboretum), Glowe auf Rügen (Wildbestand an Ostsee und Bodden, Uferzone), Bessin auf Hiddensee (Wildbestand in Uferzone), Dransker Bug auf Rügen (ehemaliger gesprengter Flughafen, Wildbestand), Klein Leipisch in der Lausitz (Braunkohle-Tagebau-Gelände), Casel in der Lausitz (Braunkohle-Tagebau-Gelände), Velten-Kremmen (Autobahnböschung).

Bei der Sichtung wurden während der Reifezeit von Individuen, die den Zuchtzielen entsprachen, Fruchtproben entnommen, die morphologischen Merkmale erfasst, die Sträucher gekennzeichnet und die Früchte auf Fruchtsäure- und Ascorbinsäuregehalt untersucht. In späteren Jahren wurde auch Beta-Carotin-, Tocopherol- und Ölgehalt in die Untersuchungen einbezogen. Die Prüfung der Inhaltsstoffe erfolgte in kompetenten unabhängigen Einrichtungen: Untersuchungsstelle Berlin-Weißensee des Instituts für Lebensmittelhygiene und Institut für Obst- und Gemüseverarbeitung in Magdeburg.

Von den Pluspflanzen wurden im folgenden Jahr im Winter Steckholz und im Juni/Juli Stecklinge zur Vermehrung entnommen. Nach erfolgreicher Bewurzelung wurden die Jungpflanzen im Zuchtgarten klonweise baumschulmäßig verschult. Nach einjähriger Standzeit, in der sie eine Höhe von etwa 60 cm erreicht hatten, wurden die Klone im Zuchtgarten auf weitem Stand aufgepflanzt. Jährlich erfolgte eine Bonitierung aller wichtigen Merkmale wie Wuchseigenschaften, Erträge, Fruchtmerkmale, auch die Inhaltsstoffe wurden nochmals überprüft. Nach mehrjähriger Prüfung wurden die besten Klone bei der Zentralstelle für Sortenwesen (ZfS) angemeldet und von diesen mehrere Pflanzen zur Hauptprüfung eingeschickt. Diese Hauptprüfung fand in der Prüfstelle der ZfS in Marquardt statt. Nach 2–3 Jahren erfolgte nach Abstimmung mit der ZfS die Vorvermehrung der besten Klone. Nach Erreichen von festgelegten Mindestmengen an Pflanzen erfolgte der Antrag auf Zulassung. Nach Beratung durch die Sortenkommission und Empfehlung zur Zulassung erfolgte diese durch den Minister für Landwirtschaft mit Zulassungsurkunde. Als erste Sanddornsorte kam 1979 'Leikora' (Abb. 2) zur Zulassung (ALBRECHT 1980).

Auf Veranlassung des Verfassers fand im März 1979 die erste Beratung zu Fragen der Züchtung und des Anbaus von Sanddorn statt, an der Wissenschaftler und Praktiker des Gartenbaus, der Forstwirtschaft und der Fruchtverarbeitung teilnahmen. Dabei wurden folgende Beschlüsse gefasst:

- Fortsetzung der Züchtungsarbeiten,
- Selektion von geeigneten männlichen Pflanzen als Bestäuber,
- Anlage einer Versuchsplantage,
- Bildung einer Arbeitsgruppe „Sanddorn" innerhalb der SAG Strauchbeerenobst.

Bereits Mitte der 1970er Jahre wurden umfangreiche Nachkommenschafts-Prüfungen eingeleitet mit dem Ziel, Erkenntnisse über die Vererbungs-

Abb. 2: 'Leikora' war die erste Sanddornsorte, die 1979 zur Zulassung kam. Foto: H.-J. ALBRECHT.

Abb. 3: Erste Sanddornplantage in Ludwigslust nach dem ersten Standjahr. Foto: H.-J. ALBRECHT.

Abb. 4: 5-jährige Sanddornplantage in Ludwigslust. Vordere Reihe bereits beerntet, die unteren Zweige verbleiben an der Pflanze, die Früchte sind im Winter begehrte Nahrung für viele Vogelarten. Foto: H.-J. ALBRECHT.

eigenschaften zu gewinnen und gleichzeitig eine Basis für weitere Selektionsmöglichkeiten zu schaffen. Da in Berlin-Baumschulenweg nicht genügend Flächen für diese Pflanzungen zur Verfügung standen, musste auf Flächen in der dem Betrieb zugeordneten Abteilung Hartensdorf (bei Fürstenwalde) zurückgegriffen werden. Später wurden diese Arbeiten in Kooperation mit der GPG Storchennest in Ludwigslust (Abb. 3, 4) fortgesetzt. Diese Arbeiten waren mit erheblichem Zeitaufwand verbunden.

Abb. 5: Zur Isolierung eingetütete weibliche Zweigteile. Foto: H.-J. Albrecht.

Abb. 6: Ergebnis eines erfolgreichen Bestäubungstests. Foto: H.-J. Albrecht.

Die ausgelesenen männlichen Klone mussten auf ihre Befruchtungseignung für die ausgelesenen weiblichen Klone geprüft werden. Dies erfolgte durch rechtzeitige Isolierung geeigneter Zweigteile der weiblichen Klone mittels Pergamintüten (Abb. 5) und rechtzeitige Entnahme von kurzen, mit Blütenknospen besetzten Zweigteilen männlicher Klone, die dann den Tüten beigegeben wurden. Die Bestäubung erfolgte durch tägliches Schütteln in den späten Vormittagsstunden (Abb. 6). Auch erfolgten Kreuzungen ausgewählter weiblicher Pflanzen mit Pollen ausgewählter männlicher Pflanzen und Prüfung deren Nachkommenschaften (Albrecht 2011).

In den 1980er Jahren wurden auch russische und eine mongolische Sorte in die Züchtungsarbeit einbezogen. Daraus ging später die Sorte 'Sirola' hervor.

Konnte die erste Sorte 'Leikora' 7 Jahre nach der Selektion zur Zulassung gebracht werden, so dauerte es bei der aus einer Kreuzung gewonnenen Sorte 'Habego' 24 Jahre, bis sie in den Handel kam.

Ergebnisse

Aus den Arbeiten in der Zuchtstation gingen bis 1990 folgende Sorten hervor (in Klammern Jahr der Zulassung): 'Leikora' (1979; Abb. 2), 'Hergo' (1983; Abb. 7), 'Frugana' (1986), 'Dorana' (1990), 'Askola' (1990), 'Pollmix 1' (1983), 'Pollmix 2' (1983), 'Pollmix 3' (1986), 'Pollmix 4' (1989).

Drei weitere Sorten kamen 2006 in den Handel: 'Sirola' (Abb. 8), 'Habego' (Abb. 9), 'Pollmix 5'.

Die weiblichen Sorten ergänzten sich in der Reifezeit und hatten unterschiedliche Eigenschaften. Für die männlichen Klonsorten wurde die Empfehlung herausgegeben, diese in Mischung den weiblichen Beständen beizugeben.

Die bis 1990 zugelassenen Sorten (nach 1990 gab es keine Zulassung mehr), hatten in der DDR Wirtschaftssortenschutz, der jedoch keine internationale Anerkennung fand. Für die Sorten 'Askola' und 'Dorana' konnte Ausschließungssortenschutz erwirkt werden, der nach Auflösung der ZfS vom Bundessortenamt bestätigt wurde. Auch für die Sorten 'Habego' und 'Sirola' wurde Sortenschutz erwirkt. Zusätzlich wurde von der Firma „Kordes Jungpflanzen" (Bilsen), die als Hauptlizenznehmer auftrat, für die Sorte 'Habego' der warenzeichenrechtlich geschützte Handelsname 'Orange Energy' eingeführt.

Für den Aufbau der ersten Plantagen wurden von der Zuchtstation von 1980 bis 1986 für 10 Betriebe des Obstbaus und einen Betrieb der Forstwirtschaft 135.600 Pflanzen der oben genannten Sorten angezogen und ausgeliefert. Pionierarbeit unter Leitung des Abteilungsleiters für Obstbau D. WOLF leistete die GPG Storchennest in Ludwigslust (Abb. 3, 4). Bis 1990 war eine ständige Aufwärtsentwicklung des Anbaus festzustellen. Dazu trugen auch wesentlich die Beratungen in der Arbeitsgruppe Sanddorn (Leitung Dr. H. J. KOCH) bei, in der sich Wissenschaftler, Anbauer, Baumschuler, Verarbeiter und Techniker zusammenfanden. Der Verfasser war bei allen Beratungen zugegen, konnte sein Wissen und seine Gedanken einbringen und bekam andererseits

Abb. 7: Sanddorn-Einzelfrüchte, Sorte 'Hergo' im Auffangbehälter der Erntemaschine. Foto: H.-J. ALBRECHT.

Abb. 8: Sorte 'Sirola', aus einer Kreuzung einer russischen Sorte mit der Sorte 'Pollmix' entstanden. Foto: H.-J. ALBRECHT.

Abb. 9: Die Sorte 'Habego' bringt höchste Erträge. Foto: H.-J. ALBRECHT.

wertvolle Anregungen für die weitere Züchtungsarbeit. In dieser Zeit wurde vor allem die Erntetechnik vorangetrieben. Von Dr. Gätke und Mitarbeitern (Humboldt-Universität) wurde eine Erntemaschine entwickelt, die nach dem Prinzip des Abrüttelns geschnittener Zweige arbeitete. Allerdings zeigten sich Unterschiede bei den Sorten: 'Hergo' ließ sich gut abrütteln (Abb. 7), 'Leikora' hingegen sehr schlecht. Ein Durchbruch zeigte sich erst, als das Erntegut tiefgefrostet wurde. Diese Erkenntnis brachten Dr. Koch und der Verfasser von einer im Auftrag der Deutschen Akademie der Landwirtschaftswissenschaften 1983 durchgeführten Reise in die Mongolei mit. Ein weiteres Problem, an dem stetig gearbeitet und das schließlich durch Prof. K. Heilscher gelöst wurde, war die Gewinnung von Öl aus den Kernen und dem Fruchtfleisch.

Entwicklung nach 1990

Mit dem Ende der DDR gab es einen tiefgreifenden Einbruch. Die Baumschule in Berlin-Baumschulenweg einschließlich der Zuchtstation sollte innerhalb weniger Monate liquidiert werden. Die Entwicklung wurde erst gestoppt, nachdem Pflanzen und Einrichtungsgegenstände zu Schleuderpreisen veräußert wurden. Alle Züchtungsarbeiten wurden abgebrochen. Es kam in dieser Situation darauf an, das bis dahin Erreichte zu retten und vorhandenes Zuchtmaterial weiter auszuwerten. Dabei war die Unterstützung durch einige Institutionen und Betriebe eine wertvolle Hilfe. Dadurch konnten die Sorten 'Habego' und 'Sirola' in späteren Jahren in den Handel gebracht werden.

Auch bei den Anbauern gab es große Verunsicherungen, viele glaubten, das Kapitel Sanddorn sei zu Ende. Einige Sanddornplantagen wurden aufgegeben und verwahrlosten. Den Initiativen Einzelner war es zu danken, dass es ab Mitte der 1990er Jahre wieder voran ging. Dabei spielte die Förderung durch das Land Brandenburg eine Rolle. Sehr positiv wirkte sich das Engagement von Christine Berger (Glindow, später Petzow) aus, die mit neuen Produkten auf den Markt ging. Das Wirken von Prof. Heilscher zur Gewinnung und Nutzung des Öls und die von ihm initiierte Gründung des Sanddorn-Vereins, in dem sich alle am Sanddorn Interessierten trafen, trugen ebenso dazu bei. Der Verfasser machte bei Vorträgen und durch viele Veröffentlichungen in Zeitschriften auf die Bedeutung der Wildobstart Sanddorn aufmerksam.

Heute werden die Sanddornsorten in Deutschland auf etwa 800 ha angebaut, Tendenz steigend. Neben den Ländern Brandenburg und Mecklenburg-Vorpommern werden auch in Sachsen-Anhalt in zwei Großbetrieben die genannten Sorten angebaut und das Ernteverfahren durch eigene technische Entwicklungen verbessert. Die in der Zuchtstation in Berlin-Baumschulenweg gezüchteten Sorten werden aber auch in anderen Ländern angebaut, so in Frankreich, Ungarn, Italien und Griechenland. Selbst in den USA, in Oregon, werden die Sorten von einer Baumschule vertrieben. Auf dem Markt erscheinen zunehmend Sanddornprodukte, nicht nur Säfte und Konfitüren, sondern auch viele Kosmetikartikel aus den wertvollen Ölen.

Der Sanddorn-Verein ist Mitglied der ISA (International Seabuckthorn Association) und hat in den Jahren 2003 und 2013 erfolgreiche ISA-Kongresse ausgetragen, auf denen sich Sanddornspezialisten aus vielen Staaten trafen.

Sanddornzüchtung, -anbau und -verarbeitung sind in Deutschland eine junge Erfolgsgeschichte, bei der wir, verglichen mit anderen Obstarten, noch ganz am Anfang stehen.

Danksagung

Mein Dank gilt allen, die zum Gelingen des Sanddornanbaus beigetragen haben, besonders Dr. H. J. Koch, der sich unermüdlich dafür einsetzte. Mein besonderer Dank gilt meinen Mitarbeitern in der Zuchtstation, von denen Marlis Fornacon, Ingeborg Ciossek und Cornelia Schuldt unmittelbar an Züchtungsarbeiten beteiligt waren, ebenso Petra Müller, die nach meinem Ausscheiden aus der Baumschule die Vermehrung der Sorten weitergeführt hat. Auch danke ich meiner Frau Leonore Albrecht, die mich oft bei Fahrten zu Sanddornstandorten begleitet hat und mir bei vielen Arbeiten behilflich war.

Literatur

Albrecht, H-J (1980): Probleme der Züchtung und des Anbaues von *Hippophae rhamnoides* L. Wiss. Zeitschr. Humboldt-Univ. Berlin, Math.-Naturw. R. 29, 3: 291–293.

Albrecht, H-J (2011): Sanddornzüchtung in der Zuchtstation der Baumschule in Berlin-Baumschulenweg. Info-Blatt für den Gartenbau in Mecklenburg-Vorpommern 20, 4: 179–201.

Bencard, J (1964): Briefl. Mitteilung

Brande, A (1993): Die Entwicklung der Dendroflora in Brandenburg seit der Eiszeit. Beitr. z. Gehölzkunde 1993: 77–84.

Brühne, F (1943): Die Sanddornbeere als Vitaminträger. Die deutsche Heilpflanze 9, 11: 113.

Darmer, G (1952): Der Sanddorn als Wild- und Kulturpflanze. Hirzel, Leipzig.

Eichholz, W (1958): Die Nutzung der Sanddornbeeren. Die Nahrung 2, 2: 156–168.

Eichholz, W (1958): Vorkommen des Sanddorns unter besonderer Berücksichtigung des nord- und mitteldeutschen Raumes. Archiv f. Gartenbau. 6/58: 387–403.

Griebel, C, Hess, G (1940): Die Sanddornbeere, eine an Vitamin C reiche, zur Herstellung von Marmelade geeignete Frucht. Z. Untersuchung Lebensmittel 79: 469–471.

Heuson, R (1947): Bodenkultur der Zukunft. Siebeneicher, Berlin-Charlottenburg.

Hörmann, B (1941): Die Sanddornbeere. (*Hippophae rhamnoides* L.). Verlag d. Pflanzenwerke, München.

Hornsmann, E (1998): Sanddornsaft. Ginkgoblätter, Kurzmitt. DDG 71: 50.

Kochs (1930): Die Verwendung von Wild- und Halbfrüchten in der Obstverwertung. Mitt. Deutsch. Dendrol. Ges. 42: 172–179.

Landrock, A (1972): Bericht über die Sanddornverarbeitung und Süßmostherstellung im Betriebsteil Säfte/Moste des VE Verarbeitungsbetriebes „Venetia“ , Berlin. Mskr. (student. Belegarbeit).

Lu Rongsen (1992): Seabuckthorn a Multipurpose Plant for Fragile Mountains. Kathmandu Nepal.

Roloff, A; Bärtels, A (1996): Gehölze. Ulmer, Stuttgart.

Rousi, A (1971): The Genus *Hippophae* L. A taxonomic Study. Ann. Bot. Fennici 8: 177–227.

Swenson, U; Bartish, IV (2002): Taxonomic synopsis of *Hippophae (Elaeagnaceae)*. Nordic Journal of Botany 22: 369–374.

Autor:

Hans-Joachim Albrecht
Johannisthaler Chaussee 58
12437 Berlin

Mitt. Deutsch. Dendrol. Ges. (MDDG)	104	95–101	2019	ISBN 978-3-494-01794-5

Formenvielfalt bei Sämlingen der Rot-Buche (*Fagus sylvatica*)

Gerhard Dönig

Zusammenfassung
Von der heimischen Rot-Buche (*Fagus sylvatica*) sind zahlreiche Formen bekannt und beschrieben. Die Abweichungen können spontan an Zweigen durch z. B. Veränderung des Blattrandes oder durch Aussaaten mit abweichendem Aussehen entstehen. Hier wird diese zweite Möglichkeit betrachtet, wobei durch Kreuzungen innerhalb der Formen in jüngster Zeit zahlreiche Neuerungen entstanden sind.

Summary
Numerous forms of the native copper beech (*Fagus sylvatica*) are known and described. On branches spontaneous deviations can occur, e.g. by changing of the leaf margin, or by generative propagation a different appearance can develop. Here the second possibility is considered, whereby in recent times numerous innovations have arisen through intersections within the forms.

Pflanzengeschichte und Verbreitung der Rot-Buche

Wie Versteinerungen belegen, gab es Buchen schon vor ca. 8 Millionen Jahren, auch bei uns in Europa. Während der letzten Eiszeit wurde die Rot-Buche (*Fagus sylvatica* L.) aus Mitteleuropa verdrängt. Sie überlebte im Mittelmeerraum und begann ihre Rückeroberung des europäischen Verbreitungsgebietes vor etwa 10 000 Jahren (Lang 1994). In Sedimenten des verlandeten Luttersees im Eichsfeld

Abb. 1: Büschel von männlichen Blüten und einer weiblichen Blüte einer Blut-Buche, 17.4.2011.

bei Göttingen wurden Pollen nachgewiesen, die der späteren Warmzeit vor etwa 4 800 Jahren zuzuordnen sind (STRAKA 1970, DIERSSEN 1990).

Das Verbreitungsgebiet der Rot-Buche reicht heute von Sizilien bis Süd-Skandinavien. Im östlichen Mitteleuropa und im südlichen Skandinavien kommt sie bis in Höhenlagen von 500 m vor, in Westeuropa bis 800 m und in den südlichen Alpen bis in 1 000 m. In west-östlicher Richtung reicht ihr Verbreitungsgebiet von der Atlantikküste Frankreichs, wo sie sehr häufig vorkommt, bis zur Weichselniederung im Nordosten Polens und den Karpaten in der Westukraine.

Abb. 3: *F. orientalis* aus Rendeux, 20.9.2004. Fruchthülle umschließt komplett die Bucheckern.

Blüte, Frucht und Keimung

Normalerweise beginnt eine Rot-Buche nach etwa 40 Jahren zu blühen, wobei an einem Baum männliche und weibliche Blüten gleichzeitig mit dem Austrieb der Blätter erscheinen (Abb. 1). Durch zeitlich unterschiedliches Erblühen unterschiedlicher Individuen tritt in der Regel eine Fremdbestäubung ein, aus der dann Bucheckern entstehen, die meist zu zweit in einer vierlappigen Fruchthülle bzw. in einem Fruchtbecher, der Cupula, sitzen (Abb. 3, 4).

Abb. 4: *F. japonica* im Arboretum Altdorf, 15.7.2009. Bucheckern ragen aus der Fruchthülle.

Abb. 2: Keimlinge mit Wurzeln, Keimblättern und ersten Normalblättern, rechts von einer Aussaat einer Blut-Buche.

Von veredelten Buchen, deren Reiser Altbäumen entnommen wurden, können vielfach schon nach einem Kulturjahr Bucheckern gewonnen werden. Die Fruchtbecher öffnen sich bei uns meist Anfang bis Mitte Oktober; die Bucheckern fallen auf den Boden und werden dann vom nachfolgenden Blattabwurf zugedeckt. Rot-Buchen werden als Frostkeimer beschrieben. Das kann ich durch eigene Aussaatversuche nicht bestätigen. Wichtig ist jedoch, während der Keimruhe eine über ca. 15 °C liegende Temperatur zu vermeiden.

Tab. 1: Aussaaten von *F. s.* 'Argenteo-marmorata'.

Fagus sylvatica	Jahr	Herkunft und Aussehen
'Altdorfer Flocke'	2009	Säulenform mit weiß marmorierten Blättern, Arboretum Altdorf
'Altdorfer Land'	1987	Blätter weiß-grün marmoriert, waagerechtere Äste, Arboretum Altdorf
'Anne-Elisabeth'	1996	Saat aus Berlin-Dahlem, Blätter gezackt und marmoriert
'Feuermarmor'	1991	Saat Berlin-Dahlem, Blätter rot, weiß und grün gesprenkelt
'Franken'	1993	Saat Berlin-Dahlem, grün-weiß marmorierte Blätter
'Marmor Star'	1987	Saat Berlin-Dahlem, grün-weiß marmorierte Blätter
'Rolf Marquardt'	1993	Saat Berlin-Dahlem, gelblich-grüne marmorierte Blätter

Zwei der frühesten Farbdarstellungen von Keimlingen und Bucheckern stammen von Burgsdorf (1783), der ausführlich und detailliert Bucheckern und deren Aussaaten beschreibt, sowie von Oelhafen (1788). Im Weiteren sollen hier aber nicht die waldbaulichen Aspekte von Buchenaussaaten behandelt werden, sondern vor allem Aussaaten von Sorten, Varietäten und gelegentlich außereuropäischen Arten. Auch im Forst treten hin und wieder Blut-Buchen-, geschlitztblättrige oder marmorierte Sämlinge auf (Abb. 2), die jedoch selten zu einem stattlichen Baum durchwachsen können. Die hier dargestellten Sämlinge wachsen geschützt vor Fraßfeinden im Kalthaus; man findet sie aber auch in geschützten Bereichen von Parks und Botanischen Gärten. Bleibt der Sämling, der von der Normalform im Aussehen abweicht, stabil, kann die Pflanze weiter beobachtet werden, gegebenenfalls später veredelt und als neue Sorte benannt werden (Tab. 1 und 2 sowie Abb. 6–18).

Die weiblichen Blüten werden durch Windbestäubung zu Nüsschen tragenden Früchten (in der Regel zwei; es kommen jedoch auch bis sechs vor, z. B. bei der Feder-Buche *F. s.* 'Asplenifolia'). Die Eckern sind glatt, glänzend hell- bis dunkelbraun und haben eine dreikantige Form (Abb. 5). Die Länge der Nüsschen beträgt im Mittel ca. 10 mm, ist jedoch bei *F. hayatae, F. grandifolia* und einigen europäischen Formen von *Fagus sylvatica*, wie 'Asplenifolia' oder 'Laciniata', deutlich geringer. Das 1 000-Korn-Gewicht liegt zwischen 180 g und 420 g (Dönig 1994). Noch geringer dürfte das Gewicht der Eckern von *F. hayatae* (nur 5 mm Länge; siehe auch Keimblätter, Abb. 6) sein. Bei *F. japonica* werden die Eckern nur halb von der Fruchthülle oder Außenschale bedeckt (Abb. 4); bei allen anderen Arten oder auch bei den Formen der *F. sylvatica* werden die Eckern komplett umschlossen (Abb. 3).

Da nicht alle Bucheckern keimfähig sind, ist es sinnvoll, vor der Aussaat die Wasserprobe zu

Tab. 2: Sonstige neue Sorten, beim Verfasser aus Saat entstanden.

Fagus sylvatica	Jahr	Herkunft
'Altdorfer Ried'	1995	Arboretum Altdorf, rotblättrige Säulenform
'Altdorfer Specht'	2009	Arboretum Altdorf, grünblättrige Säulenform
'Altdorfer Spitz'	1987	Laciniata-Sämling aus dem Arboretum Altdorf
'Altdorfer Weide'	2009	grüne sehr schmale Blätter
'Feuerglut'	1989	Saat Botanischer Garten München
'Frankenalp'	2009	grünblättrige Säulenform aus dem Arboretum Altdorf
'Goldener Mai'	1982	Saat Botanischer Garten München
Fagus 'Altdorf'	ca. 2002	rotblättrige *F. orientalis*-Form, Nerven > 9. Siehe MDDG 100.

Abb. 5: Keimling, noch mit Eckern-Hut bzw. Bucheckernhülle.

Abb. 6: Keimlinge von *F. hayatae*, 2 kleine links und *Fagus sylvatica*, 3.4.2015.

Abb. 7: Keimblätter: rot gestreift von einer Blut-Buche, und komplett grün von einer Süntel-Buche aus Luttringhausen, 14.4.2015.

Abb. 8: Keimblätter gelb und grün, Arboretum Altdorf 20.4.2007.

Abb. 9: Sämling einer *F. s.* 'Purpurea Tricolor', Syn. 'Roseo-marginata', im Park Sychrov (CZ), 20.5.2010.

Abb. 10: Keimblätter weiß und grün, Kronberg, 19.4.2007.

Abb. 11: Aussaaten aus Berlin Dahlem am 3.5.2007. Foto:

Abb. 12: Sämlinge von *F. s.* 'Argenteo-marmorata', 6.4.2014, Herkunft Arboretum Altdorf.

Abb. 13: Sämling von *F. s.* 'Cochleata', 22.5.2002. Foto: G. Dönig.

Abb. 14: Sämling mit Hahnenkamm-Blättern aus dem Botanischen Garten Freiburg, gesammelt von Hubertus Nimsch, 19.5.2014.

Abb. 15: Sämling von *F. s.* 'Asplenifolia', 2.5.2009. Foto: G. Dönig.

Abb. 16: *F. s.* 'Goldzack', Elternpflanzen unbekannt, 7.5.2009.

machen. Oben schwimmende Früchte sind taub. Ende April/ Anfang Mai erscheinen nach der Winterruhe die Keimlinge unter ihren Mutterbäumen aus der schützenden Laubschicht. Im Kalthaus beginnt die Wurzelbildung, die neben der Verankerung im Boden gleichzeitig auch für die Wasseranbindung sorgt, zwei bis drei Wochen früher als im Forst. Bei der oberirdischen Keimung der Rot-Buche entfalten sich die Keimblätter, sobald die Fruchthülle abgeworfen ist (Abb. 6). Die vollständigen ausgebildeten Keimblätter sind in der Regel grün, bei Blut-Buchen jedoch rötlich bis ganz rot (Abb. 2), bei Formen wie 'Marmorata' auch grün-weiß gesprenkelt (Abb. 12, 17, 18). Die Keimblätter, die um den Stängel angeordnet sind, zeigen zwei nierenförmige Blattscheiben (Abb. 7); sie sind ledrig, verdickt und derb. Danach werden die ersten beiden Normal-Blätter ausgebildet. Solange die normalen Primärblätter bzw. Blattpaare noch nicht vollständig ausgebildet sind, versorgen die Keimblätter die Jungpflanze. Später fallen sie mehr oder weniger vertrocknet ab.

Durch Aussaat entstandene Sorten (Auswahl)

Schon früher wurden aus Aussaaten neue Sorten für das Baumschulsortiment gewonnen, z. B. *Fagus sylvatica* 'Ansorgei', 1884; 'Black Swan', 1984; 'Calista', 2008; 'Dawyck Gold', 1968; 'Dawyck Purple', 1968; 'Green Obelisk', 1987; 'Greenwood', 1981; 'Horstmann', 1955; 'Interrupta', 1955; 'Interrupta Purpurea', 1963; 'Mercedes', 1985; 'Oudenbosch', 1996; 'Purple Fountain', 1959; Rohan-Formen von 1973 bis 1998; 'Rot Süntel', 1974; 'Rouge Minaret', 2009.

Über Jahrzehnte hinweg hat der Verfasser mit seiner Frau Gisela Bucheckern von *Fagus sylvatica*-Formen bzw. -Sorten in Parks, Anlagen und im eigenen Arboretum Altdorf gesammelt. Bereits 1994 wurde eine Liste der häufigsten Formen erstellt (Dönig 1994). Am verbreitetsten sind dabei „Asplenifolia"-Formen, Blut-Buchen-Formen sowie Hänge- und Säulen-Formen. Die Wahrscheinlichkeit, dass diese Formen auch Sämlinge ähnlich wie die Eltern hervorbringen, ist beachtlich hoch (Abb. 7–14). Geschlitztblättrige Formen (Abb. 15) und Blut-Buchen können je nach Standort bis zu 80 % ähnliche aussehende Nachkommen hervorbringen, Säulen-Formen bis zu 25 %, Pendula-Formen dagegen nie. Spitzenreiter ist *F. s.* 'Argenteo-marmorata', der nahezu 99 % marmorierte Sämlinge hervorbringt. Neben der dominierenden Grün-weiß-Marmorierung kommen auch rote, gelbe, teilweiße mit gezacktem Rand und gezackte mit weißen Blättern vor. Aus grün-weiß marmorierten Sämlingen wurde im Arboretum Altdorf eine über 50 m lange Buchenhecke angepflanzt. Bucheckern von 'Albo-variegata' tragen zwar weiß-bunte Fruchthüllen, die Sämlingsblätter bleiben allerdings ganz grün. Von Hunderten ausgesäten 'Striata'-Bucheckern fanden sich nur zwei Pflanzen mit gestreiften Blättern. Bei Rot-Buchen-Aussaaten im Sachsenforst konnten etliche DDG-Mitglieder am 2.8.2011 nach Abgehen der

Abb. 17: *F. s.* 'Anne-Elisabeth', 14.7.2009.

Abb. 18: *F. s.* 'Rolf Marquardt', 9.5.2009.

langen Saatreihen auch drei rotblättrige Exemplare ausmachen, was meine Meinung bestärkt, dass rotblättrige Exemplare immer wieder auch im Wald, z. B. im Steigerwald, spontan entstehen. Geschlitzte Formen sind ebenfalls zu finden. Bei Süntel-Buchen habe ich einige Tausend Aussaaten gemacht. Daraus konnte ich lediglich ca. 20 wurzelechte Exemplare finden und einige im Arboretum Altdorf auspflanzen.

Aus *F. s.* 'Argenteo-marmorata'-Aussaaten wurden im Laufe der Zeit vom Verfasser die in Tab. 1 aufgeführten Sorten ausgelesen und vermehrt. Äste und Zweige sind bei diesen Sämlingspflanzen auffallend hell-bräunlich. Weitere beim Verfasser entstandene Sorten sind in Tab. 2 aufgelistet.

Alle Fotos: Gerhard Dönig.

Literatur

Burgsdorf, FAL (1783): Versuch einer vollständigen Geschichte vorzüglicher Holzarten, Die Buche. Platte VII., J. Pauli, Berlin.

Dierssen, K (1990): Einführung in die Pflanzensoziologie. Akademie Verlag, Berlin.

Dönig, G (1994): Die Park- und Gartenformen der Rotbuche – Fagus sylvatica L., Hansmann, Rinteln.

Dönig, G (1999): Rotbuchen – Arten und Sortenvielfalt. Beiträge zur Gehölzkunde 13: 21–29.

Dönig, G (2009): Das Arboretum Altdorf. Beiträge zur Gehölzkunde 18: 133–149.

Dönig, G (2010): Rotbuchen - Fagus, Hansmann, Hemmingen.

Dönig, G (2014): Süntel-Buchen. 2. Auflage, Heimatbund Niedersachsen, Bad Münder.

Dönig, G (2015): Eine neue rotblättrige Buchen-Form oder gar -Hybride. Mitt. Deutsch. Dendrolog. Ges. 100: 263–264.

Kessel, N (1994): Das Wachstum von Buchenwildlingen und Baumschulpflanzen nach Sproßschnitt, Wurzelschnitt, Konkurrenzregelung, Beschattung und bei weitem Pflanzverband. Dissertation, Freiburg im Breisgau.

Krahl-Urban, J (1962): Buchen-Nachkommenschaften. AFZ 133 (2): 29–38.

Kvaček, Z; Walter, H (1991): Revision der mitteleuropäischen tertiären Fagaceen nach blattepidermalen Charakteristiken. IV. Teil *Fagus* Linné. Feddes Repertorium, Berlin 102 (7–8): 471–534.

Lang, G (1994): Quartäre Vegetationsgeschichte Europas. Gustav Fischer Verlag Jena, Stuttgart, New York.

Liesebach, M (2003): Zur Variation von Bucheckern. Beiträge zur Gehölzkunde 15: 127–133.

LWF (2004): Erfolg von Buchensaaten steigern. Merkblatt 16 (7), Bayerische Staatsforstverwaltung, Freising.

Schmidt, PA; Hecker, U (2009): Taschenlexikon der Gehölze. Quelle & Meyer, Wiebelsheim. S. 216–219.

Schüler, S; Liesebach, M; Wühlisch, G von (2012): Genetische Variation und Plastizität des Blattaustriebs von Herkünften der Rot-Buche. Landbauforschung. Applied Agricultural and Forestry Research 4 (62): 211–220.

Straka, H (1970): Pollenanalyse und Vegetationsgeschichte. Die Neue Brehm-Bücherei 202. A. Ziemsen Verlag, Wittenberg Lutherstadt.

Oelhafen von Schöllenbach, Chr (1788): Abbildung der wilden Bäume, Stauden und Buschgewächse Zweyter Theil, welcher die Laub- oder Blätterbäume enthält. Tab. VIII. Winterschmidt, Nürnberg.

Autor:

Gerhard Dönig
Sachsenstraße 6
91052 Erlangen
fagus.doenig@t-online.de

Mitt. Deutsch. Dendrol. Ges. (MDDG)	104	103–111	2019	ISBN 978-3-494-01794-5

Inspirationen aus der Natur: Der Drachenbaum (*Dracaena marginata*) als Ideengeber für die Entwicklung von bio-inspirierten technischen Faserverbund-Verzweigungen

Linnea Hesse

Zusammenfassung

Pflanzliche Verzweigungen sind hervorragende Ideengeber für die Optimierung technischer Faserverbundverzweigungen. Im Rahmen solcher bionischen Forschungsprojekte ist es von zentraler Bedeutung, die Form-Struktur-Funktionszusammenhänge lebender Organismen umfassend zu verstehen. Die dazu notwendigen Analysen der Funktionsmorphologie, Biomechanik und Entwicklung pflanzlicher Modellorganismen können durch die Neu- und Weiterentwicklung geeigneter Methoden zur zerstörungsfreien und nicht-invasiven 3D- und 4D-Bildgebung signifikant verbessert werden.

In dieser Arbeit wird ein neuer methodischer Ansatz auf Basis der Magnetresonanztomographie vorgestellt, mit deren Hilfe die 3D- und 4D-Analyse von Biomechanik und Ontogenie der Verzweigungen von *Dracaena marginata* (Drachenbaum) möglich wurde. Durch *in vivo*-biomechanische Deformationsanalysen konnte eine lastadaptive Gewebestrukturierung innerhalb der Stamm-Ast-Anbindung ausfindig gemacht werden. Zusätzliche Langzeituntersuchungen der Ast-Entwicklung ermöglichten die Analyse der zeitlichen Entwicklung (Wachstum) der lastadaptiven Gewebestrukturierung.

Die Arbeit liefert damit einen Beitrag zum besseren Verständnis von Monokotyledonen im Allgemeinen, deren Verzweigungsbiologie bisher nur lückenhaft analysiert wurde. Zusätzlich können die Ergebnisse als Inspiration für die bionische Übertragung der Astontogenie sowie der lastadaptiven Gewebestrukturierung in technische Faserverbundverzweigungen und deren Fabrikationsprozesse genutzt werden.

Summary

The branch-stem-attachments of plants are suitable concept generators for the optimization of technical fiber-reinforced branchings. However, novel and optimized methodological approaches are necessary which allow for a comprehensive understanding of the form-structure-function principles of the biological role models. A non-invasive and non-destructive 3D and 4D analysis of the functional morphology, biomechanics and development of plants is hereby of central importance.

This work introduces a novel methodological approach on the basis of magnetic resonance imaging which allows for a 3D and 4D analysis of the biomechanics and ontogeny of dragon tree branches (*Dracaena marginata*). A load-adapted tissue structuring within the branch-stem-attachment could be detected by performing *in vivo* biomechanical experiments. Additional long-term studies of the branch development made it possible to understand how the load-adapted tissue structuring of *D. marginata* is developed during branch ontogeny.

This work contributes to the general knowledge on the functional morphology, biomechanics and development of monocot branches, which are only partially understood. Furthermore, the results can be used as inspiration for a biomimetic transfer of the branch ontogeny and load-adapted tissue structuring in technical fiber-reinforced branchings and their fabrication processes.

1 Einleitung

1.1 Bionik: Inspiration Verzweigung

Bionik ist ein Kompositum aus den Begriffen „Biologie" und „Technik" und stellt einen Forschungsbereich dar, in dem die Natur als Inspiration für technische Innovationen dient. Die gesamte Prozesskette der Bionik (Speck & Erb 2011, Speck & Speck 2008) reicht von der organismischen Grundlagenforschung bis hin zur Produktentwicklung. Dies erfordert eine enge und stark interdisziplinäre Zusammenarbeit zwischen Experten unterschiedlicher Wissenschaftsdisziplinen, z. B. Chemie, Materialwissenschaften, Biologie, Maschinenbau und Architektur. In den letzten Jahrzenten konnte durch die bionische Forschung vielfältige neue Lösungsansätze für existierende technische Problemstellungen herausgearbeitet werden (Bar-Cohen 2012, Knippers et al. 2016, Speck et al. 2012, Speck et al. 2017).

Die hier in Form einer Zusammenfassung der wichtigsten Ergebnisse vorgestellte Dissertationsschrift folgt einem bionischen Ansatz, in dem pflanzliche Verzweigungen als Ideengeber zur Optimierung technischer Faserverbund-Leichtbauverzweigungen dienen. Im Verlauf der Evolution der Landpflanzen evolvierten diverse verzweigte biologische Faserverbundleichtbauprinzipien, die über die letzten Jahrmillionen durch den Selektionsdruck strukturell und biomechanisch verbessert und an die jeweils herrschenden Umweltbedingungen angepasst wurden. Diverse Verzweigungstypen und -architekturen haben sich in den unterschiedlichsten Pflanzengruppen entwickelt und müssen statischen (z. B. Eigengewicht) und dynamischen (vor allem Wind) Belastungen standhalten können. Darüber hinaus weisen sie häufig ein gutmütiges Bruchversagen auf. Die mechanischen Eigenschaften pflanzlicher Verzweigungen werden dabei durch eine komplexe Interaktion verschiedenster struktureller Hierarchieebenen bestimmt und zeitlebens durch Wachstumsprozesse adaptiv optimiert. Hierarchische Ebenen sind Klassifizierungen verschieden dimensionierter Struktureinheiten, die bei Bäumen bis zu 12 Größenordnungen umfassen können: die äußere Geometrie der Verzweigung (m bis cm), die dreidimensionale Gewebeverteilungen (mm), einzelne Zellen (µm) und Organellen (µm bis nm) und die ultrastrukturelle Ebene der Makromoleküle (nm und kleiner) (Fratzl 2007, Jeronimidis 2000a, b, Fratzl 2007, Meyers et al. 2008, Speck & Burgert 2011). Faserverbundleichtbauprinzipien können dabei auf mehreren Hierarchieebenen vorkommen (faserförmige Gewebe, Faserzellen, faserförmige Makromoleküle etc.). Verzweigte Pflanzen sind dadurch sehr gut geeignete Ideengeber für die biomimetische Optimierung technischer Faserverbundverzweigungen.

1.2 Der Modellorganismus *Dracaena marginata*

Baumförmige Monokotyledonen sind aufgrund der sehr stark ausgeprägten inneren Faserverbund-Gewebestrukturierung ideale Modellorganismen für eine biomimetische Optimierung technischer Faserverbundbauteile: Die Leitbündel mit Sklerenchymkappen sind faserförmig und voneinander weitestgehend isoliert innerhalb einer Matrix aus weicherem parenchymatischen Grundgewebe eingebettet (Haushahn et al. 2012a, 2014, Masselter et al. 2011, 2016a). Dadurch wird eine Abstraktion und anschließende technische Übertragung der Form-Struktur-Funktionsprinzipien des biologischen Modellorganismus vereinfacht.

Der Drachenbaum (Asparagaceae; APG III 2009, Lu & Morden 2014) verfügt über anomales sekundäres Dickenwachstum, wodurch die mechanische und adaptive Plastizität von *Dracaena* gegenüber den meisten Monokotyledonen, denen die Fähigkeit zum sekundären Dickenwachstum fehlt, erhöht wird. Obwohl umfassende Vorarbeiten zu der Gattung existieren (Haushahn et al. 2014, Jura-Morawiec 2017, Masselter et al. 2011, Zimmermann & Tomlinson 1969, 1970), ist die Entwicklung sowie die dreidimensionale Anatomie und Biomechanik der Verzweigung von *Dracaena* und monokotyledoner Pflanzen im Allgemeinen bisher weitestgehend unerforscht. Aus diesen Gründen wurde *Dracaena marginata* (hort. für *Dracaena reflexa* var. *angustifolia*) als geeigneter Modellorganismus für diese Arbeit ausgewählt.

Drachenbäume sind durch einen aufrechten Stamm charakterisiert (Abb. 1a und c), der entlang seiner gesamten Achse Blattnarben aufweisen kann. Kleine ovale Erhebungen in den Blattnarben deuten die im Innern verborgenen Achselknospen an (Abb. 1d). Innerhalb ihres natürlichen Lebensraums sind große, reichlich verzweigte Individuen typisch (Abb. 1a–b), während kommerziell erwerbliche Pflanzen (wie die in dieser Arbeit verwendeten Individuen) meist aus einem einzelnen aufrechten Stamm(stück) mit zwei bis sechs subterminalen Verzweigungen bestehen (Abb. 1c) (Bos 1998, Zimmermann & Tomlinson 1969). Zur sympodialen Verzweigung kommt es meist durch (1) Blütenbildung, (2) horizontale Lage einer Sprossachse (Abb. 1b) und (3) Verwundung oder Abtrennung (Dekapitierung) des Apex (Abb. 1c).

1.3 Forschungsfrage und Zielsetzung

Drei konkrete Fragestellungen wurden im Zuge der Dissertation abgehandelt:

- Liegt eine lastadaptive Gewebestrukturierung innerhalb der Stamm-Ast-Anbindung von *D. marginata* vor?
- Wie wird die lastadaptive Gewebestrukturierung im Verlauf der Astontogenie gebildet?
- Wie kann die lastadaptive Gewebestrukturierung in eine lastoptimierte Faserorientierung in technische Faserverbundverzweigungen übertragen werden?

Die Beantwortung dieser Fragestellungen erforderte die Entwicklung eines methodischen Ansatzes auf Basis der Magnetresonanztomographie (MRT), mit der die Analyse der Funktionsmorphologie, Biomechanik und Entwicklung pflanzlicher Verzweigungen auf mehreren Hierarchieebenen zeitgleich in 3D und 4D nicht-invasiv und zerstörungsfrei möglich wird.

Die hier vorgestellte Dissertation (Laufzeit: 2014–2017) war zunächst in die letzte Förderphase des DFG Schwerpunktprogramms SPP1420 eingebettet („Biomimetic material research: functionality by hierarchical structuring of materials"; Laufzeit: 2009–2015) und wurde nach Abschluss der letzten Förderphase als unabhängiges Projekt in enger Anbindung an den DFG-Sonderforschungsbereich TRR 141 („Biological Design and Integrative Structures – Analysis, Simulation and Implementation in Architecture") weitergeführt. Zusätzliche Unterstützung erhielt die Autorin durch das „Add-on Fellowship for Interdisciplinary Life Science" der Joachim Herz Stiftung. Die Dissertation wurde durch die Etablierung von Kooperationen mit Prof. Korvink und Dr. Spengler (Karlsruher Institut für Technologie, Institut für Mikrostrukturtechnik) und Dr. Leupold (Universitätsklinikum Freiburg, Klinik für Radiologie – Medizin Physik) mit der notwendigen Expertise im Bereich der Magnetresonanz-Bildgebung unterstützt. Die Dissertation wurde von Prof. Dr. Thomas Speck und Dr. Tom Masselter betreut.

2 Publikationen

Die Dissertation wurde als kumulative Arbeit verfasst, bei der die Hauptergebnisse in Form von drei Artikeln in wissenschaftlichen Zeitschriften und zwei begutachteten Konferenzbänden veröffent-

Abb. 1: Morphologie von *Dracaena*. a) *Dracaena* sp. im Foster Botanical Garden Honolulu, HI, USA. b) Natürliche Verzweigung. Zwei vertikal stehende Äste zweigen von einem horizontal stehenden Ast ab. c) Typische Mehrfachverzweigungen an dekapitierten, kommerziell erwerblichen Individuen von *D. marginata*. d) Knospe in der Achsel einer Blattnarbe von *D. marginata* (schwarzer Pfeil).

licht wurden. Die folgenden Unterkapitel fassen die Ergebnisse der Publikationen thematisch zusammen, wobei die entsprechenden Publikationen stets zu Beginn des Kapitels hervorgehoben werden. Details zum Versuchsdesign und Ergebnissen der Studien können den zitierten Originalpublikationen entnommen werden.

2.1 Magnetresonanztomografie

(Hesse et al. 2016a)
Magnetresonanztomografie (MRT) ist im Vergleich zu herkömmlichen Bildgebungsverfahren, wie Lichtmikroskopie, Rasterelektronenmikroskopie und Computertomografie, sowohl bei der Probenpräparation als auch bei der Bildgebung weder destruktiv noch invasiv (Brodersen & Roddy 2016, Korte & Porembski 2011). Obwohl die Nutzung der MR-Bildgebung im Bereich der Pflanzenforschung nicht unbekannt ist (z. B. Blümler et al. 2009, Borisjuk et al. 2012, van As et al. 2009), bleibt sie in den Subdisziplinen der Funktionsmorphologie, Biomechanik, Ontogenie und Bionik von Pflanzen weitestgehend ungenutzt.

Bei der MR-Bildgebung werden die natürlichen magnetischen Eigenschaften (Kernspin) der Probe, meist das Wasserstoffisotop ^{1}H, zur Bildgebung genutzt. Somit tragen Wasser und organische Moleküle zum MR-Signal und Bildkontrast bei. Im MRT führen stationäre und temporäre Magnetfelder zu einer magnetischen Anregung der Kernspins. Die Stärke und Zeitdauer des temporären Magnetfeldes, sequenzspezifische Parameter und die Bildauflösung können durch den Anwender aktiv gesteuert werden. Die chemische Beschaffenheit der Probe bestimmt dagegen die internen Parameter, die Relaxationszeiten T_1, T_2 und T_{2^*}. In dieser Arbeit mussten zunächst anwendungsspezifische Parameter mit probeninternen Parametern abgestimmt werden, um optimale Bildergebnisse zu erhalten. Ein optimales Bild ist in dieser Arbeit durch (1) einen hohen Gewebekontrast, (2) eine hohe Auflösung, (3) ausreichende Signalstärke und (4) die sich daraus ergebende vereinfachte Bildnachbearbeitung definiert. T_2- (2D-SE-Sequenzen) bzw. T_{2^*}-gewichtete (3D-GE Sequenzen) MRT-Bilder wurden in dieser Arbeit als optimal gewertet (Hesse et al. 2016a): Parenchymatische Gewebe des Cortex und zentralen Zylinders erscheinen dunkel während das vaskuläre System (Gesamtheit aller Leitbündel mit Faserkappen) und die Wachstumsgewebe (Meristeme) sich hell vom dunkleren Parenchym abheben (Abb. 2). Ein optimaler Bildkontrast war die Grundvoraussetzung für die anschließende 3D-Analyse der lastadaptiven Gewebestrukturierung und Wachstumsprozesse im Verlauf der Astontogenie.

2.2 Lastadaptierte Gewebestrukturierung

(Masselter et al. 2015, Hesse et al. 2016a, b, Masselter et al. 2016b)
Für eine qualitative und quantitative 3D-Analyse der Deformationen der äußeren Astgeometrie und inneren Gewebeanordnung wurden Belastungsver-

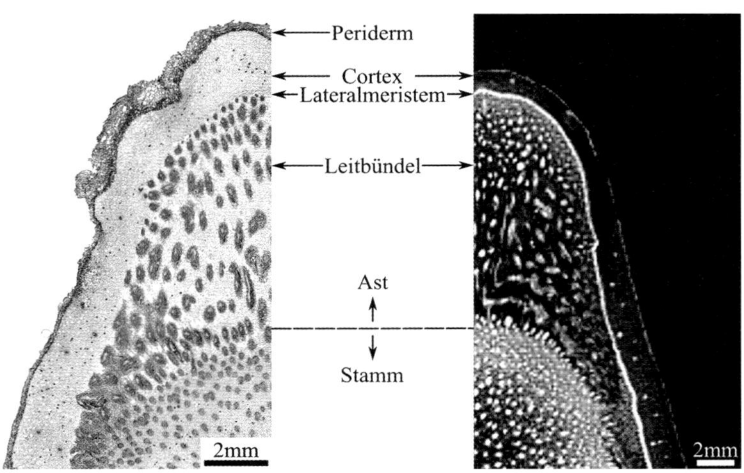

Abb. 2: Vergleich einer lichtmikroskopischen (links) und magnetresonanztomografischen (rechts) Aufnahme eines Querschnitts durch die Ast-Stamm-Anbindung von *Dracaena marginata.*

suche an Ästen von *D. marginata in vivo* innerhalb des MRTs durchgeführt. Hierfür wurden völlig intakte Verzweigungen zunächst im unbelasteten Zustand und anschließend mit einer mechanischen Belastung von 150 N (ca. 15 kg) repetitiv 3D abgebildet. Die zwei mechanischen Zustände (belastet und nicht belastet) derselben intakten Verzweigung konnten anschließend anhand von 3D-Rekonstruktionen verglichen werden. So war eine Betrachtung der Verzweigungsdeformation auf zwei hierarchischen Ebenen, der äußeren Astgeometrie und inneren Gewebestrukturierung, möglich (Abb. 3).

Anhand qualitativer Bildanalysen ist erkennbar, dass innere Gewebedeformationen der äußeren Deformation der Astgeometrie folgen. Allerdings können sich einzelne Leitbündel relativ zueinander verschieben (Pfeile 1–3 in Abb. 3c). Die in Abb. 3 dargestellte Verzweigung wird relativ nahe am Haupttrieb belastet (cs in Abb. 3a). Dies verursacht Scherungen der abaxial liegenden Leitbündelbereiche in Richtung entgegen der außen angelegten Kraft (Pfeil 3 in Abb. 3c). Adaxiale Bereiche desselben Leitbündelkomplexes werden dagegen in Richtung weg vom Stamm und unten verschoben (Vergleiche Pfeile 1 und 2 in Abb. 3c). Die Verschiebung der Leitbündel(-Bereiche) relativ zueinander kann durch das viskoelastische Verhalten, der sie umgebenden weicheren parenchymatischen Matrix erklärt werden.

Die quantitative Deformationsanalyse ergab, dass adaxiale Leitbündel ausschließlich in Richtung weg vom Haupttrieb verschoben werden, während abaxiale Leitbündel vor allem nach innen in Richtung des Stammes gedrückt werden (vgl. Region I und III in Abb. 4a). Proximale Leitbündel werden in Abhängigkeit des Kraftansatzpunktes entweder nach oben in Richtung entgegen der angelegten Kraft verschoben (Scherung tritt auf, wenn der Ast nahe am Stamm belastet wird) oder nach unten gebogen (der Kraftansatzpunkt liegt weiter distal im Ast; *Region 1* in Abb. 4a). Distale Leitbündel werden ausschließlich nach unten gebogen (*Region 2* in Abb. 4a).

Die Deformation des vaskulären Systems folgt demnach der Spannungsverteilung der Balkentheorie (Abb. 4b). Leitbündel, die innerhalb der unter Zugspannung stehenden adaxialen Seite liegen, sind senkrecht zum Stamm und damit parallel zu den auftretenden Spannungstrajektorien angelegt. Da Leitbündel mit ihren Faserkappen eine hohe Zugfestigkeit aufweisen, sind sie in der unter Zugspannung stehenden adaxialen Seite lastadaptiv angelegt. Leitbündel der abaxialen Seite dagegen beschreiben im Stamm-Ast-Übergang einen kurvenförmigen Verlauf (Abb. 4a). Dieser Verlauf ist in unter Druckspannung stehenden Regionen für faserförmige Strukturen von Vorteil (Hyer & Lee 1991). Werden Fasern durch Druck belastet, kann ein Knickversagen auftreten. Ein Abknicken der Leitbündel in *D. marginata* könnte letale Folgen haben, da Monokotyledone kein faszikuläres Kambium aufweisen. Beschädigte Leitbündelstränge können somit nicht lokal repariert werden und

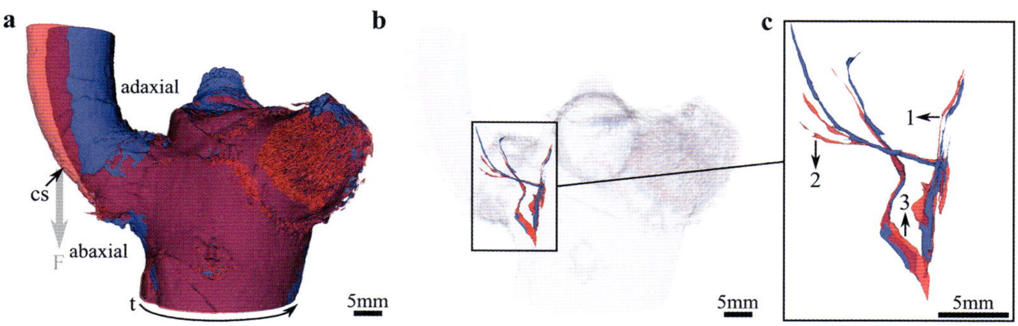

Abb. 3: Qualitative Deformationsanalyse der Ast-Stamm-Anbindung von *Dracaena marginata*. a) Deformation der äußeren Astgeometrie. b) Übersicht zur Lage des Leitgewebekomplexes (in c) innerhalb der Ast-Stamm-Anbindung. c) Deformation einzelner Leitbündel eines repräsentativen Leitbündelkomplexes aus der Mitte der Ast-Stamm-Anbindung. Die Deformation des Lateralmeristems und des gesamten vaskulären Systems folgt der Deformation der äußeren Astgeometrie (verändert nach Hesse et al. 2016a, b).

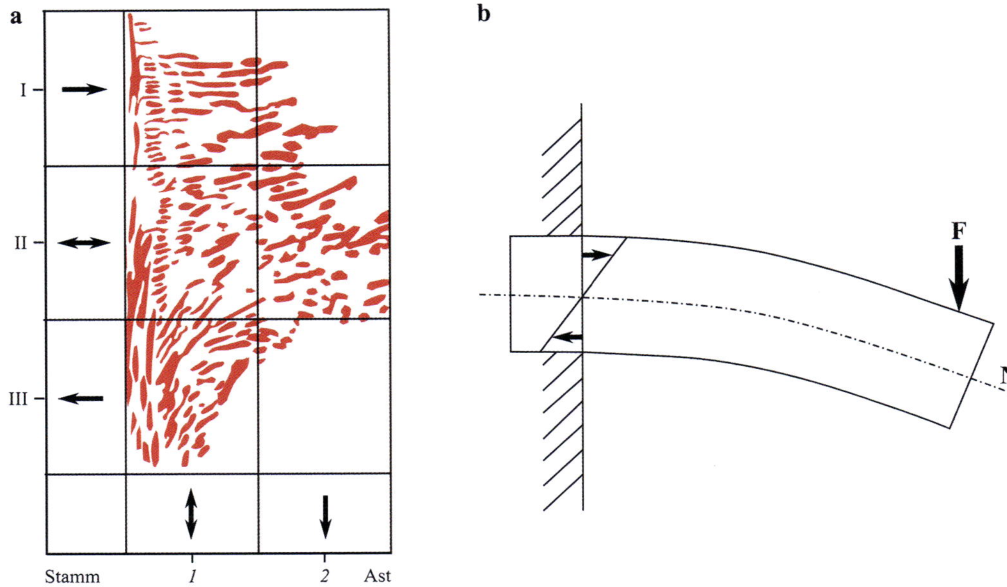

Abb. 4: Zusammenfassung der quantitativen Deformationsanalyse. a) Lage der Leitbündel in einem Längsschnitt durch die Verzweigung von *Dracaena marginata*. Die Pfeile zeigen die Richtung der Deformation einzelner Leitbündel innerhalb spezifischer Regionen (I–III und 1–2) der Ast-Stamm-Anbindung an. b) Schema der Balkentheorie. Innerhalb eines einseitig mit der Kraft F belasteten Kragträgers treten auf der Balkenoberseite Zugspannungen und auf der Balkenunterseite Druckspannungen auf. Entlang der neutralen Faser (N) sind die Spannungen gleich null. Das Deformationsmuster innerhalb der pflanzlichen Verzweigung stimmt mit der Spannungsverteilung der Balkentheorie weitestgehend überein.

damit einen dauerhaften Ausfall der physiologisch und mechanisch relevanten Leitbündel zur Folge haben. Die kurvenförmige Orientierung abaxialer Leitbündel reduziert das Risiko des Knickversagens, indem ein größerer Leitbündelabschnitt durch die auftretende Druckspannung in das umliegende viskoelastische Parenchym gedrückt wird. Das Parenchym kann so teilweise Druckspannungen aufnehmen und die Leitbündelstränge entlasten. Eine pflanzliche Verzweigung stellt demnach, aus mechanischer Sicht, einen geometrisch und strukturell komplexen Kragträger dar, dessen innere Gewebestrukturierung lastadaptiv angelegt ist.

2.3 Ontogenie der Ast-Stamm-Anbindung

(Hesse et al. 2018)
Die MRT-basierte Analyse der Astontogenie diente der Untersuchung der zeitlichen Entwicklung der lastadaptiven Gewebestrukturierung. Hierfür wurde die Individualentwicklung von vier aufeinanderfolgende Achselknospen eines dekapitierten (d. h., die Stammspitze wurde entfernt) Individuums von *D. marginata* studiert. Die apikale, dekapitierte Region der Hauptachse wurde repetitiv über den Zeitraum von 180 Tagen 3D im MRT abgebildet (Abb. 5; siehe Hesse et al. 2018 für eine detaillierte Beschreibung).

Eine zentrale Rolle der Astontogenie liegt in der Verknüpfung neuer primärer Gewebe des wachsenden Astes mit den peripher liegenden Geweben des Stammes (hier: sekundäre Gewebe; svs in Abb. 5). Dieser Schritt erfolgt über eine Vergrößerung des Knospenmeristems (km in Abb. 5), die über die Reembryonalisierung (Wiedergewinnung der Teilungsfähigkeit) der die Knospe umgebenden Cortexzellen erfolgt. Dadurch kommt es zu einem Kontakt zwischen primärem Knospenmeristem und sekundären Lateralmeristem des Stammes (km und STM in Abb. 5). Innerhalb der

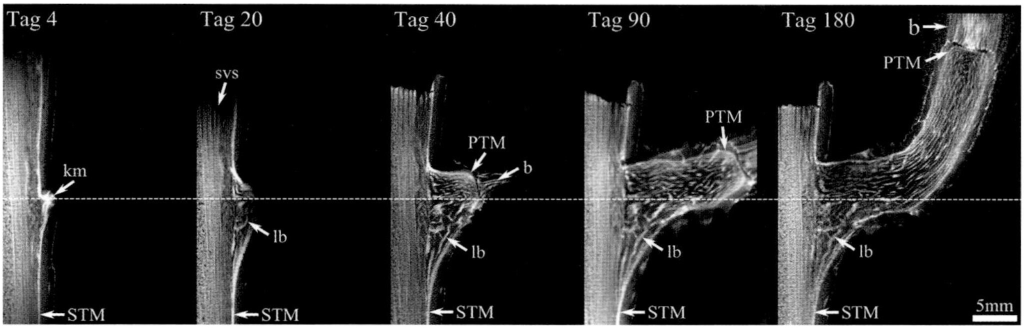

Abb. 5: Astontogenie in *Dracaena marginata*. Die Mitte (horizontale Linie) des Knospenmeristems (km) teilt das vaskuläre System der Verzweigung in obere Leitbündel (lb) die nahezu senkrecht zum Stamm liegen und untere Leitbündel die Kurvenförmig vom Stamm in den Ast verlaufen. b: Blätter; km: Knospenmeristem; lb: Leitbündel; PTM: primäres Lateralmeristem; STM: sekundäres Lateralmeristem; svs: sekundäres vaskuläres System des Stammes. (Verändert nach Hesse et al. 2018.)

Kontaktzone beider Meristeme werden primäre Leitbündel (lb in Abb. 5) des Astes mit sekundären Leitbündeln des Stammes verbunden, welches eine vaskuläre Konnektivität zwischen Ast und Stamm gewährleistet. Das primäre Lateralmeristem des Astes (PTM in Abb. 5) bleibt dabei mit dem sekundären Lateralmeristem (STM in Abb. 5) des Stammes im Stamm-Ast-Übergang verbunden.

Das primäre Dickenwachstum des Astes führt im Anschluss zu einem vergrößerten Astumfang, wodurch sich auch die Anzahl neuer, primärer Leitbündel des Astes erhöht. Durch die Verbindung von PTM und STM können die neuen Astleitbündel mit den sekundären Leitbündeln des Stammes verknüpft werden. Es kommt dabei zu einem Schichtaufbau der Leitbündel, bei dem ältere Astbündel im Zentrum des Astes liegen und neuere Leitbündel in der Peripherie nahe des primären Lateralmeristems aufgelagert werden. Der Ast wird so schrittweise an die äußeren sekundären Leitbündel des Haupttriebes „angeflanscht". Zusätzlich wird auch die für den Ast-Apex typische Morphologie ausgebildet: Junge Blätter, das Apikalmeristem und die meristematische Kappe werden sichtbar (ab Tag 40 in Abb. 5).

Mit zunehmendem primärem Dickenwachstum kommt es innerhalb der Verzweigungsregion zu einer lastadaptiven Orientierung der Leitbündel. Mit wachsendem Gewicht des Astes scheint die Anlage der Leitbündel im Verlauf der Astontogenie zunehmend den Gesetzen der Spannungsverteilungen in typischen Kragträgern unter Querbelastung zu folgen (Abb. 4b). Adaxiale Leitbündel werden zunehmend senkrecht zum Haupttrieb ausgerichtet, während abaxiale Leitbündel kurvenförmig vom Stamm in den Ast verlaufen.

Nach Abschluss des primären Dickenwachstums ändert der Ast seine ursprünglich horizontale Lage (Tag 4–90 in Abb. 5) zu einer relativ vertikalen Orientierung (Tag 180 in Abb. 5). Dies wird durch ein vermehrtes primäres Wachstum innerhalb des ersten Zentimeters unterhalb der Apex-Region bewerkstelligt. Anschließend verlängert sich der Ast ohne die Beteiligung sekundärer Dickenwachstumsprozesse.

3 Fazit und Ausblick

Die in dieser Arbeit entwickelte Methodik auf Basis der Magnetresonanztomographie ermöglichte neue quantitative Erkenntnisse hinsichtlich Funktionsmorphologie, Biomechanik und Ontogenie der Ast-Stamm-Anbindung von *Dracaena marginata*. Die Ansätze zur funktionellen Pflanzen-Bildgebung können weit über das Dissertationsthema hinaus zu einem besseren Verständnis der Funktionsmorphologie, Biomechanik und Organogenese von Pflanzen im Allgemeinen beitragen. Zusätzlich ist eine technische Übertragung der im Verlauf der Astontogenie auftretenden Wachstumsprozesse in bio-inspirierte Fabrikationsprozesse denkbar. So könnte die Produktion bio-inspirierter technischer

Faserverbundverzweigungen mit lastoptimierten Faserverlauf ähnlich der lastadaptiven Gewebestrukturierung von *D. marginata* realisiert werden.

4 Literatur

APG III (2009): An update of the Angiosperm Phylogeny Group classification for the orders and families of flowering plants: APG III. Bot. J. Linn. Soc. 161: 105–121.

Bar-Cohen, Y (2012): Biomimetics, nature-based innovation. CRC press, Boca Raton.

Blümler, P; Windt, CW; van Dusschoten, D (2009): Magnetic resonance of plants. Nova Acta Leopol. 96: 17–30.

Borisjuk, L; Rolletschek, H; Neuberger, T (2012): Surveying the plant`s world by magnetic resonance imaging. Plant J. 70: 129–146.

Bos, JJ (1998): Dracaenaceae. In: Kubitzki, K (Hrsg.): Flowering Plants Monocotyledons. The families and genera of vascular plants. 3. Aufl. Springer, Berlin, Heidelberg. S. 238–241.

Brodersen, CR; Roddy, AB (2016): New frontiers in the three-dimensional visualization of plant structure and function. Am. J. Bot. 103: 184–188.

Fratzl, P (2007): Biomimetic materials research: what can we really learn from nature´s structural materials? J. R. Soc. Interface 4: 637–642.

Haushahn, T; Schwager, H; Neinhuis, C; Speck, T; Masselter, T (2012a): Plant ramifications inspire branched lightweight composites. Bioinspir. Biomim. Nanobiomater. 2: 77–82.

Haushahn, T; Speck, T; Masselter, T (2014): Branching morphology of decapitated arborescent monocotyledons with secondary growth. Am. J. Bot. 101: 754–763.

Hesse, L; Masselter, T; Leupold, J; Spengler, N; Speck, T; Korvink, JG (2016a): Magnetic resonance imaging reveals functional anatomy and biomechanics of a living dragon tree. Sci. Rep. 6: 32685.

Hesse, L; Masselter, T; Spengler, N; Korvink, JG; Leupold, J; Speck, T (2016b): High resolution MRI allows for new insights into the biomechanics of dragon tree ramifications. In: Kesel, AB; Zehren, D (Hrsg.): Bionik: Patente aus der Natur, Tagungsbeiträge zum 8. Bionik-Kongress in Bremen, Bionik-Innovations-Centrum (B-I-C). S. 233–240.

Hesse, L; Leupold, J; Masselter, T; Speck, T (2018): A qualitative analysis of the bud ontogeny of *Dracaena marginata* using high-resolution magnetic resonance imaging. Sci. Rep. 8: 9881.

Hyer, MW; Lee, HH (1991): The use of curvilinear fiber format to improve buckling resistance of composite plates with central circular holes. Compos. Struct. 18: 239–261.

Jeronimidis, G (2000a): Design and function of structural biological materials. In: Elices, M (Hrsg.): Structural biological materials, Elsevier Science, Oxford. S. 17–30.

Jeronimidis, G (2000b): Structure-property relationships in biological materials. In: Elices, M (Hrsg.): Structural biological materials, Elsevier Science, Oxford. S. 1–17.

Jura-Morawiec, J (2017): Atypical origin, structure and arrangement of secondary tracheary elements in the stem of the monocotyledonous dragon tree, *Dracaena draco*. Planta 245: 93–99.

Knippers, J; Nickel, G; Speck, T (2016): Biomimetic research for architecture and building construction: biological design and integrative structures. Biologically-Inspired Systems. Springer, Berlin.

Korte, N; Porembski, S (2011): Anatomical analysis of turgescent and semi-dry resurrection plants: the effect of sample preparation on the sample, resolution, and image quality of x-ray micro-computed tomography (μCT). Microsc. Res. Tech. 74: 364–369.

Lu, PL; Morden, CW (2014): Phylogenetic relationships among dracaenoid genera (Asparagaceae: Nolinoideae) inferred from chloroplast DANN loci. Syst. Bot. 39: 90–104.

Masselter, T; Eckert, S; Speck, T (2011): Functional morphology, biomechanics and biomimetic potential of stem-branch connections in *Dracaena reflexa* and *Freycinetia insignis*. Beilstein J. Nanotechnol. 2: 173–185.

Masselter, T; Hesse, L; Leupold, J; Spengler, N; Korvink, JG; Speck, T (2015): Using MRI for analysing the anatomy and biomechanics of monocotyledons. In: Yamamoto, H; Morita, M; Gril, J (Hrsg.): Proceedings of the 8th Plant Biomechanics Conference, Nagoya.

Masselter, T; Haushahn, T; Fink, S; Speck, T (2016a): Biomechanics of selected arborescent and shrubby monocotyledons. Beilstein J. Nanotechnol. 7: 1602–1619.

Masselter, T; Hesse, L; Boehm, H; Gruhl, A; Schwager, H; Leupold, J; Gude, M; Milwich, M; Neinhuis, C; Speck, T (2016b): Biomimetic optimisation of branched fibre-reinforced composites in engineering by detailed analyses of biological concept generators. Bioinspir. Biomim. 11: 055005.

Meyers, MA; Chen, PY; Lin, AYM; Seki, Y (2008): Biological materials: Structure and mechanical properties. Prog. Mater. Sci. 53: 1–206.

Speck, O; Speck, D; Horn, R; Gantner, J; Sedlbauer, KP (2017): Biomimetic bio-inspired biomorph sustainable? An attempt to classify and clarify biology-derived technical developments. Bioinspir. Biomim. 12: 011004
Speck, T; Speck, O (2008): Process sequences in biomimetic research. In: Brebbia, CA (Hrsg.): Design & Nature IV. WIT Press, Southhampton, Boston. S. 3–11
Speck, T; Burgert, I (2011): Plant stems: functional design and mechanics. Annu. Rev. Mater. Res. 41: 169–193.
Speck, T; Erb, R (2011): Prozessketten in Natur und Wirtschaft. In: Otto, KS; Speck, T (Hrsg.): Darwin meets Business. Gabler, Wiesbaden. S. 95–113
Speck, T; Speck, O; Neinhuis, C; Bargel, H (2012): Bionik: Faszinierende Lösungen der Natur für die Technik der Zukunft. Lavori Verlag, Freiburg.
Van As, H; Scheenen, T; Vergeldt, FJ (2009) MRI of intact plants. Photosynth. Res. 102: 213–222.
Zimmermann, MH; Tomlinson, PB (1969): The vascular system in the axis of *Dracaena fragrans* (Agavaceae). 1. Distribution and development of primary strands. J. Arnold Arbor. 50: 370–383.
Zimmermann, MH; Tomlinson, PB (1970): The vascular system in the axis of *Dracaena fragrans* (Agavaceae). 2. Distribution and development of secondary vascular tissue. J. Arnold Arbor. 51: 478–491.

Autorin
Dr. Linnea Hesse
Plant Biomechanics Group Freiburg
Botanischer Garten der Universität Freiburg
Schänzlestraße 1
79104 Freiburg i. Br.

Mitt. Deutsch. Dendrol. Ges. (MDDG)	104	112–121	2019	ISBN 978-3-494-01794-5

Die Blut-Buche in der Geschichte der Gartenkunst. Gartendenkmalpflegerische und pflanzenverwenderische Herausforderungen an ausgewählten Beispielen in historischen Gärten

Philipp Ludwig

Buntlaubige Gehölze bieten eine besondere Möglichkeit zur farblichen Akzentuierung einer Pflanzung. Anders als bei Blüten ist die Färbung der Blätter, je nachdem, ob sommer- oder immergrün, von einer längeren zeitlichen Beständigkeit. Unter den Buntlaubigen sind die rotlaubigen Gehölze aus Sicht der Farbenlehre von großer Bedeutung, da sich Rot und Grün im Farbkreis als Komplementärfarben gegenüberstehen. Sie harmonieren miteinander und bilden gleichzeitig den jeweils größtmöglichen Kontrast zueinander. Daher lässt sich durch die Kombination von grün- und rotlaubigen Gehölzen eine optisch spannungsreiche Pflanzung schaffen. Die wohl bekannteste und gleichzeitig imposanteste unter den Rotlaubigen ist die Blut-Buche (*Fagus sylvatica* Purpurea-Gruppe).

In vielen historischen Gärten sind Altbestände von Blut-Buchen vorzufinden, welche die Anlagen durch ihre Größe und das auffallende Laub mitunter entscheidend prägen. Aktuell trifft man häufig auf Blut-Buchen-Altbestände mit schütteren Kronen oder Pilzfruchtkörpern. In der Presse gibt es zahlreiche Berichte über die Fällung alter Blut-Buchen, die aufgrund krankheitsbedingter Schäden nicht mehr verkehrssicher sind. In der praktischen Verwendung von Blut-Buchen ergeben sich damit aktuelle Problematiken in Bezug auf den Erhalt von Altbeständen. Insbesondere in historischen, denkmalgeschützten Gartenanlagen treten diese aktuellen Herausforderungen zutage. Die denkmalpflegerischen Maßnahmen im Umgang mit alten und abgängigen Baumbeständen sind vielfältig und reichen von erhaltenden und standsichernden Methoden bis hin zur raschen Entnahme und einer Neupflanzung.

Im Zusammenhang mit dem gartendenkmalpflegerischen Umgang mit Blut-Buchen-Altbeständen war das Ziel der Master-Abschlussarbeit, die Bedeutung der Blut-Buche in der Geschichte der Gartenkultur aufzuzeigen. Ein weiteres Ziel war die Herausarbeitung von aktuellen Herausforderungen beim Erhalt von Blut-Buchen in historischen Anlagen. Dabei ging es sowohl darum, die Ursachen der Vitalitätsverluste und Schäden, die durch Krankheiten und Schädlinge bedingt sind, aufzuführen, als auch die Möglichkeiten und Maßnahmen beim denkmalpflegerischen Umgang mit den Blut-Buchen-Beständen in historischen Anlagen herauszuarbeiten. Schlussendlich wurden die theoretischen Erkenntnisse und die vorgestellten praktischen Maßnahmen diskutiert und auf dieser Grundlage Handlungsempfehlungen zum zukünftigen Umgang mit Blut-Buchen ausgesprochen.

Kurzportrait: Botanik, Eigenschaften und Standort

Die Blut-Buche gehört zur Familie der Fagaceae (Buchengewächse). Die Arten der Gattung *Fagus* (Buche), die namensgebend für diese Familie ist, sind auf der nördlichen Hemisphäre vertreten (WCSP 2018). Gekennzeichnet sind sie durch ihre vierklappige Fruchthülle, die sogenannte Cupula (Abb. 1). Diese enthält 1–2 dreikantige Nüsse, die Bucheckern (Erhardt et al. 2008).

Bei allen Arten der Gattung *Fagus* handelt es sich um laubabwerfende Bäume, die ganzrandige, wechselständig angeordnete Blätter besitzen. Im Austrieb weist der Blattrand eine Behaarung auf,

Abb. 1: Die Fruchthülle (Cupula) ist charakteristisch für die Gattung *Fagus*. Foto: P. Ludwig.

die sich im Laufe der Vegetationsphase verliert. *Fagus sylvatica* (Rot-Buche), der die Blut-Buche botanisch zuzuordnen ist, hat ihren natürlichen Verbreitungsbereich in Mittel- und Westeuropa bis zur Halbinsel Krim am Schwarzen Meer und Griechenland. Die Blätter sind glänzend grün, eiförmig bis elliptisch mit Achselbärten und bei einer Länge von fünf bis acht Zentimetern am Rand leicht wellig sowie stumpf gezähnt und anfänglich seidig behaart. Die Basis ist oft schief auslaufend, die Spitze zugespitzt. Die Rinde ist glatt und silbergrau. (Angaben nach Böhlmann 2015.)

Bei der Art *Fagus sylvatica* gibt es zahlreiche Abweichungen der Blattform und -färbung sowie im Wuchs und Habitus der Krone. Die Formabweichungen und weitere züchterische Veränderungen haben zu einem großen Sortenspektrum geführt (Böhlmann 2015). Der Begriff Blut-Buche beschreibt alle Formen, die unter die *F. sylvatica* Purpurea-Gruppe fallen, also ein mehr oder weniger stark rot bis rotbraun gefärbtes Laub haben (Dönig 2010). Damit handelt es sich bei der Blut-Buche nicht um eine einzige Sorte, sondern um eine Sammlung verschiedener Sorten innerhalb der Art Rot-Buche, die ähnliche Merkmale bezüglich der Blattfärbung aufweisen. Entstanden sind diese Sorten sowohl durch natürliche Veränderungen im Erbgut (Mutationen) als auch durch gezielte Züchtungen. Verantwortlich für die rötliche Blattfärbung sind Anthocyane, die sich im äußeren Blatt-

Abb. 2: Das dunkelrote Laub der Blut-Buche vergrünt im Laufe des Sommers bei vielen Sorten allmählich. Foto: P. Ludwig.

gewebe befinden und infolge eines Gendefekts nicht abgebaut werden können (Warda 2010).

In der Sortengruppe der Blut-Buche gibt es eine Vielzahl an Sorten, die sich in Wuchsform und Höhe, aber auch in Intensität und Ton der Rotfärbung unterscheiden. Der wohl bekannteste Vertreter ist die Sorte *F. sylvatica* 'Purpurea'. Diese ist häufig in historischen Gartenanlagen vorzufinden. Vielerorts ist sie als 'Atropunicea' etikettiert. Bis in die 1970er Jahre wurde noch zwischen der veredelten Form der Blut-Buche ('Atropunicea') und aus Sämlingen gezogenen Exemplaren ('Purpurea') unterschieden. Diese Unterscheidung wurde zugunsten des Sortennamens 'Purpurea' aufgegeben (Dönig 2010). Wenn die Rede von der Blut-Buche ist, bezieht sich dies zumeist auf diese Sorte.

In Wuchs und Größe besitzt *F. sylvatica* 'Purpurea' ähnliche Eigenschaften wie die Art. Sie wächst als großer Baum mit einer Höhe von 25 bis 30 m. Im Alter und bei Freistand kann ihr Kronendurchmesser dasselbe Maß erreichen. Die Krone ist durch die ausladenden Äste breit rundlich. Bei alten Bäumen können die Zweige bis auf den Boden hängen. Im Austrieb sind die Blätter dunkelrot oder kupferfarben, über den Sommer vergrünen sie je nach Exemplar zumeist zu einer rotgrünen Färbung (Abb. 2). Die Herbstfärbung ist gelborange bis rotbraun (Bruns 2015).

Wie die Art hat die Blut-Buche ein Herzwurzelsystem, das sich weitreichend mit starken Hauptwurzeln ausbreitet. Der Oberboden wird besonders stark durchwurzelt und bei Altbäumen ist der Wurzelanlauf häufig auffällig ausgeprägt. Die Blut-Buche gedeiht an sonnigen Standorten, besitzt aber auch eine hohe Schattenverträglichkeit. Sie gilt als hitzeempfindlich und bevorzugt eine hohe Luftfeuchtigkeit. Sowohl bei längerer Trockenheit als auch bei Staunässe leidet der Baum. Auch reagiert er empfindlich bei Luft- und Bodenverschmutzung sowie durch Sonnenbrand bei Freistellen von Stämmen. Die beschriebenen Eigenschaften machen deutlich, dass die Buche nicht als Straßenbaum für den innerstädtischen Bereich geeignet ist. In Gärten und Parkanlagen wird sie dagegen häufig eingesetzt (Bruns 2015).

Zum Alter, das Buchen erreichen können, gibt es unterschiedliche Angaben von 300 bis 400 Jahren (Bruns 2015/16), aber auch von nur bis zu 250 Jahren. Im städtischen Umfeld soll die Lebenszeit sogar auf ein maximales Alter von häufig nur 150 Jahren begrenzt sein (Dujesiefken 2017).

Zur Theorie und Verwendung in der Geschichte der Gartenkunst

Erstmals wurde über die Blut-Buche im Jahr 1680 von J. J. Wagner (1641–1695), Stadtarzt aus Zürich, in seinem Werk „Historia naturalis Helvetae curiosa" publiziert. Bei den genannten Exemplaren handelte es sich um *„drei Buchen mit roten Blättern, wie ähnliche nirgends anderwärts gefunden werden"*, sie wuchsen in *„einem Buchenwald zu Buch am Irchel"* (Wagner 1680) in der Schweiz. Vorkommen der Blut-Buche sind jedoch bereits viel früher zu vermuten. Im Jahr 1488 ist ein rotes Buchenblatt im Wappen der Familie Rodtenpuecher bei Bozen überliefert. Tatsächlich ist ein Bestand der Blut-Buche über Castellano bei Roveredo in Südtirol in der 2. Hälfte des 18. Jh. dokumentiert. Auch in einem Wald bei Sondershausen in Thüringen wurde Anfang des 19. Jh. ein natürliches Vorkommen der Blut-Buche gesichtet (Jäggi 1893).

Bereits zur Zeit des Barockgartens entdeckt, wurde die Blut-Buche in den geometrischen Anlagen jener Zeit *„offensichtlich gar nicht"* (Wimmer 1997) verwendet. Auch in der frühen Phase des Landschaftsgartens kam nach aktuellem Kenntnisstand keine Blut-Buche zum Einsatz. Ab den 1760er Jahren sind die ersten Erwähnungen von vereinzelten Pflanzungen in Gartenanlagen zu verzeichnen. Jedoch ist die Art und Weise ihrer Verwendung vor 1800 unklar (Wimmer 2014).

Ab dem beginnenden 19. Jh. wurde neben der Formen- nun auch der Farbenlehre ein größerer Stellenwert beigemessen, sodass der Einsatz buntlaubiger Gehölze allmählich an Bedeutung gewann. *„Obwohl es durchaus kräftig gefärbte Gehölze wie Blutbuchen* […] *gab, wurden großflächige Kontraste heftiger Farben in der Regel vermieden"* (Wimmer 2014). Die Kontrastbildung bleibt meist auf den Einsatz verschiedener Schattierungen von Grüntönen der Belaubung beschränkt. Auch wird die Blut-Buche von den Gartentheoretikern bis 1850 wenig erwähnt und sie bleibt in der Literatur meist das einzige Beispiel rotgefärbter Gehölze (Wimmer 1997). Fürst Pückler (1785–1871) pflanzte in seinen Anlagen in Bad Muskau und Branitz gezielt einige Blut-Buchen an exponierten Stellen als Solitäre auf Wiesenflächen, an Gewässern oder Bauwerken.

Etwa seit der 2. Hälfte des 19. Jh. rückte der Einsatz von Farben und Kontrasten der Blätter und Blüten in den Fokus der Gartengestalter. Während sich die Kontrastbildung in den Jahren zuvor eher auf die Schattierungen unterschiedlicher Grüntöne beschränkt hatte (s. o.), hielten nun teils heftige Farbkontraste Einzug in die Gärten. Buntblättrige und mehrfarbige Gehölze kamen besonders in Mode. Das Sortiment wurde ständig erweitert und es gab eine gewisse Sammelleidenschaft (Wimmer 2014). Sowohl in großen Parkanlagen als auch in kleinen Hausgärten kamen solche Gehölze vermehrt zum Einsatz. Gleichzeitig beschrieben einige Gartengestalter eine Häufung heftiger Kontraste und eine Übersättigung mit farbigen Gehölzen, die das Gesamtbild einer Anlage optisch unruhig wirken ließen. Aus diesem Grund plädierten einige Stimmen aus der Fachwelt, wie Alfred Rehder (1863–1949) und Franz Goeschke (1844–1912), für einen maßvollen Einsatz buntlaubiger Pflanzen.

Die Blut-Buche erfreute sich seit der 2. Hälfte des 19. Jh. großer Beliebtheit. Sie wurde zum farbigen Leitgehölz (Wimmer 2014). Unter den Rotlaubigen wurde sie häufig als bekanntestes Beispiel aufgeführt. Negative Äußerungen über die Blut-Buche sind im Grunde nicht zu finden, jedoch wird eine gezielte und maßvolle Verwendung angeraten. Eingesetzt wird sie in verschiedensten Kombinationen mit hell- und gelblaubigen Gehölzen, mit Vertretern silber-gräulicher Blattfarben (im Besonderen der Silber-Pappel, Silber-Weide und von Platanen), dunklen Tönen von Koniferen oder als Solitär auf einer Rasenfläche.

Zu Beginn des 20. Jh. setzte sich der Trend fort. Allmählich wurden jedoch neue Gestaltungsansätze formuliert. Der Form wurde wieder mehr Aufmerksamkeit beigemessen und vor starken Kontrasten wurde tendenziell Abstand genommen. Buntlaubige wie die Blut-Buche wurden konzentrierter gepflanzt als Gruppen, Hecken, Alleen oder Hintergrundpflanzungen (Wimmer 2014).

Krankheiten, Schädlinge und Schadfaktoren

Das Erkennen von Schadbildern und die Diagnose des Schaderregers bzw. Schadfaktors sind bei der Pflege von Gehölzen wichtig, um – wenn möglich – frühzeitig entsprechende Gegenmaßnahmen zu ergreifen und auf diese Weise den Erhalt eines Baumes zu sichern. Die Vertreter der Sorten-Gruppe der Blut-Buche werden von den gleichen Krankheiten, Schädlingen und Schadfaktoren beeinträchtigt wie die Rot-Buche. Eine höhere oder gar geringere Anfälligkeit der Blut-Buche im Vergleich zur Rot-Buche konnte den herangezogenen Quellen nicht entnommen werden. Erfahrungen, aus denen hervorgeht, dass die Blut-Buche in der Regel kein ganz so hohes Alter wie die Art erreicht, legen jedoch die Vermutung nahe, dass sie in Bezug auf Krankheiten und Schadfaktoren eine geringere Widerstandkraft besitzt. Jedoch kann das beobachtete geringere Höchstalter auch auf nicht geeignete Standorte oder eine nicht fachgerechte Pflege zurückzuführen sein.

Bei der Rot-Buche ist eine große Zahl von sowohl parasitär als auch nicht-parasitär verursachten Schäden bekannt. Unter den abiotischen Schadfaktoren sind insbesondere Sonneneinstrahlung und Trockenheit, die sich durch den Klimawandel wahrscheinlich noch weiter verstärken werden, zu nennen. Wassermangel führt zu Trockenschäden und Wuchsdepressionen. Eine starke Sonneneinstrahlung führt bei kürzlich freigestelltem Stamm an der Rinde, aber auch an den Blättern zu einem Sonnenbrand.

Bei Jungbäumen können Schädlinge aus den Gruppen der Säugetiere und Vögel erhebliche Fraßschäden anrichten oder Saugaktivitäten von Insekten und Milben die Vitalität mindern. Hier sind insbesondere die Buchenblatt-Baumlaus (*Phyllaphis fagi*) und verschiedene Arten von Gallmilben sowie Gallmücken zu nennen. Insekten und Milben sind dahingehend als Bedrohung zu betrachten, dass sie Viren und Bakterienerkrankungen übertragen können. Im Fall des Feuerbakteriums (*Xylella fastidiosa*) ist dies als ernstzunehmende Bedrohung zu betrachten.

Für Altbäume stellen abiotische Schadfaktoren und vor allem Pilzerkrankungen eine große Gefahr dar. Brandkrustenpilz (*Kretzschmaria deusta*), Flacher und Wulstiger Lackporling (*Ganoderma lipsiense* und *G. adspersum*) und der Riesenporling (*Meripilus giganteus*) zählen zu den häufig auftretenden holzersetzenden Pilzen (Abb. 3 und 4), die je nach Art im Wurzelbereich, am Stammfuß und Stamm wirken. Momentan gibt es keine wirksamen Möglichkeiten, einen Pilzbefall zu bekämpfen, bei Befall ist ein Absterben oder Zusammenbrechen über kurz oder lang nicht zu vermeiden.

Das Zusammenspiel verschiedener Schadursachen und Schädlinge wird als Komplexschaden bezeichnet. Durch abiotische Einflüsse bereits ge-

Abb. 3: Der holzzersetzende Riesenporling (*Meripilus giganteus*) tritt häufig an alten Exemplaren der Blut-Buche auf. Foto: P. Ludwig.

Abb. 4: Der Fruchtkörper des Wulstigen Lackporlings (*Gamoderma adspersum*) mit dem kakaopulverartigen Sporenstaub lässt auf eine Holzzersetzung am Stammfuß schließen. Foto: P. Ludwig.

schwächte Bäume werden durch Schädlinge wie der Buchenwoll-Schildlaus (*Cryptococcus fagisuga*) befallen, die der Buche schaden und ihr weitere Verletzungen zufügen, was das Eindringen holzzersetzender Pilze begünstigt. In der Folge dieser Abwärtsspirale kommt es zu erheblichen Vitalitätsverlusten, die zum Ausfall führen können.

Aus diesem Grund ist es von großer Wichtigkeit, bei einer Neupflanzung für optimale Standortbedingungen und entsprechende Pflege beim Anwachsen zu sorgen. Abiotische Schäden können auf diese Weise weitgehend vermieden werden, sodass die Gefahr von Folgeerkrankungen, wie einem Pilzbefall, minimiert werden kann. So kann ein vitaler Baum heranwachsen.

Gute Standortbedingungen und Pflege sind für Altbäume ebenso wichtig. Konkret bedeutet dies, unnötige Verdichtunge des Bodens im Wurzelbereich durch Tritt, Pflege- oder Baumaßnahmen zu vermeiden. Des Weiteren sollte bei Trockenheit gewässert und der Stamm nicht plötzlich freigestellt werden, um Sonnenbrand zu verhindern. Verletzungen an allen Teilen des Baumes sind nach Möglichkeit zu vermeiden. Schnittmaßnahmen sollten mit desinfizierten Werkzeugen, sauberen Schnitten, möglichst kleiner Wunde und anschließender Kontrolle der Schnittstellen erfolgen.

Generell sind vorbeugende Maßnahmen, wie das Schaffen optimaler Standortbedingungen, im Zusammenspiel mit regelmäßigen Kontrollen sowohl bei Altbäumen als auch bei Jungbäumen die wichtigsten Instrumente. Durch regelmäßige Kontrollen kann frühzeitig bei Vitalitätsverlust des Baumes eine Diagnose erfolgen und es können Gegenmaßnahmen zur Bekämpfung oder zumindest zu einer Verzögerung des Krankheitsverlaufes ergriffen werden.

Beispielanlagen und denkmalpflegerischer Umgang

In der Gartendenkmalpflege gibt es verschiedene Möglichkeiten, mit einem abgängigen Baum fachgerecht umzugehen. In erster Linie soll historische Gehölz-Substanz erhalten und diese bei Ausfall möglichst durch dieselbe Art bzw. Sorte ersetzt werden. Generell gibt es in der Denkmalpflege keine schablonenhaften Vorgehensweisen im Umgang mit historischer Substanz. Letztendlich gilt es, eine Einzelfallentscheidung zu treffen. Üblicherweise wird das abgängige Gehölz ersetzt. Aber schon die Art und Weise sowie der Zeitpunkt der Nachpflanzung, also ob der Altbaum bis zu seinem Tode erhalten wird oder bereits vorher aus Gründen der Verkehrssicherheit gefällt werden muss, verdeutlicht die unterschiedlichen denkmalpflegerischen Umgangsarten mit Gehölzen. Darüber hinaus gibt es verschiedene Strategien im Erhalt erkrankter Bäume bis zur finalen Fällung.

Diese Strategien im Umgang mit Altbeständen der Blut-Buche sind im Rahmen der Abschluss-

Abb. 5: Die Blut-Buche im Berggarten Hannover bildet zusammen mit der Süntel-Buche (links) und der Hänge-Buche (rechts) eine imposante Kulisse. Foto: P. LUDWIG.

arbeit an fünf Beispielen in historischen denkmalgeschützten Anlagen untersucht worden. Drei der Anlagen befinden sich unter der Verwaltung der Staatlichen Schlösser und Gärten Hessen bzw. der Museumslandschaft Hessen Kassel in Weilburg, Bad Nauheim und Kassel; weitere Anlagen sind der Fürst-Pückler-Park in Bad Muskau und der Berggarten in Hannover (Abb. 5).

Die fünf vorgestellten Beispiele verdeutlichen, welch große gestalterische Bedeutung der Blut-Buche in historischen Anlagen zukommt. In Bad Nauheim, Bad Muskau und Weilburg stehen sie in unmittelbarem Kontext zu den angrenzenden Gebäuden – Baum und Gebäude wirken im Zusammenspiel. Bis auf die Buchengruppen in der Karlsaue sind die Bäume als Solitäre in Einzelstellung gepflanzt. Auf Rasen- bzw. Wiesenflächen stehend bilden sie in Kombination mit den umgebenden grünlaubigen Gehölzen, die eher als Kulisse dienen, einen optischen Blickfang. Dabei treten die Blut-Buchen häufig in exponierter Stellung aus den umliegenden Gehölzpflanzungen hervor.

Bei allen untersuchten Anlagen war es vorrangig, die Altbäume möglichst lang zu erhalten. Die denkmalpflegerischen Maßnahmen reichen von einer Sicherung durch Verseilung über einen Rückschnitt der Krone oder eine Umzäunung des Baumes bis hin zu einer Kombination verschiedener Maßnahmen. Die Maßnahmen dienen ebenso einer Gewährleistung der Verkehrssicherheit. Bei den Blut-Buchen in Bad Nauheim, Weilburg und Herrenhausen handelt es sich um Beispiele, die Maßnahmen zum Erhalt von Altbäumen beschreiben. Die historischen Blut-Buchen im Pückler-Park Bad Muskau und in der Karlsaue in Kassel (Abb. 6) sind nicht mehr erhalten. Sie sind durch Jungbäume als Stamm-in-Stamm-Pflanzung bzw. nach komplettem Entfernen der Altbäume ersetzt worden. Bis auf das Weilburger Beispiel wird nach den Erhaltungsmaßnahmen an gleicher oder benachbarter Stelle eine Nachpflanzung angestrebt. Für den Schlosspark Weilburg (Abb. 7) soll noch entschieden werden, ob sich das Parterre aufgrund der schlechten Standortbedingungen für Blut-Buche weiterhin eignet.

Abb. 6: Eine historische Dreiergruppe der Blut-Buche in der Karlsaue Kassel wurde aus Gründen der Verkehrssicherheit gefällt und ist durch eine Nachpflanzung ersetzt worden. Die Jungbäume haben allerdings Anwuchsprobleme. Foto: P. LUDWIG.

Abb. 7: Das Parterre im Weilburger Schlossgarten wird geprägt durch drei stattliche Bäume der Blut-Buche, die krankheitsbedingt eine schüttere Krone haben. Foto: P. LUDWIG.

Handlungsempfehlungen und Fazit

Der Blut-Buche ist in der Gestaltung von Gartenanlagen ein wichtiger Stellenwert beizumessen und sie prägt häufig deren Erscheinungsbild. Trotzdem steht sie nicht für sich alleine, sondern ist im denkmalpflegerischen Umgang immer im Kontext ihres Umfelds und ihrer gestalterischen Aufgabe zu betrachten. Zudem ist jedes Gehölz, ob nun von der gleichen Art oder nicht, als Individuum zu behandeln, sodass am konkreten Fall über entsprechende Maßnahmen entschieden werden muss.

Eine regelmäßige Vitalitätskontrolle bei Altbäumen ist wichtiger Bestandteil der fachgerechten Pflege, um etwaige Erkrankungen möglichst früh zu erkennen und zu behandeln. Auch wenn häufige Erkrankungen an Altbäumen durch Pilze verursacht werden und die eingetretenen Schäden nicht reversibel sind, kann durch entsprechende Pflege immerhin ein möglichst langer Erhalt erreicht werden. Jedoch beginnt fachgerechte Pflege von Gehölzen nicht erst am alten Baum; viel wichtiger für einen möglichst langen Erhalt von Bäumen ist die Pflege des Jungbaumes. Nur ein gesunder Jungbaum kann ein hohes Alter erreichen. Gepflanzt werden sollten nur gesunde, unverletzte Jungbäume. Der Boden sollte vor der Pflanzung auf die Nährstoffzusammensetzung untersucht werden, sodass gezielt gedüngt werden kann. Werden Anreicherungen von Schadstoffen festgestellt, sollte ein Bodenaustausch erfolgen. Auch ist die Bodenstruktur zu untersuchen. Der Boden sollte eine gute Durchlässigkeit aufweisen, um stehendes Wasser zu vermeiden. Für die Blut-Buche sollte der Boden gleichzeitig genügend pflanzenverfügbares Wasser halten können, um ein schnelles Austrocknen zu verhindern. Durch das Beimischen von Zuschlagstoffen, wie Kompost, Sand oder ähnlichem, kann je nach Beschaffenheit des Bodens das Gefüge verbessert werden. Besonders in der Phase des Anwachsens ist ein Baum durch Wässern und Kontrollen auf Schädlinge und Krankheiten zu pflegen.

Die Maßnahmen, die bei kranken und abgängigen Bäumen ergriffen werden, haben in erster Linie die Aufgabe, einen Baum über eine möglichst lange Zeit stand- und bruchsicher zu halten, um der Verkehrssicherungspflicht nachzukommen. Starke Rückschnitte, Kronensicherungen, Umzäunungen und ähnliche Maßnahmen zählen vor allem zu den Maßnahmen der Wahrung der Verkehrssicherheit. Aus denkmalpflegerischer Sicht stellen diese Ein-

Abb. 8: Zur Verkehrssicherung ist die Blut-Buche im Kurpark Bad Nauheim durch einen Staketenzaun eingefriedet. Ein schrittweiser Kronenschnitt soll einen Erhalt noch über einige Jahre gewährleisten. Foto: P. Ludwig.

griffe meist erhebliche Beeinträchtigungen für das Erscheinungsbild des Baumes dar, sind angesichts der Verkehrssicherungspflicht in öffentlich zugänglichen historischen Anlagen jedoch nötig. Die Art der Maßnahmen ist je nach Einzelfall abzuwägen.

Ein Rückschnitt kann durchaus eine gewisse Verlängerung der Lebenszeit bedeuten. Eine Regeneration des Baumes ist bei Überalterung oder Pilzkrankheitsbefall jedoch nicht möglich. Die Blut-Buchen in Bad Nauheim (Abb. 8) und Weilburg werden durch einen schrittweisen Rückschnitt behandelt. Der Erfolg bleibt abzuwarten und ist aus gärtnerischer Sicht kritisch zu betrachten, da die Buche auf Rückschnitte in der Regel nicht durch einen regen Neuaustrieb reagiert. Deswegen sollte das Einkürzen der Kronen wenn möglich unterbleiben, zumal Verletzungen immer eine Eintrittspforte für Krankheiten und Schädlinge sind.

Die Blut-Buche ist in historischen Anlagen zumeist in einem künstlerisch-gestalterischen Kontext zu anderen Gehölzen oder auch Baulichkeiten gezielt eingesetzt worden. Um diese Wirkung zu erhalten, ist bei Ausfall aus denkmalpflegerischer Sicht eine Nachpflanzung gegenüber einer Konservierung des Totholzes zu bevorzugen. Ist ein Altbaum abgegangen, erfolgt in der denkmalpflegerischen Praxis in der Regel eine Neupflanzung derselben Art bzw. Sorte am Originalstandort des Altbaumes. Eine Kombination aus Nachpflanzung und Erhalt der Originalsubstanz stellt die Stamm-in-Stamm-Pflanzung dar. Am Beispiel der Blut-Buche am Schloss im Pückler-Park Bad Muskau werden die optischen und denkmalpflegerischen Vorzüge einer solchen Maßnahme deutlich. Die ausgefräste Baumruine des Originals behält möglichst lange ihren Dokumentationswert und für eine Nachpflanzung an gleicher Stelle ist bereits gesorgt. Zudem wird gleichzeitig ein Bild davon vermittelt, welche Ausmaße der Altbaum früher durch seinen Stammumfang gehabt haben muss, und durch die Neupflanzung, um welchen Baum es sich dabei handelte.

Von der Blut-Buche gibt es viele verschiedene Sorten. Bei der Zucht aus Samen ist jedes entstandene Exemplar ein genetisches Individuum, das sich sowohl in der Intensität der Blattfärbung als auch durch seinen Wuchs und seine Eigenschaften von den anderen Individuen der gleichen Sorte genetisch geringfügig unterscheidet. Auf diese Weise gibt es selbst innerhalb der Sorte 'Purpurea' genetische Unterschiede. Diese Vielfalt gilt es bei Nachpflanzung zu erhalten.

Untersuchungen haben ergeben, dass es in Europa große Unterschiede zwischen den Buchenbeständen in unterschiedlichen Regionen in Bezug auf die Trockenstresstoleranz gibt. Herauszufinden, ob es solche Unterschiede auch bei Beständen der Blut-Buche gibt, wäre eine wichtige Forschungsaufgabe. Solche Varianten wären für die Zukunft eine wichtige Grundlage für die gärtnerische Zucht, um Individuen der Blut-Buche heranzuziehen, die eine höhere Resistenz gegen Trockenheit besitzen (Roloff 2014).

Im Zusammenhang mit dem Klimawandel sind weitere erhebliche Einschränkungen der Vitalität von Blut-Buchen zu erwarten. Schädlinge profitieren von milden Wintern und abiotisch bedingte Schadursachen verstärken sich. Somit sind vor allem die abiotisch-biotisch-bedingten Schadkomplexe, die in den letzten Jahren zugenommen haben, als äußerst problematisch zu beurteilen. Wahrscheinlich wird die Blut-Buche schon in jüngerem Alter unter den Komplexschäden leiden. Die Herausforderungen, die sich für die Gartendenkmalpflege daraus ergeben, beziehen sich damit nicht nur auf den Erhalt von Altbäumen. Auch die Nachpflanzungen von Jungbäumen sind gefährdet. Dieser Entwicklung kann durch die Schaffung optimaler Standortbedingungen und die intensive Pflege der Blut-Buche sowie regelmäßige Kontrollen auf Vitalitätsverluste entgegengewirkt werden.

Abschließend ist festzustellen, dass die Blut-Buche ein wichtiges Gestaltungselement in historischen Anlagen darstellt und durch eine entsprechende Pflege zu erhalten ist. Der Erhalt von Altbeständen und die Bewahrung der genetischen Vielfalt kann als professionsübergreifende Aufgabe für die Gartendenkmalpflege, den Naturschutz und die Gartenbauwissenschaften betrachtet werden.

Literatur und andere Quellen

Bruns (Hrsg.) (2015): Sortimentskatalog 2015/2016, Bruns Pflanzen Export GmbH, Bad Zwischenahn.

Böhlmann, D (2015): Laubbäume temperierter Klimate mit ihrer Vielfalt. Patzer, Berlin, Hannover.

Dönig, G (2010): Rotbuchen – Fagus. Arten, Formen, Sorten, Kultivare mit Sammlungen aus dem Arboretum Altdorf. Dönig, Erlangen.

Dujesiefken, D (2017): Schriftl. Auskunft 18.09.2017. Institut für Baumpflege Hamburg.

Erhardt, W; Götz, E; Bödeker, N; Seybold, S (2008): Der große Zander. Enzyklopädie der Pflanzennamen. Ulmer, Stuttgart.

Jäggi, J (1893): Die Blutbuche zu Buch am Irchel. Zürcher und Furrer, Zürich.
Roloff, A; Rust, S (2014): Der Einfluss des Klimawandels auf die Baumbiologie und Konsequenzen für die Parkbaumverwendung. In: Stiftung Preussische Schlösser und Gärten Berlin-Brandenburg (Hrsg.): Historische Gärten im Klimawandel. Empfehlungen zur Bewahrung. Edition Leipzig, Leipzig. S. 70–73.
Wagner, JJ (1680): Historia naturalis Helvetae curiosa. o. V., Zürich.
Warda, HD (2010): Das große Buch der Garten- und Landschaftsgehölze. Bruns Pflanzen Export GmbH, Bad Zwischenahn.
WCSP (World Checklist of Selected Plant Families) (2018): World Checklist of Selected Plant Families, Suchbegriff Fagaceae. http//apps.kew.org/wcps/, Zugriff 25.10.2018
Wimmer, CA (1997): Geschichte der Blutbuche. Beiträge zur Gehölzkunde 11: 71–81.
Wimmer, CA (2014): Lustwald, Beet und Rosenhügel. Geschichte der Pflanzenverwendung in der Gartenkunst. Verlag und Datenbank für Geisteswissenschaften, Weimar.

Autor:
Philipp Ludwig
Institut für Landschaftsarchitektur
der Universität Hannover
Herrenhäuser Str. 2a
30419 Hannover

Mitt. Deutsch. Dendrol. Ges. (MDDG)	104	122–126	2019	ISBN 978-3-494-01794-5

Weiterer DNA-Nachweis für einen monumentalen Solitär: Der Berg-Ahorn (*Acer pseudoplatanus* L.) im Hamburger Hirschpark

Cornelia Bäucker und Heike Liesebach

Zusammenfassung
Der solitäre Berg-Ahorn im Hamburger Hirschpark zählt zu den Rekordbäumen seiner Art in Deutschland. Er besitzt eine massive Krone und einen kurzen, tief gefurchten Hauptstamm, der sich aufwärts in sieben einzelne Stämme aufteilt. Uns interessierte die Frage, ob der Baum auf ein Individuum oder eine Stammfusion mehrerer Jungpflanzen zurückgeht. Das Ergebnis der DNA-Analyse mit artspezifischen Markern für diese tetraploide Baumart zeigt eindeutig, dass alle Stämme genetisch identisch sind. Damit ist dieser Ahorn ein weiteres Beispiel dafür, in welche monumentalen Dimensionen allein stehende Bäume auf geeigneten Standorten hineinwachsen können.

Summary
The solitary sycamore maple located in Hamburg's Hirschpark belongs to the largest representatives of its species in Germany. The tree with its massive crown, its short deeply furrowed main trunk, is divided into seven single trunks upwards. We were curious to know, whether or not the tree had originated from a single plant or if it represents a stem

Abb. 1: Blick von oben auf die Krone des Berg-Ahorns im Hamburger Hirschpark. Foto: H. Liesebach.

fusion of several young plants. The clear result of the DNA analysis using species-specific markers of this tetraploid tree species shows that all trunks are genetically identical. This sycamore maple, therefore, represents another example what monumental dimensions single trees are able to reach when growing at suitable sites.

Imposante Solitärbäume wecken bei den meisten Betrachtern Faszination, sodass sie nicht selten den Status von Sehenswürdigkeiten erhalten. So auch ein riesiger Berg-Ahorn (*Acer pseudoplatanus* L.), der im Hamburger Hirschpark am Ende einer Lindenallee steht (Vieth 2011). Dieser Ahorn, der auf ein Alter von 200 Jahren geschätzt wird, zählt mit einer Höhe von ca. 20 m und einem Kronendurchmesser von ca. 37 m zu den Rekordbäumen seiner Art in Deutschland (Quelle: Datenbank Champion Trees, Liste der Rekordbäume, https://www.ddg-web.de).

Am 31. Juli 2018 wurde der Rekordbaum, dessen mächtige Krone bis fast zur Erde reicht, im Rahmen der Jahrestagung der DDG (Deutsche Dendrologische Gesellschaft) besichtigt. Per Hubarbeitsbühne bot sich dabei sogar die Möglichkeit, den Berg-Ahorn von oben in Augenschein zu nehmen (Abb. 1). Im unteren Bereich präsentiert sich der Baum mit einem kurzen, tief gefurchten Hauptstamm. In einer Höhe von 1,50 m über dem Erdboden ist er vierstämmig, ab 2 m aufwärts siebenstämmig (Abb. 2). Der Stammumfang des Berg-Ahorns beträgt 5,60 m, wobei bei diesem Exemplar nach den Erfassungskriterien von Champion Trees (Michels & Roloff 2018) in der Taille bei einer Höhe von ca. 1 m über dem Boden gemessen wird.

Von seinem Erscheinungsbild erinnert der Baum an einen riesigen Strauß, was die Frage aufkommen lässt, ob er auf ein Individuum oder eine sogenannte Bündelpflanzung zurückgeht. Die Bündelpflanzung war eine Methode des Gartenbaus im 19. Jh. und wird heute nicht mehr praktiziert. Sie diente der Erzeugung von beeindruckenden Bäumen mittels Stammfusion, wobei größere Jungpflanzen gemeinsam in ein Pflanzloch gesetzt und anschließend im oberen Bereich ihrer Stäm-

Abb. 2: Stammkörper des Berg-Ahorns im Hamburger Hirschpark mit einer Taille bei ca. 1 m Höhe über dem Erdboden. Foto: H. Liesebach.

me verbunden wurden (Eusemann & Liesebach 2017).

Phänotypisch wäre bei einer Bündelpflanzung zu erwarten, dass sie auch später noch Anzeichen für die individuelle Verschiedenartigkeit der einst verwachsenen Stämme, z. B. hinsichtlich der Blattmerkmale, zeigt. Da bei dem Berg-Ahorn im Hirschpark keine Hinweise auf Unterschiede in der Blattform erkennbar waren, lag die Vermutung nahe, dass es sich hierbei eher um einen einzigen Baum handelt. Um dies mit Gewissheit zu bestätigen, wurden von jedem der sieben Stämme einzelne Blattproben genommen und genetisch untersucht.

Die genetischen Analysen fanden am Thünen-Institut für Forstgenetik am Standort Waldsieversdorf (Brandenburg) statt. Dort wurde kürzlich eine Methode zur genetischen Charakterisierung von Berg-Ahorn im Rahmen des Projekts „Riegelahorn" etabliert (Bäucker & Liesebach 2018). Das Verfahren beruht auf der Analyse artspezifischer DNA-Marker (Mikrosatelliten-Marker). Diese eignen sich hervorragend, um einen genetischen Fingerabdruck zu erstellen und so genetische Unterschiede zwischen Individuen einer Art zu detektieren.

Die am Institut für Berg-Ahorn verwendete Methode zur Genotypisierung umfasst insgesamt zwölf DNA-Marker des Kerngenoms. Aus technischen Gründen wurden die Marker in drei verschiedene Sets (Multiplex PCR Gruppen) aufgeteilt. Des Weiteren wurden die Fluoreszenzfarbstoffe für die PCR Primer so gewählt, dass eine Fragmentanalyse mittels Kapillarelektrophorese (CEQ 8000 Genetic Analysis System DNA Sequenzer von Fa. Beckman Coulter) erfolgen konnte. Die Extraktion der DNA erfolgte manuell aus den getrockneten Blättern nach einem bewährten Standardverfahren von Dumolin et al. (1995).

Bei der genetischen Analyse von Berg-Ahorn fällt eine Besonderheit auf. Die Baumart ist tetraploid, d. h., Berg-Ahorn besitzt vier Chromosomensätze. Daher zählt *A. pseudoplatanus* zu den polyploiden Arten, wobei der Begriff Polyploidie das Auftreten von mehr als zwei Chromosomensätzen in den Zellkernen eines Organismus definiert. Polyploidie kann auf unterschiedliche Art und Weise entstehen, wie z. B. durch eine Verdopplung von Chromosomensätzen, ausgebliebene Reduktionsteilung der homologen Chromosomenpaare während der Meiose oder Polyspermie (Otto & Whitton 2000).

Die häufigste Form der natürlichen Polyploidie ist die Tetraploidie. Allgemein wird zwischen autotetraploiden und allotetraploiden Arten unterschieden. Zur Allotetraploidie kommt es bei der Hybridisierung zweier Arten mit diploiden Chromosomensätzen. Ein Beispiel hierfür wäre z. B. der Schlehdorn (*Prunus spinosa*). Autotetraploidie hingegen entsteht durch Verdopplung eines diploiden Genoms innerhalb einer Art. Der Berg-Ahorn repräsentiert eine solche autotetraploide Art mit einer Chromosomenzahl von 2n = 4x = 52 (Santamour 1988).

Aufgrund der Tetraploidie beim Berg-Ahorn können maximal vier Allele pro Gen-Locus vorkommen. Da bei unserer Methode der Fragmentanalyse die Allele graphisch als Peaks abgebildet werden, entspricht das Peak-Muster dem Allel-Muster eines Genotyps. Für den Fall, dass ein oder vier Peaks (= Allele) auftreten, ist eine sichere Zuordnung des Genotyps als A-A-A-A oder A-B-C-D durchführbar. Sind dagegen nur zwei bzw. drei Peaks vorhanden, ergeben sich jeweils drei mögliche Genotypen. So könnte dem allelischen Phänotyp A-B ein Genotyp von A-A-A-B, A-A-B-B oder A-B-B-B zugrunde liegen. Für den Phänotyp A-B-C wären die Genotypen A-A-B-C, A-B-B-C oder A-B-C-C denkbar. Diese unvollständigen Genotypen bei zwei oder drei Peaks machen populationsgenetische Untersuchungen beim Berg-Ahorn zu einer kleinen Herausforderung. Für die hier untersuchte Frage der Identität der einzelnen Stämme stellen sie jedoch kein Problem dar, da es gilt, die Peak-Muster auf Übereinstimmung bzw. Unterschiede hin zu bewerten.

Die Auswertung des genetischen Fingerabdrucks des Berg-Ahorns beweist eindeutig, dass er ein Individuum ist. Die untersuchten Blattproben der sieben Baumstämme zeigen ein identisches Allel-Muster für alle hier getesteten DNA-Marker. Die Ergebnisse der Peak-Muster für die Sets 1, 2 und 3 fallen an allen untersuchten Gen-Loci identisch aus. Zur Veranschaulichung ist hier exemplarisch das Peak-Muster der Fragmentanalyse für Set 2 wiedergegeben (Abb. 3). Dabei ist die Tetraploidie des Berg-Ahorn anhand der vier Peaks für die Marker SM21A und SM29, die jeweils vier Allele abbilden, sehr gut zu erkennen.

Die eingangs erwähnte Vermutung, dass es sich beim Berg-Ahorn vom Hamburger Hirschpark um einen einzigen Baum handelt, konnte durch die genetische Mikrosatelliten-Analyse klar bestätigt werden. Neben der Linde von Heede

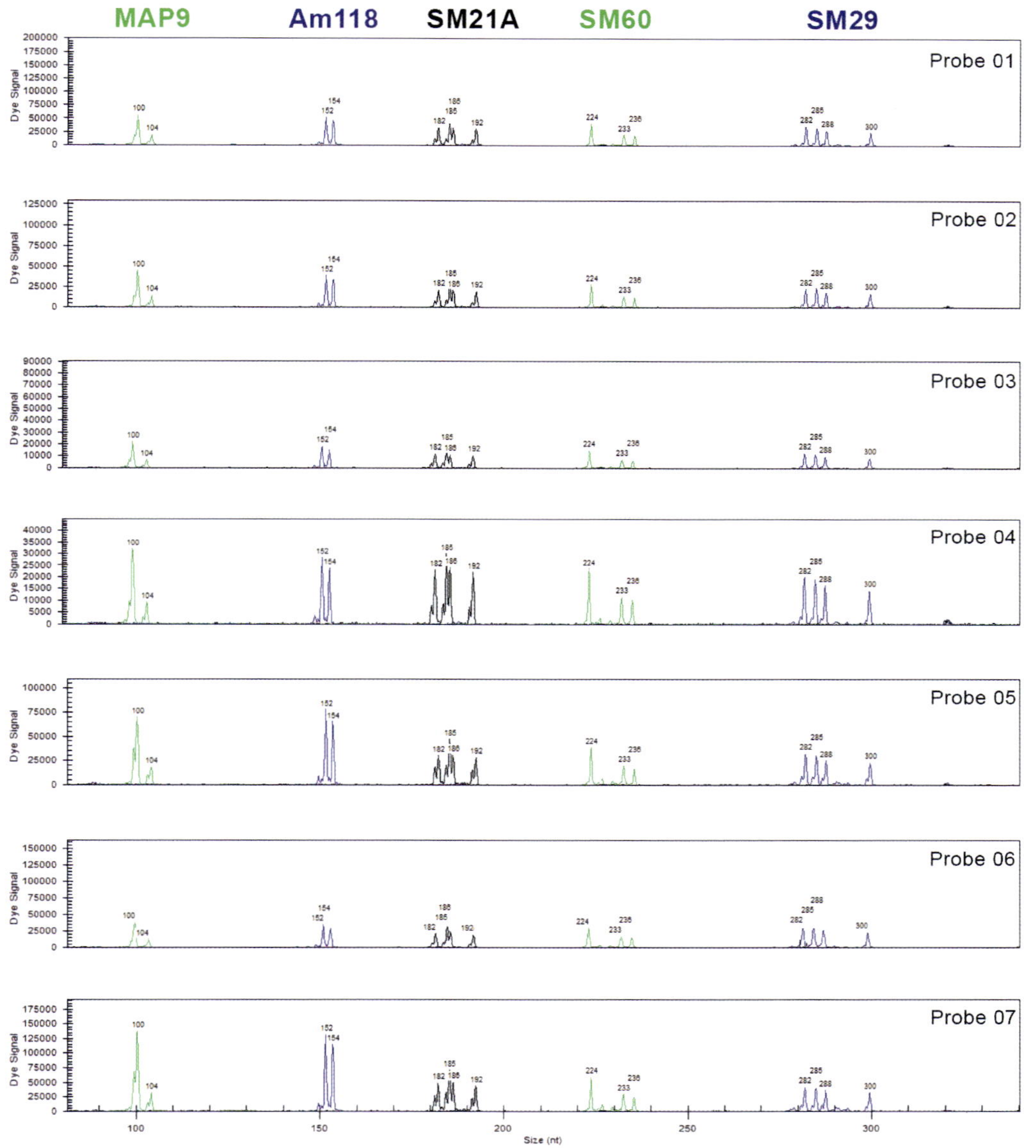

Abb. 3: Identisches Allel-Muster aller sieben Proben des Berg-Ahorns im Hirschpark. Die Zahlen über den Peaks stehen für das jeweilige Allel. Die Farben repräsentieren die Fluoreszenzfarbstoffe, mit denen die hier dargestellten fünf Mikrosatelliten-Marker markiert wurden.

(Liesebach & Ewald 2015) und der Rot-Buche von Hoppenrade (Eusemann & Liesebach 2017) liegt uns damit ein weiterer Kandidat vor, der anhand der genetischen Untersuchung eindeutig als monumentaler Einzelbaum identifiziert werden konnte. Somit ist der Berg-Ahorn im Hamburger Hirschpark ein weiteres Beispiel dafür, in welche beeindruckenden Dimensionen und Formen allein stehende Bäume auf geeigneten Standorten hineinwachsen können.

Danksagung
Für die sorgfältige Durchführung der Laborarbeiten zur genetischen Analyse danken wir herzlich Frau PETRA KNAUER vom Thünen-Institut für Forstgenetik in Waldsieversdorf.

Literatur

BÄUCKER, C; LIESEBACH, H (2018): From *in vitro* clones to high-quality timber production: the project "Wavy Grain Maple". Thünen Report (im Druck).

DUMOLIN, S; DEMESURE, B; PETIT, RJ (1995): Inheritance of chloroplast and mitochondrial genomes in pedunculated oak investigated with an efficient PCR method. Theor. Appl. Genet. 91: 1253–1256.

EUSEMANN, P; LIESEBACH, H (2017): Die „Championbuche" (*Fagus sylvatica* L.) von Hoppenrade (Prignitz): Bündelpflanzung oder ein einziger Baum? Mitt. Deutsch. Dendrol. Ges. 102: 347–352.

https://www.ddg-web.de: Champion Trees, Liste der Rekordbäume. Deutsche Dendrologische Gesellschaft 2017, abgerufen am 12.09.2018.

LIESEBACH, H; EWALD, E (2015): DNA-Nachweis: Die „tausendjährige" Linde von Heede (*Tilia platyphyllos* SCOP.) ist ein einziges Individuum. Mitt. Deutsch. Dendrol. Ges. 100: 229–232.

MICHELS, C; ROLOFF, A (2018): Stammumfangerfassung an Naturdenkmalen und Champion Trees. AFZ-DerWald 8: 28–31.

OTTO, SP; WHITTON, J (2000): Polyploidy incidence and evolution. Annual Review of Genetics 34: 401–437.

SANTAMOUR, FS, Jr. (1988): New chromosome counts in *Acer* (maple) species, sections *Acer* and *Goniocarpa*. Rhodora Journal of the New England Botanical Club, Boston USA 90: 127–131.

VIETH, H (2011): Hamburger Sehenswürdigkeiten: Bäume. Selbstverlag, Hamburg.

Autoren:

Dr. CORNELIA BÄUCKER
Thünen-Institut für Forstgenetik
Eberswalder Chaussee 3a
15377 Waldsieversdorf
E-Mail: cornelia.baeucker@thuenen.de

Dr. HEIKE LIESEBACH
Thünen-Institut für Forstgenetik
Sieker Landstraße 2
22927 Großhansdorf
E-Mail: heike.liesebach@thuenen.de

Mitt. Deutsch. Dendrol. Ges. (MDDG)	104	127–136	2019	ISBN 978-3-494-01794-5

Auf der Suche nach dem höchsten europäischen Baum im russischen Westkaukasien

Kouta Räsänen und Thomas Michler

Hintergrund

In vielen europäischen Ländern gibt es Projekte, um die größten Bäume zu registrieren, z. B. das Gemeinschaftsprojekt der Deutschen Dendrologischen Gesellschaft und der Gesellschaft Deutsches Arboretum (DDG 2018). Diese Rekordlisten erfassen Rekordbäume meistens in Bezug auf den Stammumfang. Im Jahr 2010 fingen einige Baumliebhaber an, eine europaweite Liste von den höchsten zuverlässig gemessenen Exemplaren jeder Baumart aufzubauen. Am Anfang wurde die Liste von Jeroen Philippona aus den Niederlanden geführt, dann wurde sie auf die Website „Monumentale Bäume" gestellt, wo sie automatisch aktualisiert wird, wenn neue Bäume registriert werden. Zurzeit gibt es in der Liste Messungen von etwa 40 Laien und Profis in 25 europäischen Ländern (Monumentale Bäume 2018). Besonders Südosteuropa ist bezüglich der Mitwirkung vor Ort leider noch stark unterrepräsentiert, und die meisten Messungen dort stammen von Westeuropäern. Das Vorbild des Projekts war die Eastern Native Tree Society (später Native Tree Society), welche eine große Datenbank mit über 200 autochthonen Baumarten aus dem östlichen Nordamerika erstellt hat. Als zuverlässige Methode werden Messbandmessung von Baumkletterern, Laser-Messung mit der „Sinus-Methode" („Zwei-Punkt-Messung") oder „Vertikales Hilfsdreieck" mit mehreren Winkelmessungen definiert. Dagegen basieren die älteren Messungen auf der „Tangentenmethode", die oft zu einem überhöhten Resultat führt (Bragg et al. 2011). Selbst habe ich (K. R.) Messfehler bis ca. 50 % gefunden, z. B. war eine „*44 m hohe Sommer-Linde*" (*Tilia platyphyllos* Scop.) tatsächlich eine nur 30 m hohe Winter-Linde (*T. cordata* Mill.).

Der höchste Baum in der Datenbank von Monumentale Bäume (2018) ist ein 73 m hoher Karribaum (*Eucalyptus diversicolor* F. Muell.) in Portugal, der höchste autochthone europäische Baum eine 62,26 m hohe Gewöhnliche Fichte (*Picea abies* (L.) H. Karst.) in Slowenien. Jedoch gibt es Berichte von noch höheren Bäumen der Kaukasus-Tanne (*Abies nordmanniana* (Steven) Spach subsp. *nordmanniana*) aus dem russischen und abchasischen Westkaukasien (IUCN 1999, The Gymnosperm Database 2018, F. Kala E-Mail 2013, S. G. Schewelew E-Mail 2018). Die größten Höhen werden mit 85 m (IUCN 1999) und 78 m (The Gymnosperm Database 2018) angegeben. Letztere wurde von Wladimir Dinets geschätzt; er hat den Schatten des Baumes verwendet (W. Dinets E-Mail 2011), somit muss die Schätzung sehr ungenau sein; zusätzlich wurde das ganze Gebiet, wo dieser Baum wuchs, bei den Vorbereitungen für die Olympischen Spiele von Sotschi abgeholzt (W. Dinets E-Mail 2018). Wenn sich solche Baumhöhen mit zuverlässigen Messmethoden bestätigen ließen, wären Bäume dieser Art mit großem Abstand die höchsten Europas. In Abchasien soll eine 70 m hohe Tanne 1959 gefällt worden sein (F. Kala E-Mail 2013). Auf einer Reise nach Georgien hatte ich (K. R.) bei der Kaukasus-Tanne nur Höhen von maximal 50,2 m gefunden, aber das besuchte Gebiet im Kleinen Kaukasus (Bordschomi-Charagauli-Nationalpark) ist deutlich niederschlagsärmer als der westliche Große Kaukasus und zu trocken für ein optimales Wachstum der Tanne.

Einführung zur Reise zu den höchsten kaukasischen Tannen

Als ich (K. R.) den Baumschulenbesitzer Eduard Gerlach aus der Region Krasnodar, Russland, kennenlernte, war mein erster Gedanke, ob er mit mir hohe Bäume der Kaukasus-Tanne suchen möchte. Natürlich wollte er den höchsten Baum Europas finden! Thomas Michler aus dem Nationalpark Bayerischer Wald war auch interessiert. Ermöglicht wurde die Reise durch Witali Kowaljow (NABU International), der Transport, Übernachtung, Führung vor Ort sowie notwendige Genehmigungen organisierte.

Auf unsere Frage an die Verwaltung des im westlichen Großen Kaukasus gelegenen Staatlichen Kaukasus-Zapovednik (Zapovednik ist die russische Bezeichnung für streng geschützte Naturreservate; Red.), nachfolgend Kaukasus-Naturreservat genannt, wurde uns mitgeteilt, dass die höchsten Tannen laut *„einigen Literaturquellen"* im Buiny-Gebirge wären (S. G. Schewelew E-Mail 2018). Tatsächlich haben wir eine russische Website gefunden, die behauptet, dass die Tanne im Buiny-Naturdenkmal (im Gegensatz zu deutschen Naturdenkmalen, die Einzelobjekte oder bis 5 ha groß sind, kann es sich in Russland um großflächige Schutzgebiete handeln; Red.) Höhen bis 85 m (oft 60–65 m) und Durchmesser bis 2 m erreichen würde (Sapowednaja Rossija 2018). Dies wäre also der Ort, woher die Angabe für die extrem hohe Tanne stammt. Die Reservatsverwaltung hatte keine weiteren Informationen über die Baumhöhen im Buiny-Gebirge (S. G. Schewelew E-Mail 2018). Die höchsten Bäume im Kaukasus-Naturreservat befänden sich im mittleren Kischa-Tal; dort wäre die durchschnittliche Höhe des Waldes 55–60 m und der höchste Baum 72 m, gemessen mit TruPulse 360-Laser (S. G. Schewelew E-Mail 2018). So haben wir diese zwei Schutzgebiete, Buiny und Kischa, als unsere Ziele gewählt. Eine zweitägige Wanderung sollte nötig sein, beide Gebiete zu erreichen, und wir haben die Länge unserer Reise so bestimmt, dass wir neben Hin- und Rückwanderung noch einen ganzen Tag für Messungen

Abb. 1: Buiny-Naturdenkmal. Kaukasus-Tanne (*Abies nordmanniana*) und Orient-Buche (*Fagus orientalis*) dominieren. Foto: K. Räsänen.

Abb. 2: Einer der Autoren (K. R.) überquert den Armjanka-Fluss ins Buiny-Naturdenkmal. Kaukasische Schwarz-Erle (*Alnus glutinosa* subsp. *barbata*) entlang des Flusses. Foto: T. Michler.

in den beiden Gebieten haben. Die Bäume haben wir mit TruPulse 200X-Laser auf einem Stativ gemessen. Die Taxonomie der Baumarten folgt der Euro+Med PlantBase (2018) und die deutsche Nomenklatur Schmidt (2002–2007).

Buiny-Gebirge

Das Buiny-Naturdenkmal (Abb. 1) ist ein für russische Verhältnisse kleines Schutzgebiet, nur 14,8 km² (IUCN 1999) umfassend. Es soll nie abgeholzt worden sein (Sapowednaja Rossija 2018). Das Naturdenkmal gehört zum UNESCO-Weltnaturerbe Westlicher Kaukasus und war bis 1954 Bestandteil des Kaukasus-Naturreservates.

Die Wanderung zum Naturdenkmal war doch nicht so weit wie gedacht. Wir (Kouta, Thomas, Eduard und Bergführer Artjom) erreichten das Reservat in weniger als einem Tag: Nach 10 Kilometern Anmarsch und einem Abstieg über 500 m mussten wir noch den Armjanka-Fluss überqueren (Abb. 2) und wir waren im Buiny-Naturdenkmal. Jetzt hatten wir sogar 3 Tage für Erkundungen und Messungen. Es wurde bald klar, dass nicht das ganze Schutzgebiet völlig unberührt ist: Auf den unteren Hängen gibt es alte Forstwege (Abb. 3) und wir fanden in einem Bereich mindestens 5 Baumstümpfe in Folge früherer Nutzung. Große Teile des Gebiets sehen allerdings urwaldartig aus (zugegeben, es gibt nirgendwo einen Wald, in dem die menschlichen Einflüsse vollständig fehlen). Der Waldtyp ist den mittel- und südeuropäischen Bergmischwäldern mit Rot-Buche (*Fagus sylvatica* L.), Weiß-Tanne (*Abies alba* Mill.) und Gewöhnlicher Fichte (*Picea abies* (L.) H. Karst.) ähnlich. Der vielleicht größte Unterschied ist das dichte immergrüne, bis 2 m hohe Unterholz aus Pontischer Alpenrose (*Rhododendron ponticum* L.), Lorbeerkirsche (*Prunus laurocerasus* L.) und Kolchischer Stechpalme (*Ilex colchica* Pojark.), in dieser Reihenfolge. Besonders die Alpenrose zusammen mit steilen Hängen macht das Wandern schwer (Abb. 4). Aus dendrologischer Perspektive ist der zweite wichtige Unterschied das Fehlen

Abb. 3: Im Tannen-Buchen-Wald (*Abies nordmanniana, Fagus orientalis*) im Buiny-Naturdenkmal haben wir unsere Zelte auf einem alten Forstweg aufgestellt. Foto: T. MICHLER.

Abb. 4: Pontische Alpenrose (*Rhododendron ponticum*) und die steilen Hänge machten das Wandern im Buiny-Naturdenkmal schwer. Foto: K. RÄSÄNEN.

der Fichten. Kaukasus-Fichte (*Picea orientalis* (L.) LINK) kommt bevorzugt in etwas trockenerem Klima vor und uns wurde bestätigt, dass sie in der von uns aufgesuchten Region völlig fehlt. Somit sind diese Wälder überwiegend von nur zwei Baumarten dominiert: Kaukasus-Tanne (*Abies nordmanniana*) und Orient-Buche (*Fagus orientalis* LIPSKY). Die Kronenform der Kaukasus-Tanne scheint schmaler zu sein als die der Weiß-Tanne, und gerade die höchsten Tannen zeigten eine besonders schmale Krone. Auch andere Baumarten sind meist nah verwandt mit den in den mitteleuropäischen Bergwäldern häufigen Arten oder es sind sogar die gleichen Arten: Berg-Ahorn (*Acer pseudoplatanus* L.), Spitz-Ahorn (*A. platanoides* L.), Kolchischer Ahorn (*A. cappadocicum* GLED.), Berg-Ulme (*Ulmus glabra* HUDS.), Kaukasus-Linde (*Tilia begoniifolia* STEVEN), Gewöhnliche Hainbuche (*Carpinus betulus* L.) und entlang der Flüsse Kaukasische Schwarz-Erle (*Alnus glutinosa* subsp. *barbata* (C. A. MEY.) YALT.). Gewöhnlicher Efeu (*Hedera helix* L.) wächst reichlich auf Baumstämmen und Boden (Abb. 5).

Das 3-tägige Suchen und Messen hat eine Maximalhöhe von 59,5 m ergeben. Dieser Baum hatte einen Umfang von 454 cm (Abb. 6). Der

Abb. 5: Dichte Strauchschicht aus Pontischer Alpenrose (*Rhododendron ponticum*, rechts) und reichlich Efeu (*Hedera helix*) auf den Baumstämmen im Tannen-Buchen-Wald des Buiny-Naturdenkmals. Foto: T. Michler.

zweithöchste Baum war 56,7 m. Wir waren also sehr weit von den behaupteten Baumhöhen von 85 m entfernt. Die Tannen waren auch nicht „*oft 60–65 m*", sondern oft 50–55 m. Obwohl wir drei Tage gemessen haben, haben wir lediglich einen Teil des Naturdenkmals erkunden können, da das Wandern nur langsam möglich war. So ist es nicht auszuschließen oder sogar wahrscheinlich, dass es etwas höhere Bäume gibt. Es ist auch denkbar, dass höhere Bäume an Unterhängen gefällt wurden, jedoch sind heute mit Ausnahme der oben geschilderten Forstwege und Baumstümpfe in dem einen Bereich keine Nutzungsspuren zu erkennen. Allerdings halten wir 85 m für völlig unmöglich und 70 m sind auch unwahrscheinlich. Da wir uns auf Tannen konzentrierten, haben wir nur wenige Bäume anderer Arten gemessen. Die höchste Orient-Buche war 46,5 m hoch mit einem Stamm-

Abb. 6: Kaukasus-Tanne (*Abies nordmanniana*) im Buiny-Naturdenkmal. Höhe 59,5 m, Stammumfang 454 cm. Von links: Thomas Michler, Eduard Gerlach, Kouta Räsänen, Artjom Lobtschuk. Foto: K. Räsänen.

umfang von 254 cm (die höchste zuverlässig gemessene Rot-Buche 49,3 m). Ein Spitz-Ahorn war sogar ein neuer Rekord: 37,9 m mit einem Stammumfang von 222 cm.

Kischa-Tal

Das Kaukasus-Naturreservat ist wahrscheinlich eines der großartigsten Naturschutzgebiete der Erde. Zwei Drittel des 2957 km² großen Reservates sind bewaldet, größtenteils mit einem urwaldartigen Bergmischwald mit dominierender Kaukasus-Tanne und Orient-Buche (A. Bibin, pers. Mitt.). Das Reservat bildet den Hauptteil des UNESCO-Weltnaturerbes Westlicher Kaukasus (IUCN 1999) und ist auch wegen seiner über 1 000 Wisente, die allerdings Mischlinge zwischen Flachlandwisent (*Bison bonasus bonasus* L.), Bergwisent (*B. bonasus caucasicus* Turkin & Satunin) und Amerikanischem Bison (*B. bison* L.) sind, besonders bekannt. Im Reservat leben auch hunderte Braunbären (*Ursus arctos* L.) und einige wiederangesiedelte Persische Leoparden (*Panthera pardus saxicolor* Pocock). Die Höhenlage reicht von ca. 600 m bis 3 346 m (Tsachwoa-Berg) ü. M. Bis auf einige Wanderwege darf das Reservat nur mit einer Sondergenehmigung betreten werden.

Eduard konnte an der Kischa-Expedition nicht teilnehmen, aber uns begleiteten Alexei Bibin, der als Entomologe seit 20 Jahren für die Schutzgebietsverwaltung tätig ist, und seine Frau Žanna Frolowa. Die Daten über das Kischa-Tal und Kaukasus-Naturreservat in diesem Kapitel beruhen überwiegend auf den persönlichen Angaben von Alexei.

Das lange Tal des Kischa-Flusses liegt im Herzen des Naturreservats. Das Erreichen des mittleren Kischa-Tals erforderte jedoch nicht zwei, sondern drei Tage. Zum Glück hatte Alexei für uns eine Mitfahrgelegenheit in einem ehemaligen Militärfahrzeug organisiert, welches uns mitsamt einer Gruppe von Forschern auf eine Höhe von 1 800 m fuhr und damit einen Aufstieg von einem Tag ersparte, sonst hätten wir keine Zeit für Messungen gehabt.

Der erste Teil der langen Wanderung ging über subalpine Stauden- und Grasfluren („Wiesen") auf Bergrücken um 2 000 m ü. M., einem schmalen Pfad folgend. Diese Matten wurden durch frühere Beweidung gefördert, werden heute jedoch nicht mehr beweidet. Tannen-Buchen-Wälder bedecken

Abb. 7: Tannen-Buchen-Wald an den Hängen des Kaukasus-Naturreservats. Foto: K. Räsänen.

Abb. 8: Litwinows Birke (*Betula litwinowii*, links), Vogelbeere (*Sorbus aucuparia*, links), Trautvetters Ahorn (*Acer trautvetteri*, Mitte und rechts) und Kaukasus-Tanne (*Abies nordmanniana*, rechts) ca. 2000 m ü. M. im Kaukasus-Naturreservat. Foto: K. Räsänen.

die Berghänge, die jetzt sichtbar wurden (Abb. 7). Am zweiten Tag führte uns ein wenig begangener Pfad abwärts Richtung Kischa-Tal. Die niedrigen offenen subalpinen Wälder an den oberen Hängen waren von Litwinows Birke (*Betula litwinowii* Doluch.), Vogelbeere (*Sorbus aucuparia* L.) und Trautvetters Ahorn (*Acer trautvetteri* Medw.) dominiert (Abb. 8). Auch einzelne kleine Tannen wuchsen fast bis zur Waldgrenze. Laut Alexei formen die Birke und die Vogelbeere die obere natürliche Baumgrenze. Wir haben das Kischa-Tal vom Norden erreicht, der Hang war also trockener Südhang, und der höchste Baum am Pfad hatte nur eine Höhe von 54 m. Auf der Talsohle in 1180 m ü. M. gab es eine Hütte der Schutzgebietsverwaltung am Rande einer kleinen Wiese, die auf eine ca. 300 Jahre alte Siedlung zurückzuführen ist. Große Teile der Talsohle waren von feuchten Schwarzerlen-Wäldern bedeckt.

Jetzt hatten wir nur einen Tag für Messungen. Leider kannte Alexei nicht den genauen Standort der vermutlich 72 m hohen Tanne. Wir haben einen Nordwesthang (also südwestlich vom Fluss) gewählt. Hier wuchsen fast nur Tannen und Buchen, stellenweise sogar reine Tannenbestände (Abb. 9). Zum Glück wiesen die immergrünen Sträucher eine viel geringere Deckung als im Buiny-Gebirge auf, was das Wandern erleichterte. Wir haben zwei ungefähr 60 m hohe Bäume gefunden: 60,5 m (Umfang 391 cm, Abb. 10) und 58,9 m (Umfang 385 cm), beide ca. 1300 m ü. M. Sehr wahrscheinlich wachsen hier auch etwas höhere Tannen. Ein Tag war aber einfach zu wenig, um diese zu aufzufinden. 72 m Höhe erscheinen allerdings fraglich, das wäre mehr als 10 m Differenz zum höchsten von uns gemessenen Baum. Die durchschnittliche Höhe von 55–60 m konnten wir auch nicht bestätigen, diese wäre eher 45–55 m.

An den unteren Hängen und auf der Talsohle außerhalb der feuchten Standorte waren die Tannen nicht so hoch. Warum? Hier hatten wir unterschiedliche Meinungen: Entweder sind diese

Abb. 9: Fast reiner Bestand von der Kaukasus-Tanne (*Abies nordmanniana*) im Kischa-Tal, Kaukasus-Naturreservat. Foto: T. Michler.

Standorte nicht optimal für das Tannenwachstum oder frühere menschliche Nutzung ist verantwortlich. Tatsächlich zeigt die frühere Siedlungsfläche um die Schutzhütte im Kischa-Tal, dass das Gebiet nicht völlig unberührt ist, sondern vor mehreren hundert Jahren menschliche Nutzungen stattfanden. Allerdings können diese Eingriffe nicht besonders intensiv gewesen sein, nicht nur wegen der schwierigen Zugänglichkeit des Standortes. Es deutet vor allem die hohe Dichte von Urwaldrelikten darauf hin, so z. B. der seltene Porling Duftender Feuerschwamm (*Phellinus pouzarii* (Kotlaba) Fiasson & Niemelä), der ausschließlich auf Tannentotholz vorkommt und in Deutschland nur noch aus einem Reliktvorkommen im Bayerischen Wald bekannt ist, und der Ungleiche Furchenwalzenkäfer (*Rhysodes sulcatus* Fabricius), ein auf starkes Totholz angewiesenes Urwaldrelikt. Beide gelten als Indikatorarten für naturnahe Wälder mit langer Habitattradition (Blaschke et al. 2009, Eckelt et al. 2017, Lachat & Müller 2018). Insbesondere der genannte Furchenwalzenkäfer, von dem wir ohne großen Suchaufwand drei Individuen nachweisen konnten, reagiert empfindlich auf Holznutzung. Sein Verschwinden aus den meisten Ländern Westeuropas ist seit Jahrzehnten gut dokumentiert (Speight 1989). Vom Duftenden Feuerschwamm fanden wir im Kischa-Tal entlang des Pfades 9 Exemplare.

Diskussion

Alle Beweise, die wir sammeln konnten, deuten darauf hin, dass die behaupteten extremen Höhen der Kaukasus-Tanne nicht bestätigt werden können. Zwar konnten wir nur einen Teil des Buinyi-Gebirges erkunden, allerdings haben wir dort geeignete Standorte systematisch abgesucht. Die Differenz zwischen unseren Messungen und den Literaturangaben von 85 m beträgt mehr als 25 m.

Die Differenz zwischen unseren Messungen und den Höhenangaben der Schutzgebietsverwaltung für das Kischa-Tal haben wir oben bereits

Abb. 10: Kaukasus-Tanne (*Abies nordmanniana*) ca. 1 300 m ü. M. im Kischa-Tal, Kaukasus-Naturreservat. Höhe 60,5 m, Umfang 391 cm. Foto: K. Räsänen.

geschildert. Was uns aber hier unsicher macht, ist die Angabe der Verwaltung, dass der vermeintlich höchste Baum mit einem modernen Laser-Messgerät (TruPulse 360) gemessen wurde. Dieses Instrument verfügt allerdings sowohl über die Sinus- („Vertikale Entfernung") als auch die Tangentenmethode („Höhen-Routine") (Laser Technology 2009). Es ist möglich, dass der Messer die Messungsprinzipien nicht kannte (keine Seltenheit!) und die Tangentenmethode verwendete, vielleicht weil diese „Höhen-Routine" heißt und das Messen mit der Tangentenmethode leichter ist.

Eine Möglichkeit, das Höhenpotential der Kaukasus-Tanne zu schätzen, wäre, die Höhen, die die Art **häufig** erreicht, mit den entsprechenden Höhen einer gut bekannten Art wie der Gewöhnlichen Fichte zu vergleichen. In den Wäldern mit den höchsten Fichten, z. B. im Biogradska-Gora-Nationalpark (Montenegro), im Perućica-Naturreservat (Bosnien und Herzegowina) oder auch in Schluchten des Kirnitzsch-Tals im Nationalpark Sächsische Schweiz (Deutschland) erreicht *Picea abies* häufig Höhen von 50 bis 55 m (persönliche Messungen). Dies trifft auch für die beiden von uns besuchten kaukasischen Schutzgebiete zu, wo sich die höchsten Tannenwälder befinden sollen (S. G. Schewelew E-Mail 2018) und in denen die Kaukasus-Tanne laut unseren Messungen häufig 50–55 m erreicht. Dies könnte darauf hindeuten, dass die Maximalhöhe von *Abies nordmanniana* ungefähr gleich wie die von *Picea abies* sein könnte.

Nach mehreren Angaben erreicht die Kaukasus-Tanne Stammdurchmesser von 2 m oder mehr (z. B. IUCN 1999, The Gymnosperm Database 2018, F. Kala E-Mail 2013, Sapowednaja Rossija 2018, Schmidt 2002). Der Durchmesser bzw. Umfang des Stammes ist wesentlich leichter zu messen als die Höhe. Auch die Weiß-Tanne erreicht Durchmesser über 2 m (Monumentale Bäume 2018). Wir haben keine Kaukasus-Tanne mit einem solchen Stamm gesehen, die stärksten von uns gemessenen Bäume hatten einen Brusthöhendurchmesser von ca. 1,5 m. In beiden Gebieten konnten wir auch bei Baumstümpfen oder liegendem Totholz keine größeren Durchmesser als bei lebenden Alttannen feststellen. Ein großer Teil der Alttannen, die wir bei unserer Reise sahen, waren am Absterben oder bereits tot, beispielsweise der höchste gemessene Baum im Buiny-Gebirge. Die Bäume mit dem dicksten Stamm sind aber nicht unbedingt die höchsten; z. B. erreichen die Stammumfänge der wenigstens 55 m hohen Bäume der Gewöhnlichen Fichte 340–671 cm, der höchste Baum hat 390 cm (Monumentale Bäume 2018).

Nachbemerkung

Wir haben den höchsten europäischen Baum im russischen Westkaukasien nicht gefunden, aber wie oben spekuliert, ist es immer noch gut möglich, dass die Kaukasus-Tanne die höchste autochthone europäische Baumart ist. Aber waren wir in Europa? Die Grenzziehung zwischen Europa und Asien ist umstritten, und nach einer der Definitionen der Geographen bildet die Kuma-Manytsch-Niederung im nördlichen Kaukasusvorland und nicht der Hauptkamm des Großen Kaukasus die Grenze (P. A. Schmidt E-Mail 2018, s. auch Schmidt 2005), damit würde das ganze Kaukasusgebiet zu Asien gehören!

Danksagungen
Vor allem danken wir Witali Kowaljow, NABU International (Berlin), für die sehr gute und komplette Organisation der Reise und den netten Mitarbeitern im Büro von NABU International in Majkop (Russland) für ihre Hilfe. Weiterhin danken wir Prof. Peter A. Schmidt für viele Tipps bei den Reisevorbereitungen und Hinweise zu unserem Manuskript.

Literatur

Blaschke, M; Helfer, W; Ostrow, H; Hahn, C; Loy, H; Bussler, H; Krieglsteiner, L (2009): Naturnähezeiger – Holz bewohnende Pilze als Indikatoren für Strukturqualität im Wald. Natur und Landschaft 48: 560–566.

Bragg, DC; Frelich, LE; Leverett, RT; Blozan, W; Luthringer, DJ (2011): The Sine Method: An Alternative Height Measurement Technique. The Forest Service, United States Department of Agriculture, Research Note SRS-22.

Deutsche Dendrologische Gesellschaft (2018): Rekordbäume. www.ddg-web.de/index.php/rekordbaeume.html, Zugriff 15.9.2018

Eckelt, A; Müller, J; Bense, U; Brustel, H; Bussler, H; Chittaro, Y; Cizek, L; Frei, A.; Holzer, E; Kadej, M; Kahlen, M; Köhler, F; Möller, G; Mühle, H; Sanchez, A; Schaffrath, U; Schmidl, J; Smolis, A; Szallies, A; Németh, T; Wurst, C; Thorn, S; Christensen, RHB; Seibold, S (2017): "Primeval forest relict beetles" of Central Europe: a set of 168 umbrella species for the protection of primeval forest remnants. Journal for Insect Conservation, November 2017.

Euro+Med PlantBase (2018): www.emplantbase.org, Zugriff 14.9.2018

The Gymnosperm Database (2018): Abies nordmanniana. www.conifers.org/pi/Abies_nordmanniana.php, Zugriff 10.9.2018

IUCN (1999): World Heritage Nomination – IUCN Technical Evaluation: Western Caucasus (Russian Federation).

Lachat, T; Müller, J (2018): Importance of Primary Forests for the Conservation of Saproxylic Insects. In: Ulyshen, M (Hrsg.): Saproxylic Insects: Diversity, Ecology and Conservation. Springer, Cham.

Laser Technology (2009): TruPulse 360/360B Gebrauchsanleitung 2. Ausgabe.

Monumentale Bäume (2018): www.monumentaltrees.com/de/hoeherekorde/europa/, Zugriff 14.9.2018

Sapowednaja Rossija (2018): www.zapoved.net, Zugriff 10.9.2018

Schmidt, PA (2002–2007): Bäume und Sträucher Kaukasiens. Teil 1: Einführung und Gymnospermae (Nadelgehölze und andere Nacktsamer). Mitt. Deutsch. Dendrol. Ges. 87 (2002): 59–81. Teile 2–6: Laubgehölze. Mitt. Deutsch. Dendrol. Ges. 88 (2003): 77–100 (Teil 2: Aceraceae bis Cornaceae); 89 (2004): 49–71 (Teil 3: Ebenaceae bis Frankeniaceae); 90 (2005): 25–43 (Teil 4: Globulariaceae bis Punicaceae); 91 (2006): 21–56 (Teil 5: Ranunculaceae bis Rutaceae); 92 (2007): 21–48 (Teil 6: Salicaceae bis Zygophyllaceae).

Schmidt, PA (2005): Naturschutz in Kaukasien. In: Konold, W; Böcker, R; Hampicke, U (Hrsg.): Handbuch Naturschutz und Landschaftspflege. ecomed, Landsberg. Kap. XIV. 15. Erg.Lfg. 4/05: 1–26.

Speight, MCD (1989): Saproxylic invertebrates and their conservation (Nature and Environment Series, No. 42), Council of Europe, Strasbourg.

Autoren:
Kouta Räsänen
Wilhelminenstr. 10
04129 Leipzig
kouta.r@t-online.de

Thomas Michler
Nationalparkverwaltung Bayerischer Wald
Freyunger Straße 2
94481 Grafenau
thomas.michler@npv-bw.bayern.de

Mitt. Deutsch. Dendrol. Ges. (MDDG)	104	137–144	2019	ISBN 978-3-494-01794-5

Der Seidenbaum, *Albizia julibrissin* Durazz.

Friedrich Ernst Beyhl

Gliederung

Zusammenfassung

Der aus Asien stammende Seidenbaum, *Albizia julibrissin* Durazz., ist ein mit Akazien und Mimosen verwandter Hülsenfrüchtler, der als Zierpflanze angepflanzt wird und in einigen Ländern zu einer invasiven Pflanze geworden ist. Seine Eigenschaften werden anhand eigener Beobachtungen beschrieben.

Summary

The mimosa tree, *Albizia julibrissin* Durazz. which is native to Asia belongs to the *Acacia/Mimosa* group in the Leguminosae family. In many countries it is used as an ornamental plant but in some it has become an invasive plant. In this article, its properties are described using own observations.

1 Einleitung

Im Allgemeinen stellen die Blütenblätter die Anlockorgane für die Blütenbestäuber (Insekten, Vögel oder Fledermäuse) dar; bei einigen Pflanzenarten übernehmen die Staubgefäße diese Aufgabe. Dies ist beispielsweise der Fall bei den männlichen Blüten der Weiden (*Salix* spp.), außerdem beim Rasierpinselbaum, *Pseudobombax ellipticum* (Kunth) Dugand (Beyhl 2016), dem Schönfaden (*Callistemon* sp.) und schließlich bei den Vertretern der Mimosenartigen (*Mimosoideae*), die zur Familie der Hülsenfrüchtler (Fabaceae = Leguminosae) zählen. Nach neueren Erkenntnissen (Azani et al. 2017) bilden diese Mimosenartigen allerdings keine Unterfamilie der Fabaceen, sondern stellen lediglich eine Untergruppe innerhalb der Leguminosen-Unterfamilie der *Caesalpinioideae* dar.

Aus dieser Untergruppe der Mimosenartigen soll hier die Art *Albizia julibrissin* beschrieben werden. Sie bei uns zwar verhältnismäßig selten zu finden, aber unter dem Namen Seidenbaum und Seidenakazie nicht unbekannt, da sie in den klimatisch dafür geeigneten Gebieten Europas als Zierbaum bzw. Zierstrauch angepflanzt wird.

2 Namensgebung

Bereits die Namensgebung für dieses Gewächs ist recht interessant. Der gültige botanische Artname ist *Albizia julibrissin* Durazz., wie er laut Genaust (2005; vgl Bosso 2003) von dem seinerzeit in Florenz tätigen Arzt und Botaniker Antonio Durazzini, der von 1740 bis 1810 lebte und der Sekretär der Botanischen Vereinigung dieser Stadt war, aufgestellt worden ist (Durazzini 1772), und zwar zu Ehren des naturwissenschaftlich tätigen Adligen Filippo degli Albizzi aus Florenz. Dieser lebte von 1724 bis 1789 und hatte diesen Baum 1747 von seiner Reise aus Konstantinopel in den Westen mitgebracht, privat herangezogen und damals die aus seiner Anzucht gewonnenen Samen weiterverteilt. Interessanterweise ist der Seidenbaum also neben der Tulpe (*Tulipa gesneriana*) und der Rosskastanie (*Aesculus hippocastanum*) eine weitere Pflanzenart, die in der Neuzeit aus dem Osmanischen Reich in den Westen gelangt ist!

Es heißt, dass DURAZZINI den Gattungsnamen absichtlich mit nur einem -z- publiziert habe, damit dieser wie ein lateinisches Wort aussieht, weil das Lateinische, im Gegensatz zum Italienischen, die Buchstabenverbindung -zz- nicht kennt. Eine andere Lesart besagt, dass diese Adelsfamilie, die im mittelalterlichen Florenz auf Seiten der Guelfen stand und dort später den Medici weichen musste, sich manchmal auch ALBIZI schrieb. Nach den Nomenklaturregeln ist die Schreibweise Albizzia selbstverständlich ungültig, obwohl man sie in der Literatur gelegentlich antrifft. Synonyme für diese Art sind *Albizia nemu* (WILLD.) BENTH., *Albizia rosea* CARNIÈRE, *Acacia julibrissin* (DURAZZ.) WILLD., *Feuilleea julibrissin* (DURAZZ.) KUNTZE, *Mimosa julibrissin* (DURAZZ.) SCOP., *Mimosa speciosa* Thunb. und *Sericandra julibrissin* (DURAZZ.) RAF.

Die wechselvolle Geschichte der botanischen Namensgebung des Seidenbaums wird bei NIELSEN (1979) beschrieben, der auch anhand eines alten Herbarexemplars in Florenz eine heutzutage gültige Typisierung (eine Art Lektotypisierung) liefert.

Die türkische Bezeichnung *gülibrişim* („Seidenrose", von türk. *gül* „Rose" und *ibrişim* „Stickgarn, Seide") ist die Grundlage für den botanischen Artnamen, der auf der Silbe *-bris-* zu betonen ist; sie stammt ihrerseits aus der persischen Benennung *gul-i abrišam* (pers. *gul* „Blume" und *abrišam* „Seide"). Auch volkstümliche Namen in anderen Sprachen beziehen sich auf Seide (z. B. spanisch *árbol de la seda*), andere wieder auf die Verwandtschaft mit Akazien und Mimosen (z. B. englisch *mimosa tree*) und andere schließlich auf die historische Herkunft des Baums aus Konstantinopel (z. B. portugiesisch *acácia-de-Constantinópola*).

Abb. 1: *Albizia julibrissin*, blühender Baum. Standort: Frankfurt. Foto: F. E. BEYHL.

3 Botanische Beschreibung

Die Seidenakazie ist ein Baum von 6 bis 15 m Höhe mit glatter Rinde und einer ausladenden, schirmartigen Krone (Abb. 1). Wenn deren Hauptäste sehr niedrig am Stamm ansetzen und vor allem dann, wenn sich am Stammgrund Stockausschläge bilden, hat die Pflanze eher Strauchcharakter.

Die großen, wechselständigen Blätter (Abb. 2, 3) sind insgesamt 15–40 cm lang und um 15 cm breit; sie sind doppelt gefiedert (bipinnat), und zwar in beiden Fällen paarig. Die Hauptspindel hat 5–15 Paare von Seitenspindeln (im Durchschnitt 8 ± 2 als Mittelwert von 75 eigenen Zählungen[1]) und an jeder Seitenspindel 14–30 Paare von Fiederblättchen (im Durchschnitt 23 ± 4 als Mittelwert von 75 Zählungen[1]). Der der Hauptspindel zugewandte Teil eines Fiederblättchens ist breiter als der ihr abgewandte. Im Herbst wirft der Seidenbaum seine Blätter ab, nur in Ländern mit wärmerem, frostfreiem Klima kann er sie das ganze Jahr über behalten.

Bei Dunkelheit klappen sich die Fiederblättchen zusammen. Dieses Phänomen ist als Nyktinastie bekannt und wird einerseits von Phytochrom gesteuert (Hillman & Koukkari 1967, Satter & Galston 1971 a, b), andererseits auch von Phytohormonen (Ueda & al. 1997, 1999, 2000). Auch beim Regen und bei übermäßiger Trockenheit werden die Blättchen zusammengeklappt. Das Zusammen- und Auseinanderklappen spielt sich in besonderen Gelenken ab, den sogenannten Pulvini (Einzahl: Pulvinus). Von diesem Verhalten, das man bei vielen Hülsenfrüchtlern kennt, leiten sich volkstümliche Baumnamen einiger Sprachen wie „Schlafbaum“ (z. B. niederländisch *slaapboom*) ab.

Der Seidenbaum besitzt extraflorale Nektarien, wie sie auch bei vielen anderen Leguminosen vorkommen (Pascal & al. 2000). Es handelt sich dabei um je eine kleine, „warzenähnliche“ Erhebung auf der Oberseite des Blattstiels zwischen dem Blattansatz am Zweig und der Abzweigung der Seitenspindeln (Abb. 3).

Abb. 2: *Albizia julibrissin*, Blicke in die Baumkronen. Standorte: Frankfurt, Karlsruhe, Pleisweiler, Pisa. Foto: F. E. Beyhl.

Abb. 3: *Albizia julibrissin*, Einzelnes Blatt. Auf dem Blattstiel erkennt man das extraflorale Nektarium. Standort: Frankfurt. Foto: F. E. Beyhl.

Die Blütezeit liegt bei uns in den Monaten Juni bis September. Die duftenden Blüten stehen in köpfchenartigen Büscheln, die zu endständigen traubenähnlichen Blütenständen angeordnet sind (Abb. 4–6). Je Blütenstand sind es 9–22 (15 ± 3 als Mittelwert von 24 Zählungen[2]) solcher Büschel. Die Stiele dieser Blütenköpfchen sind etwa 3 cm lang. Pro Köpfchen sind es 9–25 Blüten (im Durchschnitt 18 ± 3 als Mittelwert von 50 Zählungen[2]). Die Blüten besitzen einen etwa 1 mm langen Stiel, an dem sich ein kleiner Vorsprung befindet, der möglicherweise das Rudiment eines Vorblattes darstellt. Die zentrale Blüte eines jeden Köpfchens ist größer als die anderen. Die 5 ziemlich kurzen Kelchblätter sind miteinander verwachsen. Die 5 Kronblätter sind ebenfalls miteinander zu einer Röhre verwachsen. Auch die zahlreichen Staubblätter sind am Grunde zu einer

Abb. 4: *Albizia julibrissin*, Blütenstände. Standort: Frankfurt. Foto: F. E. Beyhl.

Röhre zusammengewachsen, am Grunde weiß und an der Spitze rosa bis lilarot gefärbt, mit je einem kleinen und hinfälligen gelben Staubbeutel. Diese Staubblattbüschel bilden den die Bestäuber anlockenden Schauapparat. Da sie an Seidenfäden erinnern, gaben sie Anlass für alle die volkstümlichen Baumnamen, die mit „Seide“ zusammenhängen (s. o. Abschn. 2).

Bestäuber der Blüten sind Hautflügler (z. B. Bienen) und Schmetterlinge, die den hauptsächlich in den Morgenstunden ausgeschiedenen Nektar aufsaugen. Bei in Amerika angepflanzten Exemplaren tragen auch Kolibris zur Bestäubung bei. Die Form der Blütenköpfchen, die äußerlich den Blüten des Rasierpinselbaums, *Pseudobombax ellipticum*, ähnlich sehen, bei dem Bestäubung durch Vögel oder Fledermäuse erfolgt (Beyhl 2016), lässt dies auch für den Seidenbaum vermuten; allerdings liegen darüber keine Berichte vor, und auch über eventuelle Wind- oder Selbstbestäubung ist nichts bekannt.

Die aus den befruchteten Blüten entstandenen Hülsen (Abb. 7) sind 5–20 cm lang (10,0 ± 2,1 cm: Mittelwert aus 81 Messungen[3]) und ungefähr 1–2 cm breit (1,6 ± 0,4 cm: Mittelwert aus 81

Abb. 5: *Albizia julibrissin*, Blütenstände. Standort: Frankfurt. Foto: F. E. Beyhl.

Abb. 6: *Albizia julibrissin*, Blütenstände. Blütenköpfchen, Blütenknospen und Einzelblüten. Seitenlänge eines Quadrates 5,0 mm. Foto: F. E. Beyhl.

Abb. 7: *Albizia julibrissin*, reife Hülsen. Standort: Pisa. Foto: F. E. Beyhl.

Messungen[3]). An jedem (ehemaligen) Blütenkopf befinden sich, nach Auswertung der bei Pardini & Hamrick (2007) gemachten Angaben, 3 ± 2 Hülsen (Mittelwert von 77 Einzelwerten). Eigene Zählungen ergaben indessen, dass 97 % der Köpfchen nur eine einzelne Hülse und die restlichen 3 % jeweils 2 Hülsen ausbilden (90 gezählte Köpfchen). Die einzelnen Hülsen sind über ihre Länge hinweg verschieden breit und unterschiedlich dick. Die bei der Reife braunen Samen (Abb. 8) sind 6,27 ± 0,51 mm lang (Mittelwert aus 80 Messungen[4]), 3,92 ± 0,04 mm breit (Mittelwert aus 80 Messungen) und 1,18 ± 0,29 mm dick (Mittelwert aus 57 Messungen[4]). Sie wiegen 27,9 ± 3,5 mg (Mittelwert aus 42 Messungen[4]). Für den Menschen sind sie giftig.

Abb. 8: *Albizia julibrissin*, reife Samen. Seitenlänge eines Quadrates 5,0 mm. Foto: F. E. Beyhl.

4 Vorkommen und Ökologie

Die Seidenakazie kommt in einem Gebiet vor, das vom östlichen Kaukasien (Aserbeidschan und Nordiran: Bobek 1951, Frey & Probst 1986, Schmidt 2004) über Nordost-Pakistan, die indischen Himalaya-Provinzen, Nepal und Bhutan bis nach China (angeblich auch bis Korea und Japan) reicht, und dabei im Himalaya bis zu Höhen von 2000 m. Sie ist wärmeliebend, toleriert aber auch winterliche Tiefsttemperaturen bis zu –20 °C.

Als Vertreter der Leguminosen besitzt *A. julibrissin* Wurzelknollen und kann deshalb mit *Rhizobium*-Bakterien Luftstickstoff assimilieren und dadurch stickstoffhaltige Substanzen anreichern. Dies befähigt den Baum gut dazu, auch nährstoffärmere Böden zu besiedeln.

Extraflorale Nektarien dienen bei vielen Blütenpflanzenarten dazu, die Fraßfeinde herbivorer, die Blätter, Blüten oder Früchte durch An- oder Abfressen beschädigender Insekten anzulocken (Bentley 1977, Stephenson 1982). Meistens sind diese „Beschützer" bestimmte Ameisenarten (O'Dowd 1979); es können aber auch Springspinnen (*Salticidae*) sein (Ruhren & Handel 1999). Bei der Seidenakazie sind allerdings solche Schutzinsekten (noch) nicht bekannt; möglicherweise gibt es sie nur in den Herkunftsländern.

Sowohl die flügelartigen Hülsen als auch die Samen können vom Wind vom Mutterbaum bis zu 60 m weit fortgeweht werden. Bei der Untersuchung von in der Stadt Pisa (Italien) gesammelten Samen stellte es sich heraus, dass ein sehr großer Teil davon von Insekten befallen und leergefressen war.

Der Seidenbaum ist eine schnellwachsende und schattenunverträgliche (Schmidt 2004) Pionierpflanze, dies sogar auch auf schlechtem Boden, wobei die *Rhizobium*-Bakterien für „Stickstoffdüngung" sorgen. Daher wurde er 1785 von dem französischen Botaniker André Michaux in die Vereinigten Staaten eingeführt, und zwar in seinen botanischen Garten in Charleston, und fand dann in den Vereinigten Staaten weite Aufnahme als Zierbaum. Seitdem ist er dort in den Süd- und Oststaaten der USA mittlerweile zu einem aggressiven Eindringling geworden, wie auch in vielen anderen Ländern. Er ist also ein invasiver Neophyt, und man versucht nun, ihm mit Herbiziden zu begegnen (Koepke-Hill & al. 2012), unter anderem auch mit Glyphosat.

5 Verwendung

A. julibrissin wird wegen des ornamentalen Laubes und der attraktiven Blüten inzwischen weltweit als Zierbaum oder -strauch verwendet. So findet man in der Stadt Pisa einen großen Autoparkplatz mit Seidenbäumen bepflanzt. Die Art eignet sich auch zur Kultur als Bonsai. Manchmal wird der Seidenbaum auch als Schattenspender angepflanzt, wobei allerdings der Schatten nicht sehr intensiv ist. Man hat ihn manchmal außerdem, wie bei uns Lupinen, zur Bodenverbesserung benutzt. Seine Blätter können als Viehfutter verwendet werden; sie und die Blüten sind gekocht auch für den Menschen essbar. Wegen seiner Nektarproduktion kann er auch als Bienennahrung dienen (Gaur & al. 2014). Das feste und schwere Holz verwendet man zum Haus- und Bootsbau.

In der traditionellen chinesischen Heilkunst spielt *A. julibrissin* eine Rolle, wobei man die Blüten und die Rinde verwendet. Er wird neuerdings auch in der westlichen Kräuterheilkunde benutzt. Inzwischen liegt auch eine beträchtliche Reihe von Untersuchungen über Inhaltsstoffe sowie pharmakologische Wirkungen vor.

Es gibt übrigens eine italienische Weinsorte des Namens *Albizzia* und im südfranzösischen Weingebiet Cassis ein Weingut namens *clos d'Albizzi*. Beide haben aber ihren Namen nicht nach dem Baum erhalten, sondern nach dem oben genannten Grafengeschlecht der Albizzi/Albizi.

6 Andere Arten

Die Gattung *Albiz(z)ia* umfasst insgesamt nach Nielsen (1979) etwa 100, nach Rico Arce & al. (2008) 120–140 Arten, die in vielen tropischen Gebieten vorkommen. Es sei davon nur die Art *Albizia chinensis* erwähnt, die im Himalaya vorkommt (Polunin & Stainton 1987) und dem Seidenbaum sehr ähnlich ist.

Literatur

Azani, N, et al.[5] (2017): A new subfamily classification of the Leguminosae based on a taxonomically comprehensive phylogeny. Taxon, 66 (1): 44–77.

Bentley, BL (1977): Extrafloral nectaries and protection by pugnacious bodyguards. Annual Rev. Ecol. Syst. 8: 407–427.

Beyhl, FE (2016): Der Rasierpinsel-Baum, *Pseudobombax ellipticum* (Kunth) Dugand. Mittl. Deutsch. Dendrol. Ges. 101: 151–156.

Bobek, H (1951): Die natürlichen Wälder und Gehölzfluren Irāns. Bonner Geogr. Abhandl. 8; 62 S.

Bosso, B (2003): Esploratori e botanici. Torsanlorenzo 5 (4): 12–13; Rom (I).

Durazzini, A (1772): Memoria sull'albero detto volgarmente julibrissin letta in di 5 agosto 1772 nella Societa die Georgofili. Magazino toscano 3 (1): 1–14 bzw. 3 (4): 11–14. Nicht eingesehen!

Frey, W; Probst, W (1986): A synopsis of the vegetation of Iran. In: Kürschner, H (Hrsg.): Contributions to the Vegetation of Southwest Asia. Dr. Ludwig Reichert, Wiesbaden. S. 9–43.

Gaur, RD; Tiwari, P; Tiwari, JK; Rawat, Dinesh Singh; Ballabha, Radha (2014): Bee Forage Potential of Gharwal Himalaya, India. Indian J. of Fundamental and Applied Life Science 4 (1): 196–204. www.cibtech.org/J-LIFE-SCIENCES/PUBLICATIONS/2014/Vol-4-No-1/JLS-030-074-DINESH-BEE-INDIA.pdf

Genaust, H (2005): Etymologisches Wörterbuch der botanischen Pflanzennamen. 5. Aufl. Nikol, Hamburg.

Hillman, WS; Koukkari, WL (1967): Phytochrome Effects in the Nyctinastic Leaf Movements of *Albizzia julibrissin* and Some Other Legumes. Plant Physiology 42 (10): 1413–1418.

Koepke-Hill, RM; Armel, GR; Brosnan, JT; Breeden, GK; Vargas, JJ; Mueller, TC (2012): Control of Silk Tree (*Albizia julibrissin*) with Aminocyclopyrachlor and Other Herbicides. Weed Science 60 (3): 345–349.

Nielsen, I (1979): Notes on the genus *Albizia* Durazz. (Leguminosae – Mimosoideae) in Mainland S.E. Asia. Adansonia, ser. 2, 1 (2): 199–229, pl. 2.

Pardini, EA; Hamrick, JL (2007): Hierarchical patterns of paternity within crowns of *Albizia julibrissin* (Fabaceae). Amer. J. Bot. 94 (1): 111–118.

Pascal, LM; Motte-Florac, EF; McKey, DB (2000): Secretory structures on the leaf rachis of Caesalpinieae and Mimosoideae (Leguminosae): implications for the evolution of nectar glands. Amer. J. Bot. 87 (3): 327–338.

Polunin, O; Stainton, A (1987): Concise Flowers of the Himalaya. Oxford Univ. Press, Oxford.

Rico Arce, M de L; Gale, SL; Maxted, N (2008): A taxonomic study on *Albizzia* (Leguminosae: Mimosoideae: Ingeae) in Mexico and Central America. Anales Jard. Bot. Madrid 65 (2): 255–305.

Ruhren, S; Handel, SN (1999): Jumping spiders (Salticidae) enhance the seed production of a plant with extrafloral nectaries. Oecologia 119: 227–230.

Satter, RL; Galston, AW (1971a): Potassium flux: a common feature of *Albizzia* leaflet movement controlled by Phytochrome and by an endogenous rhythm. Science 174: 5180–520.

Satter, RL; Galston, AW (1971b): Phytochrome-controlled Nyctinasty in *Albizzia julibrissin*. – III. Interactions between an Endogenous Rhythm and Phytochrome in Control of Potassium Flux and Leaflet Movement. Plant Physiol. 48: 740–746.

Schmidt, PA (2004): Bäume und Sträucher Kaukasiens. – Teil III: Laubgehölze der Familien *Ebenaceae* (Ebenholzgewächse) bis *Frankeniaceae* (Frankeniengewächse). Mitt. Deutsch. Dendrol. Ges. 89: 49–71.

Ueda, M; Yamamura, S.(1999): Potassium ß-D-glucopyranosyl 11-hydroxyjasmonate, a leaf-lowering substance of *Albizia julibrissin* Durazz. Tetrahedron Letters 40 (44): 7823–7826.

Ueda, M; Tashiro, C; Yamamura, S (1997): cis-p-Coumaroylagmatine, the genuine leaf-opening substance of a nyctinastic plant, *Albizia julibrissin* Durazz. Tetrahedron Letters 38 (18): 3253–3256.

Ueda, M; Okazaki, M; Ueda, K (2000): A Leaf-Closing Substance of *Albizia julibrissin* Durazz. Tetrahedron, 56 (41): 8101–8105.

Zheng, L; Wu, G; Wang, B; Wu, L; Zhao, Y (2004): Isolation and Identification of Chemical constituents from *Albizia julibrissin* Durazztt. Beijing Da Xue Bao – J. of Peking University (Health Science) 36 (4): 421–425.

Zheng, L; Zheng, J; Zhao, Y; Wang, B; Wu, L; Liang, H. (2006): Three antitumor saponins from *Albizia julibrissin*. Bioorganic & Medicinal. Chemistry Letters 16 (10): 2765–2768.

Zou, K; Zhau, YY; Zhang, RY (2006): A cytotoxic saponin from *Albizia julibrissin*. Chem. Pharm. Bull. 45 (8): 1211–1222 (Tokyo).

Endnoten:

1 Zählungen sowohl an Blättern als auch an Photographien.

2 Zählungen sowohl an blühenden Bäumen als auch an Photographien.

3 Messungen an Hülsen.

4 Messungen an Samen.

5 Insgesamt 100 Autoren!

Autor:

Friedrich Ernst Beyhl
Pfingstweidstr. 9
60316 Frankfurt am Main

Mitt. Deutsch. Dendrol. Ges. (MDDG)	104	145–151	2019	ISBN 978-3-494-01794-5

Beitrag zur Mandschurischen Walnuss (*Juglans mandshurica* Maxim.; Juglandaceae) – Nachlese zur Studienreise der DDG 2017 in den Fernen Osten Russlands

Horst Schaarschmidt

Summary
During the study tour of the German Dendrological Society in the Region Primorje of the Russian Far East in September 2017 the author observed especially *Juglans mandshurica* Maxim. The results are submitted here. Besides, the taxonomic relation of this species to *J. ailantifolia* Carrière is discussed.

Einleitung

Meine Teilnahme an der Studienreise der DDG in der Region Primorje (Russischer Ferner Osten) vom 20.9. bis 2.10.2017 (Pietzarka & Schmidt 2018) war ursächlich der Grund, aus der Erinnerung und den Notizen das aus meiner Sicht Wesentliche zur „Orech mandshurskij", der Mandschurischen Walnuss (*Juglans mandshurica* Maxim.) in eine verwertbare Form zu bringen. Darauf aufbauend, möchte ich ein kritisches Problem aufzeigen, das mit der verwandtschaftlichen Beziehung dieser Art zur ebenfalls ostasiatischen Art *J. ailantifolia* Carrière zusammenhängt. Eine Lösung wird dabei hier nicht angestrebt.

Kurz zur Art *Juglans mandshurica*

In unseren mitteleuropäischen Parks und Gärten ist *Juglans mandshurica* nicht unbekannt.

Abgesehen von der allbekannten Walnuss *J. regia* L. wird sie im Vergleich zu etwa 8 weiteren kultivierten Arten der Gattung nach der Schwarznuss (*J. nigra* L.) mittelhäufig angetroffen, wobei der oft große, weit ausladende Baum in kleineren botanischen Gärten zu Raum- und Lichtproblemen führen kann.

Charakteristisch für die Art sind der kurze Schaft mit tief ansetzenden Ästen, die sparsame Verzweigung mit derben Zweigenden und grob hervortretenden Blattnarben, die nackten, samtig bräunlich behaarten Knospen, die Blätter mit oft über 90 cm Länge und 7–19 Fiedern, die hängenden männlichen Kätzchen und ± aufrechten weiblichen Ähren, die ± eiförmigen, bis 5 cm langen Früchte und Nüsse mit ± ausgeprägten 8 Längsrippen und ± zergrateter Oberfläche.

Das Naturareal der Art umfasst im Fernen Osten die Regionen Primorje und Priamurje (im Amurtal etwa bis 51° n. Br.). Sie kommt oft nur versprengt einzeln und in kleinen Gruppen vor, in ausgedehnten Koreazirben-Laubmischwäldern in Flusstälern und unteren Hangzonen von Gebirgswäldern (Nekrassova 1930, Wang 1998). Südwärts erreicht *J. mandshurica* auf dem Festland in der Eichenstufe (*Quercus mongolica*) Zentral-Koreas bis 1500 m ü. M. knapp den 36° n. Br. (Nakai 1933, Heynert 1959, Oh 2007). Bezieht man die heute von Lu et al. (1999) der Art *J. mandshurica* zugeordnete *J. cathayensis* Dode mit in die Betrachtung ein, dann erreicht die Art auf Taiwan mindestens den nördlichen Wendekreis (23,5° n. Br.) (Yang et Lu 1996).

J. mandshurica wurde 1856 vom baltisch-russischen Botaniker Karl Iwanowitsch Maximowicz (1827–1891) beschrieben. Fachliteratur und Internet bieten genug Möglichkeiten, sich über diese Art ausführlicher zu informieren. Außer den gängigen dendrologischen „Handbüchern" können hier die deutsch- oder englischsprachigen

Arbeiten von BERG (1959), NEKRASSOVA (1930, 1936), WANG (1998) u. a. empfohlen werden, Autoren, die ihre Kenntnisse auch am Naturstandort erworben zu haben scheinen. Auch im Walnussbüchlein des Verfassers (SCHAARSCHMIDT 1999) fand die Art ihren Platz.

Juglans mandshurica in der Region Primorje (Primorskij Kraj)

Das bereiste Gebiet und seine Vegetation sind im Exkursionsführer (SCHMIDT et al. 2017) und im Exkursionsbericht (PIETZARKA & SCHMIDT 2018) ausführlich dargestellt.

Gleich auf der Fahrt vom Flughafen Wladiwostok zu unserem ersten Hotel in Slavjanka (21.9.) war die mäßig schattentolerante *J. mandshurica* entlang von Mischwald- und Gebüschrändern häufig zu sehen (Abb. 1). Auch entlang eines Baches, der kürzlich über seine Ufer getreten war und dort alles plattgewalzt hatte, gab es viele größere Bäume. Die fehlenden Früchte und Nüsse am Boden waren vielleicht eine Folge des Hochwassers (Hydrochorie).

In der Folgezeit waren die Begegnungen ± häufig, z. B. im Schutzgebiet „Land des Leoparden" (23.9.), später unter einer freigeschlagenen Stromleitung. Die Bäume dort ähnelten auffällig dem *„strauchartigen Halbbaum mit sparrigen, abstehenden Ästen"* (GRAEBENER 1911: 204), die oft fast basal und etagenähnlich vom Stamm abgingen, vergleichbar mit manchen Savannenbäumen; in späterem Alter verliert sich diese Wuchsform. Die Bäume waren kniehoch bis zu mehreren Metern hoch, erreichten aber die Leitung (noch) nicht. Der Standort ließ darauf schließen, dass es Stockausschläge waren, aber Naturverjüngung war ebenfalls dabei. Auch WANG (1998) beobachtete diese beiden Formen der Vermehrung an lichten Rändern und in Lücken von Waldbeständen auf chinesischem Gebiet; die Keimrate gibt er mit 75 % an und die Böden seien frisch, nährstoffreich und gut drainiert.

Weitere Vorkommen gab es in Siedlungen vom bekannten Typ des russischen Dorfes, mit niedrigen Holzhäusern und Bretterzäunen, z. B. in Kamenuschka (25.9., Abb. 2). Ob es sich um Fruchtbäume der Bewohner handelte, konnte nicht festgestellt werden. Am Sammeln von Nüssen hat mich jedenfalls niemand gehindert, nur die Hunde bellten. Ein Bewohner erzählte lediglich, sie würden noch viel mehr bellen, wenn der Tiger im Winter aus den Bergen herunter käme.

Während der tageweise (25.–27.9, 30.9.) unsere Exkursion begleitende Waldbau-Professor VLADIMIR USOV in einem Auenwald über die dort dominierende *Picea koraiensis* dozierte, befasste ich mich mit einem benachbarten Bestand von *J. mandshurica*. Einige der rund 20 m hohen Bäume hatten bis zu 170 cm Stammumfang, die meisten waren jedoch niedriger und hatten dünnere Stämme. Ihr Gesundheitszustand war schlecht, einige hatten

Abb. 1: Bestand von *Juglans mandshurica* an einem Waldrand zwischen Wladiwostok und Ussurijsk. Foto: H. SCHAARSCHMIDT.

die Verankerung im Boden verloren und standen schräg, andere schienen tot zu sein, einige Früchte und Nüsse am Boden waren aber vorhanden (Abb. 3). Mir stellte sich die Frage, ob diese Bäume ± regelmäßig zu lange andauernden Überschwemmungen ausgesetzt waren, was auch von *J. nigra* in den Mississippi-Auen bekannt ist, wo sie als Folge oft absterben. Kurzzeitige Überschwemmungen, Hochwasser und Trockenzeiten, Wind und Frost bis –45 °C auch bei flacher Schneedecke verursachen nach Sokolov et al. (1977) dagegen keine Schäden bei *J. mandshurica.*

Die oben erwähnten, weit basalwärts vom Stamm abgehenden Äste werden in unseren heimatlichen Kultur-Grünzonen oft abgesägt, wodurch der natürliche Habitus verunstaltet wird. Als Hauptgrund erfährt man meist: Die Rasenmähmaschinen kommen nicht darunter hindurch. Eine Folge ist, dass es nicht mehr möglich ist, bei Führungen Zweige mit Blättern, Blüten und Früchten aus der Nähe zu zeigen. Auch glaubt die Species Mensch, dass die Evolution hier „etwas falsch" gemacht hat und er berufen sei, dies zu korrigieren. Bewusstsein und Weiterbildung der betreffenden „Korrektoren" sind diesbezüglich unterschiedlich weit fortgeschritten.

Mit zunehmender Entfernung von der Aue wurden die Begegnungen mit *J. mandshurica* seltener, z. B. bei der von einer Forstbaumschule ausgehenden Wanderung auf die bewaldeten Berghänge (25.9.). Dies ist nicht überraschend, da Juglandaceen meist Auenbäume bzw. Bäume niedrigerer Lagen sind – im Süden des Sichote-Alin-Gebirges steigen sie nicht höher als 500(–600) m ü. M. (Berg 1959 Nekrassova 1930, Worobjew 1966, Sokolov et al. 1977). Die Verbreitungskarte in Sokolov et al. (1977) zeigt, dass sich die Fundpunkte von der Mündung des Ussuri in den Amur bei Chabarowsk etwa 200 km nordostwärts, am Amur 400 km östlich bis zur Bureja und um die Bucht von Wladiwostok häufen; denkbar ist hier auch, dass die Dokumentation dieser Häufungen an der leichteren Erreichbarkeit dieser Standorte liegen. Komarov et al. (1931) nennen außer Flusstälern auch Waldränder und Schluchten, Nekrassova (1936: 197) „*Mixed woods, in soil with a high humus content in valleys and inundated forests; also upon pebbles beside mountain streams*".

Neben anderen Stadtbäumen wurde die „Orech mandshurskij" auch in den Grünstreifen von Ussurijsk angetroffen (23.9.).

Im Arboretum bei Gorno-Tajoshnoje (26.9.) stellte man uns eine Hybride *J. mandshurica* × *J.*

Abb. 2: *Juglans mandshurica* im Dorf Kamenushka. Foto: H. Schaarschmidt.

Abb. 3: Früchte von *Juglans mandshurica* im Auwald beim Dorf Nikolaevka. Größenvergleich: 1 Rubel. Foto: H. Schaarschmidt.

regia vor. Andere Taxa der Familie gab es nicht auf dem 200 ha großen Gelände; meine Frage nach einer *Carya* wurde mit „*njet*"= nein beantwortet.

Der Kauf einer attraktiv zu einem kleinen Lampion gestalteten Nuss mit Aufhänger auf einem Markt in Anuchino (30.9.) rundete die Eindrücke zu *Juglans mandshurica* angenehm ab; Prof. Usov diskutierte geschickt mit dem Händler – und ich bekam das „Kunstwerk" für 300 Rubel (statt vorher 500; 65 Rubel = 1 Euro).

Was Professor Usov über *Juglans mandshurica* berichtete

Prof. Usov machte einige bemerkenswerte Ausführungen: „*Orech mandshurskii wird auch Brotbaum genannt, weil man alle Teile der Pflanze verwenden kann.*" „*Da die Nüsse kaum zu knacken sind, werfen Teile der Landbevölkerung sie ins Feuer, worauf sie sich an der Naht von selbst aufspalten.*" Hierzu eine unserer ständigen Begleiterinnen, die etwa 35-jährige Evgenija, zu mir: „*Die Leute essen sie kaum, weil es genügend „Grezkij Orech" zu kaufen gibt*" (übersetzt Griechische Walnuss, das ist die Echte Walnuss, *Juglans regia*). Kam hier ein Unterschied zwischen den Generationen bzw. zwischen Stadt- und Landbevölkerung zum Ausdruck? Das mag vor über 100 Jahren anders gewesen sein, als Maack (nach Komarov 1904) beim Ort Tungusov ganze Körbe voll kaufte. Nach Nekrassova (1930) werden die Nüsse (Samenkerne), trotz des hohen Ölgehalts, wegen der harten Schale und kleinen Kerne selten gegessen, nach Fedorov et al. (1985) sind sie von gutem Geschmack.

Prof Usov meinte weiter:

- „*Die grüne Schale ist so dick, weil es im Winter bis zu –40 °C werden kann. So besserer Schutz des Samens/Embryos.*" Ich hörte das zum ersten Mal, konnte es weder bejahen noch verneinen und enthielt mich deshalb eines Kommentars. Hatte die Evolution so „gearbeitet"?
- „*Tiere fressen die Nüsse (Samenkerne), besonders Wildschweine.*"
- „*Blätter und Fruchtschalen werden verwendet, um Fische zu betäuben. Die Pflanzenteile werden ins Wasser geworfen, die Fische lassen sich dann leichter fangen.*" Verfasser war das bisher nur von *Engelhardia*-Arten bekannt, einer Juglandaceen-Gattung in SO-Asien.

Juglans mandshurica und *J. ailantifolia*

Prof. Usov wies weiterhin darauf hin, dass die Japaner „ihre" *Juglans ailantifolia* Carrière (syn.: *J. sieboldiana* Maxim.), die Japanische oder Siebolds Walnuss, in der „Flora of Japan" als Varietät der Mandschurischen Walnuss behandeln: *J. mandshurica* var. *sachalinensis*. Eine Bewertung dazu wolle er aber nicht abgeben, sondern diese den Fachleuten überlassen.

Mir war das bekannt und ich hatte deshalb einmal an den Bearbeiter der Familie Juglandaceae in der „Flora of Japan" geschrieben. Seine Antwort: Er habe sich an einem anderen Autor (Kitamura) orientiert (vgl. Ohba 2006).

Nach alter Gewohnheit werden *J. mandshurica* und *J. ailantifolia* als zwei Arten behandelt. Das spiegelt sich auch in der gängigen Literatur wider. Aus russischen Florenwerken (z. B. Charkevicz 1987; mit Punktkarte), erfährt man ebenfalls: *J. mandshurica* nur auf dem russischen Festland von Wladiwostok bis zur Amurmündung, *J. ailantifolia* in der Südhälfte von Sachalin und auf den südlichen Kurilen. Diese Angaben finden sich auch bei Fedorov et al. (1985), Kochno (1991), Czerepanov (1995) oder Tichonov (2011), teils wegen der Seltenheit von *J. ailantifolia* mit dem Hinweis auf das Rotbuch („Krasnaja Kniga") der Sowjetunion bzw. Russlands.

DeLanghe (2006–2008) fasst *J. mandshurica* im weiten Sinne (s. l.) und schlüsselt dann auf in *J. mandshurica* (s. str.) und *J. ailantifolia*. Dippel (1892) und Rehder (1940) führten früher beide Arten, verwendeten aber für *J. ailantifolia* ein anderes Epitheton („*sieboldiana*"; vgl. Anmerkung 1), desgleichen Sokolov (1977) für die Sowjetunion. Koidzumi (1937) nennt letztgenannte Art *J. sachalinensis* Komatsu.

Der Leser wird sich jetzt fragen, welche Meinung Verfasser aufgrund seiner langjährigen Beschäftigung mit Walnussgewächsen dazu hat. Kurze Antwort: Er hat zwar einen gewissen Einblick, von einem fundierten Überblick über die „gesamte Szene" zwischen Sachalin und Taiwan kann aber keine Rede sein. Die Verbreitungsgebiete der betreffenden Taxa umfassen weite Teile Ostasiens, von dem Fernen Osten Russlands (Festland und südliche Inseln), der Mandschurei (NO-China), N- und Zentral-Korea über den größten Teil Japans bis Taiwan. Dort leben auch Spezialisten, die in dieses Problem Licht bringen könnten. Somit stimme ich mit Prof. Usov überein, dass die dortigen „Fachleute" dies klären sollten. Tatsache ist, dass die Oberflächen der Nüsse in Japan zwar uneben-hügelig bis zerfurcht sind, aber sonst glatt und nicht gerippt und ± zergratet wie bei *J. mandshurica*. Einschränkend muss ich hier bemerken, dass die in der Region Primorje gesammelten Nüsse wenig scharfgratig sind, d. h., die Rippen und Grate sind oben abgestumpft bis abgeflacht, was in Richtung „glattere Nüsse" (also der japanischen) weisen würde. Auf der Basis weniger Funde aber eine Aussage zu machen, wäre unverantwortlich. Früchte (mit grüner Außenschale) und Blätter beider Arten sind jedenfalls kaum unterscheidbar, lediglich die Zahl der Früchte an der Achse ist bei *J. ailantifolia* meist größer. Diese Schwierigkeiten sind aber auch anderen Autoren bekannt: *„It is almost impossible to find useful vegetative characters with which to distinguish the two taxa"* (GRIMSHAW 2003: 111). Trotzdem bemüht sich genannter Autor, geeignete Merkmale für die praktische Unterscheidbarkeit von *J. ailantifolia* und *J. mandshurica* herauszuarbeiten, basierend auf Bäumen in britischen Arboreten. So würden die Fiedern bei *J. ailantifolia* mehr im Winkel von 45 Grad nach vorn, bei *J. mandshurica* mehr rechtwinklig von der Spindel abstehen, die Fiedern selbst seien bei ersterer Art mehr elliptisch-lanzettlich und allmählich zugespitzt, bei letzterer mehr oval-elliptisch und kurz zugespitzt. Die Formen der Nüsse ließen sich aber gut einordnen in die variable Reihe derer von *J. mandshurica*. GRIMSHAW (2003) ist überzeugt, dass es ohne umfassende objektive Studien unzulässig ist, die beiden Taxa zu vereinigen. Dies ist wissenschaftlich korrekt und richtig.

Nach Einführung dieser Arten in Europa wusste man über sie und ihre riesigen ostasiatischen Areale nur wenig; dies zeigt sich in ungenauen Verbreitungsangaben oder nur geringen Kenntnissen der Pflanzen selbst. So hatte z. B. KOCH (1869: 590) die Pflanze *„erst klein gesehen"*, SCHNEIDER (1906) erkennt die Nuss korrekt als *„stumpfrunzliger"* im Vergleich zu *J. cinerea*, der amerikanischen Butternuss, GRAEBENER (1911) sieht das *„Vaterland"* der Art im nördlichen Teil von Korea, VON BERG (1910) empfiehlt den Anbau bei uns zuungunsten der aus seiner Sicht kälteempfindlicheren *J. cinerea* und *J. nigra*, was zu bezweifeln ist.

Zu den Autoren, die *J. mandshurica* am Naturstandort gesehen haben, gehören MAXIMOWICZ (1859) und KOMAROV (1904). Sie berufen sich bei der Nennung zahlreicher Standorte auch auf andere Autoren (MAACK, MAXIMOWICZ, KORSHINSKY, RADDE u. a.), die zu verschiedenen Zeiten an Amur, Ussuri, Tunguska, Bureja, Chungari (Gur), Chor (Kur) u. a. Flüssen unterwegs waren und von diesen Bäumen in Schluchten, überschwemmten Tälern und unteren Hangpartien berichten (KOMAROV 1904). Auch NAKAI (1933) dürfte Naturstandorte besucht haben, er bildet eindrucksvoll 6 sehr variable Nüsse ab: fast kugelig bis ± eiförmig mit Längen von 3,2 bis 4,5 cm; deutliche Übergangsformen zu *J. ailantifolia* sind dabei nicht zu erkennen. Die Verschiedenartigkeit der *„Plody"* (russ. Plod = Frucht) sahen auch WOROBJEV et al. (1966) und die Bearbeiterin der Juglandaceae in der 30-bändigen „Flora der UdSSR": Sie nennt dort 10 von SKVORTZOW aufgeführte Varietäten von 2 bis 7 cm Länge, kugelig bis verlängert (NEKRASSOVA 1936). Auch DDG-Mitglied KARL-HEINZ KINDEL (1927–2008) wusste von diesen Varietäten und zeigt dazu 7 gelungene Strichzeichnungen nach Material von Natur- und Kulturstandorten, das er selbst gesammelt hatte oder geschenkt bekam. Er glaubt, dass sich die enorme Variationsbreite der Art nicht mit den kurzen Beschreibungen der gängigen Literatur fassen lässt (KINDEL 1979, 1987). Verfasser selbst hat in seiner Sammlung zwar genug in Größe und Form variable Nüsse beider Arten, deutliche Zwischenformen fehlen aber.

Für uns ist entscheidend zu wissen, dass es diese beiden Auffassungen gibt: einerseits Anerkennung von 2 Arten (*J. mandshurica, J. ailantifolia*) und andererseits 1 Art mit Einstufung von *J. ailantifolia* als *J. mandshurica* var. *sachalinensis* (MIYABE & KUDO) KITAM. (OHBA 2006). Verfasser hat hier, wie schon damals im Walnussbüchlein (SCHAARSCHMIDT 1999) und später in der „Enzyklopädie der Gartengehölze" sowie in der Neuauflage von „FITSCHEN – Gehölzflora" die konservative Auffassung gewählt und die zwei Sippen als Arten geführt (SCHAARSCHMIDT 2014, 2017). Dies entspricht auch dem gegenwärtigen Bekanntheitsgrad und ist die gebräuchliche Etikettierung in botanisch-dendrologischen Einrichtungen. Sollten spätere Generationen zu anderen Erkenntnissen gelangen, evtl. auf molekulargenetischer Basis, dann ist das die Erkenntnis einer anderen Zeit. Jetzt ist diese Zeit.

Anmerkung 1: Der Name *Juglans sieboldiana* MAXIM. ist ein späteres Homonym des Namens einer fossilen Art: *J. sieboldiana* H. R. GÖPPERT (in: Die tertiäre Flora von Schossnitz in Schlesien 36, 1855). Der von MAXIMOWICZ 18 Jahre später (Bull. Acad. Petersb. 18: 60, 1873) geschaffene Name muss damit abgelehnt werden, er ist illegitim (LITTLE 1943, IPNI). Damit wird der nächst-älteste Name legitim: *J. ailantifolia* CARRIÈRE (Revue Horticole, 1878: 414, Little 1943, IPNI).

Anmerkung 2: Verfasser ist klar, dass in die Variabilitätsbetrachtung von *J. mandshurica* auch *J. cathayensis* DODE und *J. stenocarpa* Maxim. einbezogen werden müssten. Die Literatur dazu ist umfangreich. Da es hier lediglich um die o. g. Reise geht, wird dies aber unterlassen. Beide Taxa werden von kompetenten Autoren (LU et al. 1999) heute der *J. mandshurica* zugeordnet.

Literatur

BERG, F Graf VON (1910): Gehölzarten der sibirischen Ostküste. Mitt. Deutsch. Dendrol. Ges. 19: 215–226.

BERG, L-S (1959): Die geografischen Zonen der Sowjetunion. 2. Bd. B. G. Teubner, Leipzig.

CHARKEVICZ, SS (1987): Sem. 50. Orechowye – Juglandaceae A. RICH. ex KUNTH. In: CHARKEVICZ, SS et al.: Plantae Vasculares Orientis extremi Sovietici, 2. Nauka, Leningrad. S. 69–72. (Russisch)

CZEREPANOV, SK (1995): Vascular plants of Russia and adjacent States (the former USSR). Cambridge Univ. Press, Cambridge. (Enlarged and revised edition of Russian edition of 1981).

DELANGHE, J (2006–2008): The Juglandaceae. *Carya* NUTT., *Cyclocarya* ILJINSK., *Juglans* L., *Platycarya* SIEBOLD & ZUCC., *Pterocarya* KUNTH. Identification key to the species of the genera, based on vegetative features, from specimens in West European collections. http://www.plantentuin.ugent.be, Zugriff 01.09.2018.

DIPPEL, L (1892): Handbuch der Laubholzkunde, Bd. 2. Parey, Berlin.

FEDOROV, AA et al. (1985): Rastitelnye resursy SSSR. Nauka, Leningrad. (Russisch)

GRAEBENER, L (1911): Die in Deutschland winterharten Juglandaceen. Mitt. Deutsch. Dendrol. Ges. 20: 186–219.

GRIMSHAW, JM (2003): Notes on the temperate species of *Juglans*. IDS Yearbook: 107–130.

HEYNERT, H (1959): Korea – ein pflanzengeographischer Überblick. Wiss. Z. TU Dresden 8 (1958/59), 4: 697–705.

IPNI (THE INTERNATIONAL PLANT NAMES INDEX, www. ipni.org): *Juglans sieboldiana, J. ailantifolia*. Zugriff: 08.09.2018.

KINDEL, K-H (1979): Nüsse in meiner Hand, 1. Mitt. Deutsch. Dendrol. Ges. 71: 145–154.

KINDEL, K-H (1987): Nüsse in meiner Hand, 4. Mitt. Deutsch. Dendrol. Ges. 77: 111–117.

KOCH, K (1869): Dendrologie. Enke, Erlangen.

KOCHNO, NA (1991): Plody i semena derevjev i kustarnikov, kultiwiruemych w Ukrainskoij SSR. [Früchte und Samen der Bäume und Sträucher, die in der Ukrainischen SSR kultiviert werden]. Naukowa Dumka, Kiew. (Russisch)

KOIDZUMI, G (1937): On the classification of the Juglandaceae. Acta Phytotaxonomica et Geobotanica 6 (1): 1–17.

KOMAROV, VL (1904): Flora Manshuriae 2. Petropoli. (Russisch)

KOMAROV, VL; KLOBUKOVA-ALISOVA, EN (1931): Opredelitel rastenij dalnewostotschnogo kraja, 1. (Key for the plants of the Far Eastern Region of the USSR, 1.) Isdatelstwo Akademii Nauk SSSR, Leningrad. (Russisch)

KONETSCHNAJA, GJ (2004): Juglandaceae. In: Kollektiv awtorow: Flora wostotschnoij Ewropy [Flora Osteuropas] 11:. KMK, Moskwa, St. Peterburg. S. 96–102. (Russisch)

LITTLE, EL (1943): Homonyms among names of trees and fossil plants. J. Washington Acad. Sci. 33, 5: 130–135.

LU, AM; STONE, DE; GRAUKE, LJ (1999): Juglandaceae. In: WU, Z-Y; RAVEN, PH: Flora of China 4. Beijing and St. Louis. S. 277–285.

MAXIMOWICZ, K. I. (1859): Primitiae florae amurensis: Versuch einer Flora des Amur-Landes. Mem. Acad. Imp. Sci., St. Petersburg.

NAKAI, T (1933): Juglandaceae LINDLEY. In: Flora Sylvatica Koreana, Pars 20: Bambusaceae, Myricaceae, Juglandaceae, Magnoliaceae. The Forest Experimental Station, Gouvern. General of Chosen. S. 66–88 + Taf. 17, 18.

NEKRASSOVA, VL (1930): Review of the Juglandaceae in the USSR. J. Arnold Arbor. 11: 1–7.

NEKRASSOVA, VL (1936): Juglandaceae. In: KOMAROV, VL et al.: Flora of the USSR 5. Reprint 1985 Bishen Singh Mahendra Pal Singh, Dehra Dun and Koeltz Scientific Books, Koenigstein. S. 195–199.

OH, B-U (2007): Juglandaceae. In: FLORA OF KOREA EDITORIAL COMMITTEE: The Genera of Vascular Plants of Korea. S. 263–266.

OHBA, H (2006): Juglandaceae. In: IWATSUKI, K.; BOUFFORD, DE; OHBA, H.: Flora of Japan 2a. Kodansha, Tokyo. S. 4–6.

PIETZARKA, U; SCHMIDT, PA (2018): Bericht zur Studienreise der DDG in den Russischen Fernen

Osten (Region Primorje) vom 20. September bis 2. Oktober 2017. Mitt. Deutsch. Dendrol. Ges. 103: 211–244.

Rehder, A (1940): Manual of cultivated trees and shrubs, hardy in North America. Jamaica Plain, 2nd ed. (Reprint: Dioscorides Press, Portland, Oregon, 1986).

Schaarschmidt, H (1999): Die Walnussgewächse (Juglandaceae). Die Neue Brehm-Bücherei Bd. 591. 2. Aufl. Westarp Wissenschaften, Hohenwarsleben.

Schaarschmidt, H (2014): Juglandaceae. In: Bärtels, A; Schmidt, PA (Hrsg.): Enzyklopädie der Gartengehölze. 2. Aufl. Ulmer, Stuttgart.

Schaarschmidt, H (2017): Juglandaceae. In: Schmidt, PA; Schulz, B (Hrsg.): Fitschen – Gehölzflora, 13. Aufl. Quelle & Meyer, Wiebelsheim.

Schmidt, PA.; Prihodko, O; Pietzarka, U (2017): Exkursionsführer zur Studienreise der DDG in den Russischen Fernen Osten 20.9.–2.10.2017. S. 1–64. TU Dresden u. DDG. Mskr.

Schneider, CK (1906): Illustriertes Handbuch der Laubholzkunde Bd. 1. Fischer, Jena.

Sokolov, SJ; Svjazeva, OA; Kubly, VA (1977): Arealy derevjev i kustarnikov SSSR, tom 1 [Areale der Bäume und Sträucher der UdSSR, Bd. 1]. Akademija Nauk SSSR, Leningrad. (Russisch)

Tichonov, AV (2011): Rastenija Rossii. Krasnaja kniga. [Die Pflanzen Russlands. Rotbuch]. Rosmen, Moskwa. (Russisch)

Worobjew, DP; Voroshilov, WN; Gorowoi, PG; Schreter, AI (1966): Opredelitel rastenii Primorja i Priamurja. [Bestimmungsbuch für die Pflanzen von Primorje und Priamurje]. Nauka, Moskwa, Leningrad. (Russisch)

Wang, Q (1998): *Juglans mandshurica* Maxim. In: Roloff, A; Weisgerber, H; Lang, UM; Stimm, B (Hrsg.): Enzyklopädie der Holzgewächse, 11. Erg. Lfg. 3/98. Wiley-VCH, Weinheim. S. 1–5.

Yang, Y-P; Lu, S-Y (1996): Juglandaceae. In: Editorial Committee of the Flora of Taiwan: Flora of Taiwan. Vol. 2. Ed. 2. S. 23–28.

Autor:
Dr. Horst Schaarschmidt
Lene-Voigt-Straße 2/1084
04289 Leipzig

Mitt. Deutsch. Dendrol. Ges. (MDDG)	104	152–156	2019	ISBN 978-3-494-01794-5

Zum Tag des Baumes und zur Kür des Rekordbaumes/ Champion Trees am 28. und 29. April 2018 in Nürnberg

Herbert Franz Gruber

Im jährlichen Wechsel ernennen die Deutsche Dendrologische Gesellschaft (DDG) und die Gesellschaft Deutsches Arboretum (GDA) einen dafür geeigneten Baum zum Champion Tree. Dabei handelt es sich jeweils um den stärksten Baum seiner Art in einem Bundesland (Landeschampion) oder in ganz Deutschland (Bundeschampion). In diesem Jahr wurde eine rund 200 Jahre alte Kornelkirsche (*Cornus mas*) in der Oedenburger Straße in Nürnberg zum Bundeschampion ernannt. Mit einem Stammumfang von 210 cm in Brusthöhe ist dieser Baum nach derzeitigem Kenntnisstand die stärkste Kornelkirsche in Deutschland: www.ddg-web.de/index.php/rekordbaeume.html?VCardId=7013.

Eine Kornelkirsche als Champion Tree

Zu einem kleinen Festakt konnte DDG-Präsident Eike Jablonski am Vormittag des 28. April 2018 rund 40 Dendrologinnen und Dendrologen, darunter auch die Ehrenpräsidenten Dr. Ulrich Hecker und Prof. Dr. Peter A. Schmidt (Abb. 1), im Café Parks am Nürnberger Stadtpark begrüßen. Die seit 2009 durchgeführte Kür eines Rekordbaumes fand zum ersten Mal in Bayern statt. Als Vertreter der Stadt Nürnberg zeigte sich Dr. Peter Pluschke erfreut und gab zu, dass der gewählte Baum im städtischen und im öffentlichen Bewusstsein bislang in seiner Bedeutung nicht entsprechend bekannt war. DDG-Mitglied Thomas Fober, der im Auftrag der Stadt Nürnberg Baumkontrollen und Baum-Begutachtungen

Abb 1: Ehrenpräsidenten und Präsident: Prof. Dr. Peter A. Schmidt, Dr. Ulrich Hecker und Eike Jablonski (von links). Foto: H. F. Gruber.

durchführt, entdeckte diesen Baum im Zuge seiner Arbeit und schlug ihn bei der DDG zur Ernennung als Champion Tree vor. THOMAS FOBER übernahm damit auch die Baumpatenschaft. Nach einem kurzen Ausblick auf die Proklamation „Baum des Jahres" 2019 erläuterte CHRISTOPH MICHELS, Sprecher der AG Champion Trees, die Motivation zur Kür des Baumes in Nürnberg.

Es sollte sich herausstellen, dass die Hervorhebung eines normalerweise kleinwüchsigen Baumes, der auch im hohen Alter nicht die Dimension einer Eiche oder Linde erreichen kann, für die breite Öffentlichkeit schwer zu vermitteln ist. Gerade deshalb besteht jedoch auch die Gefahr, dass solche Bäume aus Unwissenheit oder auch aus Ignoranz trotz ihrer hohen dendrologischen Bedeutung entfernt werden. Die Ernennung der Kornelkirsche entspringt somit auch einem wichtigen, dendrologischen Bildungsauftrag.

Dr. ULRIKE GOEKEN-HAIDL, Pressesprecherin des Servicebetriebes Öffentlicher Raum (SÖR) in Nürnberg, gab während eines Kurzvortrages einen Überblick über Baumpatenschaften in Nürnberg. Verglichen mit anderen Städten ähnlicher Größenordnung hat Nürnberg aktuell weniger Stadtbäume und versucht, dieses Defizit unter anderem durch die Vergabe von Baumpatenschaften auszugleichen. In seinem Fachvortrag zum Thema „*Cornus mas* – Betrachtungen einer Unbekannten" beleuchtete DDG-Präsident EIKE JABLONSKI schließlich die Biologie, Verbreitung, Verwendung, Natur- und Kulturgeschichte der Kornelkirsche. Wesentliche Inhalte dieses Vortrages wurden in der Baumzeitung 3/2018, S. 32–34 wiedergegeben. (Der Beitrag ist auf der Homepage der DDG nachzulesen.) Als Fazit kann festgehalten werden, dass die Kornelkirsche als sehr früh blühendes Trachtgehölz für Bienen und andere Pollen- und Nektarsammler eine hohe Bedeutung hat. Weiterhin wird sie in vielen Gegenden Europas als Fruchtgehölz kultivert. Ihre vielseitige Verwendbarkeit als kleinkroniger Hochstamm wird insbesondere bei der Gestaltung des Straßenbegleitgrüns vielfach unterschätzt. Nach dem Vortrag konnte Kornelkirschen-Marmelade und -Most probiert werden. Auch kleinere Produkte aus Kornelkirschenholz gab es zu bestaunen und zu erwerben.

Festakt am Rekordbaum

Ein gemeinsamer Spaziergang brachte die Teilnehmer der Proklamation schließlich zum Baum in der Oedenburger Straße, wo sie zu einem kleinen Festakt mit Bürgermeister CHRISTIAN VOGEL erwartet wurden (Abb. 2). Die Enthüllung einer Stele, die auf die Bedeutung des Baumes hinweist, wurde von einer Rede von BEATE TREFFKORM von der Nürnberger Sparkasse begleitet. Das Geldinstitut hatte die Stele gesponsort; eine kleine Ummauerung und die Setzung der Stele wurden unentgeltlich von THOMAS FOBER ausgeführt. Schließlich wurde die Neupflanzung eines weiteren Kornelkirschen-Hochstammes in unmittelbarer Nähe des Baumes gewürdigt. Dieser Baum wurde von DDG-Mitglied HERRMANN FEES gespendet. Mutmaßungen, warum die Champion-Kornelkirsche in Nürnberg ein Alter von rund 200 Jahren erreichen konnte, führten in die Geschichte des ehema-

Abb 2: BEATE TREFFKORN von der Sparkasse Nürnberg, DDG-Präsident EIKE JABLONSKI und Bürgermeister CHRISTIAN VOGEL am Rekordbaum (von links). Foto: H. F. GRUBER.

ligen Schlosses Schoppershof, auf dessen Gelände der Baum vermutlich früher stand. In der zweiten Hälfte des 19. Jh. wurde Schoppershof jedoch abgerissen und seine Parkanlage aufgelöst. Zum Teil entstanden dort Wohnsiedlungen. Dass der Baum bis in das heutige Straßenbegleitgrün überdauert hat, ist vermutlich ein glücklicher Zufall.

Bäume im Stadtpark Nürnberg

Nach dem Mittagessen gab es eine ausgedehnte Führung durch den Stadtpark Nürnberg, die von Jochen Märtz und Thomas Fober geleitet wurde. Die etwa 19 ha große Grünanlage trug im 19. Jh. den Namen Maxfeld. Davor war das Areal als Judenbühl bekannt. Erste Anfänge einer Parkanlage lassen sich in das Jahr 1759 datieren. In dieser Zeit kam es durch den Waldamtmann Johann Burkhart Volkamer von Kirchensittenbach zu planmäßigen Anpflanzungen von Linden und Rosskastanien. Eine besonders starke Sommer-Linde (*Tilia platyphyllos*) steht bis heute als beeindruckender Solitär inmitten der Anlage.

Als Veranstaltungsort der Ersten Bayerischen Landesausstellung wurde das Maxfeld von 1882 bis 1896 systematisch weiterentwickelt. Gestalterische Elemente wie der Parkweiher, ein Rosengarten und ein Stadtgartenrestaurant kamen hinzu. Der heute auffällige Neptunbrunnen fand hier erst 1962 seinen Platz, nachdem er zuvor zunächst am Hauptmarkt sowie auf dem Marienplatz gestanden hatte. Der Stadtpark Nürnberg beeindruckt heute auch durch zahlreiche Exoten, die aufgrund der günstigen Jahreszeit während der Führung blühend angetroffen werden konnten. An mehreren Stellen im Park überraschten Judasbäume (*Cercis siliquastrum*) mit ihren lila Blüten das Auge. Fernöstliche Ahorn- und *Prunus*-Arten bildeten prächtige Kulissen. Blauglockenbaum (*Paulownia tomentosa*) und Rosskastanie (*Aesculus hippocastanum*) wetteiferten mit blauen und weißen Blütenfarben.

Johannisfriedhof und Hesperidengärten

Am zweiten Tag brachte eine Führung über den historischen Johannisfriedhof, die von Rudi Viertel und Thomas Fober geleitet wurde, viele dendrologische Kostbarkeiten zu Tage. Die unter Denkmalschutz stehende Anlage ist weithin durch das Grab des berühmten Nürnberger Künstlers Albrecht Dürer (1471–1528) bekannt. Die genormten Grabstätten sind streng geometrisch angeordnet. Sofort fallen hochstämmige Rosenbäumchen auf, die jeweils hinter den Grabsteinen gepflanzt sind und das Areal während der Blütezeit zu einer Augenweide werden lassen. Eben solch ein Rosenbäumchen befindet sich auch am Grab Dürers und erregte besondere Aufmerksamkeit. Seine Dimension nährte nämlich Vermutungen, es könne bereits zur Grablegung des Malers gepflanzt worden sein. In der Tat wurde dem starken Stämmchen nach einer Vermessung von den Anwesenden immerhin ein Alter von 200 Jahren zugetraut (Abb. 3). Es ist somit der Champion-Tree unter den Rosenbäumchen. Ebenfalls Rekordbaum-Status hat ein Morgenländischer Lebensbaum (*Platycladus orientalis*), der im hinteren Bereich des Friedhofes steht (Abb. 4).

Recht nahe am Johannisfriedhof erwecken die Hesperidengärten die Aufmerksamkeit von Gartenfreunden. Der Name dieser formalen Anlage mit zahlreichen Hecken, die im Außenbereich von Linden überstanden sind, geht auf Johann Christoph Volkamer zurück, der zwischen 1708 und 1714 zwei Bände des Gartenbuches „Nürnbergische Hesperides“ herausgab. Volkamer nahm Bezug auf die griechische Fabel von Herakles und den drei Töchtern des Hesperos. Diese hüteten Bäume mit goldenen Früchten, die später mit Zitronen gleichgesetzt wurden. Thomas Fober erläuterte baumpflegerische Maßnahmen, die regelmäßig an den Linden durchgeführt werden müssen, da diese die Struktur von Kopfbäumen haben und regelmäßig einzukürzen sind, damit sie nicht brechen.

Besuch im Privatgarten Martz

Ein Besuch des Privatgartens des DDG-Mitglieds Jochen Martz zum Abschluss der Veranstaltung brachte nicht nur eine entspannte Gartenrunde bei frischen Getränken, sondern auch weitere dendrologische Sehenswürdigkeiten. Der mit Gehölzen eng bepflanzte Garten wird von einer großen Fichte (*Picea abies*) dominiert, deren Trauf bis auf den Boden reicht. Dies bot die seltene Gelegenheit, die Blüten des mächtigen Baumes zu bewundern, die normalerweise nur hoch in den Kronen dieser ver-

Abb 3: Ein bemerkenswertes Rosenbäumchen am Grab Albrecht Dürers führte zu Diskussionen über sein mögliches Alter und wurde vermessen. Foto: H. F. Gruber.

Abb 4: Auch der Morgenländische Lebensbaum (*Platycladus orientalis*) auf dem Johannisfriedhof ist ein Rekordbaum seiner Art. Foto: H. F. Gruber.

Abb 5: Unter dem grünen Dach der großen Fichte im Privatgarten MARTZ versammelten sich die Exkursionsteilnehmer zum Gruppenfoto. Foto: H. F. GRUBER.

breiteten Waldbäume erscheinen und daher kaum zu sehen sind. Die lang herabhängenden Äste bilden rund um den Stamm eine zeltartige Struktur, die uns verführte, unter diesem grünen Dach ein Gruppenbild mit den Exkursionsteilnehmern zu machen (Abb. 5). Unter den vielen Gehölzen des Gartens sei besonders ein panaschierter Pagoden-Hartriegel (*Cornus controversa*) erwähnt, auch dieses Gehölz konnte blühend angetroffen werden. Ein markantes Element des Gartens sind zudem viele Farne. Bei bestem Frühlingswetter und angenehmen, schon sommerlichen Temperaturen konnten die beiden Tage in Nürnberg ausgiebig genossen werden. Dies betrifft auch den geselligen Rahmen, der uns am Abend des 28. April in einen der typischen Biergärten der Region mit seinen fränkischen Spezialitäten führte. Viele Teilnehmer äußerten nach der Verabschiedung durch DDG-Präsident EIKE JABLONSKI den Wunsch, wieder nach Nürnberg zu kommen. Insbesondere dann, wenn die zahlreichen Rosenbäumchen auf dem Johannisfriedhof blühen.

Autor:
HERBERT FRANZ GRUBER
Von-Bodelschwingh-Str. 64
33175 Bad Lippspringe

Mitt. Deutsch. Dendrol. Ges. (MDDG)	104	157–174	2019	ISBN 978-3-494-01794-5

Bericht zur Jahrestagung der DDG vom 27. Juli bis 1. August 2018 in Ahrensburg

Mirko Liesebach und Eike Jablonski

Die mit 95 Teilnehmern gut besuchte Jahrestagung 2018 fand in Ahrensburg am Wohnort des Geschäftsführers statt, mit Exkursionszielen im Osten und Süden Hamburgs. Zuletzt hatte die DDG 1973 ihre Jahrestagung in Hamburg (DDG 1974). Im Jahr 2005 führten Exkursionen bei der Jahrestagung in Kiel bis in den Pinneberger Raum (Gruber 2006). Das Winterseminar der Jungen Dendrologen wurde 2005 in Großhansdorf mit Zielen in Hamburg ausgerichtet (Ginkgoblätter 98).

Der folgende Bericht gibt Eindrücke der Jahrestagung wieder. Weitergehende Informationen finden sich im Programm, das in den Ginkgoblättern 152 (April 2018) mit einer Beschreibung der einzelnen Exkursionsziele abgedruckt ist. Das Protokoll der ordentlichen Mitgliederversammlung ist in den Ginkgoblättern 154 (Oktober 2018) zu finden.

Am Freitag begann die Tagung mit dem traditionellen Begrüßungsabend. Als Besonderheit gab es anschließend noch ein astronomisches Ereignis – eine totale Mondfinsternis, die von der Wiese vor dem Schloss aus zu beobachten war. Die Tagung war von hochsommerlichen Temperaturen bis 35 °C geprägt, die so für die Gegend ungewöhnlich sind.

Öffentliche Mitgliederversammlung

Im öffentlichen Teil der Mitgliederversammlung dankte der Präsident, Eike Jablonski, unter anderem Uwe Thomsen für seinen Einsatz bei der Vorbereitung der Tagung. Im Foyer hatte die Firma Baumpflege Uwe Thomsen e. K. eine Ausstellung zu den Bäumen des Jahres aufgebaut. Von weiteren Mitgliedern gab es zahlreiche Anregungen zu möglichen Exkursionszielen Die Zahl der vorgeschlagenen Exkursionsorte war derart groß, dass eine Auswahl getroffen werden musste und manche interessante Empfehlung nicht berücksichtigt werden konnte.

Der Bürgermeister, Michael Sarach, zeigte in seinem Grußwort grüne Besonderheiten von Ahrensburg auf: das historische Schlossensemble, den Forst Hagen, verschiedenen FFH-Gebiete. Weiterhin hat Ahrensburg das größte und grünste Gewerbegebiet in Schleswig-Holstein. Die Ahrensburger, die in allgemeinen Angelegenheiten konservativ eingestellt sind, verlangen im persönlichen Bereich dagegen viel Freiraum, was sich bei der Neugestaltung der Baumschutzsatzung und der Neugestaltung der Großen Straße gezeigt hat.

Anschließend brachte Joachim Malecki (Erster Baudirektor in der Freien und Hansestadt Hamburg i. R.) mit zahlreichen historischen Bilddokumenten den Tagungsteilnehmern die unvergleichliche Wirtschafts- und Kulturgeschichte des Pinneberger Baumschulgebietes nahe. Die Geschichte dieser Kulturlandschaft begann in der zweiten Hälfte des 18. Jh. Der wohlhabende Hamburger Handelsherr Caspar Voght schuf sich in Klein Flottbek vor den Toren der Weltstadt seine *„ornamental farm"* auf dem Gelände des heutigen Jenischparks, unweit des von uns aufgesuchten Hirschparks, und holte zur Unterstützung seines Lebenstraums den schottischen Baumschuler James Booth in die Hansestadt. Booth gründete bald seine eigene Baumschule und schuf damit den Nukleus in der Entwicklung der Baumschulgeschichte des Pinneberger Baumschullandes. Bei ihm lernten die künftigen Baumschulbesitzer die Anzucht und Vermehrung von Gehölzen und gründeten schließlich ihre eigenen Betriebe. So steigerten die zuvor armen Bauern auf den mageren Böden ihren Produktionswert in kurzer Zeit um das Zehnfache. Die Kulturgeschichte ist ausführlich mit zahlreichen Bilddokumenten in MALECKI und MEYER-SCHOPPA (2018) beschrieben.

Anschließend führte HEINO GRUNERT (Gartendenkmalpflege, Freie und Hansestadt Hamburg, und Vorsitzender des Landesverbands Hamburg/Schleswig-Holstein der Deutschen Gesellschaft für Gartenkunst und Landschaftskultur e.V. – DGGL) in die Grün- und Erholungsanlagen Hamburgs ein. Vereinfacht lassen sich diese zwei Entstehungszeiten zuordnen: Im 19. Jh. lag die Blütezeit der großen privaten Landschaftsgärten im Hamburger Westen, die heute als öffentliche Anlagen vor allem in Altona das grüne Bild entlang der Elbe prägen. Im beginnenden 20. Jh. entstanden unter den Stichworten des sozialen Grüns und der Reformbewegung in der Gartenkunst die großen Stadt- und Volksparke, die heute als vielfältig nutzbare Flächen das Rückgrat der öffentlichen Grünversorgung bilden. Das Hamburger Grün ist ein bürgerliches Grün, fürstliche Anlagen sucht man hier vergebens. Die einzige große Barockanlage des näheren Hamburger Kulturraumes ist das Relikt des Jersbeker Gartens nordöstlich der Stadt. Heute stehen eine Vielzahl von großen und kleinen Grün- und Parkanlagen, aber auch ein bemerkenswerter Straßenbaumbestand für eine gute und qualitätsvolle Grünversorgung in Hamburg, zu der auch Friedhöfe gehören.

Die Mitgliederversammlung endete mit der Verleihung des mit 2500 € dotierten Camillo-Schneider-Preises und der Vorstellung der Arbeiten durch die Preisträger (Abb. 1). Der Camillo-Schneider-Preis ging 2018 in gleichen Teilen an Frau Dr. LINNEA HESSE und Herrn PHILIPP LUDWIG. Frau Dr. LINNEA HESSE erhielt die Auszeichnung für ihre an der Albert-Ludwigs-Universität Freiburg, Fakultät für Biologie, unter der Betreuung von Prof. Dr. THOMAS SPECK gefertigte Dissertation „Quantitative and qualitative analysis of plant branching and their biomimetic potential using the example of *Dracaena marginata*" (Qualitative und quantitative Analyse von verzweigten Pflanzen und deren biomimetisches Umsetzungspotential am Beispiel von *Dracaena marginata*) und Herr PHILIPP LUDWIG für seine Masterarbeit „Die Blut-Buche in der Geschichte der Gartenkultur", die unter der Betreuung von Frau Prof. Dr.-Ing. ANKE SEEGERT an der Gottfried Wilhelm Leibnitz Universität Hannover, Fakultät für Architektur und Landschaft erstand. Kurzfassungen der Arbeiten sind in diesem Jahrbuch abgedruckt.

Abb. 1: Verleihung des Camillo-Schneider-Preises 2018 durch den Präsidenten EIKE JABLONSKI (rechts) an die Preisträger Dr. LINNEA HESSE und PHILIPP LUDWIG. Foto: M. LIESEBACH.

Die Grünanlagen zwischen dem Hotel am Schloss und dem Schloss

Zu den Führungen in die Parkanlagen um das Ahrensburger Schloss erwarteten uns Frau Dr. CEYNOWA und Frau JOHANSEN (beide Stiftung Schloss Ahrensburg) sowie Frau KIRCHGEORG (Stadt Ahrensburg). Die von Frau KIRCHGEORG geführte Gruppe begann an der Doppeleiche an der Großen Straße (Abb. 2). Sie soll an die gescheiterte Erhebung gegen die dänische Oberherrschaft im Jahr 1848 erinnern. Die zusammengewachsenen Stämme wurden extra von Gärtnern gezogen und sollen die Zusammengehörigkeit der beiden Landesteile Schleswig und Holstein symbolisieren. 50 Jahre nach der Erhebung wurde die Eiche in Ahrensburg gepflanzt und ein Gedenkstein mit der Aufschrift „Up ewig ungedeelt" gesetzt.

Über den ehemaligen Markt ging es entlang der um 1716 errichteten, mit einer reichen barocken Ausstattung versehenen Schlosskirche und den Gottesbuden, zwei niedrigen Reihenhäusern mit Armenwohnungen. Vor den Gottesbuden wachsen einige seltene Apfelsorten.

Abb. 2: Doppeleiche. Foto: M. LIESEBACH.

Das kleine Wasserschloss, eines der Hauptwerke der Renaissancearchitektur in Schleswig-Holstein, ist eigentlich ein Herrenhaus und war als solches einst Mittelpunkt eines adligen Gutes. Als Schloss wird das Gebäude jedoch schon seit dem 18. Jh. bezeichnet.

Von dem ursprünglichen Park sind heute lediglich die Lindenalleen (*Tilia ×europaea* 'Pallida') der Schlossinsel sowie zwei im Park aufgestellte Vasen aus Sandstein und zwei die Schlossbrücke flankierende Löwen erhalten. Der kleine Schlosspark, wie er sich heute darstellt, wurde 1868–70 auf der Grundlage einer Planung des Hamburger Landschaftsgärtners JOHANN HEINRICH OHLENDORFF im englischen Stil gestaltet. Dabei wurde das Gelände auch topographisch überformt und erhielt einen leicht hügeligen Charakter. Im Park sind noch heute noch alte Buchen, darunter eine schlitzblättrige Buche, Ahorn, Kastanien, Eichen und Eschen sowie Eiben, Scheinzypressen und Schwarz-Kiefern und ein umlaufender „beltwalk" zu finden.

Unweit des Schlosses stehen noch zwei imposante, etwa 330-jährige Stiel-Eichen, die als Naturdenkmal geschützt sind.

Arboretum Tannenhöft

Eine kurze Busfahrt führte uns zum Ortseingang von Großhansdorf in das Arboretum Tannenhöft, Sitz des Thünen-Instituts für Forstgenetik und Arbeitsstätte von HEIKE und MIRKO LIESEBACH. Nach einer kurzen Einführung in die Geschichte des vom Hamburger Reeder GEORG HENRY LÜTGENS gegründeten Arboretums wurde eine *Fagus sylvatica* 'Zlatia' (457 cm) als Rekordbaum gekürt (Abb. 3). Die Serbische Gold-Buche wurde 1892 von der Baumschule Späth, Berlin, in den Handel gebracht.

Dr. ARMIN KÖNIG, ehemaliger Mitarbeiter des Instituts, und MIRKO LIESEBACH führten durch das von LÜTGENS 1908 erworbenen Grundstück und die im Verlauf von zwei Jahrzehnten gegründete Sammlung von Baum- und Straucharten nebst zahlreichen Sorten. Seine besondere Eigenart erhielt das 20 ha große Arboretum durch die Neigung des Begründers, möglichst viele Spielarten heimischer und nicht heimischer Laub- und Nadelbaumarten zusammenzutragen. Die Bäume aus der Anfangszeit des Arboretums sind jetzt zwischen 90 und 110 Jahre alt.

Abb. 3: *Fagus sylvatica* 'Zlatia'. Foto: M. Liesebach.

Im Jahr 1948 wurde das Arboretum vom Institut übernommen und dient seitdem als Grundlage für umfangreiche wissenschaftliche Untersuchungen. So erfuhren die Teilnehmer, dass unter Verwendung der zahlreichen gelben Fichten-Varietäten (*Picea abies* 'Aurea'), der sog. „Gelben Insel", in den Nachkommenschaften beim Merkmal Nadelfarbe die Mendelspaltung nachgewiesen wurde. Außerdem konnten mit Hilfe des Gelb-Faktors erste Hinweise auf die Flugweite von Fichtenpollen und die Bestäubungsverhältnisse in einem Fichtenbestand gewonnen werden.

In den letzten 70 Jahren wurde die Sammlung des Arboretums vom Institut ergänzt. Im Unterschied zu den aus Baumschulen bezogenen Baumarten der ersten Arboretumsphase stammen die Bäume dieser Erweiterungen aus dem natürlichen Verbreitungsgebiet der betreffenden Baumarten. Dabei wurden nach Möglichkeit mehrere Individuen der gleichen Art in kleinen Gruppen gepflanzt, um einen Eindruck von der Formenmannigfaltigkeit einer Baumart vermitteln zu können.

Das Arboretum verfügt heute über 500 Arten und Sorten sowie eine Sammlung von über 1 000 Klonen, darunter gibt es viele dendrologische Besonderheiten und auch zahlreiche Rekordbäume, z. B. die Bundes-Champions *Carpinus betulus* 'Quercifolia' (BHU 289 cm), *Fagus sylvatica* 'Zlatia' (457 cm), *Picea abies* 'Aurea' (218 cm) und *P. orientalis* 'Aurea' (162 cm) sowie den Landes-Champion Schleswig-Holsteins *Picea omorika* (176 cm) (Abb. 4).

Thünen-Institut für Holzforschung

Das Thünen-Institut für Holzforschung in HH-Bergedorf ist Teil des Thünen-Kompetenzzentrums Holzherkünfte und zentrale Anlaufstelle für Behörden, Holzhandel, Verbraucher und Ver-

Abb. 4: Im Arboretum des Thünen-Instituts Großhansdorf. Foto: M. Liesebach.

bände bei Fragen des Art- und Herkunftsnachweises von Holz und Holzprodukten. Es ist in der Lage, Holzproben zweifelsfrei auf Gattungs- bzw. Artniveau zu bestimmen, und kann für eine zunehmende Anzahl von Baumarten Angaben zur geographischen Herkunft des Holzes überprüfen.

Die wissenschaftliche Holzsammlung (Xylothek), die seit 2004 von Dr. Gerald Koch betreut wird, ist die wichtigste Voraussetzung für die anatomische Holzartenbestimmung, einer national und international in großem Umfang gefragten Dienstleistung. Den Grundstock der Xylothek bilden Sammlungsstücke des 1931 in Tharandt (Sachsen) gegründeten „Instituts für Ausländische und Koloniale Forstwirtschaft". Eine systematische Erfassung der etwa 4000 Sammlungsstücke begann jedoch erst 1945 an dem nach Reinbek bei Hamburg verlegten „Reichsinstitut für Ausländische und Koloniale Forstwirtschaft". Mitte der 1950er Jahre umfasste die Sammlung rund 9500 Muster und hatte keinen „musealen" Charakter mehr, sondern war als ein wichtiges Arbeitsinstrument voll in die Holzforschung integriert. Heute beläuft sich die Anzahl der Sammlungsmuster auf ca. 35000 (einschließlich Dublettensammlung, Abb. 5) von ca. 245 Familien, ca. 2400 Gattungen und ca. 11500 Arten und 50000 mikroskopische Präparate.

Dr. Koch stellte ausgewählte Handelshölzer vor und ließ die Teilnehmer den Unterschied von Balsa und Ebenholz hautnah erleben. Wir erfuhren auch, dass das selbstfettende Pockholz aus Mexiko unter Artenschutz steht und dass das Holz wegen seiner Inhaltstoffe eine der Grundsubstanzen in einem Kräuterlikör ist.

Der Nachweis ist auch bei verarbeiten Holzprodukten zu erbringen. Aus der laufenden Forschung zum Nachweis der in Holzkohle eingesetzten Hölzer berichtete Volker Haag.

Abb. 5: Dublettensammlung der wissenschaftlichen Holzsammlung (Xylothek). Foto: E. Jablonski.

Arboretum und Gewächshäuser des Thünen-Instituts in HH-Bergedorf

Dr. Günther Seehann führte durch das ab 1964 auf dem Thünen-Campus in HH-Bergedorf angelegte, etwa 9 ha große Arboretum und die Gewächshausanlage. Der gesamte Baumbestand von Arboretum und Gewächshausanlage umfasst über 1 500 Arten und Varietäten, die etwa 125 Familien aller Erdteile angehören.

Die Gewächshausanlage (ca. 700 m^2) ist in drei Klimazonen unterteilt: ‚mediterran', ‚tropisch wechselfeucht' (Abb. 6) und ‚tropisch immerfeucht'. Neben Nutzpflanzen wie Papaya, Kakao, Kaffee und Bambus stellt die europaweit größte Sammlung „lebender" tropischer Holzarten das Kernstück dar. Viele durch das Washingtoner Artenschutzabkommen (CITES) unter Schutz gestellte bedrohte Baumarten stehen hier, daneben auch diejenigen, die die handelbaren Austauschhölzer liefern. Besonders eindrucksvoll sind die CITES-gelisteten echten amerikanischen Mahagonigewächse (*Swietenia macrophylla, Cedrela odorata*) und die frei handelbaren afrikanischen Mahagoni-Austauschholzarten (*Entandrophragma utile, E. cylindricum, Khaya ivorensis*). Darüber hinaus finden sich viele, heute bereits auf der ‚Roten Liste' stehende Holzarten wie Palisander (*Dalbergia nigra, D. latifolia*), Ebenholz (*Diospyros* sp.) oder Fernambuk (*Caesalpinia echinata*), die Baumart, die Brasilien ihren Namen gab, um nur einige zu nennen.

Im Arboretum gab Dr. Seehann, wie bei ihm üblich, bereitwillig sein Wissen preis: So lassen sich die weichen Nadeln der Nusseibe (*Torreya nucifera*) biegen, während die der Kopfeibe (*Cephalotaxus*

Abb. 6: Dr. Günther Seehann (rechts) im ‚tropisch wechselfeuchten' Gewächshaus. Foto: M. Liesebach.

harringtonia) beim Biegen unter Knacken brechen. An einer Chinesischen Flügelnuss (*Pterocarya stenoptera*) wies Dr. SEEHANN auf die geflügelte Rhachis zwischen den Fiederblättchen hin, ein sicheres Unterscheidungsmerkmal zur Kaukasischen Flügelnuss (*P. fraxinifolia*).

Auf dem Rundweg kamen wir auch an der häufig in Gärten gepflanzten Rautenblättrigen Stechpalme (*Ilex pernyi*) mit auffallend gedrängt stehenden Blättern und der verhältnismäßig selten angepflanzten Langstieligen Stechpalme (*I. pedunculosa*) mit langgestielten Früchten und ganzrandigen Blättern vorbei. An einem Götterbaum (*Ailanthus altissima*) erzählte SEEHANN, dass dieser früher an Bahntrassen gepflanzt Baum verwildert ist und sich von Göttingen über Hannover zwischenzeitlich bis Hamburg ausgebreitet hat.

Vorträge am Sonntag

Dem Vorschlag der Mitglieder Frau ULLA FELDMANN und UWE THOMSEN folgend wurde die Schülerinitiative Plant-for-the-Planet (plant-for-the-planet.org) zu einem Vortrag eingeladen. Der

Abb. 7: Stand von Plant-for-the-Planet. Foto: V. MENG.

Jugendbotschafter LUKAS stellte die 2007 vom damals 9-jährigen FELIX FINKBEINER ins Leben gerufene weltweite Bewegung vor, die bis heute bereits über 15 Mrd. Bäume gepflanzt hat.

Heute sind über 100 000 Kinder weltweit für Plant-for-the-Planet aktiv. 67 000 von ihnen sind Botschafter für Klimagerechtigkeit, Kinder von 9 bis12 Jahren, die ihr Wissen auf den Akademien an andere weitergeben und sie ebenfalls zu Botschaftern ausbilden.

So erreicht Plant-for-the-Planet möglichst viele Kinder und motiviert sie, unter dem Motto „Stop talking, start planting" für ihre Zukunft aktiv zu werden. Die Initiative hat auch ihre eigene Schokolade: „Die Gute Schokolade". Für fünf verkaufte Tafeln der in Deutschland mittlerweile meistverkauften Fair-Trade-Schokolade kann ein Baum gepflanzt werden. LUKAS wurde von zwei Botschafterinnen, FEMKE und TOMKE, unterstützt (Abb. 7), die im Foyer Schokolade verkauften und Spenden entgegennahmen.

Anschließend vertiefte Dr. GERALD KOCH die Erfolgsgeschichte des Thünen-Kompetenzzentrums Holzherkünfte in Ergänzung zu seiner Führung in HH-Bergedorf. Das Kompetenzzentrum ist im Holzhandelssicherungsgesetz (HolzSiG) als zentrale Anlaufstelle für die Prüfung von Holz und Holzprodukten benannt und besitzt national und international eine führende Stellung auf den Gebieten Holzartenbestimmung und genetischer Herkunftsnachweis.

Die globalen Veränderungen und Entwicklungen im internationalen Handel mit Holz und Holzprodukten, v. a. die Übernutzung tropischer Wirtschaftsbaumarten, das Problem des illegalen Holzeinschlags und der Handel mit CITES-geschützten Holzarten erfordern Kontrollmaßnahmen, für die eine genaue und zweifelsfreie Bestimmung der individuellen Hölzer (botanische Gattungen/Arten) unerlässlich ist. Etwa 700 Hölzer werden derzeit regelmäßig gehandelt. Seit der Gründung des Kompetenzzentrums im Jahr 2013 stieg die Anzahl der Gutachten von etwa 350 auf über 1 000 (ca. 20 000 Proben) im Jahr 2017. Hauptauftraggeber ist der Holzhandel.

Es gibt aber auch Hölzer, die sich makroskopisch nicht unterscheiden lassen. Hier setzt die Genetik an, die ebenfalls im Kompetenzzentrum vertreten ist. Dr. BERND DEGEN, Leiter des Thünen-Instituts für Forstgenetik, erläuterte Grundlagen und Einsatzbereiche der Genetik. In der DNA gibt es Unterschiede, die mit Hilfe moderner DNA-Lesetechniken (DNA-Sequenzierung) identifiziert werden. Einmal gefunden und an vielen Individuen bestätigt, werden dann Sonden (Genmarker) entwickelt, um im Labor die Zugehörigkeit zu bestimmten Arten effektiv zu überprüfen. Über das beste Referenzmaterial verfügt das Institut derzeit bei Eichen, Lärchen und verschiedenen tropischen Baumarten.

Der Einsatz genetischer Methoden ist auf vier Ebenen möglich: (1) Ist die Angabe zur Baumart richtig? (2) Stimmt die Angabe zur großräumigen geografischen Herkunft? (3) Kommt das Holz aus einer bestimmten Forstkonzession, Bestand oder Plantage? (4) Ist das Holz von dem eingeschlagenen Baum? Genetisch untersucht werden zwischen 160 und etwa 440 Proben im Jahr. In 10–20 % der Fälle bestand Zweifel an der Richtigkeit der Deklaration.

Aus der Versuchsarbeit zu Klimawandel und Baumsortimenten der Zukunft berichtete Dr. Andreas Wrede vom der LWK Schleswig-Holstein. Dass der Klimawandel auch in Norddeutschland angekommen ist, zeigte der Referent u. a. mit dem Vergleich des Zeitraums 1991–2016 mit dem von 1960–1990 auf, wonach sich die Vegetationsperiode im Raum Hamburg um 20 Tage verlängert, die Zahl der Frosttage abgenommen und die der Sommertage zugenommen hat. Daraus ergeben sich Konsequenzen für die Gehölze insbesondere im städtischen Bereich durch Krankheiten und Schaderreger. Im Projekt „Stadtgrün Nord 2026“ werden seit zwei Jahren in vier schleswig-holsteinischen Städten und Hamburg zukunftsträchtige Sorten geprüft.

Auf den Zusammenhang von CO_2 und Temperatur auf das Wachstum von Bäumen ging Prof. Dr. Dieter Overdieck ein. Der Referent näherte sich der Frage von der öko-physiologischen Seite und stützte sich dabei auf seine experimentellen Arbeiten aus 30 Jahren an der Universität Osnabrück und der Technischen Universität Berlin, die er mit den Ergebnissen vieler weltweit arbeitender Gruppen verknüpfte.

Anstelle freier Vorträge stellten die drei Ehrenmitglieder (Abb. 8) Auszüge aus ihrem dendrologischen Schaffen vor. Andreas Bärtels zeigte seinen beruflichen Weg sowie seine Zeit in der DDG. Durch seine Rubrik „Gehölzkunde“ in der TASPO wurde Herrn Ulmer auf ihn aufmerksam und fragte an, ob er „Das große Buch der Gartengehölze“ (1973) verfassen würde. Dies war der Anfang seiner Autorentätigkeit beim Ulmer Verlag. Eine Auswahl der von Andreas Bärtels verfassten Bücher war im Foyer ausgestellt.

Prof. Dr. Fred-Günter Schroeder stand vor der Entscheidung Lehramt oder Promotion. Er entschied sich für letztere und begann seine Karriere als Hilfskraft mit dem Reinigen eines Herbars.

Abb. 8: Die 3 Ehrenmitglieder (von links) Andreas Bärtels, Rudolf Schröder und Prof. Dr. Fred-Günter Schroeder. Foto: V. Meng.

Anhand von archivarischen Belegen erfasste er die Wälder zwischen Weser und niederländischer Grenze. Das Ergebnis veröffentlichte HERBERT HESMER mit ihm 1963. Später ging er nach Göttingen. SCHROEDER, der mehr als nur Dendrologe ist, beschäftigte sich bis zu seiner Emeritierung mit der Pflanzengeographie. F.-G. SCHROEDER ist seit 1955 Mitglied der DDG.

RUDOLF SCHRÖDER war es lange verwehrt, selbst Mitglied in der DDG zu sein. Über HANS FELIX KAMMEYER (erster Direktor der Versuchs- und Forschungsanstalt für Gartenbau in Pillnitz nach 1945) hatte er Zugang zu älteren Publikationen der DDG und konnte bei der „Dendrologischen Inventur der DDR" mitarbeiten. Zusammen mit MAX G. EISELT stellte er die Bücher „Nadelgehölze" (1964) und „Laubgehölze" (1977) zusammen. Das Parkseminar erst auf Bezirks-, später auf Kreisebene ist mit RUDOLF SCHRÖDER untrennbar verbunden (SCHRÖDER & WECKE 2013). Erst mit der Wende konnte er der DDG beitreten.

Cropp Holz Import Export

In HH-Harburg erwartete uns ein Holzhandel der besonderen Art. Die Herren RIEPEN und FAHRHIEB führten uns durch den Betrieb. Das ankommende Holz wird ein halbes Jahr im Freien getrocknet, danach geht es für 2 Wochen in eine unscheinbare Vakuumtrocknung bei 57 °C und wird auf 10 % Holzfeuchte heruntergetrocknet. In den Hallen lagern über 120 Edelhölzer. Die Ware, Bohlen und Bretter, wird mit Vakuumhebeanlagen für die Mitarbeiter ergonomisch günstig manipuliert. Wegen der potentiellen Ausfuhr nach Nordamerika wird die Ware entrindet. Im Holzlager warteten Kubikmeter verschiedenster Hölzer auf einen interessierten Kunden (Abb. 9). In einer Ecke einer Lagerhalle zog eine abgestöckerte Sapeli-Maserknolle unsere Aufmerksamkeit auf sich. Der Rundgang endete im Verkaufslager, dem sogenannten Paradies.

Schließlich gibt es über 120 Hölzer zu entdecken. Viele hatten wir noch nie gesehen, gerochen oder gefühlt. Die Vielfalt der Farben und Maserungen, die besonderen Eigenschaften einzelner Hölzer, begeisterte uns. Neben unterschiedlichsten Hölzern gab es Fruchtstände, Samenstände, Zapfen und Zweige für Tischdekorationen, Kunsthandwerk, Hobby oder unzählige weitere Gewerke. Manche Samen haben eine sehr schöne Zeichnung auf kleinster Fläche und sind daher als Material im Miniaturbereich für Schmuck, Krei-

Abb. 9: Cropp Holzhandel. Foto: E. JABLONSKI.

sel, Intarsien u. v. m. geeignet. Manch ausgefallenes Stück wurde von den Teilnehmern erworben.

Lüneburger Heide

Für die Heideblüte, die angesichts der Trockenheit in diesem Jahr sehr schwach ausfiel, waren wir zu früh dran. In zwei Gruppen, geführt von Eike Jablonski und Mirko Liesebach, ging es auf einem etwa 2,5 km langen Rundweg von Undeloh aus durch die Kulturlandschaft Heide.

Durch die Heidebauernwirtschaft, ein ausgeklügeltes und nachhaltiges System von Nährstoffentnahme und Nährstoffanreicherung, entstand die Heidelandschaft. Aufgrund der nährstoffarmen Böden im Heidegebiet mussten die wenigen vorhandenen Nährstoffe eines großen Gebietes auf verhältnismäßig kleinen Äckern konzentriert werden, damit dort überhaupt Getreide angebaut werden konnte. Dies geschah seit dem Mittelalter geradezu perfektioniert durch die regelmäßige Abtragung des Oberbodens (Plaggen) auf Heideflächen, der als Streu für die Ställe der Heidschnucken verwendet wurde. Dieser wurde dann – angereichert mit dem Kot und Harn der Schafe – als Dünger auf die Felder gebracht. Durch die Plaggenhiebe zum Abtragen des Oberbodens wurde die Regenerationskraft der Böden nach und nach erschöpft, was zur Ausbreitung der Besenheide führte.

Die noch vorhandene Restfläche dieser historischen Kulturlandschaft kann heute nur mit Pflegemaßnahmen erhalten werden. Ohne diese würden die Heideflächen vergrasen, verbuschen und schließlich würde sich Wald entwickeln. Nährstoffeinträge aus der Luft führen dazu, dass Süßgräser wie *Deschampsia flexuosa* (Draht-Schmiele) und *Molinia caerulea* (Blaues Pfeifengras) gefördert werden, die *Calluna vulgaris* (Besenheide) und *Erica tetralix* (Glocken-Heide) verdrängen.

Zu den Pflegemaßnahmen zählt die Beweidung mit Heidschnucken, durch deren Verbiss ein Neuaustrieb der Heide bewirkt wird. Auf Dauer verhindert die Beweidung jedoch nur bei sehr hoher Intensität, dass sich der Boden mit Nährstoffen anreichert. Eine so hohe Intensität ist aber weder finanzierbar noch aus ökologischen Gründen erwünscht. Daher werden auch andere Pflegemaßnahmen durchgeführt: Entkusseln (Beseitigung junger Gehölze), maschinelles Schoppern (Abb. 10), Plaggen und Mähen sowie kontrolliertes Brennen.

Abb. 10: Frisch geschopperte Fläche in der Lüneburger Heide. Foto: M. Liesebach.

Wir sahen frisch geschopperte Flächen und solche, die bereits einige Jahre zuvor geplaggt wurden und auf denen sich die Heide bereits wieder eingefunden hatte. Heidschnucken entdeckten wir keine, aber zu Mittag konnten wir deren Gulasch genießen.

Baumschule Lorenz von Ehren (LvE)

Christian Reder und Thomas Dieckmann erwarteten uns in der Baumschule. Die Gruppe wurde geteilt und nach der Hälfte der Zeit gewechselt. Ein Teil folgte Thomas Dieckmann, DDG-Mitglied, der in die Geschichte der Baumschule einführte. Die Baumschule, die 1865 in Nienstedten gegründet wurde, wird seitdem als Familienunternehmen geführt.

1965 wurde ein Zweigbetrieb in Bad Zwischenahn einem Standort mit humosen Böden gegründet, der auf Formschnittgehölze (Topiari) und immergrüne Solitärgehölze spezialisiert ist. Nach Eröffnung des Elbtunnels im Jahr 1975 wurden erstmals auch Baumschulquartiere südlich der Elbe bewirtschaftet. 1994 wurde der Firmenhauptsitz aus logistischen Gründen auf die andere Elbseite nach Hamburg-Marmstorf verlegt. Das Versandzentrum in Hamburg-Marmstorf war aufgrund seiner vorbildhaften ökologischen Bauweise (Wasserrückgewinnung und Dachbegrünung der einst größten freitragenden Halle Europas) ein offizielles Projekt der EXPO 2000.

An den drei Standorten, Hamburg (Zentrale), Bad Zwischenahn und Rellingen, beschäftigt das Unternehmen rund 180 Mitarbeiter und bewirtschaftet ca. 600 ha (davon zwei Drittel in Hamburg). Das Sortiment umfasst mehr als 500 000 Gehölze. Als Komplettsortimenter hat die Baumschule über 2 000 Gattungen, Arten und Sorten im Angebot. Darunter Alleebäume mit Stammumfängen von 14 bis 16 cm bis zu Solitärgehölzen mit rd. 140 cm Stammumfang, Koniferen, Rhododendron, Immergrüne, Solitärsträucher, charaktervolle Obstgehölze, Formgehölze und Solitär- und mehrstämmige Sträucher.

Der andere Teil der Gruppe fuhr mit Christian Reder durch die 400 ha große Baumschulfläche zu einem ganz besonderen Quartier – dem Architektengarten. Unterwegs erfuhren wir, dass die meisten Jungbäume aus den Niederlanden bezogen werden und hier bis zur Abgabe an den Endverbraucher gewässert, gedüngt, geschnitten und alle vier Jahre verschult werden. Der Faktor Zeit ist neben der fachgerechten Pflege das wichtigste bei der Produktion von hochwertigen Allee- und Großbäumen.

Im Architektengarten wurde uns die japanische Schnittform Niwaki an einem ca. 15-jährigen *Crataegus monogyna* und an *Larix kaempferi* erläutert. Beeindruckend war auch die Sammlung mit Solitären wie z. B. *Magnolia liliiflora* 'Susan', *Pyrus calleriana* 'Chanticleer', *Acer griseum*, *Pinus sylvestris* 'Norske Typ', *Tilia platyphyllos* 'Örebro', *Hibiscus syriacus* 'Blue Bird' und *Gleditsia triacanthos* 'Sunburst', die hier auf Kunden warten. Besonders zogen uns die aus 4–8 Stämmen gezogenen grünen Pavillons an, z. B. aus *Malus* 'Evereste', *Parrotia persica* oder *Sorbus intermedia,* unter denen auch eine Erfrischung für uns bereitgestellt war (Abb. 11).

Abb. 11: Die grünen Pavillons bei LvE. Foto: M. Liesebach.

Arboretum Marienhof

Das von der Otto Henneberg-Poppenbüttel-Stiftung unterhaltene Arboretum Marienhof mit seinen besonderen Bäumen ist ein kleiner Schatz direkt an der Alster in Hamburg-Poppenbüttel. Die 2,6 ha große „Baumsammlung“ wurde von ALBERT HENNEBERG ab 1855 angelegt. Um diese Zeit sind viele der teils heute noch berühmten ehemals privaten Parks in Hamburg entstanden. Der Liebhaber fremdländischer Gehölze hat seinerzeit zahlreiche Raritäten auf einem Wiesengelände gepflanzt, die heute mächtig und majestätisch wirken. Zudem bezaubert der Ort durch zur Alster hin sanft, oft auch mehr oder weniger steil fallende Rasenhänge, einen aufgestauten Teich und seine vielen Blüten.

Abb. 12: Himalaja-Tanne (*Abies pindrow*) mit Zapfen. Foto: M. LIESEBACH.

RICHARD BISCHOFF, der Technische Leiter des Arboretums Marienhof und DDG-Mitglied, führte uns, unterstützt von Dr. GISELA BERTRAM und Dr. GÜNTHER SEEHANN, durch die nicht öffentliche Anlage. Aus der Vielzahl der dendrologischen Besonderheiten seien einige genannt, wie die seltene *Franklinia alatamaha*, eine Blutbuche, die eine Fläche von 720 m² einnimmt, *Magnolia ×soulangiana*, die größte Magnolie in Hamburg, *Pinus ×schwerinii* (= *P. strobus* × *P. wallichiana*), entstanden um 1905 im Park des Grafen Schwerin in Wendisch-Wilmersdorf, *Platycrater arguta* (Schüsselhortensie) aus China, *Abies pindrow* (Himalaja-Tanne, Abb. 12), *Quercus pontica* (Pontische Eiche) und *Acer pseudoplatanus* 'Leopoldii' (Kultursorte des Berg-Ahorns, benannt nach LEOPOLD I von Belgien). Eine Allee aus *Metasequoia glytostroboides* (Urweltmammutbaum) im Überschwemmungsgebiet der Alster wurde Anfang der 1950er Jahre gepflanzt (Abb. 13). Die damals überaus seltenen Pflanzen wurden HENNEBERG von Graf LENNART BERNADOTTE, dem Begründer der Blumeninsel Mainau, geschenkt. BERNADOTTE und HENNEBERG waren befreundet und tauschten gelegentlich Pflanzen aus.

Abb. 13: Allee aus *Metasequoia glytostroboides* im Arboretum Marienhof. Foto: E. JABLONSKI.

Ohlsdorfer Parkfriedhof

Der Friedhof im Hamburger Stadtteil Ohlsdorf wurde am 1. Juli 1877 eingeweiht und ist mit 389 ha der größte Parkfriedhof der Welt. Das Aussehen des Geländes ist bestimmt durch den Parkcharakter der Anlage mit einigen hundert Laub- und Nadelgehölzarten sowie Teichen und Bächen und einer Landschaft, die sich durch eine Mischung aus historischen Bauten, Gartendenkmälern und modernen Themengrabstätten auszeichnet. Charakteristisch für die Struktur der Anlage sind schnurgerade, in Ost-West- bzw. Nord-Süd-Richtung verlaufende sowie gleichmäßig sanft gebogene Straßen und Wege mit dazwischen liegenden schachbrettartig angelegten Parzellen.

Die Gesamtanlage 1881 wurde durch einen von Wilhelm Cordes erarbeiteten Generalplan, der bis 1919 Gültigkeit hatte, konkretisiert und im heute so genannten *Cordesteil* umgesetzt. Für die Erweiterungen im östlichen Teil wurden die Planungen, nach den Vorstellungen von Otto Linne, grundlegend geändert und fanden bis 1930 ihre Realisierung in dem heute so genannten *Linneteil.*

Den Schwerpunkt der Führung hatte Frau Susanne Fuhrmann, Baumkontrolleurin der Hamburger Friedhöfe, auf Alleen gelegt. Zuerst ging es in eine Allee aus Kuchenbäumen (*Cercidiphyllum japonicum*, Abb. 14). Hier erfuhren wir, dass die Baumkontrolle und nötige Fällungen durch eigenes Personal erfolgen. Pflegemaßnahmen werden überwiegend an externe Firmen vergeben. Anschließend ging es zu einer Allee aus Hängebuchen. Hier wurde über Bruchgefährdung, Sonnenbrand an Ästen und Probleme bei Zwieseln diskutiert. An einer eingerissenen Buche wurde deren Erhalt durch den Einbau verschiedener Sicherungsmaßnahmen erläutert. Im unteren Stammbereich war eine starre Sicherung und in der Krone eine Trag-/Haltesicherung eingebaut.

Unser Weg führte uns an Teichen und einer Birkensammlung mit *Betula utilis*, *B. mandshurica* und *B. medwediewii* vorbei zu einer vollständigen Blutbuchenallee. Den Blutbuchen war ihre Höhe von 28 bis 30 m nicht anzusehen. Die Lärchenallee aus *Larix kaempferi* war dem Kiefern-Braunporling 2011 zum Opfer gefallen. Im Jahr 2012 erfolgte eine Ersatzpflanzung mit der gleichen Art.

Auf unserem Weg zum Mittagessen nahmen wir die Teilnehmer auf, die sich abgesetzt hatten, um sich an der Kirschenallee das kleine Arboretum auf dem Friedhof anzusehen. Hier wachsen *Hydrangea anomala*, *Euonymus fortunei*, *Fagus grandifolia*, *F. engleriana* und *F. crenata*, *Acer tataricum*, *A. rufinerve* und *A. cappadocium* 'Aureum', *Photina villosa*, *Kalopanax septemlobus*, *Cryptomeria japonica*, *Picea breweriana*, *Calycanthus floridus* und vieles mehr (Schoenfeld 2012).

Hirschpark

Im 24,5 ha großen Hirschpark im Hamburger Stadtteil Nienstedten erwartete uns der langjährige

Abb. 14: In der Allee aus Kuchenbäumen (*Cercidiphyllum japonicum*) auf dem Olsdorfer Friedhof. Foto: M. Liesebach.

ehemalige Mitarbeiter des Altonaer Gartenbauamts Karsten Ritters. Er berichtete, dass der wohl schönste Park an der Elbchaussee ab 1620 von A. Oldehorst als Landgut angelegt wurde. Ein Relikt aus dieser Zeit ist die eindrucksvolle, ursprünglich vierreihige Lindenallee. 1786 erwarb dann der Kaufmann Johann Caesar IV. Godeffroy das Grundstück bei einer Auktion. Damals war es das größte Landgut in der Gegend. Das klassizistische Landhaus, welches ebenfalls noch steht, ließ Godeffroy seinerzeit vom später berühmten Architekten Christian Frederick Hansen entwerfen.

Der Hirschpark wurde als Landschaftsgarten gestaltet. Auch hier finden sich die dafür typischen Entwurfselemente: weite Wiesenflächen und imposante Einzelbäume ebenso wie malerische Baumgruppen und kleinere Waldbereiche, alles miteinander verknüpft durch ein geschwungenes Wegesystem und akzentuiert durch verschiedene Aussichtspunkte.

Im Jahr 1924 ging das Anwesen an die Gemeinde Blankenese, drei Jahre später wurde es durch die Stadt Altona der Öffentlichkeit übergeben und durch Ferdinand Tutenberg in eine öffentliche Anlage umgestaltet.

In der bemerkenswerten, zum Teil vierreihigen Lindenallee wurde alle 6 m ein Lindenpaar (*Tilia ×europaea*) gepflanzt und zwar abwechselnd im Abstand von 6 m und 3 m, bis die vierreihige Allee in eine zweireihige ausläuft (Abb. 15). Die über 300-jährigen Linden sind bis zu 45 m hoch und weisen bedingt durch den Standraum einen Überhang nach außen auf. Einzelne Bäume stehen daher unter einer „Dauerbeobachtung".

Parallel zur Lindenallee befindet sich eine Wiesenfläche, die von 1860/70 gepflanzten Rhododendren gesäumt wird.

Zu jeder Jahreszeit beeindruckend ist der „Postkarten-Baum", ein Berg-Ahorn (*Acer pseudoplata-*

Abb. 15: Vierreihige Lindenallee im Hirschpark. Foto: M. Liesebach.

Abb. 16: Der Berg-Ahorn im Hirschpark wird vermessen. Foto: E. Jablonski.

nus), dessen Krone eine Fläche von rund 1 000 m² überschattet. In der Taille weist der Baum einen Umfang von 545 cm auf (Abb. 16) und in 1,3 m Höhe 662 cm.

An dem Berg-Ahorn hatte die Firma Baumpflege Uwe Thomsen e. K., die seit 1980 auf dem Gebiet der Baumpflege tätig ist, einen Hubsteiger positioniert. Der Vorstand und einige weitere Teilnehmer konnten sich so den Berg-Ahorn von innen bzw. oben ansehen. Wie bei den Rekordbäumen in Heede (Liesebach & Ewald 2015) oder in Hoppenrade (Eusemann & Liesebach 2017) kam auch hier die Frage auf, ob es sich um einen oder mehrere Bäume handelt. Das Ergebnis ist im Beitrag von Bäucker und Liesebach (2019) in diesem Jahrbuch nachzulesen. Außerdem hatte die Firma eine kleine Ausstellung mit Pilzfruchtkörpern, Holzanatomien und weitere Kuriositäten aufgebaut, die im Laufe der fast 40-jährigen Firmengeschichte gesammelt wurden.

Hafenrundfahrt

Ein Besuch der Hansestadt Hamburg ist ohne eine Hafenrundfahrt durch den Welthafen undenkbar. Mit einem Schiff der seit 99 Jahren im Hambur-

Abb. 17: Dendrologen gehen an Bord. Foto: E. Jablonski.

ger Hafen ansässigen Firma Barkassen-Meyer lernten wir Hamburg von der Wasserseite aus kennen (Abb. 17). Sachkundige und „launige" Erklärungen erhielten wir durch den Schiffsführer.

Die Ursprünge des Hafens liegen im 9. Jh.; heute gilt er als drittgrößter Seehafen Europas, obwohl er rund 100 km landeinwärts liegt. Auf einer Fläche von 7 236 ha gibt es zahlreiche Schiffsterminals, Werften mit Schwimmdocks oder Lagerräume zu sehen. Eine der vielen Kuriositäten ist der „Moldauhafen", eine 3 ha große Enklave, die laut Versailler Vertrag 1919 für 99 Jahre an die heutige Tschechische Republik verpachtet wurde und so eine tschechische Enklave darstellt. Die Elbe stellt für das Binnenland den einzigen Zugang zu den Weltmeeren dar. Durch eine Vertragsverlängerung läuft dieses Abkommen erst 2028 aus.

Sachsenwald

Der Sachsenwald ist der Rest eines großen Waldgebietes, das sich einst von der Ostsee bis nach Niedersachsen erstreckte. Im späten Mittelalter war es, bis auf den Sachsenwald, nahezu verschwunden. Mit knapp 6 000 ha ist der Sachsenwald heute Schleswig-Holsteins größtes zusammenhängendes Waldgebiet.

Kaiser Wilhelm I. schenkte Otto von Bismarck am 24. Juni 1871 den Sachsenwald in Anerkennung seiner Verdienste um die Reichsgründung. Der Wald befindet sich heute noch überwiegend im Besitz seiner Nachfahren. Im Jahr 2003 erwarb der Reeder Eberhard von Rantzau ein Drittel des Sachsenwalds von der Familie von Bismarck.

John Cornelius Booth zog Waldbäume für den Großanbau an und entwickelte die durch seinen Vater eingeführte Douglasie zum wichtigsten Baum der Waldaufforstung. In Friedrichsruh im Sachsenwald legte er Pflanzungen für den Fürsten Bismarck an, der ihn nicht nur beruflich, sondern auch persönlich schätzte. Seiner Verbindung zu Bismarck ist es zu danken, dass die Forstverwaltung die Aufforstung mit Exoten aus Baumschulanzuchten in großem Maßstab aufnahm.

Der Revierleiter Eckhard Könnecke stellte uns unter anderem einen 138-jährigen, geasteten und zur Erzeugung von Saatgut zugelassenen Douglasienbestand vor, der auf Booth zurückgeht. Die Douglasien erreichen hier 38 m Höhe bei einem Brusthöhendurchmesser von etwa 1 m und haben ein Einzelbaumvolumen von etwa 10 m³. Mit dem unteren Stammstück (Wertholzblock) werden im Mittel 250 €/fm für den Fensterbau erzielt, das Mittelstück geht für 90 €/fm ins Bauholz und die Krone wird für 30 €/fm als C-, CGW-Ware oder für die Palette veräußert.

Das zweite Waldbild war ein Mischbestand (Abb. 18) aus den drei standortgerechten Baumar-

Abb. 18: Douglasien-Fichten-Buchen-Mischbestand im Sachsenwald. Foto: E. Jablonski.

ten Buche (115-jährig) sowie Fichte und Douglasie (jeweils 110-jährig). Hier wurde die überlegene Wuchsleistung der Douglasie besonders offensichtlich. Als wir dann noch die mittleren Erlöse, die mit der Baumart Buche erzielt werden, erfahren, wird das Interesse an einer gesunden Beimischung an Douglasie verständlich: Das untere Stammstück bringt 130 €/fm (Schälholz für Eisstiele), die mittleren Stammstücke ca. 60 €/fm (Parkett, Palette) und die Krone 35 €/fm (Industrie- bzw. Brennholz).

Friedrichsruh

Als letztes Exkursionsziel standen das Bismarck-Museum und das Mausoleum in Friedrichsruh auf dem Programm. Zwei Mitarbeiter der bundeseigenen Otto-von-Bismarck-Stiftung, die im ehemaligen Empfangsgebäude (Bahnhof) Friedrichsruh untergebracht ist, führten uns.

Das Bismarck-Museum im „Alten Landhaus" von Friedrichsruh stellt das Leben und politische Wirken des Kanzlers Otto von Bismarck dar, der von 1871 bis zu seinem Tode 1898 im Sachsenwald lebte. In zehn Räumen sowie Bismarcks nachgestelltem Arbeitszimmer werden rund 350 Originalobjekte und einige Reproduktionen gezeigt: historische Erinnerungsstücke und persönliche Gebrauchsgegenstände, Darstellungen bedeutsamer Ereignisse und Personen, wichtige Schriftstücke und anderes mehr.

Das Mausoleum ist die Grablege von Otto Fürst von Bismarck und seiner Frau Johanna von Puttkamer auf dem Schneckenberg in Friedrichsruh. Die Kapelle steht heute unter Denkmalschutz. Im oberen Teil der Kapelle befindet sich die Grablege von Otto von Bismarck. Das Epitaph hat er selbst bestimmt: *„Ein treuer deutscher Diener Kaiser Wilhelms I."* Im unteren Teil, der nicht der Öffentlichkeit zugänglich ist, befindet sich die Grablege der Familie von Bismarck. Die Kapelle und das Gelände sind nach wie vor im Besitz der Familie von Bismarck. Auf der Wiese am Mausoleum befindet sich eine imposante Schirmtanne (*Sciadopitys verticillata*).

Literatur:

Bärtels, A (1973): Das große Buch der Gartengehölze. Verlag Ulmer.

Bäucker, C; Liesebach, H (2019): Weiterer DNA-Nachweis für einen monumentalen Solitär: Der Berg-Ahorn (*Acer pseudoplatanus* L.) im Hamburger Hirschpark. Mitt. Deutsch. Dendrol. Ges. 104: 122–126.

DDG (1974): Jahrestagung 1973 in Hamburg. Mitt. Deutsch. Dendrol. Ges. 67: 262–276.

Eiselt, M. G; Schröder, R (1977): Laubgehölze. Neumann Verlag.

Eiselt, MG; Schröder, R (1964): Nadelgehölze. Neumann Verlag.

Eusemann, P; Liesebach, H (2017): Die Championbuche (*Fagus sylvatica* L.) von Hoppenrade (Prignitz): Bündelpflanze oder ein einziger Baum? Mitt. Deutsch. Dendrol. Ges. 102: 347–352.

Gruber, HF (2006): Bericht zur Jahrestagung der DDG vom 19. Juli bis 04. August 2005 in Kiel. Mitt. Deutsch. Dendrol. Ges. 91: 245–257.

Hesmer, H; Schroeder, F-G (1963): Waldzusammensetzung und Waldbehandlung im Niedersächsischen Tiefland westlich der Weser und in der Münsterschen Bucht bis zum Ende des 18. Jahrhunderts. Decheniana, Beihefte 11.

Liesebach, H; Ewald, E (2015): DNA-Nachweis: Die „tausendjährige" Linde von Heede (*Tilia platyphyllos* Scop.) ist ein einziges Individuum. Mitt. Deutsch. Dendrol. Ges. 100: 229–232.

Malecki, J; Meyer-Schoppa, H (2018): Kulturlandschaft PINNEBERGER Baumschulland. Kommunikation & Wirtschaft, Oldenburg.

Schöder, R; Wecke, C (2013): Das Parkseminar. Gartendenkmalpflege und Naturschutz durch bürgerschaftliches Engagement. Landesverein Sächsischer Heimatschutz und Europäischer Parkverbund Lausitz.

Schoenfeld, H (2012): Bäume in Ohlsdorf. Edition Temmen.

Autoren:

Dr. Mirko Liesebach
Thünen-Institut für Forstgenetik
Sieker Landstr. 2
22927 Großhansdorf

Eike J. Jablonski
LTA, dept. horticole
72, avenue Lucien Salentiny
L-9080 Ettelbruck

Mitt. Deutsch. Dendrol. Ges. (MDDG)	104	175–198	2019	ISBN 978-3-494-01794-5

Bericht zur Studienreise der DDG nach Wales und England vom 4. bis 12. August 2018

Jürgen Bouillon, Eike Jablonski und Mirko Liesebach

Die Studienreise 2018 der DDG führte nach Wales, dem Land der Burgen mit 20735 km² der kleinste Landesteil von Großbritannien. Wales ist durch weitläufige Wiesen, hügelige Landschaften, Moore und Gebirge geprägt. Das Wetter ist oft bewölkt, nass und windig, so dass Wales eines der feuchtesten Länder Europas ist. 2018 war es jedoch hier wie in weiten Teilen Deutschland außergewöhnlich warm und trocken. Die Spuren der Trockenheit begleiteten uns auf der gesamten Tour.

Das Interesse an der Reise war so groß, dass die Zahl der Teilnehmer zweimal erhöht wurde. Bei 41 Teilnehmern wurde endgültig gedeckelt. Am Ende konnten leider weitere 20 Interessenten nicht mitkommen.

Wir hatten uns für eine Busreise entschieden, um den Transport der Pflanzeneinkäufe zu bewerkstelligen. So kam es auch, dass zahlreiche Ziele außerhalb von Wales ins Programm aufgenommen wurden, um Fahrtzeiten zu unterbrechen. Vor 20 Jahren, im Juni 1998, führte bereits eine Studienreise nach Nord-England und Wales (Lock 2000). Mit den damals aufgesuchten Zielen gab es nur wenige Überschneidungen, so wurden nur Powis Castle und Bodnant Gardens bei beiden Reisen aufgesucht.

1. Tag: Samstag, 4. August 2018

Etwa die Hälfte der Teilnehmer traf sich in Osnabrück, um von dort nach Duisburg zu fahren, wo die restlichen Teilnehmer am Bahnhof und an einer Baumschule zustiegen. Mit der ganzen Mannschaft ging es über Eindhoven nach Rotterdam. Entlang der Straße hatten sich die Birken und Eichen aufgrund der Trockenheit bereits verfärbt oder ihr Laub abgeworfen.

Arboretum Trompenburg

Am Nachmittag erreichten wir mit dem Arboretum Trompenburg in Rotterdam unser erstes Ziel. Nach einer kurzen Einführung durch den Leiter, Gert Fortgens, ging es auf eigene Faust durch die Wirkungsstätte von Dick van Hoey Smith. Auf einer Fläche von nur etwa 6 ha erstreckt sich das Arboretum mit seinem außerordentlich reichen Bestand an etwa 4000 Gehölzen und Stauden. Die Anlage zählt zu den besten Arboreta der Welt.

Bekannt ist Trompenburg vor allem für die sehr umfangreichen Sammlungen an Sorten von Nadelgehölzen, darunter die kaum noch in Kultur befindlichen *Chamaecyparis lawsoniana* 'Gimbor-

Abb. 1: *Quercus ithaburensis* subsp. *macrolepis* 'Hemelrijk Silver', eine der vielen Eichen im Arboretum Trompenburg. Die Sorte wurde von Robert und Jelena De Belder auf Rhodos ausgelesen. Foto: J. Bouillon.

nii' oder *Thuja plicata* 'Pygmaea' sowie von *Rhododendron* (ca. 750 Taxa), Eichen (ca. 235 Taxa) (Abb. 1), *Ilex* (ca. 110 Taxa) und Buchen (ca. 70 Taxa). Viele Sorten sind hier entstanden und benannt, wie *Fagus sylvatica* 'Dawyck Purple' oder *Quercus ilicifolia* 'Tromp Ball' und *Quercus* ×*libanerris* 'Trompenburg'. Gert Fortgens brachte zusätzliche viele Stauden in die Sammlung, u. a. die niederländische Referenzsammlung von *Hosta*.

Gert Fortgens hielt das Arboretum extra für uns länger geöffnet.

2. Tag: Sonntag, 5. August 2018

Bevor wir den ersten Garten auf den britischen Inseln erreichten, steuerte Ludger, unser Busfahrer, vorbei an den vielen Sehenswürdigkeiten durch die Innenstadt von London. Man merkte, dass er nicht das erste Mal hier war. Er kannte die Sehenswürdigkeiten und busgeeigneten Schleichwege, so dass wir pünktlich in Richmond am Eingang von Kew Garden abgesetzt wurden.

Royal Botanic Gardens Kew

Die Royal Botanic Gardens in Kew (kurz „Kew Gardens" genannt) stellen für Pflanzenfreunde geradezu ein Mekka dar – der zum Weltkulturerbe zählende botanische Garten zählt jährlich über 2 Millionen Besucher. Das weltberühmte Herbarium, mykologische Sammlungen, die große Bibliothek oder sogenannte „Labs", in denen zu unterschiedlichen botanischen Projekten geforscht wird, konnten wir uns nicht anschauen. Dazu würde man mehrere Tage benötigen. Unser fast fünfstündiger Aufenthalt widmete sich naturgemäß den Gehölzen. Der Leiter der Freilandanlagen, Tony Kirkham, konnte uns nicht empfangen, da er auf Sammelreise in China weilte. Er ließ aber herzliche Grüße ausrichten. Dafür konnten wir Rafaël Govaerts gewinnen, der vielen von den Publikationen der Kew Gardens bekannt ist, als „Senior Officer" im Herbarium tätig ist und die unterschiedlichsten Gehölzgattungen bearbeitet. Rafaël führte uns zunächst in einer kleinen Runde u. a. an der Eichensammlung entlang, um uns Geschichte und Hintergründe Kews zu erläutern.

Abb. 2: Kew: Blick auf das Palmenhaus die *Quercus ilex*-Allee hinunter („Syon Vista"). Die Stein-Eichen wurden 1865 gepflanzt; die Trockenheit hat den berühmten Englischen Rasen völlig vertrocknet. Foto: E. Jablonski.

Neben bekannten Eichenarten sahen wir viele Arten aus Mexico, die in den letzten 30 Jahren gepflanzt wurden und sich gut etablieren konnten, wie *Q. mexicana*, *Q. rysophylla*, *Q. affinis*. Auch in England war das Jahr außerordentlich trocken und heiß – die Schäden konnten wir teilweise beobachten; erstaunt erfuhren wir, dass Kew insgesamt zu den trockensten Standorten Großbritanniens zählt. Gewässert wird kaum, nur Neupflanzungen bekommen Wasser. Der Blick entlang der 1865 gepflanzten Allee von *Quercus ilex* auf das Palmenhaus lässt die Trockenheit erahnen (Abb. 2). Eine Pflanzung von *Ulmus minor*-Herkünften soll dazu dienen, diese britischen Herkünfte, die am Standort vital gefunden wurden, hinsichtlich Toleranz gegenüber dem Ulmensterben (an dem die Schlauchpilze *Ophiostoma novo-ulmi* bzw. *O. ulmi* beteiligt sind) zu beobachten.

Kews Arboretum, von Kews ersten Direktor, Sir William Jackson Hooker, begründet, dient als „lebende Bibliothek" mit über 14 000 Bäumen, von denen die ältesten aus dem 18. Jh. stammen. Heute erstreckt sich das Arboretum über zwei Drittel der Gärten und gilt als einzigartige wissenschaftliche Sammlung. Unter den Gehölzen gibt es viele seltene und alte Sorten, von denen einige nirgendwo sonst in Großbritannien gefunden werden können. Einige der ältesten Bäume konnten wir sehen: den Japanischen Pagodenbaum (*Styphnolobium japonicum*), die Lucombe-Eiche (*Quercus ×hispanica* 'Lucombeana') oder eine Robinie (*Robinia pseudoacacia*).

Die letzten beiden Stunden konnten die Teilnehmer individuell verbringen; viele nutzen die Zeit, um den „Canopy Walk" (Baumwipfelpfad) kennenzulernen oder in dem angeschlossenem Buchladen zu stöbern; für das leibliche Wohl sorgten mehrere Restaurants.

Ankerwycke-Eibe

Nachdem wir Kew Gardens pünktlich verlassen hatten, entschied sich die Reiseleitung, spontan einen zusätzlichen Stopp in der Nähe von Windsor einzulegen. Ziel war die alte Ankerwycke-Eibe in der Nähe der Ruinen von St Mary's Priory, dem Standort eines Benediktinerklosters, das im 12. Jh. in der Nähe von Wraysbury im englischen Berk-

Abb. 3: Ankerwycke-Eibe. Foto: M. Liesebach.

shire errichtet wurde. Nach kurzer Wanderung über einige Koppeln mit schmackhaften Brombeeren im Zaun und durch eine Pappelallee erreichten wir die beeindruckende Eibe (Abb. 3). Es handelt sich um ein männliches Exemplar mit einem Stammumfang (in 0,3 m Höhe) von 8 m. Das Alter der Eibe wird mit mindestens 1 400 Jahren angegeben, sie kann aber auch bis zu 2 500 Jahre alt sein. Sie wäre damit der älteste Baum Großbritanniens.

Am gegenüberliegenden Ufer der Themse liegen die Wiesen von Runnymede, und dieser Baum soll der letzte überlebende Zeuge der Unterzeichnung der Magna Carta vor 800 Jahren sein. Es wird auch gesagt, dass dies der Ort war, an dem Henry VIII in den 1530er Jahren zum ersten Mal Anne Boleyn traf. Im 13. Jh. dürfte die Landschaft noch anders ausgesehen haben. Das Gebiet war früher sumpfig, da es im Überschwemmungsbereich der Themse liegt. Die Tatsache, dass die Ankerwycke-Eibe auf einer kleinen trockenen Anhöhe steht, und die Nähe des Priorats verleihen dieser Legende etwas Glaubwürdigkeit.

Die Ankerwycke Yew befindet sich heute auf vom National Trust verwaltetem Gebiet. Im Jahr 2002 wurde sie vom Britischen Tree Council als einer der fünfzig größten Bäume Großbritanniens ausgezeichnet.

3. Tag: Montag, 6. August 2018

Brecon-Beacons-Nationalpark

Nach einer Übernachtung in der walisischen Hauptstadt Cardiff war unser erstes Ziel der Brecon-Beacons-Nationalpark im Süden von Wales. Dieser Nationalpark wird von vier verschiedenen Landschaften geprägt: dem Black Mountain im Westen, dem Fforest Fawr („Der große Wald“), dem Brecon Beacons („Brecons Leuchtfeuer“) und den Black Mountains im Osten. Unser Weg führte uns in den Fforest Fawr. Von Pontneddfechen („Brücke über den Kleinen Neath“) bei Glynneath wanderten wir entlang des Elidir Trails. Einige Nebenflüsse des Neath bahnen sich hier ihren Weg durch ein Sandsteinmassiv. Unterschiedlich harte Schichten aus Sand- und Tonstein sowie geologische Verwerfungen führen dazu, dass sich zahlreiche kleinere und größere Wasserfälle gebildet haben. Daher wird die

Abb. 4: Die Lady Falls (Sgwd Gwaladus) im Brecon-Beacon-Nationalpark. Foto: J. Bouillon.

Gegend auch Waterfall Country genannt. Aufgrund der Trockenheit waren die Wasserfälle allerdings nicht ganz so rauschend wie erhofft, aber die Wanderung in dem sehr farnreichen Schluchtwald aus Eichen, Eschen, Ulmen, Ahornen und Haseln regte zum ersten ausgiebigen Botanisieren an. Vor allem *Blechnum spicant* (Rippenfarn), *Polypodium vulgare* (Gewöhnlicher Tüpfelfarn) als Epiphyt und zahlreiche *Dryopteris*-(Wurmfarn-), *Athyrium*-(Frauenfarn-) und *Asplenium*-(Streifenfarn-)Arten, *Luzula sylvatica* (Wald-Hainsimse) und *Umbilicus rupestris* (Venusnabel) bezauberten uns in diesem „Keltischen Regenwald" entlang des Kleinen Neath. Aufgrund eines kleinen Unfalls am ersten großen Wasserfall, dem Sgwd Gwaladus („Lady Falls") (Abb. 4), mussten wir allerdings frühzeitig umkehren. Zum Glück war die ärztliche Versorgung gesichert und nichts Schlimmes passiert. Am Ausgangspunkt der Wanderung liegt ein Gasthaus, das Angel Inn, mit dessen Wirt wir uns noch angeregt über seine schönen, üppigen Hanging Baskets unterhalten konnten.

Die konsequente schriftliche Zweisprachigkeit in Wales führte uns Tag für Tag näher an die scheinbar nur aus Konsonanten aufgebaute, seltsam melodische, keltische Sprache heran, sodass wir am Ende der Reise immerhin einige Worte lesen und aussprechen konnten.

Aberglasney Gardens (Gardd Dreftadaeth Arbennig)

Nächster Programmpunkt waren die im Tal des Tywi bei Llangathen gelegenen Aberglasney Gardens. Um ein Herrenhaus mit mittelalterlichen Ursprüngen herum erstrecken sich auf 4 ha verschiedene Walled Gardens und Woodlands. Eigentümer ist der Aberglasney Restoration Trust, der die Gebäude sensibel restauriert und seit 1999 der

Abb. 5: Blick über den Upper Walled Garden auf die Hügel am Tal des Tywi. Die Gärten von Aberglasney sind ein RHS Partner Garden, Heritage Garden of Excellence und 2016 mit dem Cymru Wales Gold Accolade ausgezeichnet worden. Foto: J. Bouillon.

Abb. 6: Die stark geschlitztblättrige *Quercus robur* 'Áberglasney', neu beschrieben und registriert durch E. Jablonski, ist in Aberglasney entstanden und wird in kleinen Stückzahlen vermehrt. Foto: E. Jablonski.

Öffentlichkeit zugänglich macht. Auf der Basis eines Klostergartens aus dem 17. Jh. und eines Küchengartens entsteht eine noch recht junge Wiederbelebung und Weiterentwicklung der Gärten. Dem Head Gardener Joseph Atkin gelang auf der Führung jedenfalls, selbst eingefleischte Pflanzenliebhaber zu begeistern. Bemerkenswert waren u. a. der 300-jährige Yew Tunnel, das Torhaus, der Küchengarten (mit interessanten, kniehohen Obstspalieren), der Upper Walled Garden von Penelope Hobhouse (Abb. 5), ein asiatischer Garten, ein Alpinum, das neu angelegte Jubilee Woodland, ein Sunken Garden und nicht zuletzt das Ninfarium (ein Palmengarten in einem ruinenartig belassenen Teil des Haupthauses). In diesen Gärten kommen Dendrologen und Staudenliebhaber gleichermaßen auf ihre Kosten. Bei der Fülle der Pflanzen lässt sich kaum etwas hervorheben, aber neben den Eiben fielen u. a. *Ligustrum quihoui*, *Quercus robur* 'Áberglasney' (Abb. 6), Feigenspaliere, verschiedene *Agapanthus* und *Crocosmia* sowie *Lilium bulbiferum* 'Grand Cru' ins Auge.

Golden Grove Manor (Gelli Aur)

Das als Kulturdenkmal klassifizierte Anwesen Golden Grove (Gelli Aur) liegt etwa 4 km südwestlich von Llandeilo in Carmarthenshire und nur einen Katzensprung von Aberglasney entfernt. Gelli Aur bezeichnet ein Herrenhaus, das zwischen 1826 und 1831 errichtet wurde. Das Haus blieb bis in die 1930er Jahre im Besitz der Familie Campbell. Während des Zweiten Weltkriegs waren Einheiten der US Air Force in dem Haus untergebracht. 1952 wurde das Anwesen an das Carmarthen County Council verpachtet. Bis 2003 diente es als Teil des Gelli Aur Campus des Coleg Sir Gar, einer staatlichen Landwirtschaftsschule. 1976 erwarb das County Council auch den angrenzenden 24 ha großen Park, um ihn als Country Park zu öffnen. Wegen der hohen Unterhaltskosten verkaufte das Carmarthen County Council 2011 das Herrenhaus und den Park wieder. Derzeit werden Gebäude und Park renoviert und privat genutzt, der Park ist nur begrenzt zugänglich. Wir hatten das Glück, Ivor Stokes als Führer zu gewinnen. Ivor war zuletzt Director of Horticulture am National Botanic Garden of Wales und zuvor Kurator des Botanischen Gartens Swansea. Seit seiner Pensionierung betreut er mehrere historische walisische Gärten, u. a. Golden Grove.

Das alte Herrenhaus, von dem nur die Gartenmauer erhalten ist, befand sich etwa 600 m von dem jetzigen Herrenhaus entfernt. Der umliegende Park wurde in den 1560er Jahren zunächst als über 160 ha großer Hirschpark angelegt. Im 19. Jh. wurde die Umgebung des Hauses in einen Landschaftspark umgewandelt, der noch ein 8 ha

Abb. 7: Unter der ca. 150-jährigen *Thuja plicata* im Park von Golden Grove fand die gesamte Teilnehmergruppe Platz. Foto. E. Jablonski.

Abb. 8: Frances Jones Davies und Ivor Stokes erhalten aus der Hand des Präsidenten E. Jablonski die Kalender „Starke Bäume 2019“. Foto: C. Jablonski.

großes Damwildgehege enthält. Das 4 ha große Aboretum, unser Ziel, wurde in den 1860er Jahren vom Obergärtner William Hill gepflanzt. Hier stehen dem unter anderem Küstenmammutbaum (*Sequoia sempervirens*), Monterey-Kiefern (*Pinus radiata*), Libanon-Zedern (*Cedrus libani*) und andere Gehölze. Die uralten, baumförmigen *Rhododendron* tauchen die Anlage im Mai in ein Blütenmeer. Viele der nun etwa 150 Jahre alten Gehölze sind wahre Baumriesen, die zum Teil nie geschnitten wurden und damit einen malerischen, mehrstämmigen Wuchs aufweisen. Ivor Stokes zeigte uns diese Riesen, die verwunschen in diesem abgeschiedenen Park stehen. Unter einer gigantischen *Thuja plicata* (Riesen-Lebensbaum) fand die gesamte Gruppe Platz (Abb. 7). Dieser unberührt scheinende Ort hat uns völlig in Bann gezogen. Viele der Bäume sind als walisische Champion Trees, einige zudem als britische Rekordbäume klassifiziert. Ivor und Frances Jones-Davies, die Assistentin des jetzigen Besitzers, luden uns nach dem Rundgang zu einem kleinen walisischen Imbiss ein; es gab selbstgemachtes walisisches Gebäck, Tee und kalte Getränke. Wir verabschiedeten uns von unseren gastfreundlichen Begleitern in dem Wissen, in Gelli Aur einen ganz besonders bezaubernden Baum-Ort gefunden zu haben (Abb. 8).

Danach fuhren wir an die Westküste von Wales, nach Aberystwyth, wo wir in einem Hotel direkt am Meer untergebracht waren. Spaziergänge an der Strandpromenade und nächtliche oder morgendliche Badeausflüge trugen zu Entspannung bei. Ein von der Polizei bewachtes, abgebranntes Hotel ließen Erinnerungen an eine Krimiserie (Inspector Mathias – Mord in Wales), die in Aberystwyth spielt, aufkommen.

4. Tag: Dienstag, 7. August 2018

Hergest Croft Garden

Der 28 ha große Hergest Croft Garden liegt im Herzen der „Welsh Marshes“ mit Blick auf die Black Mountains. Das 405 ha große Anwesen ist seit fünf Generationen im Besitz der Familie Banks, die seit 200 Jahren seltene Gehölze pflanzt; die heutigen Besitzer Lawrence und Elizabeth Banks sind als ehemaliger Präsident der International Dendrology Society (IDS) bzw. ehemalige Präsidentin der Royal Horticultural Society eng mit dem britischen Gartenbau verbunden. Der Garten beinhaltet eine umfangreiche, mehr als 5 000 Taxa umfassende Gehölzsammlung mit über 90 Britischen Champion Trees und einen alten Küchengarten. Hergest Croft beherbergt die „National Collections“ der Gattungen *Acer*, *Betula* und *Zelkova*. Lawrence und Elizabeth begrüßten uns vor dem Anwesen, begleitet von ihrer Schar Hunde. Geführt wurden wir vom jungen Chefgärtner Rowan Griffiths, begleitet von den Besitzern, wobei Lawrence in seinem geländegängigen Outdoor-Rollstuhl zum Teil schneller vorankam als die Besuchergruppe. Zusammen erläuterten sie die Entstehung der Gehölzsammlungen:

Das erste Jahrzehnt des 20. Jh. war eines der aufregendsten in der Geschichte des Sammelns von Pflanzen. Der bemerkenswerteste Sammler war Ernest „Chinese“ Wilson. Er arbeitete bei Veitch Nurseries in Kingston-on-Thames. W. H. Banks, Großvater von Lawrence, kaufte ausgiebig von ihnen, ebenso bei den Baumschulen von Vilmorin und Chenault in Frankreich. Viele der Bäume und Sträucher gehören heute zu den ältesten Anpflanzungen dieser Arten in Großbritannien. Später von Sammlern wie Joseph Rock, George Forrest und Frank Kingdon Ward eingeführte Pflanzen finden sich ebenfalls in der Sammlung. Sein Sohn Richard A. Banks (1902–1997) fügte der Sammlung seines Vaters eine riesige Anzahl von Bäumen und Sträuchern hinzu, die heute den Kern des Gartens bilden. Sein Interesse an der Sammlung seines Vaters an Ahorn und Bir-

Abb. 9: *Sorbus hedlundii* ist ein seltener Vertreter der *Sorbus*-Sektion *Thibeticae*. Auffallend sind die rostbraunen Blattnerven auf der Unterseite. Foto: E. Jablonski.

Abb. 10: Die aus China stammende Großfrüchtige Flügelnuss *Pterocarya macroptera* var. *insignis* bildet fast 1 m Meter lange Fruchtstände aus, die von Rudolf Schröder bewundert werden. Foto: E. Jablonski.

ken spiegelt sich in der Palette dieser Gattungen im Garten wider, die jetzt zu den „National Collections“ gehören. Lawrence und Elizabeth Banks übernahmen 1988 das Anwesen. Sie führen die Tradition fort, erweitern die Sammlungen und unterstützen botanische Expeditionen. Viele der jüngeren Gehölze kommen nun aus Westchina und in jüngster Zeit aus Nordvietnam und Taiwan. Diese Sammlung, die einen Zeitraum von über 120 Jahren umspannt, ist in England wohl einzigartig und umfasst etwa 90 TROBI-Champion Trees mit bekannter Provenienz (TROBI = Tree Register of the British Isles). Wir konnten viele uns kaum bekannte Gehölze entdecken, darunter *Sorbus hedlundii* mit auffallend rostbraunen Blattnerven auf der Blattunterseite (Abb. 9), *Pterocarya macroptera* var. *insignis* mit fast meterlangen Fruchtständen (Abb. 10) oder *Acer sikkimense*. Zum Abschluss wurden wir ins Herrenhaus eingeladen, um bei Tee und Scones sowie weiteren Köstlichkeiten zu verschnaufen und uns zu verabschieden. Unsere Gastgeber erhalten nicht nur den Kalender „Starke Bäume“, sondern auch eine Skizze, die Elvi Schmidt vom Herrenhaus anfertigte, während wir das Arboretum besuchten.

Powis Castle and Gardens

Das seit 1952 im Besitz des National Trust befindliche Powis Castle and Gardens (walisisch: Castell Powis) liegt auf einem Hügel westlich des Flusses Severn nahe der Stadt Welshpool in der walisischen Grafschaft Powys. Das mittelalterliche Schloss gilt als eines der am besten erhaltenen in Wales.

Abb. 11: 300-jährige, eigenartig geformte Eibenhecken leiten den Blick in die Weite der walisischen Landschaft. Foto: E. Jablonski.

Die Anlage ist für ihre hängenden Gärten voller buschiger, groß gewachsener, expressiv geschnittener Eiben und die prächtigen Staudenbeete in den Terrassen bekannt. Jürgen Bouillon gab uns einen kurzen Einblick in die Geschichte des Gartens, dessen Terrassen um 1660 angelegt wurden. Die berühmten Eibenhecken stammen teilweise aus der Entstehungszeit und sind damit über 300 Jahre alt (Abb. 11). Insgesamt gibt es 8 500 m² Eiben-Formhecken. Zwei Gärtner verbringen sechs Wochen damit, die Formhecken zu schneiden, zwei weitere arbeiten zwölf Wochen lang an den restlichen Eiben. Ein Gärtner verbringt etwa zehn Wochen in der Luft auf der hydraulischen Hebebühne, mit der alle hohen Schneidearbeiten erledigt werden. Bis vor kurzem benötigten zehn Gärtner noch volle vier Monate, um alle Form- und Eibenhecken zu schneiden. Sie benutzten Handscheren und balancierten auf sehr langen Leitern, die nötigenfalls mit Stricken miteinander verbunden waren, um die Spitze der größeren Eiben zu erreichen. Motor-Heckenscheren und Hebebühne erleichtern die Aufgabe erheblich. Doch nicht nur die Eibenhecken sind sehenswert. Die gesamte Anlage, die Blicke weit in die walisische Landschaft ermöglicht, und die „Walkways" mit Stauden- und Gehölzbepflanzungen lassen Powis Castle zu einem einzigartigen Exkursionsziel werden. Vielen dürfte der verholzende Wermut *Artemisia arborescens* 'Powis Castle' mit seinem silbrigen Laub bekannt sein.

Die Nacht verbrachten wir in einem verwunschenen, aber gediegenen Hotelkomplex am Lake Vyrnwy in der Nähe von Llanwddyn.

5. Tag: Mittwoch, 8. August 2018

Snowdonia National Park

Am Morgen verließen wir, wie üblich mit Welsh Breakfast gut gesättigt, unser an einer kleinen Talsperre gelegenes Hotel. LUDGER probierte einige schmale Straßen durch die walisische Hügellandschaft aus, um uns etwas Zeit zu verschaffen. Nach etwa einer Stunde erreichten wir den Ausgangspunkt unserer Wanderung zum Llyn Cau am Cadair Idris.

Im Snowdonia National Park haben die eiszeitlichen Gletscher das vulkanische Urgestein zu beeindruckenden Landschaften mit scharfen Graten und eiszeitlichen Seen geformt. Einer der berühmtesten Bergrücken ist der Cadair Idris. Hier unternahmen wir eine Wanderung auf dem Minffordd Path zum wie ein Vulkankratersee wirkenden, aber eiszeitlich entstandenen Llyn Cau.

Wenige hundert Meter bis zum Tŷ Te Cadair Tea Room, wo wir später unser Lunch einnahmen, folgten wir dem befestigten Weg. Anschließend stiegen wir auf einer Naturtreppe durch einen Relikt-Eichenwald vorbei an kleinen Wasserfällen

Abb. 12: *Erica cinerea* L. Foto: M. LIESEBACH.

an. Entlang des Wegs entdeckten wir neben *Erica tetralix* (Glocken-Heide) auch immer wieder die in ihrer Blütenfarbe kräftigere *E. cinerea* (Grau-Heide) (Abb. 12). Als wir die Freifläche erreichten, wurde die Steigung geringer. Auf einem Trampel-

Abb. 13: Die Reisegruppe vor dem Llyn Cau. Übersetzt bedeutet dies „der eingeschlossene See". Foto: J. BOUILLON.

pfad ging es durch mannshohen Adlerfarn (*Pteridium aquilinum*). Mit zunehmender Höhe wurde der Adlerfarn vom Weidegrasland abgelöst. Angesichts des neblig-feuchten Wetters und der knapp bemessenen Zeit entschlossen wir uns, nicht weiter auf den Grat zu steigen, sondern zum Ufer des Llyn Cau abzubiegen (Abb. 13). Hier erwarteten uns eine Moorflora mit *Drosera* spec. (Sonnentau), *Empetrum nigrum* (Krähenbeere), *Calluna vulgaris* (Besenheide), *Erica tetralix* (Glocken-Heide), *Narthecium ossifragum* (Moorlilie) und natürlich Schafe. Einige Teilnehmer stiegen in die Hänge, konnten aber das Vorkommen von *Genista pilosa* (Behaarter Ginster), der hier seine nördliche Verbreitungsgrenze hat, nicht bestätigen. Das Wetter hatte sich gebessert. Zurück ging es denselben Pfad bis zum Tŷ Te Cadair Tea Room, wo eine typisch walisische Suppe auf uns wartete. Zwischenzeitlich waren auch der Bus und einige Teilnehmer eingetroffen, die zum Hotel zurückgefahren waren, um eine vergessene Tasche mit Reisedokumenten zu holen. Gestärkt ging es weiter durch die Berge des Snowdonia National Park nach Llanfrothen.

Plas Brondanw Gardens (Gerddi Plas Brondanw)

Der Garten von Plas Brondanw in Garreg bei Llanfrothen ist ein kleiner, italienisch angehauchter Topiary-Garten am Rande des Snowdonia National Park. Das Anwesen aus der Mitte des 16. Jh. wurde 1902 Sir Clough Williams-Ellis von dessen Vater geschenkt und ab 1908 restauriert und umgestaltet. Der Selfmade-Architekt („Architect Errant") und Städtebauer konnte hier seine ersten Erfahrungen sammeln und baute später das weltberühmte Dörfchen Portmeirion im Stil der italienischen Riviera um. Nach dem Tod von Sir Clough Williams-Ellis wurde der Garten von Russel Sharp weiterentwickelt. Wie in Powis Castle ist die Landschaft wie selbstverständlich in den Garten eingebunden.

Das Grundstück selbst ist nicht groß, aber alles darum hat überwältigende Ausmaße. Oben am Hang liegt ein stattliches, massives Steinhaus aus Schiefer mit vier Etagen (Abb. 14) und auf allen Seiten die bergige Landschaft. Darauf antwortete Sir Clough gestalterisch mit einem Höchstmaß an Einfachheit. Er schuf raffinierte Sichtachsen, die den Garten vierteilen und von vielerlei Standorten gleichsam gerahmte Ausblicke in die Bergwelt bieten. So holte er die Landschaft in das Herz des Gartens. Der Snowdon beispielsweise, mit 1 085 m Höhe der höchste Berg von Wales, ist trotz gleicher Blickrichtung nicht von jedem Teil des Gartens aus zu sehen. Neben den formalen Eiben- und Linden-Hecken akzentuierten bei unserem Besuch einige Farbtupfer von Fuchsien und weißen Herbst-Anemonen die Ruhe des Gartens. Tony Russel, ehemaliger Head Forester des Westonbirt Arboretum in Gloucestershire, Gartenschriftsteller und -reiseführer, brachte uns auf der Führung seine Begeisterung für den Garten sehr eindringlich nahe.

Caernarfon

Die Kleinstadt Caernarfon (ausgesprochen: „Karnárwen") liegt an der Meerenge von Menai gegenüber der Insel Anglesey und ist die inoffizielle Hauptstadt von Nordwales. Das Zentrum des Ortes wird dominiert von einer gewaltigen Burganlage, eine der bekanntesten historischen Festungen Großbritanniens, die seit 1986 zum UNESCO-Weltkulturerbe gehört. Die Burg liegt nördlich der Mündung des River Seiont in die Menaistraße, durch ihre Lage konnte sie im Verteidigungsfall mit Schiffen versorgt werden.

Bei einer Führung wurde uns in die wechselvolle Geschichte nähergebracht. Die ab 1283 erbaute neue Burg wurde als Symbol der englischen Herrschaft über die besiegten Waliser errichtet. Durch den Verzicht auf einen doppelten Mauerring ist ihre defensive Stärke nicht so offensichtlich, doch von der Architektur her ist sie eine der beeindrucktesten Burgen in Wales.

Eine 1660 von König Charles II. angeordnete Schleifung der Burg wurde nicht ausgeführt. Dennoch verfiel sie in den folgenden Jahrhunderten. Ab 1840 begannen Restaurierungsarbeiten. Am 13. Juli 1911 fand die Einsetzung des Thronfolgers Eduard als Prince of Wales in der Burg statt. Am 1. Juli 1969 erhielt Prince Charles hier diesen Titel bei der zweiten feierlichen Investitur eines Prince of Wales. Bei der Führung konnten wir auch viel über die walisische Identität und das Verhältnis der Waliser zu den Engländern erfahren. So haben wohl auch die walisisch sprechenden Einwohner von Wales mehrheitlich gegen den Brexit gestimmt.

Abb. 14: Plas Brondanw ist ein von Sir Clough Williams-Ellis gestalteter, intimer, formaler Garten, der mit der großartigen Landschaft von Snowdonia ausgezeichnet korrespondiert. Foto: J. Bouillon.

In unserer Unterkunft, dem alten Hotel Seiont Manor in Llanrug, hätte auch schon Miss MARPLE absteigen können. Im Bibliothekszimmer fand sich am Abend eine Gruppe um PETER A. SCHMIDT und RUDOLF SCHRÖDER zusammen, um die tagsüber gesehenen Pflanzen nachzubestimmen (Abb. 15).

6. Tag: Donnerstag, 9. August 2018

Crûg Farm Plants, Caernafon

BLEDDYN und SUE WYNN-JONES sind wahre Plant Hunter. Ihre Raritätengärtnerei Crûg Farm Plants ist ein Begriff für Liebhaber außergewöhnlicher Pflanzen. BLEDDYN begrüßte uns bereits am Eingang zur Gärtnerei und führte uns durch den Schau- und Sortimentsgarten und die anschließende Verkaufsfläche.

Vor 28 Jahren, 1991, fassten BLEDDYN und SUE den Entschluss, die seit vielen Generationen geführte Landwirtschaft aufzugeben, einen Großteil des Weidelandes zu verpachten und sich ihren Traum einer eigenen Gärtnerei zu erfüllen. Zunächst wurde im alten ummauerten Garten Gemüse angezogen – aber Gemüsegärtnerei füllte beide nicht aus. Sie beschlossen, ihre Leidenschaft fürs Reisen in ferne Länder mit ihren gärtnerischen Ambitionen zu verbinden. So entstand nach und nach die Gärtnerei, in der sie vor allem die mitgebrachten Samen anzogen und einer wachsenden Kundschaft verkaufen konnten. Mittlerweile können BLEDDYN und SUE auf über 4000 Neueinführungen von Stauden und Gehölzen zurückblicken, die sie in über 15000 Akzessionen auf über 50 Reisen gesammelt haben; immer noch werden alljährlich entfernte Weltgegenden bereist, zuletzt beispielsweise Vietnam, Sikkim, Taiwan, aber auch Marokko und Spanien. Im für alle Besucher geöffneten „Walled Garden", dem Ursprungsort der Gärtnerei, stehen zwar viele der Neueinführungen und Neuheiten; der Platz reicht aber bei Weitem nicht aus. Im Außenbereich, dem „Aussichtshügel" vor den Gebäuden (Crûg bedeutet Aussicht oder Bergkuppe), wurden deshalb die meisten Schätze gepflanzt – die Aussicht auf den nahen 1085 m hohen Mount Snowdon kann man nicht mehr genießen, dafür aber den fast monsunwaldartigen Bestand an seltenen Pflanzen (Abb. 16). Das gesamte Gelände umfasst mittlerweile eine Fläche von etwa 8 ha. Leider waren die Pflanzen nur sel-

Abb. 15: Abendliche Bestimmungsübungen im Hotel. Foto: E. JABLONSKI.

Abb. 16: Bleddyn Wynn-Jones (im Vordergrund) führt die Gruppe durch die Schausammlungen von Crûg Farm. Foto: E. Jablonski.

ten etikettiert, so dass wir Mühe hatten, all den Pflanzennamen zu folgen, denn viele der Arten hatten wir noch nie gesehen.

Crûg Farm Plants hat mehrmals bei der prestigeträchtigen Chelsea Flower Show teilgenommen, 2014 sogar mit einem „Cave Pavillon", der ausschließlich mit Wildherkünften bestückt war. Kein Wunder, dass es regelmäßig eine Goldmedaille für ihre Präsentation auf der wohl berühmtesten Gartenschau der Welt gibt. Der Katalog lässt jedenfalls das Herz eines jeden Pflanzenliebhabers höherschlagen. Wir konnten bereits im Vorfeld Bestellungen durchgeben, die fertig zusammengestellt dann nur noch in den Reisebus geladen werden mussten, was unser Busfahrer Ludger ganz gelassen nahm.

Llanfairpwllgwyngyllgogerychwyrndrobwllllantysiliogogogoch

Wir lagen gut in der Zeit und zusammen mit unserem Busfahrer entschieden wir uns für einen Abstecher auf die Insel Anglesey zum Ort mit dem längsten Ortsnamen in Europa.

Der Name geht auf den genialen Einfall eines Schuhmachers aus dem Ort zurück, der den kleinen Ort am Rande der Welt für den Handel interessant machen wollte. Dazu bediente er sich der Sprache, die für die Waliser schon immer eine besondere Bedeutung hatte. Es entstand aus 58 Buchstaben das Kunstwort Llanfairpwllgwyngyllgogerychwyrndrobwllllantysiliogogogoch, das heute noch genauso viel Aufmerksamkeit bekommt wie zu seiner Entstehungszeit im 19. Jh. Aus dem Walisischen übersetzt heißt der Ortsname in etwa *„Marienkirche in einer Mulde weißer Haseln in der*

Abb. 17: Unsere Gruppe unter dem Namen des Ortes mit dem längsten Namen: Llanfairpwllgwyngyllgogerychwyrndrobwllllantysiliogogogoch. Foto: M. Liesebach.

Nähe eines schnellen Wirbels und der Thysiliokirche bei der roten Höhle".

Der Plan ging auf. Die Eisenbahngesellschaft errichtete einen Bahnhof auf der Hauptstrecke London–Manchester–Holyhead, sodass nun Züge hier hielten und Menschen kamen, die den Ort sonst keines Blickes gewürdigt hätten. Neben dem Bahnhof befindet sich heute ein größerer Souvenirshop, vor dem wir uns unter dem Ortschild zu einem Gruppenbild positionierten (Abb. 17).

Bodnant Garden (Gardd Bodnant)

Der seit 1949 zum National Trust gehörenden Bodnant Garden in Tal-y-Cafn ist wohl der größte und schönste Garten in Wales. Das georgianische Herrenhaus wurde 1874 vom Wissenschaftler, Geschäftsmann und Politiker Henry Pochin in wunderbarer Lage mit Blick über das Tal des Conwy auf die Berge von Carneddau gebaut.

Pochin und seine Nachkommen waren alle leidenschaftliche Gärtner, weshalb Bodnant eine der besten Pflanzensammlungen in Großbritannien besitzt. Pochin brachte Pflanzen von seinen Expeditionen aus Afrika und dem Mittleren Osten mit, sein Enkel Henry McLaren zahlreiche Rhododendren und Kamelien und der Pflanzensammler Ernest Wilson *Davidia involucrata* (Taschentuchbaum), *Acer griseum* (Zimt-Ahorn), *Meliosma beaniana*, *Sorbus meliosmifolia* (Meliosmablättrige Mehlbeere) und *Lilium regale* (Königs-Lilie). Von anderen Expeditionen stammen seltene Exoten wie Blauer Mohn (*Meconopsis betonicifolia*) aus dem Himalaja oder der südamerikanische Feuerstrauch (*Embothrium coccineum*).

Die 32 ha große Gartenanlage mit ihren versteckten Ecken, den weitläufigen Rasenflächen, Terrassen und Wäldchen sowie dem Ausblick auf das malerische Conwy-Tal besteht aus vielen einzelnen Gärten. Die breiten Terrassen (Abb. 18) unterhalb des Hauses, das heute noch von der Familie McLaren bewohnt wird, sind besonders reizvoll: eine breite Staudenrabatte, zarte Kletterpflanzen an den Stützmauern, zwei gigantische Zedern, ein formaler Lilienteich, eine Rosenpergola und zahlreiche Exemplare von *Magnolia grandiflora* (Großblättrige Magnolie). Von den Terrassen konnten wir den großartigen Blick auf die Gebirgskämme des Snowdonia-Nationalparks genießen (Abb. 19).

Die unterste Terrasse wird von einem Gazebo aus dem 18. Jahrhundert beherrscht, das als „Pin Mill" bekannt ist. Es blickt über ein Becken auf ein Heckentheater, das von fein geschnittenen, grünen Eibenwürfeln begrenzt wird. Pflanzungen mit bleistiftdünnen Zypressen tragen hier dazu bei, an einem Sommertag die Mittelmeerstimmung heraufzubeschwören.

Abb. 18: Gruppenbild auf einer Terrasse in Bodnant Garden. Foto: M. Liesebach.

Abb. 19: Blick auf die Berge von Snowdonia. Foto: M. Liesebach.

Die wilden Gehölzzonen des Gartens werden „The Dell" (das bewaldete Tal mit *Pseudotsuga menziesii*, *Pinus radiata*, *Sciadopitys verticillata*, *Chamaecyparis pisifera*, *Sequoiadendron giganteum* usw.) genannt und erstrecken sich bis hin zu einer alten Mühle und einem schnell dahinfließenden Wasserlauf, dessen Ufer mit *Hosta*, Astilben, Bergenien und *Meconopsis* (Scheinmohn) bepflanzt sind.

Der Garten beherbergt 42 britische Champion Trees, die wegen ihres Alters, ihrer Höhe oder des gartenbaulichen Wert bekannt sind. Groß gewachsene Exemplare, darunter die höchsten Mammutbäume in Großbritannien (47 m), verleihen einer erstaunlichen Sammlung von Zier- und niedrigen Baumgehölzen Struktur.

Der berühmte, 55 m lange Goldregen-Bogen verläuft im Halbkreis bis zur oberen Terrasse zurück. Bodnant beherbergt die Nationalsammlungen von *Magnolia*, *Embothrium*, *Eucryphia*, *Rhododendron forrestii* und der Bodnant-Hybrid-Rhododendren.

Bodysgallen Hall and Garden

Wer nun dachte, nach diesen beiden Pflanzen-El-Dorados wäre der Tag schon gelaufen, auf den wartete auf dem Weg nach Llandudno noch eine besondere Überraschung: das National Trust Historic House Hotel Bodysgallen Hall. Das Herrenhaus ist im Arts-and-Crafts-Stil erbaut. Ein ab 1886 von Lady Augusta Mostyn im Neorenaissancestil angelegter Garten mit Kräuterparterre (Abb. 20), Seerosenbecken, Obstgarten (Abb. 21) und Rosengarten und ein Wachtturm aus dem 13. Jh. ergänzen das Ensemble. Seit 1980 ist es im Besitz des National Trust und wird als exquisites Hotel geführt. Der Garten spielt im Gesamtensemble eine große Rolle und ist ausschließlich Hotelgästen vorbehalten. Head Gardener Robert

Abb. 20: Das Kräuterparterre in Bodysgallen Hall. Foto: J. Bouillon.

Abb. 21: Die Mauern im Obstgarten sind mit Wein und Japanischer Weinbeere (*Rubus phoenicolasius*) berankt. Davor wachsen Artischocken (*Cynara scolymus*) für die Hotelküche. Foto: Y. Bouillon.

Owen arbeitet seit 35 Jahren wie seine Vorgänger aus Viktorianischer Zeit und kultiviert intensiv Schnittblumen, Früchte und Gemüse in dem Küchengarten. Unsere Gruppe wurde geteilt. Während die erste Hälfte mit Robert die Gartenanlage erkundete, wurde die andere Hälfte ins Kaminzimmer geführt und mit Sandwiches, Scones und Tee verwöhnt. Nach einer knappen Stunde wurde getauscht. In den gebäudenahen Parterres ist eine besondere Intimität spürbar. Der vorbildlich geführte Obstgarten (Abb. 21) lässt erahnen, dass die dort kultivierten Früchte und Gemüse in der Küche des Hotels verarbeitet werden. Und nicht zuletzt führt ein ruhiger Rundweg durch einen Waldpark und bietet zahlreiche Ausblicke in die nordwalisische Hügellandschaft. Der Ausklang im Kaminzimmer versetzte uns in eine andere Zeit. Gerne hätten wir uns dort länger aufgehalten und in vollkommener Entspannung ein Buch gelesen, noch einen Tee getrunken oder uns vorgestellt, wie bei schlechtem Wetter das Kaminfeuer prasselt.

Aber wir wollten noch weiter, nach Llandudno, einem mondänen Badeort an der Nordküste von Wales.

7. Tag: Freitag, 10. August 2018

Gredington Hall and Park

Gredington Hall and Park in Hanmer – das ist der Privatpark von The Lord und The Lady Kenyon (Abb. 22), die hier u. a. die „National Collections" von *Viburnum*, *Sarcococca* und *Geum* sowie 250 verschiedenen Eichen und einen „Pleasure Garden" mit seltenen Gehölzen beherbergen. Interessanterweise liegt das Anwesen in Wales, die postalische Anschrift aber im englischen Shropshire, nur eine der vielen Kuriositäten in „Great Britain". Das nicht öffentliche Anwesen war nicht ganz einfach zu finden, und der enge, von alten Steinsäulen flankierte Zufahrtsweg forderte Ludger heraus; aber auch hier zeigte sich sein fahrerisches Können.

Lloyd Kenyon und seine Frau Sally, mit offiziellen Titel The Rt. Hon. Lloyd Tyrell Kenyon, 6th Lord Kenyon, Baron of Gredington und The Lady Sally genannt, begannen sich zwar schon früh für Pflanzen zu interessieren, zumindest mit Übernahme des Familienbesitzes Anfang der 1990er Jahre. Ein spezielles Interesse wurde aber erst im Sommer 1992 geweckt, als Lloyd den

Abb. 22: Lord Lloyd Kenyon (links) begrüßt die Teilnehmer. Foto: E. Jablonski.

wundervollen Duft eines voll erblühten *Viburnum ×juddii* (Judds Schneeball) wahrnahm, der in der Nähe des Hauses stand. Im (Irr-)Glauben, alle Schneebälle seien so wohlduftend, fing er an, *Viburnum* zu sammeln. 2000, als LLOYD KENYON bereits über 100 verschiedene Schneebälle gepflanzt hatte, wurde seiner Sammlung (genauer gesagt, nur für die Untergattungen *Thyrsosma*, *Lantana*, *Pseudopulus*, *Tinus* und *Opulus*) der Status einer „National Plant Collection“ zuerkannt. Mittlerweile umfasst die Sammlung weit über 200 *Viburnum*-Taxa. Da Lord KENYON feststellen musste, dass zu diesem Zeitpunkt kein umfassendes Werk über die Gattung erhältlich war, schrieb er selbst kleines Büchlein zum Thema: KENYON, L. (2001): *Viburnum*. NCCPG, Wisley, 85 S. Ein großer Teil dieser Sammlung ist im ehemaligen Küchengarten, dem „Walled Garden“ untergebracht.

Auch Lady SALLY ist eine Pflanzenliebhaberin; einer der beiden Plastiktunnel (SALLYS Tunnel) ist mit Gemüse, auch seltenen alten Sorten, und Zierpflanzen gefüllt (während LLOYDS Tunnel vor allem der Anzucht und Überwinterung seltener Gehölze dient). Zusammen haben sie eine große Sammlung an *Geum* (Nelkenwurz) aufgebaut – auch diese genießt den Status einer „National Collection“. Und es gibt noch eine weitere „National Collection“ der KENYONS, die der Gattung *Sarcococca* (Fleischbeere, Fam. *Buxaceae*) gewidmet ist.

LLOYD KENYON begann 1993, nachdem er Mitglied der International Oak Society geworden war, Eichen zu pflanzen. Ein etwa 40 ha großes Wiesenareal wurde nach und nach mit Arten und Sorten der Gattung *Quercus* bepflanzt. Da, auch heute noch, etwa 600 Schafe auf dieser Fläche weiden, wird jede Eiche einzeln eingezäunt. Momentan sind 400 Eichen in 250 Taxa gepflanzt. Es ist von der zuständigen Kommission vorgesehen, auch dieser Sammlung den Status einer „National Collection“ zu verleihen. Die restlichen 7 ha „Garten“ sind mit vielen anderen seltenen Gehölzen bepflanzt und allein einen Besuch des Anwesens wert.

Die Wettervoraussage behielt Recht: Es regnete während unseres Besuchs sehr heftig. Einige Teilnehmer wagten keine weiten Unternehmungen und begnügten sich mit dem Besuch der Schneeballsammlung (die in die Jahre gekommen schon sehr dicht war). Die regenfesten unter uns streiften auf dem weiträumigen Wiesengelände auf der Suche nach seltenen Eichen umher. Äußerst willkommen war die anschließende Zusammenkunft bei heißer Suppe, Sandwiches, Aufläufen, walisischem Käse, Tee, Wein und Bier. Diese fand in den jahrhundertealten Stallgebäuden statt – in der über Jahrzehnte unverändert gebliebenen Kammer der Pferdeknechte konnten wir die unzähligen Preise bestaunen, die die zum Gut gehörenden Pferde in den letzten 150 Jahren erzielen konnten. Die beeindruckende Gastfreundschaft Lord und Lady KENYONS ließ dann auch die schweren Regenschauer vergessen, die ja bitter nötig waren für dieses ausgetrocknete Land.

Wir ließen Wales nicht ohne Wehmut hinter uns und fuhren weiter nach Oxford.

Oxford Botanical Garden

Der Botanische Garten der Universität liegt im Herzen der Stadt und ist der älteste in England und einer der ältesten wissenschaftlichen Gärten der Welt. Die Anfänge des Gartens, in dem der Samentausch erfunden wurde, gehen auf das Jahr 1621 zurück. Er beherbergt etwa 6000 Taxa. Am Garten empfingen uns der Geschäftsführer Colonel GILES CRISP und weitere Mitglieder der IDS, die auch beim Abendessen zugegen waren.

Innerhalb Ummauerung befinden sich mehrere stattliche Bäume, z. B. eine Großblättrige Weißdornmispel (*×Crataemespilus grandiflora; C. laevigata × M. germanica*) und ein 1850 gepflanzter Speierling (*Sorbus domestica*), der mächtigste in Großbritannien.

Das Areal außerhalb der Ummauerung wurde 1947 angegliedert und ziergärtnerisch gestaltet. Hier finden sich ein neuer Wassergarten, Staudenrabatten, ein Torfgarten, der Frühlingspfad und eine Herbstrabatte. Beeindruckend ist auch die Präsentation „Pflanzen, die die Welt verändert haben“, in der zahlreiche Nutzpflanzen vorgestellt werden. In einem der Gewächshäuser war die Botanik von Gin dargestellt. Der häufigste, aber nicht einzige Geschmacksträger ist Wacholder. Weitere Gehölze und krautige Pflanzen werden verwendet, wie wir an dem einen oder anderen Abend bereits bei Degustationen genießen konnten.

Der Botanische Garten ist eine wichtige Ressource für Forschung, Ausbildung, Erhaltung und Inspiration für eine neue Generation von Botanikern.

Oxford

Anschließend folgte ein kurzer Bummel durch Oxford. Oxford ist eng mit seiner prestigeträchtigen

Universität, die im 12. Jahrhundert gegründet wurde, verknüpft. Aufgrund der Architektur der 38 Colleges in der mittelalterlichen Altstadt gab der Dichter Matthew Arnold der Stadt den Spitznamen „City of Dreaming Spires". University College und Magdalen College liegen an der High Street, die vom Carfax Tower zum University of Oxford Botanic Garden am River Cherwell verläuft. Wegen der Universitätsabschlussfeierlichkeiten waren die Collegehöfe (Abb. 23) nicht zugänglich.

Abb. 23: Blick in einen Collegehof in Oxford. Foto: M. Liesebach.

8. Tag: Samstag, 11. August 2018

RHS Garden Wisley

Das Finale unserer Reise war der Besuch des RHS Garden in Wisley. Der Garten ist Sitz der Royal Horticultural Society (RHS) und bedeutendster Schaugarten Europas, Standort von Sichtungen für Gehölze, Stauden und Einjährige und Forschungseinrichtungen (z. B. Botanik, Pflanzenkrankheiten). Mit 1,1 Mio. Besuchern (2017) gehört Wisley nach Kew Gardens zu den meistbesuchten Gärten Englands.

Das 97,1 ha große Gelände liegt direkt an der M25 und der A3 von London nach Portsmouth, deren Lärm beim Durchwandern der Anlage jedoch schnell vergessen ist. Der Garten unterhält die „National Collections" für *Crocus*, *Calluna*, *Rheum*, *Galanthus* und *Epimedium*. Nach einem erfolgreichen Versuchsanbau in Wisley kann einer Gartenpflanzensorte durch Gutachter, die von der RHS ernannt werden, das Prädikat „besonders gartenwürdig" – Award of Garden Merit (AGM) – verliehen werden, was sehr verkaufsfördernd ist.

Das Gut Oakwood mit 24 ha Land wurde 1878 von dem pensionierten Fabrikanten GEORGE FERGUSON WILSON erworben. Er war ein begeisterter Gärtner und legte den „Oakwood Experimental Garden" an, in dem er seltene Zierpflanzen kultivierte. Nach dem Tode WILSONS 1902 erwarb der Quäker Sir THOMAS HANBURY – derselbe HANBURY, der ab 1867 die Villa Hanbury am Capo Mortola in Ventimiglia zum berühmtesten botanischen Garten an der Italienischen Riviera machte, – das Gut zusammen mit der angrenzenden Glebe-Farm. Er übereignete das Anwesen 1903 der RHS. Auf dem Gelände befindet sich ein 6,5 ha großes Obstarboretum (Orchard), das 660 Apfel-, 125 Birnen- und 100 Pflaumensorten enthält, teils als Spalierobst gezogen. 1904 wurde ein erstes Gewächshaus erbaut. Ein ausgedehntes Alpinum wurde 1910 durch JAMES PULHAM mit Hilfe einer eigens erbauten Eisenbahnlinie angelegt. 1914–1916 wurde ein Laborgebäude im Arts-and-Crafts-Stil erbaut, das Teile abgerissener Herrenhäuser enthält. In den 1960er Jahren legten LANNING ROPER und GEOFFREY JELLICOE vor dem Labor einen Kanal an, der heute eine große Sammlung von Seerosen enthält. 2006–2007 wurde ein weiteres 3000 m² großes Gewächshaus (Bicentenary Glasshouse) am Westrand des Geländes erbaut und ein Teich angelegt. Die Grünanlagen im niederländischen Präriestil daneben stammen von TOM STUART-SMITH.

Angesichts der Größe war klar, dass wir nur einen Eindruck von der Anlage mitnehmen werden. Alleine im Book Shop ließen sich mehrere Stunden zubringen. Wir erkundeten den Garten individuell, jeder nach seinem Belieben und Tempo, und trafen uns am frühen Nachmittag mit den letzten Mitbringseln wieder am Bus. Von da aus ging es zur Fähre nach Harwich, wo wir mit dem Hotelboot England verließen.

9. Tag: Sonntag, 12. August 2018

Nach einer kurzen Nacht erreichten wir in der Frühe Hook van Holland. Ohne botanischen Stopp ging es nach Duisburg, wo uns zwei Drittel der Gruppe verließ. Der Rest fuhr weiter nach Osnabrück. Hier endete eine erlebnisreiche, harmonische Reise planmäßig. Am Ende fanden alle im Bus verbliebenen Pflanzen, Penderyn-Madeira-Whisky- und Gin-Flaschen ihre Besitzer.

Literatur:

LOCK, S (2000): Studienreise der DDG nach Nord-England und Wales vom 15. bis 23. Juni 1998 – Eindrücke und Erlebnisse eines Reisenden in den Gärten und Parkanlagen. Mitt. Deutsch. Dendrol. Ges. 85: 225–242.

Autoren:

Prof. Dr. JÜRGEN BOUILLON
Hochschule Osnabrück
Am Krümpel 31
49090 Osnabrück

EIKE J. JABLONSKI
LTA, dept. horticole
72, avenue Lucien Salentiny
L-9080 Ettelbruck

Dr. MIRKO LIESEBACH
Thünen-Institut für Forstgenetik
Sieker Landstr. 2
22927 Großhansdorf

Mitt. Deutsch. Dendrol. Ges. (MDDG)	104	199–206	2019	ISBN 978-3-494-01794-5

Bericht zum Winterseminar der Arbeitsgruppe „Junge Dendrologen“ in Flandern vom 15. bis 18. Februar 2018

Mirko Liesebach und Jürgen Bouillon

Die Arbeitsgruppe Junge Dendrologen in der DDG richtet seit 1998 jährlich im Februar ein gehölzkundliches Winterseminar aus (Jablonski 2017). Die Winterseminare fanden – mit einer Ausnahme im Jahr 2007 (Luxemburg) – in Deutschland statt. Auf dem 20. Seminar in Cottbus hatten sich die Teilnehmer dafür ausgesprochen, das nächste in Flandern abzuhalten. Im Jahr 2018 führte es die Jungen Dendrologen somit ein weiteres Mal ins Ausland, dieses Mal nach Belgien. Bei Veranstaltungen im Ausland ist der Organisationsaufwand höher als bei denen in Deutschland. Dank der guten Kontakte zu Kollegen in Belgien und deren Hilfsbereitschaft hielt sich der zusätzliche Aufwand in Grenzen.

Mit 84 Teilnehmern erreichte die Teilnehmerzahl einen neuen Rekord. Daher ist es nicht verwunderlich, dass beim Winterseminar auch von der „kleinen Jahrestagung“ gesprochen wird. Seminarstandort war 2018 die Jugendherberge De Blauwput in Leuven, die gut erreichbar war. Ein Novum war, dass der überwiegende Teil der Vorträge und Führungen in Englisch stattfand. Über die Winterseminare wurde bislang nur unregelmäßig und zuletzt im Jahr 2007 in den Ginkgoblättern (Nr. 76, 82, 90, 98, 102 und 108) berichtet. Auch in diesem Jahr gab es wieder einen 61-seitigen Seminarband (Bouillon 2018) als Tagungsunterlage.

Donnerstag, 15.2.2018

Das Seminar begann, wie in den Vorjahren, mit dem gemeinsamen Abendessen in der Jugendherberge. Anschließend folgte die Begrüßung und Vorstellung des endgültigen Programms durch den Fachreferenten der AG Junge Dendrologen, Jürgen Bouillon. Im ersten Fachvortrag gab Roger Creyf einen Überblick über Kultur und Natur in Flandern und Belgien. Anschließend fand eine Bücherbörse statt, auf der die mitgebrachten Bücher neue Besitzer fanden. Der Abend klang mit einem gemütlichen Beisammensein bei einem Bier an der Bar der Jugendherberge aus.

Freitag, 16.2.2018

Nach dem Frühstück begann das Programm mit einer Pflanzenbörse. Nachdem die ergatterten Schätze auf den Zimmern verstaut waren, trafen sich die Teilnehmer auf der anderen Seite des Bahnhofs, wo uns die Busse erwarteten. Die Busse standen jedoch in einer Seitenstraße und es verging einige Zeit, bis wir zu den Fahrern Kontakt hatten. Mit einer leichten Verspätung trafen wir im **Arboretum Kalmthout** ein. Hier begrüßte uns der Kustos des Arboretums, Abraham Rammeloo. Anschließend ging es in einer englisch- (Hilde van Eerdeweg) und zwei deutschsprachigen (Anita Hens und Myriam Luyckx) Führungen durch das 12,5 ha große Arboretum, dessen Anfänge mehr als anderthalb Jahrhunderte zurückliegen.

Das Arboretum hat eine der größten und ältesten Sammlungen von *Hamamelis* (Zaubernüssen) in Europa. Dank des kurzen Winters waren die meisten Zaubernüsse in voller Blüte. Es war eine überwältigende Fülle an Blütenvarianten: Gelb (z. B. *H. ×intermedia* 'Brandis' [Abb. 1], 'Luna', 'Primadonna', *H. japonica* var. *obtusata*), orange (*H. ×intermedia* 'Aphrodite'), rot (*H. ×intermedia* 'Foxey Lady', 'Antoine Kort' [Abb. 2]), hell, dunkel, gefüllt, bunt (*H. ×intermedia* 'Strawberries and Cream'),

Abb. 1: *Hamamelis ×intermedia* 'Brandis'. Foto: J. Bouillon.

Abb. 2: *Hamamelis ×intermedia* 'Antoine Kort'. Foto: M. Liesebach.

duftend (*H. mollis* 'Imperialis') und blütenlos, da im Herbst blühend (*H. virginiana*), wechselten sich ab.

Eine herausragende Besonderheit von Kalmthout ist die Art und Weise, wie die seltenen Bäume, Sträucher und Stauden in harmonischen Pflanzungen zusammengestellt sind. In den Rabatten blühten verschiedenen *Cyclamen*- und *Helleborus*-Arten und -Sorten (Abb. 3).

Aber auch weitere Gehölzarten zogen uns in ihren Bann wie eine *Edgeworthia chrysantha*, eine bemerkenswerte Goldlärche (*Pseudolarix amabilis*), ein knorriger Amberbaum (*Liquidambar orienta-*

Abb. 3: *Cyclamen coum*. Foto: J. Bouillon.

Abb. 4: Die von den Leuvenaren liebevoll „Fonske“ genannte Brunnenfigur (Fons Sapientiae = Quelle der Weisheit) trichtert sich auf ungewöhnliche Weise Wissen und Weisheit ein. Foto: M. LIESEBACH.

lis), eine mächtige Schlangenhaut-Kiefer (*Pinus heldreichii* ‘Pygmy’), eine geradschaftige Jeffrey-Kiefer (*Pinus jeffreyi*), ein gelbrindiger Strauch-Ahorn (*Acer* ×*conspicuum* ‘Phoenix’), verschiedene Birken oder die Scheinhasel (*Corylopsis spicata*). Die Blüten des Bodnant-Winterschneeballs (*Viburnum* ×*bodnantense* ‘Deben’) waren leider vom Frost schwer gezeichnet.

Nach einem Lunch im Arboretum ging es zurück in die Jugendherberge, wo am Nachmittag noch zwei Vorträge folgten: Zuerst führte unsere „Junge Dendrologin“ DORIS SPANOWSKI in ihr Hobby, das Direktfärben mit Gehölzblättern, ein und stellte verschiedene Techniken vor. Anhand von Exponaten sahen wir, dass die Blätter der Silber-Weide gelb-orange Farbtöne hervorbringen, die der Blauspiere grün-gelbliche, die vom Wein rötliche und die der Walnuss braune.

Anschließend brachte uns KOEN CAMELBEKE in seinem Vortrag die Magnolien und ihre Cultivare näher. Er begann mit deren Stellung in der Phylogenie der Bedecktsamer. Die Familie der Magnolien-Gewächse umfasst zwei Gattungen, die eigentlichen Magnolien (*Magnolia*) mit etwa 230 Arten und die Tulpenbäume (*Liriodendron*) mit nur 2 Arten. Etwa 30 Magnolienarten (mit zusammen 900 Sorten) gelten in Belgien als winterfest. Die haarigen Knospen halten die Luft und isolieren so die Blüten. Die Bestäubung der Blüten erfolgt durch Käfer. Es folgte ein Überblick verschiedener Arten gegliedert in die großblättrigen, die japanischen und die gelb bzw. andersfarbig blühenden Magnolien. KOEN präsentierte ein wahres Feuerwerk an Blütenfarben auf seinen Folien.

Nach dem Abendessen stand noch eine dreistündige, geführte Wanderung durch die Bierhauptstadt Leuven auf dem Programm. In vier Gruppen wurde uns die Geschichte der Stadt auf ganz besondere Art vermittelt (Abb. 4). Unterwegs kamen wir auch an einigen, wenn auch wenigen, interessanten Gehölzen vorbei. Im Verlauf der Führungen wurden jeweils zwei Gaststätten aufgesucht, in denen es ein Bier der Wahl zum Kosten gab.

Abb. 5: Landschaftspark Herkenrode. Foto: J. BOUILLON.

Samstag, 17.2.2018

Am Samstag ging es in den privaten **Landschaftspark Herkenrode** (Abb. 5), wo uns PHILIPPE DE SPOELBERCH (Abb. 6) und KOEN CAMELBEKE erwarteten. Der Hausherr, PHILIPPE DE SPOELBERCH, gab eine Einführung in die Geschichte des Parks, bevor es in zwei Gruppen zu den Gehölzen ging. Bereits 1966 begann PHILIPPE DE SPOELBERCH, den Park mit Gehölzen zu bereichern. Zunächst waren es die Gattungen *Rhododendron* (700 verschiedene Arten und Sorten), *Acer* (200 Taxa) und später *Stewartia*, *Magnolia*, *Rosa*, *Cornus* und *Hydrangea*. Als der Platz nicht mehr ausreichte, gründete er das nördlich von Herkenrode gelegene Arboretum Wespelaar, unser folgender Exkursionspunkt. Nun aber erst zu einigen Gehölzen im privaten Landschaftspark: *Acer triflorum*, *Gymnocladus dioicus*, dessen Früchte als Kaffeeersatz verwendet werden, *Liquidambar styraciflua*, *Stewartia monadelpha*, *Camellia ×williamsii* mit ihren roten Blüten, *Daphne odora* in Blüte (Abb. 7), *Quercus rysophylla*, eine aus Mexiko stammende, immergrüne Eiche, *Pachysandra axillaris* subsp. *stylosa*

Abb. 6: PHILIPPE DE SPOELBERCH führt in seinem Landschaftspark Herkenrode. Foto: J. BOUILLON.

Abb. 7: *Daphne odora* f. *marginata*. Foto: M. LIESEBACH.

und natürlich auch hier eine Blütenpracht an Zaubernüssen.

Weiter ging es ins **Arboretum Wespelaar**, das ab 1984 von PHILIPPE DE SPOELBERCH angelegt, 2001 in eine Stiftung überführt und 2011 der Öffentlichkeit zugänglich gemacht wurde. Durch das 20 ha große Arboretum mit etwa 2000 Taxa führten uns KOEN KRAMER, JOKE OSSAER und INGRID SIMONS. Aus der Vielfalt der Gehölze seien nur einige genannt, die besonders auffielen: *Prunus mume* 'Beni-Chidori', eine Sorte der Japanischen Zier-Aprikosen mit ihren auffallend roten Blüten, *Cornus sanguinea* 'Winter Beauty' mit seinen auffallend feurigen Trieben (Abb. 8), *Nyssa sylvatica*, *Parrotia persica*, *Metasequoia glyptostroboides*, obwohl einhäusig hier zweihäusig wirkend, da die Exemplare entweder männliche Blüten oder nur Zapfen trugen, *Carya ovata*, *Fraxinus quadrangulata*, *Viburnum lantanoides* mit seinen auffallenden nackten Winterknospen, *Cornus officinalis* über und über gelb blühend, ×*Sycoparrotia semidecidua* (*Sycopsis sinensis* × *Parrotia persica*), *Pachysandra axillaris* subsp. *stylosa* (Abb. 9) und eine Allee aus über 80-jährigen *Quercus palustris*. In der Sammlung sind auch viele immergrüne Eichen, u. a. *Quercus argyrotricha* und *Quercus salicifolia*, sowie eine Vielzahl von Magnolien, deren silberne Blütenknospen ein wahres Blütenfeuerwerk erwarten ließen. Neben der pflanzlichen Ausstattung war auch die Etikettierung beeindruckend: Jedes Gehölz ist zweifach beschildert.

Abb. 8: *Cornus sanguinea* 'Winter Beauty'. Foto: M. Liesebach.

Abb. 9: *Pachysandra axillaris* subsp. *stylosa.* Foto: J. Bouillon.

Im Anschluss an die beiden Führungen durch den privaten Teil Park Herkenrode und den öffentlichen Teil der Stiftung Arboretum Wespelaar berichtete Philipp de Spoelberch noch in einen Vortrag über Eindrücke seiner Reisen nach Tibet und Sikkim, bevor er zu einem Termin in London aufbrach. Aus der Vielzahl der vorgestellten Arten seien auch hier nur einige erwähnt: *Abies densa*,

Abb. 10: Von Elvi Schmidt künstlerisch bearbeitetes Treibholz aus dem Fernen Osten Russlands. Foto: M. Liesebach.

Betula alnoides, *B. utilis*, *Populus ciliata*, *Quercus lamellosa*, *Rhododendron arboreum* (rotblühend), *R. falconeri* (weiß), *R. thomsonii* (rot), *R. campanulatum* (zart-lila), *R. niveum* (violett, nationale Pflanze Nepals) und *Tsuga dumosa*.

Nachdem wir uns in der Cafeteria gestärkt hatten, setzten wir den Tag mit den traditionellen **Bestimmungsübungen** fort, die Koen Camelbeke und Volker Meng vorbereitet hatten. Zu bestimmen galt es die folgenden 12 Arten: *Sambucus racemosa, Pterocarya fraxinifolia, Lonicera xylosteum, Parthenocissus quinquefolia, Sinowilsonia henryi, Parrotia persica, Rubus phoenicolasius, Eucommia ulmoides, Corylus colurna, Prunus padus, Ligustrum vulgare und Larix kaempferi*. Dabei wurde besonderer Wert auf den Umgang mit dem Bestimmungsschlüssel (Fitschen – Gehölzflora, 13. Aufl.) gelegt. Es galt, den Weg zu notieren. Für die Fortgeschrittenen waren Zweige von weiteren 20 Gehölzen ausgelegt. Der Quelle & Meyer Verlag hatte uns freundlicherweise einen Satz Bestimmungsbücher zur Verfügung gestellt.

Zum Abendessen waren wir wieder pünktlich in der Jugendherberge zurück. Hier berichtete anschließend Peter A. Schmidt über die Studienreise der DDG in den Fernen Osten Russlands (Pietzarka et al. 2018). Wie in den vergangenen Jahren wurde der Vortrag mit einer Ausstellung von Elvi Schmidt begleitet. Sie stellte Skizzen und Bilder von ihren Eindrücken der Reise und als Besonderheit in diesem Jahr auch Arbeiten aus künstlerisch bearbeitetem Treibholz aus (Abb. 10).

Danach trafen sich die meisten Teilnehmer noch in der Bar, die heute länger für uns geöffnet war, um den letzten Abend gemeinsam ausklingen zu lassen.

Sonntag, 18.2.2018

Am Morgen räumten wir nach dem Frühstück die Zimmer. Der Geschäftsführer Mirko Liesebach musste anschließend noch mit dem Herbergspersonal alle Zimmer abnehmen – alle waren sauber

Abb. 11: Die Königsallee im Arboretum Tervuren. Foto: M. Liesebach.

und ohne Schäden durch Vandalismus. Individuell reisten wir zum geographischen **Arboretum Tervuren**. Hier empfingen uns Wilfried Emmerechts und Patrick Huvenne, die durch das Gelände am Stadtrand von Brüssel führten. Das 120 ha große Arboretum wurde zwischen 1902 und 1920 angelegt und beherbergt 460 Baumarten: 305 Laub- und 155 Nadelgehölze. Die Baumarten sind als kleine Wälder in Parzellen mit verschiedenen Arten aus einer Region angepflanzt. Gezeigt werden die typischen Baumarten aus den gemäßigten Klimazonen der nördlichen Halbkugel sowie von der südlichen Halbkugel aus dem Gebiet der Anden. Von den insgesamt 40 Parzellen behandeln je 20 Landschaften der Alten Welt (Europa, Asien, Nordafrika) und der Neuen Welt (19 Nordamerika und 1 Araukarienwald). Die einzelnen Parzellen werden meist durch Lichtungen oder Alleen optisch getrennt.

Von der Vielzahl der Arten seien auch hier nur einige aufgeführt: *Acer saccharinum, Araucaria araucana, Betula papyrifera, Calocedrus decurrens, Carya glabra, C. ovata, Castanea dentata, Juglans cinerea, Fagus grandifolia, Larix occidentalis, Liriodendron tulipifera, Nothofagus betulifolia, Picea mariana, Pinus banksiana, P. ponderosa, P. strobus, Prunus serotina, Pseudotsuga menziesii, Tsuga canadensis*. Beeindruckend ist auch die Königsallee aus Blut-Buchen im Arboretum (Abb. 11). Wer die Anlage bereits kannte, war nicht überrascht, dass die geplante Aufenthaltsdauer überschritten wurde. Wir verabschiedeten uns herzlich und voller neuer Eindrücke aus Flandern.

Literatur:

Bouillon, J (2018): Seminarband zum 21. Winterseminar der AG Junge Dendrologen in der DDG vom 15. bis 18. Februar 2018, Flandern.

Jablonski, E (2017): Die Arbeitsgruppe „Junge Dendrologen“ in der Deutschen Dendrologischen Gesellschaft (DDG). Mitt. Deutsch. Dendrol. Ges. 102, 227–236.

Pietzarka, U et al. (2018): Bericht zur Studienreise der DDG in den russischen Fernen Osten (Region Primorje) vom 20. September bis 2. Oktober 2017. Mitt. Deutsch. Dendrol. Ges. 103, 211–244.

Autoren:

Dr. Mirko Liesebach
Thünen-Institut für Forstgenetik
Sieker Landstr. 2
22927 Großhansdorf

Prof. Dr. Jürgen Bouillon
Hochschule Osnabrück
Am Krümpel 31
49090 Osnabrück

Mitt. Deutsch. Dendrol. Ges. (MDDG)	104	207–219	2019	ISBN 978-3-494-01794-5

Meine letzte botanische Reise nach Pakistan im Herbst 1999

WERNER BROCKMANN

Vorgeschichte

Es war im Sommer des Jahres 1990, als HOLGER LAENGE unsere Tochter MARIA heiratete. Beide hatten gerade ihr Ingenieur-Studium beendet, unsere Tochter im Gartenbau und in Landespflege, unser Schwiegersohn in der Wasserwirtschaft. Er hatte auch gleich eine Anstellung bei den Hamburger Wasserwerken bekommen.

Sein Chef hatte bei der Einstellung gesagt: „Hier haben Sie eine sichere Stellung bis zu Ihrer Pensionierung, da brauchen Sie sich keine Sorgen mehr zu machen!“ Aber unser Schwiegersohn dachte: „Soll es das gewesen sein, bis zum Lebensende hier eingebunden sein?“

Beide, Holger und Maria, beschlossen: „Wir gehen in die Entwicklungshilfe, da können wir noch sinnvoll tätig sein und helfen, Lebensbedingungen von Menschen in anderen Ländern zu verbessern“ (so meinten sie in ihrem ersten Enthusiasmus).

Gesagt, getan. Die Bewerbung bei der GTZ, der Gesellschaft für Technische Zusammenarbeit, wurde angenommen. Die Hamburger Wasserwerke stellten den frisch eingestellten Ingenieur HOLGER LAENGE für 2 Jahre frei für ein Entwicklungsprojekt in Pakistan. Ein Vierteljahr Schulung wurde für beide angesetzt, denn auch die Ehefrau war eingebunden in diesem Vertrag.

Nun aber zu Pakistan. Ich entnahm der damals neuesten Auflage des Brockhaus-Lexikons:

- Seit 14.8.1947 unabhängiger Staat; 796 095 km² groß; 131,6 Millionen Einwohner (jährliche Zuwachsrate: 3 %); Hauptstadt: Islamabad; Währung: Rupie = 100 Paisa.
- Pakistan ist im Osten durch Indien begrenzt, im Süden durch den Indischen Ozean, im Westen durch Iran und Afghanistan; im Norden verläuft die Grenze gegen Afghanistan, Tadžikistan und China im Bereich der Gebirge Hindukusch und Himalaja.
- Verwaltungsmäßig ist Pakistan in 4 Provinzen aufgeteilt (bzw. war es in den 1990er Jahren): Sind, Pundjab, Belutschistan und „Northwestern Frontier Province“ (Nordwest-Grenzprovinz); die letztere ist zum größten Teil gebirgig.

Dann ging es los: Anfang 1991 Abreise der jungen Leute nach Pakistan, und zwar nach Peshawar, der Hauptstadt der Nordwest-Grenzprovinz, Standort des GTZ-Projektes.

Und hier besuchten wir, meine Frau ILSE und ich, sie dann das erste Mal vom 28.8. bis 20.9.1991, wobei wir in der Hauptsache das Gebiet des Swat-Tales nördlich von Peshawar kennen lernten. Es folgten dann aber noch 3 weitere Besuche, teils zusammen, teils getrennt (da es für unseren Betrieb nicht möglich war, dass wir längere Zeit beide abwesend waren). Im März 1992 besuchte ILSE die junge Familie, in der am 30.3. unsere erste Enkelin JOHANNA geboren wurde. Dann, im Juli 1992, ging ich, WERNER, allein auf „*Rhododendron*-Suche“, es ging dabei besonders um die seltene Art *Rh. collettianum*. Schließlich konnten wir im Frühjahr 1993 noch einmal eine gemeinsame, größere Tour machen, bei der wir auch in die weiter nördlich im Gebirgsland gelegenen Gebiete von Chitral, Gilgit und Hunza gelangten.

Bei allen diesen insgesamt 4 Reisen in der Nordwest-Grenzprovinz hat mich von Anfang an, und immer wieder, die Landschaft des Oberen Swat-Tales fasziniert. Dieses hat mich nicht nur mit der Gestalt seiner Berge und Wälder an Bayern, die Schweiz oder Tirol erinnert, sondern auch die Klimaverhältnisse ähneln den entsprechenden Höhenlagen unserer Alpen.

Einige Reiseeindrücke habe ich schon früher in DDG-Schriften veröffentlicht, so 2001 „Wälder im Oberen Swat-Tal“ (Ginkgoblätter 82: 5–9), 2007 „Himalaja-Birken“ (Mitt. Deutsch. Dendrol. Ges. 92: 125–129).

Die Reise von 1999

Nach 6 Jahren sollte diese Reise eine Art Resumé der 4 früheren Reisen sein; zugleich sollte aber auch das Samen-Sammeln sozusagen ein konkretes, materielles Ergebnis bringen.

Freitag, 17.9.

Abflug von Hamburg nach London ca 12:00 Uhr, Flug London–Manchester, Abflug von Manchester nach Pakistan 21:08 MEZ.

Samstag, 18.9.

Landung in Islamabad: ca. 4:15 Uhr MEZ = 7:15 Uhr OZ (Ortszeit).

Dunstiges Wetter. Vor den Bergen stauen sich Wolken.

Nach Geldwechsel (500 DM ergeben 13 000 Rupies) 8:00 Uhr OZ Abfahrt mit Taxi von Islamabad über Attock nach Peshawar (Preis 1 800 Rupies). Der Fahrer ist MOHN AD SADAT. 11:00 Uhr Ankunft in Peshawar. Hier Geldtausch im Basar: 1 000 DM gegen 28 800 Rupies, 288 Hunderterscheine.

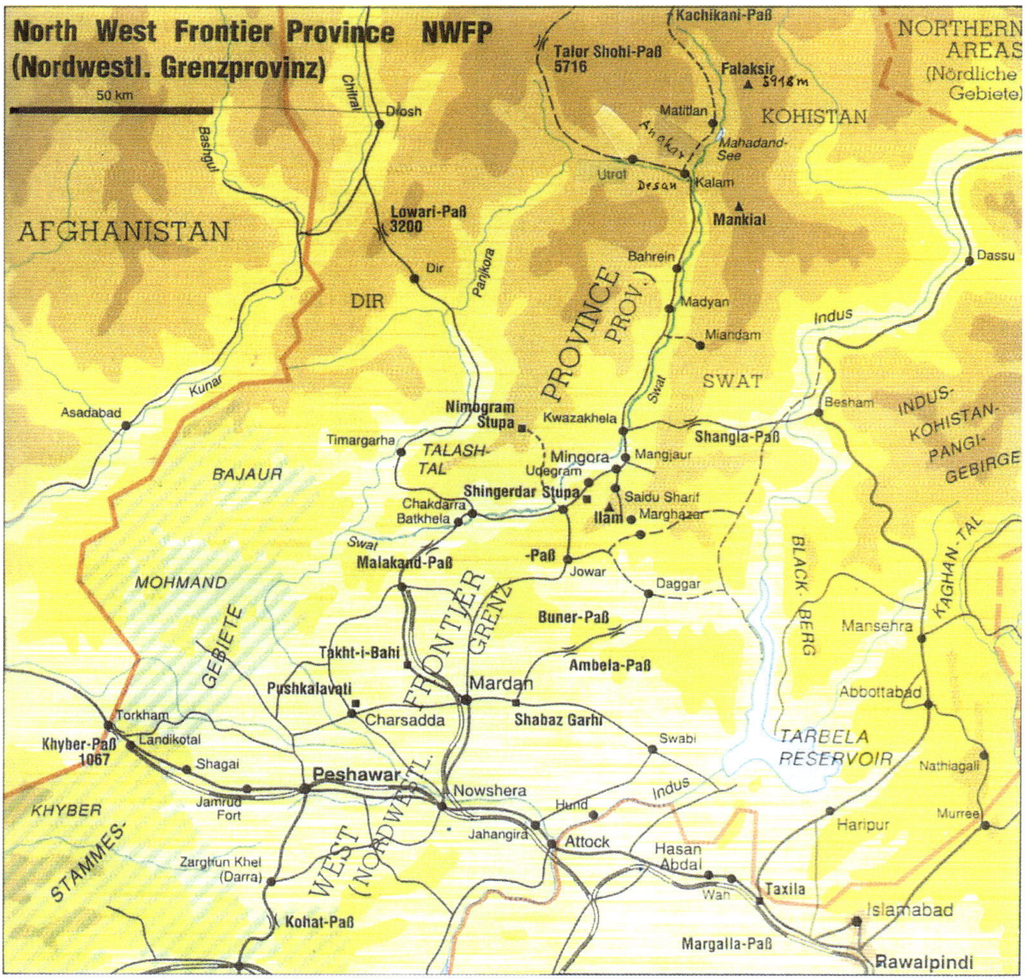

Abb. 1: Übersichtskarte des bereisten Gebietes in Pakistan.

Sonntag, 19.9.

Ruhetag in Peshawar.

Montag, 20.9.

Abfahrt um 7:30 Uhr von Peshawar. Auf ca. 200 km langer, teils schwieriger und stark ansteigender Straße erreichen wir über Nowshera, Takht-i-Bahi und den Malakand-Pass zunächst das Swat-Tal bei Batkhela und dem Swat-Fluss folgend über Chakdarra, Mingora, Kwazakhela, Bahrein schließlich am frühen Nachmittag das heutige Ziel, die 2000 m ü. M. gelegene Stadt Kalam (Abb. 1).

Kalam, mit mindestens 10000 Einwohnern, lebt großenteils vom Tourismus. Zahlreiche finanziell gut gestellte Familien entfliehen im Sommer der unerträglichen Hitze in den Städten des Punjab und quartieren sich im kühlen Bergland ein. Es gibt zurzeit 156 Hotels in Kalam. Das ganze Swat-Tal ist mit Hotels dicht gepflastert!

Jetzt im Herbst sind aber nicht mehr viele Punjabi im oberen Swat-Tal, die meisten Hotels haben bereits geschlossen. In einem noch geöffneten, dem Sangam, das ich von früher kenne, miete ich ein Zimmer für 700 Rp. die Nacht, Special Price, sonst 800 Rp. (ich denke, das ist ein Nach-Saison-Preis).

Zugleich engagiere ich wieder einen alten Bekannten, Muhamed Ulla, der mich (bzw. uns) schon damals auf den Reisen begleitet hat (er erhält 2500 Rupien als Lohn und für Verpflegung). Kalam ist ein sehr guter Ausgangspunkt für Reisen in verschiedene Richtungen: Es liegt in einem Becken, in dem sich die beiden Quellflüsse des Swat, der Ushu aus dem NO und der Utrot aus dem NW, vereinigen, und in das auch noch mehrere weitere, kleinere Flusstäler einmünden.

Dienstag, 21.9. (Abb. 2–5)

Zur Eingewöhnung mache ich heute zunächst eine Wanderung in eines dieser kleinen Täler: das von Norden kommende „Anakar Valley“, aufwärts bis auf ca. 2700 m. Es enthält Wälder aus *Cedrus deo-*

Abb. 2: Stamm einer alten Himalaja-Zeder (*Cedrus deodara*) mit Sham Shir Khan; Anakar-Tal, 2600 m ü. M. Foto: W. Brockmann.

Abb. 3: Aufforstung mit Zedern (*Cedrus deodara*) nach Waldbrand; Anakar-Tal. Foto: W. Brockmann.

Abb. 4: Naturverjüngung auf alter Waldbrandfläche; Anakar-Tal. Foto: W. Brockmann.

dara, Abies pindrow, Picea smithiana, Pinus wallichiana und *P. gerardiana, Quercus semecarpifolia* (?), *Q. dilatata, Q. incana, Parrotiopsis* (Saat war bereits ausgefallen) und mit *Viburnum, Lonicera, Cotoneaster, Rhamnus, Sedum ewersi*. Zedernanpflanzung auf Brandfläche, aber auch Selbstaussaat von Kiefern und Zedern, Indigo, *Crataegus, Corylus colurna, Fraxinus hookeri* (oder *F. xanthoxyloides*).

Alle großen Bäume haben hier eine Höhe von bis zu 60 m (200 Feet), sowohl Zedern als auch Kiefern, Tannen und Fichten. Eine mächtige abgestorbene Zeder hat 2 m Stammdurchmesser, war ca. 500 Jahre alt. Unterwuchs gibt wenig, nur an den Steilflächen. Außer den bereits erwähnten Gehölzen sind noch *Rosa webbiana, Sambucus*, staudig (*S. wallichiana*?), und *Sorbaria* zu finden.

Mittwoch, 22.9. (Abb. 6–7)

Heute begannen wir mit einer mehrtägigen Reise im Ushu-Tal aufwärts, auf der z.T. noch befahrbaren Straße in Richtung auf den 5700 m hohen Kachikani-Pass. Abfahrt vom Hotel 8:30 Uhr, Ankunft Mahodand-See (eigentlich nur Teich, mit einer kleinen Insel), Höhe: 2850 m.

Hier längerer Aufenthalt. Das Wetter ist gut, strahlender Sonnenschein. Unterwegs an Pflanzen: *Acer, Populus, Salix, Tamarix* (oder *Myricaria*), *Parrotiopsis, Juniperus, Betula*, die 4 Hauptnadelbäume: *Cedrus deodara, Pinus wallichiana, Abies pindrow* und *Picea smithiana*. Früchte von *Rosa webbiana, Juniperus sabina* (?), *Viburnum lantana* (?), *Aconitum*, Polsterstaude, *Fraxinus xanthoxyloides*.

Abb. 5: Hochwüchsiger Nadelwald (ca. 60 m hoch) aus *Pinus wallichiana, Cedrus deodara, Picea smithiana* und *Abies pindrow*; Anakar-Tal. Foto: W. Brockmann.

Wir gingen dann nur noch wenige hundert Meter, kochten Tee und Muhamed Ulla versuchte, Fische zu fangen. Ohne Erfolg. Er hatte den Rucksack voller Lebensmittel, Zwiebeln, Tomaten, Äpfel und Reis. Dazu tausend andere Dinge. Er kochte ein schmackhaftes Mahl aus Zwiebeln, Tomaten, Malvenblättern (hier geerntet) und Reis. Ich habe die letzten Tage wenig gegessen, aber nun schmeckt es mir wieder. Gestern im Anakar-Valley konnte ich mit Mühe und Not nur ein Viertel Yerpati runterkriegen.

Abends ab 19:00 Uhr schien der Mond so hell, dass keine Taschenlampe nötig war. Dabei wurde es aber sehr kühl, so dass wir uns mit dicken Jacken schützen mussten, da wir jetzt im Freien übernachteten.

Donnerstag, 23.9., 7:00 Uhr

Heute Morgen herrscht teilweise Nebel bzw. Wolken. Der Erdboden ist feucht. Nach einer halben Stunde langsamen Gehens war für Muhamed Ulla die Gelegenheit fürs Fischen und für mich Gelegenheit zum Botanisieren in einem nahen Kiefernwald mit Wacholdern, Rosen und *Cotoneaster*-Unterwuchs. Hier wuchsen viele *Primula cashmeriana, Podophyllum, Swertia*, natürlich auch *Primula rosea* und Enzian, beide noch etwas in Blüte. Auf den Geröllhalden an den Talseiten sah ich fast nur *Viburnum*. An der rechten Talseite im Fels, fürs Vieh unerreichbar, standen wunderschöne Enziane in Blüte; Saat war noch nicht reif. Hier wuchsen auch Bergenien. Etwas weiter am Hang war der Platz mit *Clematis royleana*. Leider waren alle abgefressen, so dass ich wieder keine Saat finden konnte, nur einige unreife Samen konnte ich noch erwischen.

Abb. 6: Blick aus dem Ushu-Tal auf den 5918 m hohen Berg Falaksir. Foto: W. Brockmann.

Abb. 7: Bestand der Tränen-Kiefer (*Pinus wallichiana*) und Almhütten am Mahodandsee; Ushu-Tal, 2850 m ü. M. Foto: W. Brockmann.

13:00 Uhr an dem von früher bekannten „Rhododendronplatz" (Abb. 8–9). Ich erntete viel Saat von *Rhododendron collettianum*, dem großen, konnte das kleine zuerst nicht wiederfinden, dazu unterwegs Saat von Enzian, *Berberis*, einer Caryophyllacee, *Betula utilis* var. *jacquemontii*.

Auf der „Insel" viel Wacholder mit blauen Beeren, am Wasser noch ein anderer ohne Beeren (*J. squamata*?), weit und breit der einzige dieser Art. Erste Saat von Birken gesammelt. Es beginnt leicht zu regnen, es donnert. Wir schlafen diese Nacht in einer Höhle, unmittelbar am „Rhododendronplatz" (Diese *Rhododendron collettianum* kennen wir seit 1991, hielten sie bis jetzt für *Rh. afghanicum*.)

Freitag, 24.9., 9:30 Uhr

Bei der *Rhododendron*-Gruppe handelt es sich jeweils um mehrere Pflanzen, wie mir scheint. Das befressene, da nicht auf der „Insel" stehende *Rhododendron* besteht wohl aus 3 Pflanzen mit je 120–250 cm Durchmesser, Triebe niederliegend, z.T. 1 m lang, doch ist die Pflanze nicht höher als 60–70 cm. Alle Triebe an dieser Pflanze sind stark befressen, Blütenknospen und Saatkapseln so gut wie nicht vorhanden. Alle Pflanzen haben zusammen einen Durchmesser von 4,5 m. Die *Rhododendron*-Gruppe auf der „Insel" besteht aus mindestens 4 Einzelpflanzen. Der ganze Pulk entlang des Flusses hat einen Durchmesser von 7 m. Gesund sieht er aus und hat guten Samen- und Blütenansatz für

Abb. 8: Birken am Fluss Ushu („Rhododendron-Platz"), 2900 m ü. M. Foto: W. Brockmann.

Abb. 9: *Rhododendron collettianum* unter Birken am „Rhododendron-Platz" (vgl. Abb. 8). Foto: W. Brockmann.

Abb. 10: *Ephedra* mit Samenständen; bei Duranga, 3 000 m ü. M. Foto: W. Brockmann.

das nächste Jahr. Ich ernte heute Nachmittag über 50 Samenstände und säe einige Samenkapseln an günstigen Plätzen auf der „Insel" aus.

Die Birken bekommen die ersten gelben Blätter. Wir sind gut 2 900 m hoch, und noch 200–400 m über uns wachsen Birken am Hang. Dazwischen stehen einige *Abies pindrow.* Auf der gegenüber liegenden Talseite kann ich Birken noch in gut 3 600 m Höhe erkennen. An Pflanzen habe ich auf der Alm kurz vor Duanga gefunden (11:00 Uhr): *Viburnum* (*cotinifolium*?), *Rosa webbiana, Juniperus communis alpina* (?), kriechend, *Betula utilis, Ephedra* (Abb. 10), fruchtende *Sempervivella, Tamarix* (*Myricaria*).

Hier stehen 3 über 50 cm dicke Birken, gerade gewachsen, wohl zwischen 120 und 200 Jahre alt, eine ca. 20 m hoch, Stammumfang 270 cm, 2 ca. 13 m hoch, ca. 150 cm Stammumfang. Wir wandern dieses Mal auf der rechten Talseite. (Sonst wanderten wir immer auf der linken Flussseite.) Der Wind weht talaufwärts.

Samstag, 25.9.

Alm kurz unter Duanga. Wir sind 3 000 m hoch, am rechten Ufer des Ushu-Flusses. Schon ab 6:00 Uhr trieben Hirten ihr Vieh talwärts. Ich zählte einmal in einem Pulk über 100 Rinder, 40 Esel, 1 Schaf, 1 Pferd und einen Hund. Jetzt kamen auch Wasserbüffel mit vorbei. Der Herbst hält Einzug mit Gelbfärben des Birkenlaubes. Von dieser Hütte aus hat die Landschaft, wenn ich talwärts blicke, etwas Schwedisches an sich, die kargen Felsen, die talwärts gekrümmten Birken (so wie am Kungsleden in Nordschweden). Es ist, Gott sei Dank, trockenes Wetter. Sonst würden wir hier um die Almhütten im Kuhmist versinken.

Sonntag, 26.9.

Alm oberhalb Duanga. Diese Alm ist aufgegeben. Die Hütten sind zerfallen. Zwar stehen noch die Steinwälle, aber die Dächer sind alle eingestürzt. Wir wollen heute umkehren, denn mein Rücken macht mir sehr zu schaffen, nicht beim Wandern, aber beim Liegen. Auch das Essen bereitet mir Schwierigkeiten. Ich bekomme nur mit Widerwillen einen halben Kochgeschirrdeckel voll Reis oder Nudeln hinunter. Dabei schmeckt es nicht einmal schlecht. Ich nehme Tee, Kekse, Äpfel und ab jetzt verstärkt Studentenfutter zu mir.

Ich lerne es, die Vegetation von weitem an den Berghängen zu erkennen. Zuerst die Birken, das Weiß ihrer Stämme leuchtet weit. Sie färben sich bereits gelb. Dann das Dunkelgrün der Wacholder. Sie bilden oft große Flecken dunklen Grüns an den Bergflanken und sind, wie die Birken, noch in Höhen von 3 500 m und mehr zu erkennen. Dann ist da das bräunliche Grün der Schneebälle. Auch sie zeigen bereits etwas Herbstfärbung. Die niedrigen bräunlich-grünen Flächen sind fast immer abgegraste *Rosa webbiana.* Und ganz oben an den Hängen finden sich die ganz flachen bräunlichen Matten des Schildknöterichs. An dem Flusslauf erkenne ich das graue Grün der Tamarisken, die flachen blaugrauen Matten dazwischen sind *Ephedra.* Weiden, Himbeeren, *Cotoneaster* kommen vereinzelt vor, sind aber von weitem nicht zu erkennen. An Stauden kommen vereinzelt Rhabarber, *Anaphalis, Androsace, Myosotis* und noch vieles andere vor.

Jetzt um 11:00 Uhr sind wir bei Duanga, in 3 050 m Höhe. Als Nadelbäume wachsen hier ausschließlich *Pinus wallichiana,* bis 3 200–3 300 m Höhe (z. T. Jungpflanzen stark vom Vieh befressen). Die Kiefern haben hier noch einen jährlichen Zuwachs von 20 bis 40 cm.

Gegen 12:00 Uhr Alm unterhalb Duanga. Ein Mann begegnete uns. Er wollte seinen Bullen suchen, der nicht mit der Herde ins Tal gekommen war. Einen einzelnen Bullen sahen wir kurz unterhalb Duanga. Zwei Reiter ritten vor gut drei Stunden talauf. Sie kamen jetzt mit einem dritten Pferd zurück. MUHAMED ULLA hat letzte Nacht schlecht geschlafen. Er hat gefroren. Soeben hat er mir grünen Tee aus Thymianblättern gekocht. Jetzt ist es kurz nach 16:00 Uhr und die Sonne verschwindet hinter dem westlichen Gebirgszug. Hier bei dieser Alm stehen wohl die größten und auch die ältesten Birken dieses Tales. Sie haben eine Höhe zwischen 13 und 20 Metern, bei einem Stammdurchmesser von 30 bis 90 cm. Das Alter lässt sich schwer schätzen. Man bedenke, es vergehen oft 20–50 Jahre, bis die junge Birke nicht mehr vom Vieh befressen wird. Es entstehen die ersten Lebensjahre rundkugelige Büsche mit ganz kleinen Blättern von weniger als 2 cm Länge. Diese Blätter werden anscheinend mehrmals im Jahr abgefressen.

Auch *Lonicera, Ribes, Rosa, Salix* und Tamarisken werden stark befressen. Weniger betroffen ist *Viburnum*. Ich fand vor 4 Tagen die Stelle wieder, wo ich vor 8 Jahren die *Clematis royleana* blühend fand. Damals sahen die *Clematis* gerade aus dem Schnee heraus. Sie blühten sehr schön gelb in röhrigen Blüten. Nun war alles abgefressen. Ich fand mit Mühe einige nicht ganz reife Samen.

Montag, 27.9.

Morgens bedeckt, es sieht nach Regen aus. Habe die Nacht mit MUHAMED ULLA und drei wilden Gesellen in derselben Hütte verbracht wie beim Aufstieg. Sie lebten von unserem Reis und heizten die halbe Nacht, so dass ich mich morgens warm und gut geräuchert und haltbar fühle. Der Bulle, den wir gestern sahen, trottete heute Morgen schon talwärts. An Tieren waren bislang in der Hütte nur Mäuse und ein Wiesel, aber nicht so rotbraun wie bei uns. Dazu ein Feldhase. Feldhasen nenne ich die Tiere, die wie Meerschweinchen aussehen, aber graubraun gefärbt sind. Sie haben einen kurzen Stummelschwanz wie Hasen oder Kaninchen, aber nur kurze Ohren wie die Meerschweinchen. An Vögeln gibt's hier oft den Zaunkönig, die Bachstelze und die Wasseramsel, dunkel mit braun und weiß.

Es ist 7:30 Uhr. Ich sitze vor der Tür auf einem Stein, unter mir ein breites Stück Birkenrinde, weil ich nicht in dem Kuhschiet sitzen will, der auf dem Stein liegt. Außerdem isoliert die Birkenrinde ganz schön gegen die Kälte und auch die Nässe, die durch den Tau der Nacht auf allem liegt.

9:30 Uhr, leichter Nieselregen. Rast bei der Alm oberhalb der Brücke. Ich erntete Saat von Birken, *Cotoneaster*, Enzian, Maiapfel, Triebe von *Androsace*. MUHAMED ULLA ist frischer, die Sonne trocknet unser feuchtes Zeug. Die Felswände glitzern im Sonnenlicht von der Nässe.

Dienstag, 28.9.

Gestern hatte MUHAMED ULLA Petri Heil. Er fing 9 Forellen, einige waren recht schön (Wert ca. 150 Rupies), er hatte aber Pech, wurde vom Wildaufseher erwischt, der ihm die Fische abnehmen wollte. MUHAMED weigerte sich beharrlich, er musste seinen Ausweis abgeben und soll heute 1 000 Rp. Strafe bezahlen. Er hoffte wohl, dass ich die Strafe bezahlen würde. In anderen Jahren hat er sich immer ein Fishing-Permit besorgt. Es kostet 150 Rupies. Und weil er dieses Mal 2 500 Rupies blanko als Vorschuss für Lebensmittel, Angelhaken und alles, was für dieses Trecking erforderlich war, erhalten hatte und ich über diese Einkäufe keine Abrechnung bekommen hatte (ich schätzte seine Ausgaben auf ca. 1 200–1 500 Rp.), fühlte ich mich nicht verpflichtet, ihm aus der Patsche zu helfen. Ich sagte ihm auch ganz deutlich, dass ich gegen illegales Fischen bin.

Über Nacht tropfte etwas Nebel nieder. Er tropfte durch das undichte Dach und auf meinen Schlafsack. Aber ich habe ja den Poncho. Morgens und abends ist es in dieser Höhe schon empfindlich kühl, aber ich habe nicht gefroren, fühle mich gut und esse wenig. Es liegt Neuschnee in etwa 3 500 m Höhe, und wir beschließen, heute nach Kalam zurückzukehren.

Beobachtungen auf dem Rückweg: Pappeln gehen bis 2 800 m Höhe, *Acer pectinatum* bis 2 700 m, Traubenkirsche und Baumhasel bis 2 700 m, Steineichen bis 2 600 m, *Picea smithiana* bis 2 550 m, Indigo bis 2 550 m. Habe den Rest des Tages mit Ordnen und Verpacken des Saatgutes verbracht.

Mittwoch, 29.9.

17:00 Uhr: Regen. Nachmittags bekam ich Besuch von SHAM SHIR KHAN, einem Bekannten von früher. Wir gingen in sein Büro, ich bekam Kiefernsaat. Anschließend waren wir im Basar. Wir aßen Kebab (Hackfleisch mit Zwiebeln und Tomaten), dazu Fladenbrot. Ein Pilger kam. SHAM SHIR

Abb. 11: Altes Haus aus Zedernstämmen im Utrot-Tal, 2 500 m ü. M. Foto: W. BROCKMANN.

Abb. 12: Kamm-Ahorn (*Acer pectinatum*) und Himalaja-Fichte (*Picea smithiana*) im Utrot-Tal. Foto: W. BROCKMANN.

KHAN rief ihn an unseren Tisch. Der Pilger kam aus dem Punjab. Er reiste von Lahore bis hier in 12 Stunden mit dem Bus. SHAM SHIR KHAN lud ihn für die Nacht in sein Haus ein.

Donnerstag, 30.9.

Bewölkt, nachts donnerte es ein paar Mal. Neuschnee liegt bis 3 000 m, ja, es sieht so aus, als wenn er stellenweise bis 2 500 m hinunter geht. Heute Morgen ist es so kühl, dass ich meinen Pullover nötig habe. Wenn die Sonne durchkommt, ist es allerdings sofort warm. Wir fahren das Utrot-Tal (Abb. 11) aufwärts bis über 3 000 m Höhe, immer nach Westen. SHAM SHIR KHAN begleitet mich, der Jeep kostet den Tag 1 200 Rp. + 100. *Acer-pectinatum*-Wald (Abb. 12) ist sehr selten. Ich erntete Saat, die noch grün war. (Zu Hause habe ich aber 5 Pflanzen zum Keimen gebracht.)

Freitag, 1.10.

9:00 Uhr, Sangam Hotel. Ich sitze bei strahlendem Sonnenschein auf der Terrasse und versuche, die Eindrücke des Vortages zu sortieren. Geplant war eine Fahrt ins Utrot-Tal mit SHAM SHIR KHAN im Jeep. Beginn: 9:00 Uhr. Es wurde etwas später, SHAM SHIR KHAN teilte mir mit, dass die letzte Nacht ein LKW mit 5 Insassen zwischen Bahrein und Kalam umgekippt und in den Fluss gestürzt war. Alle 5 Insassen, zwei Väter (Brüder) und drei Söhne dieser beiden Väter, waren tot. Sham Shir Khan sagte zu mir, wir müssten zu den Angehörigen der Toten, Kondolenzbesuche machen. Im ersten Dorf standen ungewöhnlich viele Männer mit ernsten Gesichtern auf der Straße. Ich musste ungewöhnlich viele Hände schütteln (ich gehörte gleich dazu). Wir fuhren weiter, unser Jeep war randvoll mit Männern. Zweimal wurde noch angehalten, um den Angehörigen der Verunglückten unser Beileid zu bekunden. Dann ging es weiter bis Utrot, dem Ort, wo wir mit Holger und Maria und Johanna vor 7 Jahren umkehrten. Abends bei der Rückkehr aus dem Utrot-Tal sahen wir in dem Dorf, wo wir den letzten Kondolenzbesuch gemacht hatten, viele Menschen auf einer Wiese unter den Eichenbäumen. Man hatte die Toten gebracht. Sham Shir Khan erzählte mir, dass aus einer Familie drei Tote zu beklagen waren. Es dunkelte bereits, und der Jeep machte bei dem Tierpark Halt, weil Sham Shir Khan und der Fahrer hier in der Moschee ihr Abendgebet verrichten wollten. Im Dunkeln ging es weiter. Da begegnete uns auf der Straße eine große Menge von Leuten. Es waren wohl über 300 Leute. Sie trugen einen weiteren Toten von der Unglücksstelle vor Kalam in sein Heimatdorf. Männer mit Brettern, vermutlich für den Sarg, folgten. Seltsam, wie ich als Fremder in dieses Geschehen und in die Anteilnahme mit einbezogen wurde. Es war inzwischen stockdunkel geworden. Wir erreichten Kalam abends gegen 18:30 Uhr. Ich habe hier erst meine Eindrücke von den Begleitumständen des LKW-Unglücks zu Ende gebracht. Jetzt fahre ich fort.

In Utrot besichtigten wir eine neu erbaute Moschee. Hier tranken wir anschließend Tee. Es kamen mehrere Männer an unseren Tisch. Einer hatte ein Bein verloren. Er bewegte sich sehr geschickt fort mit Hilfe eines langen Stockes, den er mit beiden Händen fasste, und mit seinem gesunden Bein. Er war Automechaniker und machte die weitere Autofahrt ins Utrot-Tal mit. Ihn begleitete ein etwa dreijähriger Junge. Im Restaurant befand sich auch ein Pilger (wie ich vermutete). Er hatte anscheinend ein Kapok gemietet, auf dem mehrere Säcke standen. Er sortierte den Inhalt der Säcke. Es waren hauptsächlich Äpfel und Kohlköpfe darin. Er gab dem zuguckenden Jungen einen Apfel. Dieser Mann hatte pechschwarze Haare, ein gepflegtes Aussehen und ein Tuch um seine Patanenmütze geschlungen, so dass es wie ein Turban aussah. Unsere Fahrt ging weiter aufwärts im Utrot-Tal. An den Hängen immer noch das gleiche Bild: Zedern und Eichen, dazwischen *Pinus gerardiana*. Unterhalb von Utrot wuchsen an einer Stelle auch *Celtis* (ich hielt sie dafür, aber es soll da nur *Ulmus wallichiana* geben). Hier war auch ein Standort von *Acer caesium*. Im Talgrund sah ich im ganzen Utrot-Tal bis gut 2500 m Höhe *Fraxinus xanthoxyloides*. Sham Shir Khan bezeichnete sie als *Fraxinus hookeri*. Ab 2500 m Höhe wuchs in unmittelbarer Nähe des Flusses Sanddorn. Den hatte ich mindestens schon ab 2200 m Höhe erwartet. Tamarisken (*Myricaria*) sind dagegen schon von Kalam an bis zum Ende die Begleiter des Flusses.

Sham Shir Khan erzählte, bis vor 10 Jahren seien in diesem Tal in dieser Höhe noch keine Äcker gewesen. Jetzt aber sind immer mehr Äcker entstanden. Hauptanbau: Kartoffeln, von guter großfrüchtiger Qualität. Aber auch Weißkohl wird angebaut, kleine, etwa kindskopfgroße Köpfe von fester Qualität. Und dann werden hier weiße Rüben (wie unsere Stoppelrüben) angebaut. Sie werden wie die Kartoffeln in großen Säcken abtransportiert. Etwas Mais und Malven sind ebenfalls im Programm. Die Förster sehen es nicht gern, dass immer mehr Almwiesen in Kartoffeläcker umgewandelt werden. Der Boden erodiert nach der Ernte, wenn er so ungedeckt über Winter liegen bleibt, besonders im Frühjahr nach der Schneeschmelze. Ich denke, es müsste ein Weg gefunden werden, die Erosion zu verhindern, etwa durch Einsaat von Gründünger. Er hätte jetzt noch bis zum Frost fast 2 Monate Zeit zu wachsen und eine grüne Decke zu bilden. Dann wäre doch eine Pflanzendecke vorhanden, ähnlich wie das Gras auf den Almen, die das Ausschwemmen feiner Bodenteile verhindern könnte. Es käme doch zum Mindesten auf einen Versuch mit Weizen, Stoppelrüben, *Phacelia* und Weidelgras an.

Sonntag, 3.10.

Gestern war ich mit demselben Führer wie vor 8 Jahren im Desan-Tal, einem der kleineren, aus Westen in das Kalamer Becken einmündenden Täler. Es war für mich ein anstrengender Tag. Obwohl mir die Vegetation des Tales und auch das Tal selbst bekannt waren, entdeckte ich doch viele Pflanzen und Ecken des Tales neu (oder waren sie mir schon entfallen?). Wir stiegen ziemlich genau von Ost nach West das Tal hinauf. Es hat stark geneigte V-förmige Flanken. Die südexponierte

Flanke, also die Nordflanke, ist im unteren Bereich mit *Pinus gerardiana* bewachsen, mit Zedern durchsetzt. Dazwischen Indigo, Artemisien. Die Südflanke des unteren Bereichs, also die nordexponierte Lage, weist einige *Aesculus indica* auf. Sie habe ich vor 8 Jahren nicht gesehen. Sie haben hier anscheinend einen natürlichen Standort, denn der Hang, an dem sie wachsen, ist ziemlich steil und für Menschen nicht einfach zu besteigen. Sonst aber stehen etliche große *Aesculus indica* auf den Weideflächen vor dem Desantal zwischen den Walnussbäumen. Der Bach im Desantal führte wenig Wasser. Die Eichen dieses Tales sind an der Nordflanke vorwiegend *Quercus dilatata*, an der Südflanke sind mehr *Quercus semecarpifolia* (?). Beide wurden stark geschneitelt und sind darum auch ohne Früchte. *Quercus semecarpifolia* bildet aber im oberen Bereich bereits glatte Blätter ohne Stacheln. An der Südflanke wachsen im oberen Bereich unter den Eichen viele *Taxus*. Hier kommen auch schon Birken dazu, *Syringa emodi* fand ich ebenfalls. Auf freier Grasfläche dazwischen wuchsen neben den üblichen *Sambucus* (*wallichiana*?) *Paeonia emodi* und *Iris kumaoensis*. *Paeonia emodi* bildete oft alte Büsche von über 120 cm Durchmesser und über 100 cm Höhe. *Iris kumaoensis* kam nur vereinzelt vor, und es machte Schwierigkeiten, Samen zu finden. Sie hatten weitgehend schon eingezogen, die Samenkapseln waren geöffnet und die Samen lagen auf dem Erdboden. Ich fand einige Samen der *Iris kumaoensis* und trotz Befressens durch Vieh etliche Samen der *Paeonia emodi*, mehr als 200 Körner konnte ich ernten. Die Saatkapseln von *Syringa emodi* waren zwar zum großen Teil noch grün, aber ich hoffte, dass sie während meiner Nachhausefahrt nachreifen würden und dann keimfähige Saat liefern. Mein Führer heißt Haji Nawab und sein Bruder lebt hier mit seiner Familie und dem Vieh auf der Alm. Bei ihm tranken wir Tee.

Ich vergaß noch, die Hauptbäume des Desan-Tales zu erwähnen. *Cedrus deodara* und *Pinus wallichiana* (letztere löst im oberen Tal die *Pinus gerardiana* ab) stehen hauptsächlich an der Nordflanke des Bachtales, *Abies pindrow* und *Picea smithiana* besetzen die Südflanke, doch gehen die Fichten weiter oben auch auf die Nordflanke. Weiter oberhalb der Alm, auf der wir rasteten, ist ein Tannen-Birken-Wald, der allmählich in einen fast reinen Birkenwald übergeht (Abb. 13). Dieser Birkenwald begann gerade, sich gelb zu färben. Im Jahre 1992 machte ich hier ein Bild, wie die Birken gerade im ersten frischen Frühlingsgrün standen.

Muhamed Ulla besuchte mich und brachte mir Äpfel. Er erzählte mir, dass er 140 Sack Kartoffeln geerntet hat, zu je 400 Rupies (= 56 000 Rupies.).

Er wohnt in einem Haus zur Miete für 4 500 Rp. pro Jahr. Ein kleines neues Haus kostet 60 000 Rupies an Holz und Steinen. Er wollte gerne meine Stiefel kaufen, aber ich brauche sie noch. Muhamed Ulla erzählte, dass er 600 Rp. Strafe für das illegale Fischen bezahlen musste.

Abb. 13: Birken-Nadelbaum-Bestand im Desan-Tal, etwa 3 000 m ü. M. Foto: W. Brockmann.

Montag, 4.10.

Heute um 6:30 Uhr aufgestanden und Koffer gepackt. Es ist schönes Wetter. Der Berg Falaksir hat eine kleine Wolkenkappe. 9:15 Uhr Abfahrt vom Sangam, 11:00 Uhr Bahrein, 12:00 Uhr kurz vor Mingora. Goldgelbe Früchte an den Bäumen. *Pinus roxburghii* wird hier hauptsächlich zum Aufforsten benutzt. Die vor 8–10 Jahren aufgepflanzten Bäume sind gut gewachsen und jetzt etwa 4–5 m hoch.

Dienstag, 5.10.

Ich fuhr mit dem Taxi für 500 Rp. (Preis sollte sein: 700 Rp.) nach dem Darra-Markt. Etliche Polizeiposten waren zu passieren, bis wir nach 35 km Darra erreichten. Die Straße, auf der wir hinfuhren, war gut, von Chinesen gebaut. Die Straße, auf der wir zurück fuhren, war nicht so gut, von Pakistanern gebaut. Darra liegt schon im autonomen Gebiet der Afridi. Hier werden Waffen, Karabiner, Pistolen, Kalaschnikoffs hergestellt, vom Eisenstahl-Rohling bis zum fertigen Gewehr, einschließlich Gewehrschaft und Magazin.

In Darra fragten mich ein paar Polizeitypen (Tribal Police), ob ich auch ein Permit für Darra hätte. Das verneinte ich (das habe ich noch nie gebraucht!). Das wird aber teuer! 500 Rupies sollte ich bezahlen. Ich antwortete: *too expensive*. Wieviel ich denn bezahlen würde: 50 Rupies. Der Polizist machte einen neuen Vorschlag: 400 Rupies. Ich: Nein, *too expensive*, dann fahre ich sofort wieder zurück. 200 Rupies? Ich: 100 Rupies. O. k., aber ich sollte in Peshawar nicht erzählen, dass ich in Darra so billig davongekommen bin. Ich denke, das ist eine zusätzliche Einnahme für die Polizisten. Bei dieser ganzen Verhandlung bekam ich noch einen Tee und ich wurde von dem Tribal-Polizisten durch die Waffenproduktionsstätten des Ortes geführt.

Mittwoch, 6.10.

9:00 Uhr Abfahrt ab Peshawar, 13:15 Uhr Gatmells Motel in Rawalpindi.

Im Pearl Continental ist ein Teppichshop, der von einem Afghanen und einem Pakistaner betrieben wurde. Die beiden hatten den Raum für die Saison gemietet und wollten ihn in den nächsten Tagen wieder aufgeben. Sie luden mich ein, zu sehen und zu kaufen. Ich ging hinein und sagte gleich, dass ich nicht kaufen würde, *only to see*. Sie breiteten vor mir die Teppiche aus und erklärten auch gleich immer die Herstellungsart, das Material und die Farben. Zuerst kamen die neueren Teppiche, die mit Kettfäden aus Baumwolle und mit synthetischen Farben hergestellt sind. Dann kamen die älteren Teppiche, die mit Kettfäden aus Wolle. Ihre Wolle ist mit Pflanzenfarben gefärbt. Und dann kamen noch ältere Teppiche, die mit Mineralien (*stone*) gefärbt sind. Sie fragten mich, welcher Teppich mir gefallen könnte. Ein Teppich von etwa 2,40 × 1,60 m fand mein Wohlwollen. Er könnte mir gefallen, was er denn kosten würde? Mit dieser Frage war ich den Händlern an die Angel gegangen. Der Preis wurde genannt, 2 500 DM? Nein Dollar! *Too expensive*! Wieviel denn? 1 000 DM. Nein, 2 500 DM. Nein, ich kaufe nicht. Wieviel denn? 1 000 DM. Nein, 2 000 DM. Ich ging raus. Ich kaufe nicht, habe auch gar keinen Platz im Koffer. Und außerdem bekomme ich ihn nicht durch den Zoll. *No Problem*! Kleines Paket, und alte Teppiche sind zollfrei. Da lief mir ein Händler doch noch nach und sagte: 1 000 DM o. k., mit geheuchelt saurer Miene. So hatte ich einen Afghan-Teppich für 1 000 DM gekauft, bekam ihn fein säuberlich in Sackleinwand eingenäht als ein kleines handliches Paket mit. Er passte in meinen Koffer. Aber von wegen zollfrei! Bei der Zollabfertigung auf dem Flughafen: Was ist da drin? Ein Teppich, wie teuer? Ich Dussel sag auch noch: 1 000 DM. Haben Sie ein Ausfuhrpermit? Nein, brauche ich doch nicht! Doch, müssen Sie haben. Die bekomme ich doch nicht so schnell! Ich rede mal mit meinem Vorgesetzten. 100 DM. Ich war so aufgeregt, dass ich nicht versuchte, ihn mit 50 DM abzufertigen, hatte in der Aufregung auch nur Hunderter zur Hand, zahlte also den Hunderter mit knirschenden Zähnen. Den ganzen Heimflug ärgerte ich mich über meine Töffeligkeit. Erst zu Hause, als Maria die Geschichte gehört und dazu gesagt hatte: „Gut, dass du bezahlt hast, und nicht gehandelt hast. Die Zöllner sind imstande und lassen dich den Flug verpassen“, ließ mein Ärger nach. Der Teppich ist doch sehr schön, und auch seinen Preis wert.

Donnerstag, 7.10., bis Sonntag, 10.10.

Aufenthalt in Rawalpindi. Die Tage hier sind ziemlich langweilig. Basar und Altstadt bin ich bald ziemlich leid. Kein Restaurant, wo man mal vernünftig sitzen kann. Die Leute sind längst nicht so freundlich wie im Swat-Tal. Und dann der Dreck und die halbzerfallenen Bauten und der viele Plastikkitsch! Auch das Wetter ist zunächst schlecht, die umgebenden Berge sind meist dicht mit Wolken verhangen.

Erst am **Samstag, 9.10.** besserte sich das Wetter etwas, und da bin ich für 2000 Rupies mit einem Taxi in das Gebirgsland von Murree nordöstlich von Rawalpindi gefahren. Es war eine anstrengende Tour, von 9:00 Uhr bis 15:00 Uhr. Murree und die Galli-Dörfer kennt man auch nicht wieder. Innerhalb von 8 Jahren ist hier ein Bauboom ausgebrochen, der nicht zu beschreiben ist. Die Straßen werden verbreitert und mit Stützmauern gesichert. Es war ein schöner Tag. Ich nahm auch viele Dinge wahr, die ich damals vor 8 Jahren nicht beachtet hatte. *Pinus roxburghii* sind hier noch in alten und älteren Wildbeständen vorhanden. In etwa 2000 m Höhe werden sie durch *Pinus wallichiana* abgelöst. *Aesculus indica* ist ein häufig zu findender Baum. *Ulmus* waren zwar wenige, dafür aber in gewaltigen Exemplaren. Zedern und Tannen sind in den Höhen um Murree und die Gallis häufig waldbestimmend. An Unterwuchs war eine reiche Gehölz- und Staudenflora vorhanden. Eichen mit langen schmalen Blättern und silbriger Unterseite, *Viburnum, Malus, Skimmia* und *Hedera*. Ich erntete Samen von *Arisaema*, 2 Arten, eine dreiblättrig mit dicken Beeren, eine fünf- bis siebenblättrig mit kleineren Beeren. In etwas tieferer Lage, in etwa 1500 m Höhe blühten sehr schöne blaue Enziane mit Blüten von einer Größe, wie ich sie bei Enzian noch nicht gesehen hatte, Blütendurchmesser: 5 cm.

Am **Sonntag, den 10.10.,** dem letzten Tag der Reise sitze ich morgens im Hotelgarten des Gatmell, genieße die kühle Frische des Morgens, sehe den Sittichen, Tauben und Streifenhörnchen zu.

Abends um 6:00 Uhr fliegen hier im Hotelgarten einige Hundert Fledermäuse entlang. Ich zählte über 300, aber es waren wesentlich mehr. Das war gestern genauso. Man kann fast die Uhr danach stellen, wenn der Flug beginnt. Im Pearl Continental habe ich heute zum Abschied noch Kuchen gegessen und Kaffee getrunken: Das kostete mehr, als Sham Shir Khan in drei Tagen verdient.

Montag, 11.10.

Um 4 Uhr bin ich aufgestanden. Der Taxifahrer wartete bereits. Er war für 5 Uhr bestellt. Ich glaube, dass er die Nacht hier im Taxi geschlafen hat, um sich das Geschäft nicht entgehen zu lassen. Statt der vereinbarten 200 gab ich ihm freiwillig 300 Rupies.

Um 9:00 Uhr Start. Um 11:15 Uhr Aralsee, 16:22 Uhr Küste von England, 12:50 Uhr Landung in Manchester; Landung in Hamburg 21:00 Uhr MEZ.

Autor:
Werner Brockmann
Inne Beek 135
21614 Buxtehude

Korrektur zu MDDG 103, S. 261:
In den MDDG 103 hat sich bei den Buchbesprechungen ein Fehler eingeschlichen. Im letzten Satz der Rezension der „Enzyklopädie der Holzgewächse“ von Prof. BÖHLMANN muss es richtig lauten: „Erwähnt sei noch das Arrangement der zahlreich eingefügten Abbildungen der Buchillustratorin, Co-Autorin und Mitherausgeberin Frau LANG.“ Wir bitten, den Fehler zu entschuldigen.

Der Vorstand

Die Sexualität der Bäume und die Liebe zu und unter ihnen; eine botanisch-fotografisch-poetische Entdeckungsreise. Von M. BOSSHARD. 2016. Verlag Kessel, Remagen. 330 Seite, 321 Abbildungen. ISBN: 978-3-945941-18-8. Preis: 29,00 Euro.

Es ist schon recht ungewöhnlich, wenn eine ehemalige Hochschullehrerin für Sozialmedizin und Psychopathologie an der Technischen Hochschule Köln und heutige in Oberhausen niedergelassene Ärztin für Psychotherapeutische Medizin, Frau Professor Dr. MARIANNE BOSSHARD, sich auf eine botanisch-fotografische Entdeckungsreise begibt und die dabei erhaltenen faszinierenden Einblicke zum Blühen und Fruchten von Bäumen in einem Buch den Lesern präsentiert.

Statt eines Vorwortes lässt die Autorin die Leser teilhaben am Entstehen dieses Buches durch ihre Motivation für Bäume und deren vielfältig entwickelte Variationen der Sexualität im einleitendem Kapitel „So fing es an“. Ihre Studien zur Baum-Poesie und -Mythologie führte sie bei ihrer Motivsuche mit dem Fotoapparat quer durch Europa, ja sogar auch nach Sibirien, Japan und Nordamerika. Entstanden ist ein Text-Bild-Band, der mit 321 zum Teil farbigen Fotos – in überwiegend beeindruckenden Nahaufnahmen – das Liebesleben unserer allseits bekannten Waldbäume im jahreszeitlichen Verlauf vom Frühling bis zum Herbst dokumentiert. Im Kapitel „Die Bäume und ihre Liebesgeschichten“ werden die Ahorne, Baum- und Strauchhasel, die Erlen, Weiden, Pappeln, Birken, Lärchen, Eibe, Wacholder, Hainbuche, Ulmen, Platane, Eschen, Eichen, Buchen und Linden behandelt. Zu jeder Baumart bringt die Autorin interessante Informationen zur Mythologie, zu ihrer Darstellung und Wertung in der botanischen und forstlichen Fachliteratur wie auch zu ihrer Würdigung in der Lyrik und in den Geisteswissenschaften. Damit schlägt sie auch die Brücke zur Liebe der Menschen zu den Bäumen und – wie sie es formuliert – auch zu deren Erfahrungen „im Liebesnest darunter“.

Schriften und Bildbände über Bäume gibt es in großer Zahl. Dieses Buch vermittelt jedoch auf eine ganz besondere Art und Weise das Verständnis von der Fortpflanzung der Bäume aus einer ungewöhnlichen Perspektive. Es ist damit nicht nur für Botaniker lesenswert, sondern auch jedem botanisch interessierten Leser sehr zu empfehlen.

BERND BENDIX, Bad Schmiedeberg

Enzyklopädie der Holzgewächse. Handbuch und Atlas der Dendrologie. 69.–70. Erg. Lfg. 2017–2018. WILEY-VCH-Verlag, Weinheim. Zu beziehen über www.wiley-vch.de oder den Buchhandel.

Die einzelnen Gehölze werden mit ihren natürlichen Verbreitungsgebieten, der Morphologie, der Taxonomie, dem Wachstum, der Vermehrung, der Ökologie, Pathologie und Verwendung beschrieben. Der Umfang je Baumbeschreibung liegt zwischen 3 und 12 Seiten mit 3–12 Abbildungen. Der Preis je Lieferung richtet sich nach dem jeweiligen Umfang und liegt bei 50–69 €.

Von den **Nadelbäumen** werden folgende beschrieben:

Die seltene **Cuyamaca-Zypresse** (*Cupressus stephensonii*) (69. Erg. Lfg. 01/17) findet sich verstreut im Süden Kaliforniens sowie im mittleren Süden der USA und belegt dort in lediglich 6 Vorkommen nur eine Gesamtfläche von 17,6 ha. Es ist also eine Rarität, die wiederholt durch Waldbrände eingeschränkt wurde. Die Art wird in Italien auf ihre Anbauwürdigkeit getestet. Die reifen Zapfen bedürfen zur Öffnung einer Hitzeeinwirkung, sonst vertrocknen sie. Die taxonomische Einordnung der Art hat vielfache Änderungen erfahren, am nächsten verwandt ist sie zu *C. forbesii*. Der natürlichen Ausbreitung stehen flügellose Samen entgegen und die Zapfen öffnen sich nur unter Einwirkung von Waldbränden, auch das Keimbett bedarf der Streuverbrennung. Allerdings bedrohen zu häufige Waldbrände den Fortbestand. Die Art wird in Roten Listen als gefährdet geführt. (Verf. Dr. P. Raddi, Dr. R. Danti, Dr. Della Rocca)

Die **Sichelförmige Schuppenfichte** (*Athrotaxis selaginoides*) (69. Erg. Lfg. 01/17) ist im SW von Tasmanien beheimatet und findet sich dort im kühl gemäßigten Regenwald oberhalb von 750 m ü. M. auf einer Restfläche von 34 000 ha. Sie könnte ein Alter von 1 500 Jahren erreichen, wenn die verbliebenen Restbestände nicht übermäßig ausgebeutet wären. Angebotenes Holz stammt oft von abgestorbenen Bäumen. Woanders wird sie nur in Arboreten kultiviert. Die bis 30–40 m Höhe erreichenden Bäume sind oft zwieselig, brettwurzelig und in höheren Lagen strauchwüchsig. Die 3–4 Jahre alt werdenden Nadeln umstellen die Triebe spiralig dicht anliegend. Die Zapfenblüten stehen an kurzen Seitenzweigen. Je Zapfen können 65–145 Samen gebildet werden. Die Bäume besitzen ein flaches Wurzelsystem. Die Sichelförmige Schuppenfichte gehört zu den langlebigsten Baumarten (kann Alter von 1700 Jahren erreichen). Aufgrund des seltenen Vorkommens ist das Angebot im Holzhandel gering. (Verf. Dr. H. und Erika Weisgerber)

Die **Japanische Lärche** (*Larix kaempferi*) (70 Erg. Lfg. 01/18) wurde von dem britischen Botaniker A. B. Lambert zu Ehren des deutschen Arztes und Forschungsreisenden E. Kaempfer benannt. Das natürliche Verbreitungsgebiet der sommergrünen Nadelbaumart erstreckt sich im Bergland der japanischen Hauptinsel Honshu zwischen 500 und 2 900 m ü. M. An der Südabdachung des Mt. Fuji erreicht sie die Waldgrenze. Aufgrund ihrer waldbaulichen und wirtschaftlichen Bedeutung wird die Art seit langem in Japan und vielen Ländern Ostasiens, Nordamerikas und Europas angebaut. Das Erscheinungsbild unterscheidet sich von dem der Europäischen Lärche durch den breiteren Wuchs mit im Alter aufgelockerter, ausladender Krone und im unteren Kronenbereich steiferen, horizontal gestellten Ästen. Die einjährigen Nadeln sind bläulich grün, die Jahrestriebe orange-rötlich bis bräunlich. Der Baum erreicht Wuchshöhen von 30 bis 40 m und BHD bis 50 cm. Die Art bildet nach 15–20 Jahren erstmals Zapfen. Ihr Holz ist aufgrund der vielseitigen Verwendbarkeit begehrt. Die Werte für Festigkeit, Dichte, Zähigkeit und Dauerhaftigkeit liegen vergleichsweise hoch. Auch als Park- und Zierbaum ist sie geschätzt, nicht zuletzt wegen ihrer goldgelben Herbstfärbung. Vor über 100 Jahren wurden erstmals in Europa spontan entstandene Hybriden mit der Europäischen Lärche beschrieben. Diese fielen durch ihre Wuchsleistungen, die Stammform und Holzqualität auf. In Untersuchungsprogrammen wies die Hybrid-Lärche gegenüber anderen Arten ein überlegenes Wachstum auf. (Verf. G. Caudullo, Ryogo Nakada, F. Da Ronch)

Von den **Laubbäumen** gemäßigter Klimate werden folgende Arten beschrieben:

Die **Wasser-Hickory** (*Carya aquatica*) (69. Lfg. 01/17) ist in den südöstlichen USA, nahe dem Golf von Mexiko, beheimatet. Wie bei vielen Hickory-Arten löst sich die Borke streifig ab. Die Endknospen der Triebe sind rotbuchenähnlich gestreckt, während die Lateralknospen gestaucht bleiben. Die Blätter sind gefiedert, oberseits behaart, durch eingelagerte Oxalat-Kristalle punktiert. Die weiblichen Blütenähren stehen an der Spitze der Sprosse. Die Nuss ist vierteilig mit adstringierenden Samen. Die Borke älterer Stämme erscheint grob zerfetzt. Das Holz ist brüchig und von geringer Qualität. Eine Kultivierung in Europa ist nur sporadisch erfolgt. Die Art bedarf für ihr Wachstum voller Besonnung. Sie lässt sich auch durch Stecklinge vermehren. Sie besiedelt im Verbreitungsgebiet feuchte bis nasse Standorte und ist dort konkurrenzlos. Überschwemmungen sagen ihr zu. Oft ist sie mit *Taxodium distichum* vergesellschaftet. Auf ihr siedeln gern Misteln. Der Holzwert ist relativ gering. (Verf. Dr. H. Schaarschmidt)

Der **Jarrah-Eukalyptus** (*Eucalyptus marginata*) (70. Lfg. 1/18) ist in SW-Australien beheimatet. Er ist ein wichtiger, geschätzter Holzlieferant. Nachbauversuche in anderen Ländern sind nie so recht gelungen. Bei Fraßschäden stehen akzessorische Knospen zur Verfügung, die nackt angelegt sind und eine Regeneration ermöglichen. Die Blätter zeigen eine altersabhängige Heterophyllie, ihre Oberfläche ist von Öldrüsen überzogen. Die Blüten sind in Schirmblüten angeordnet. An der Pollenübertragung sind auch Beuteltiere beteiligt. Die Jahresringe des zerstreutporigen Holzes sind undeutlich. Die Art ist unempfindlich gegen Termitenbefall. Jungpflanzen sind als Nahrungsquelle bei Beuteltieren begehrt. Wipfelfeuerschäden sind gefürchtet. Man nimmt an, dass die Art vor etwa 70 Jahren aus Indonesien eingeführt wurde. Sie ist als Bienenweide geschätzt. Ätherische Öle werden zur Heilbehandlung eingesetzt. (Verf. Dr. H. und E. Weisgerber)

Von den **subtropischen** und **tropischen Bäumen** werden folgende beschrieben:

Die ursprünglich aus dem Osten Australiens stammende **Australische Rotzeder** (*Toona ciliata*) (69. Erg. Lfg. 1/17) wächst dort nur noch sporadisch, denn sie wurde übernutzt und durch eine Miniermotte geschädigt. Letzteres entfällt bei Nachbauten u. a. in Südamerika und Afrika. Sie ist eine schnellwüchsige Baumart mit bis zu 2 m/Jahr in der Jugend. Sie kann aus den reichlich gebildeten Samen, aber auch aus Steckhölzern nachgezogen werden. Ein Triebbohrer vermag jedoch das Spitzenwachstum zu verformen und den Baum wirtschaftlich zu entwerten. Hinzu kommen in der Jugend Gefährdungen durch Frost und Trockenheit. Kopflastigkeit kann zu Windwurf führen. Das Holz besitzt eine schöne Rotzeichnung. (Verf. Dr. H. Hampel)

Der **Pajura-Baum** (*Pouterian speciosa*) (69. Erg. Lfg. 01/17) ist ein bis zu 45 m hoher Baum, hauptsächlich im nördlichen Bereich des tropischen Amazonasbeckens zu finden. Sein Holz wird zwar gehandelt, besitzt aber geringe wirtschaftliche Bedeutung. Die ledrigen Blätter sind immergrün und stehen büschelig gehäuft an den Triebspitzen. Interessant sind die Blüten, die durch solitär lebende Bienen bestäubt werden. Die amerikanisierten afrikanischen Honigbienen nehmen die Blüten nicht an. Die Früchte werden von der indigenen Bevölkerung verzehrt und auf Märkten angeboten. Verzehrfähig ist nur das Fruchtfleisch. (Verf. Dr. G. Mackenthun)

Der **Affentopfbaum** (*Lecythis pisonis*) (69. Erg. Lfg. 01/17) ist einer der häufigsten Bäume des tropischen Regenwaldes von Amazonien und der brasilianischen Atlantikküste, jedoch in der Nutzung von geringer Bedeutung, denn das Holz wird nicht gehandelt. Trotzdem wurde er darüber hinaus gepflanzt durch in Töpfen angezogene Pflanzen, wobei er sich jedoch nicht zur Rekultivierung abgebrannter Böden eignet. Die kurz gestielten Blätter werden in der Trockenzeit separiert, treiben aber 2 Wochen später mit den Blüten wieder aus. Die purpurfarbenen, ringförmigen Blüten sind einzigartig, eingehüllt in eine Haube, die innerhalb eines Tages vergeht. Die Fruktifikation bleibt gering. Die verholzte, ringförmige Fruchtkapsel besitzt einen Deckel, der zur Reife aufspringt. Die Samen sind essbar, ähneln im Geschmack Paranüssen, werden aber größtenteils von Fledermäusen erbeutet. Aus ihnen kann ein Öl abgepresst werden, welches Walnuss-Öl ähnelt. (Verf. G. Mackenthun)

Das **Ebenholz** (*Diospyrus ebenum*) (69. Erg. Lfg. 01/17) ist eine Baumart, deren Holznutzung eine lange Tradition besitzt. Ebenholz war bereits vor 4 500 Jahren in Ägypten und später im Römischen Reich ein gefragter Rohstoff, z. B. für die Erstellung von Statuen. Die Nachfrage hielt über die Jahrhunderte an. Im 16.–19. Jh. wurden in verschiedenen europäischen Ländern die besten Möbel aus Ebenholz hergestellt. Die rücksichtslose Abholzung dafür in Wuchszonen bis 1 000 m ü. M. in den Ursprungsländern Indien und Sri Lanka führte dazu, dass der internationale Handel inzwischen untersagt ist und die Art in den Roten Listen steht. Der immergrüne Baum erreicht Wuchshöhen von 30 m und Durchmesser von 1,40 m. Er ist dicht mit wechselständigen, ganzrandigen Blättern belaubt. Die Blüten sind diözisch verteilt und stehen in den Blattachseln diesjähriger Triebe. Die Früchte sind kugelige Beeren, wobei jede Frucht 3–6 Samen enthält. Das kaum verwendete hellfarbene Splintholz hebt sich deutlich von dem schwarzen, hochbegehrten Kernholz ab. Es wiegt 1,2–1,4 t/m^3, ist witterungsbeständig und widerstandsfähig gegen Pilzbefall. Da sich das Holz leicht polieren lässt, wird es häufig zum Drechseln von Figuren sowie zur Herstellung von Furnieren verwendet. Es ist äußerst wertvoll und wird heute nur in kleinen Mengen per Kilogramm verkauft. (Verf. Dr. J. Schmerbeck u. Dr. N. Naudiyl)

Der Wilde **Borneo-Mangobaum** (*Mangifera pajang*) (70. Erg. Lfg. 01/18) kommt als endemische Art Borneos in Flusstälern und Feuchtgebieten bis 500 m ü. M. vor. Er kann als Waldbaum Wuchshöhen von 15 bis 30 m und Durchmesser bis 70 cm erreichen. Er hat dicht stehende, spiralig angeordnete, herabhängende Blätter von 28 bis 45 cm Länge und 10–15 cm Breite. Die Vermehrung kann sowohl generativ als auch vegetativ (Pfropfung) erfolgen. Die Steinfrüchte gehören mit einem Durchmesser bis zu 20 cm und einem Gewicht von 0,5 bis 1 kg zu den größten aller nahezu 60 Arten der Gattung. Sie besitzen eine raue, kartoffelbraune Schale. Das saftige, gelb gefärbte, süß-saure Fruchtfleisch ist essbar und nahrhaft. Es hat eine faserige Textur und einen aromatischen Terpentingeruch. Die Frucht enthält verschiedene Phytostoffe wie Phenole, Flavonoide und Carotinoide, Vitamine A und C. Die Art wird hauptsächlich wegen der wirtschaftlich wichtigen Früchte kultiviert. Diese werden insbesondere frisch verzehrt oder zu Marmeladen und Gelees verarbeitet. Der Verzehr vermag Herzerkrankungen und Schlaganfällen sowie diversen Krebserkrankungen vorzubeugen. (Verf. Dr. A. Russel Mojiol, Dr. J. Sompud, Dr. W. Lintangah)

Der **Leberwurstbaum** (*Kigelia africana*) (70. Erg. Lfg. 01/18) verdankt seinen eigenartigen Namen seiner Frucht, deren Aussehen tatsächlich an eine Leberwurst erinnert. Die Art gehört zu den Trompetenbaum-Gewächsen und ist die einzige in der Gattung *Kigelia*. Sie kommt hauptsächlich im tropischen Afrika vor, ist darüber hinaus aber fast überall südlich der Sahara bis etwa 3 000 m ü. M. verbreitet. Zudem wurde sie in verschiedenen Ländern Süd- und Ostasiens als Park- und Ziergehölz angebaut. Die Art ist in Regionen mit ganzjährigem Niederschlag immergrün, aber laubwerfend in Gebieten mit zwischenzeitlichen Trockenperioden. Sie wächst meist zu einem klein- bis mittelgroßen Baum bis 15 m, gelegentlich bis 25 m, heran. Die ledrigen, bis 40 cm langen Laubblätter sind gegenständig. Die Blütenstände sind Thyrsen, die an unteren Zweigen hängen. Die braun-violetten Blüten öffnen sich nachts. Bei der Bestäubung sind Nektar-Profiteure wie Fledermäuse, Sonnenvögel und Affen tätig. Die auffälligen, hartschaligen Früchte können eine Länge von 2–3 m erreichen. Aus jedem Blütenstand können 2–3 senkrecht herabhängende Früchte hervorgehen. Sie gehören zur bevorzugten Nahrungsquelle großer Säuger wie Elefanten und Giraffen, auch Paviane vermögen die harten Kapseln zu öffnen. Der Baum wird in vielfältiger Weise für soziale, kulturelle, wirtschaftliche und medizinische Zwecke verwendet. In Zentral-Afrika wird er beispielsweise als Heiligtum verehrt. In seinem Schatten finden religiöse Versammlungen statt. Die Früchte werden häufig als Fetisch und für Fruchtbarkeitsriten genutzt. Aus dem Holz lassen sich vielerlei Produkte herstellen, z. B. Einbaum-Kanus in Botswana. Pharmakologische Untersuchungen bestätigen die auch örtlich genutzte entzündungshemmende, schmerzlindernde, antioxidative, krebsverhindende Wirkung von Essenzen verschiedener Pflanzenteile. Bisher sind nahezu 150 medizinisch wirksame Verbindungen bekannt, so u. a. ein Heilmittel gegen Malaria. (Verf. Prof. Dr. D. Böhlmann, Prof. Dr. J. C. Onyekwelu, Dr. B. Stimm).

Der **Cadamba-Baum** (*Neolamarckia cadamba*) (70. Erg. Lfg. 01/18) ist eine tropische, von S- und SO-Asien bis Australien beheimatete Baumart. Der Gattungsname ehrt den französischen Naturforscher Lamarck. Adulte Bäume können mit geraden Stämmen Wuchshöhen von bis zu 45 m erreichen. Die Blüte beginnt mit 4–5 Jahren. Die süßlich duftenden, gelb bis orange gefärbten Blüten stehen in dichten, kugeligen Köpfen mit Durchmesser bis 6 cm. Die Früchte sind kleine, fleischige Kapseln mit 4 Fruchtklappen. Sie sind essbar. Die Samen sind trigonal geformt. Das weiß-hellgelbe Kernholz unterscheidet sich kaum vom Splint. Die Art gehört zu den schnellwachsenden Baumarten. Das Holz ist leicht zu bearbeiten und wird vielfältig verwendet. Blätter und Rinde werden für medizinische Zwecke eingesetzt. (Verf. Dr. A. Russel Mojiol, Dr. W. Lintangah, M. Maid, J. Kodoh)

Die **Gattung *Ficus*** (70. Erg, Lfg. 01/18) ist mit 800 bis 1000 Arten als umfangreichste Gattung in den tropischen Regenwäldern vertreten und mit ihren Früchten eine bedeutende Nahrungsquelle. Die Wuchsformen reichen von Sträuchern über Lianen bis zu Bäumen, verstreut über alle Kontinente. Entsprechend vielfältig ist die Ausprägung der Blätter und Früchte. Nebenblätter umhüllen die Blattknospen. Die Blätter sind in der Regel immergrün. Die kleinen Blütenanlagen sind im Innern der fleischigen, krugförmigen Fruchthülle positioniert und bilden eine getrenntgeschlechtige Sammelfrucht. Die Bestäubung, d. h. die Übertragung der Pollen, erfolgt durch Feigenwespen, die in das Innere der weiblichen Feigen eindringen und dort auch ihre Eier ablegen. Die reifen Feigen sind wichtige Nahrungsquellen für Tier und Mensch. Sehr oft bilden die Bäume Luftwurzeln, mit denen sie Unterlagen „würgen“ und überwuchern. Sie können auch Brett- und Luftwurzeln und beträchtliche Kronenumfänge und daraus sich verselbständigende Tochterbäume bilden. Es gibt 6 Untergattungen, die ausführlich beschrieben werden. Einige Arten werden zur Kautschuk-Gewinnung genutzt. *Ficus elastica* ist als Gummibaum ein geschätztes Ziergehölz. Andere Vertreter besitzen religiöse Bedeutung (z. B. zur Anbetung von Buddha). (Verf. Dr. P. Mack)

Von den **Sträuchern** Mitteleuropas werden folgende beschrieben:

Der **Ungarische Flieder** (*Syringa josikaea*) (70. Erg. Lfg. 01/18) stammt fern von Ungarn aus den ukrainischen Karpaten und wächst meist polykorm auf anmoorigen Standorten, in Erlenmooren und an Bachufern. Er dient schon länger als Einkreuzungs-Partner. Die Triebe wachsen, wie bei Sträuchern üblich, mit kurzen Internodien. Die Blütenstände gehen aus Endknospen hervor, so dass ein sympodiales Wachstum erfolgt. Die Blüten färben lila-purpurn bis dunkel-violett, die Staubblätter sind kontrastierend gelblich. Die Blüten duften intensiv. Die Samen werden vom Wind aus den Kapseln ausgeweht. Äußerst interessant ist die Evolution unter Berücksichtigung der Eiszeiten, woraus eine Aufteilung in 2 Teilareale resultierte. Es existieren zahlreiche gärtnerische Sorten und durch Kreuzungen erzielte Hybriden. Im natürlichen Areal gilt die Art als gefährdet (Rote-Liste-Art). (Verf. Prof. Dr. D. BARTHA)

Die **Großblättrige Weide** (*Salix appendiculata*) (69. Erg. Lfg. 91/17) ist am Naturstandort in den Alpen und dem Bayerischen Mittelgebirge ein größerer Strauch. Sie unterscheidet sich von der Sal-Weide durch größere Nebenblätter (daher zusätzliche Benennung als „Nebenblättrige Weide") und geringere Behaarung der Blattunterseiten. Sie wird zur Bebauung wasserzügiger Hänge gepflanzt. Sie findet sich oft oberhalb der Baumgrenze und kann dort zu einem kriechenden Spalierstrauch werden, bedingt auch durch Verbiss. Der Gipfeltrieb wird dann jeweils von einer Seitenknospe fortgesetzt. Die Blütenkätzchen sind diözisch verteilt. An ihrer Basis findet sich eine Nektardrüse, die Insekten anlockt. Die Weide ist aber windbestäubend. Die Samen besitzen einen Kranz aus wattigen Haaren, der Windverbreitung begünstigt. Die systematische Einordnung der Art wird divergierend diskutiert. Es existieren 5 Varietäten und sie bastardiert mit anderen Weiden. Der Chromosomensatz variiert mit mehreren Ploidiestufen. Selbst ältere Zweige eignen sich als Stecklinge. Die Art ist schattenertragend und ein Pioniergehölz. Sie ist die am wenigsten brüchige Weide. Die Zweige ertragen Schneedruck. (Verf. Dr. J. NACHWATAL, Prof. Dr. J. EWALD).

DIETRICH BÖHLMANN, Berlin

Diagnose und Prognose der Fäuledynamik in Stadtbäumen. Von FRANCIS W. M. R. SCHWARZE. Übersetzt aus dem Englischen (Diagnosis and Prognosis of the Development of Wood Decay in Urban Trees. ENSPEC PTY LTD 2008). Myco-Solutions AG, St. Gallen 2018. 482 Seiten, 190 Abbildungen und 73 Tabellen. ISBN 978-3-033-06671-7. 94.90 €.

Prof. Dr. FRANCIS SCHWARZE ist renommierter Experte auf dem Gebiet der Holz zersetzenden Pilze. In seinem Buch erklärt er anhand anschaulicher Beispiele die komplexen Wechselwirkungen zwischen Holz zersetzenden Pilzen und Bäumen. Nach kurzer Einführung mit Herausarbeitung der besonderen Bedingungen, unter denen Stadtbäumen leben, werden neben der Holzstruktur von Laub- und Nadelbäumen und den Diagnosemethoden vor allem die Besiedlungsstrategien und Holzzersetzungsmuster sowie Studien zu Wirt-Pilz-Interaktionen im Holz lebender Bäume behandelt. Gleich im 1. Kapitel wird ‚Der spröde Baumbruch, verursacht durch den Brandkrustenpilz' dargestellt, der bei den meisten Baumarten jedoch zu keinen erkennbaren Defektsymptomen führe. Der Nachweis der Baumversprödung ist mit verschiedenen Methoden möglich.

Im 2. Kapitel werden die Diagnosemethoden nicht nur aufgelistet, sondern deren Vor- und Nachteile in Hinblick auf die frühzeitige Erkennung und Deutung von Schadmerkmalen aufgezeigt. Ausführlich mit vielen Beispielen werden Diagnoseverfahren wie auch der in meinen Augen einmalige und hervorragende dichotome Schlüssel von REINARTZ und SCHLAG (aus JAHN 2005) hinsichtlich der Bewertung der Verkehrssicherheit von Bäumen erläutert. Weiterhin werden die Holzstruktur und Lignin-Zusammensetzung von Laub- und Nadelbäumen ausführlich dargelegt, da die Holzanatomie des Baumes je nach Kombination der Wirts- und Pilzarten die Holzzersetzung und ihre Auswirkungen auf die mechanischen Eigenschaften beeinflusse. Als Grundlage hierfür verwendet der Autor die Klassifizierung von BRAUN (1970), der die Bäume gemäß ihrer histologischen Differenzierung und der funktionellen Arbeitsteilung ihrer Zellen in verschiedene Organisationsstufen des Hydrosystems einteilte.

Der Schwerpunkt des Werkes liegt auf der Erkennung, den Besiedlungsstrategien und den Holzzersetzungsmustern der verschiedenen Holz zersetzenden Pilze. Anhand eines Bestimmungsschlüssels werden die verbreiteten Schadpilze (Porlinge) steckbriefartig vorgestellt und deren Pathogenität erläutert. Es werden die Holzzersetzungsmuster an vielen Beispielen aufgezeigt und deren Bedeutung für die Beurteilung der Verkehrssicherheit dargestellt. Nach SCHWARZE ist der Einsatz von Diagnosemethoden zum Nachweis einer Holzzersetzung im lebenden Baum nur dann berechtigt, wenn sich während einer Holzzersetzung die eigentliche Messgröße auch tatsächlich signifikant und nachhaltig verändert und demzufolge eine eintretende Veränderung auch objektiv messbar ist. Er zeigt an Beispielen, dass durch invasive Methoden Barrierezonen durchbrochen werden und Pilze dadurch erst in das Splintholz eindringen können. Die Vor- und Nachteile der verletzungsfreien Schalltomographie werden an vielen Beispielen erläutert. Mit dieser Methode kann auch die Holzzersetzung durch den Brandkrustenpilz, also dessen Moderfäule, in weniger fortgeschrittenen Stadien erkannt werden.

Im letzten Teil des Buches zeigt der Autor auf, dass Pilze auch als Nützlinge eingesetzt werden können, und beschreibt die biotechnische Anwendung verschiedener holzbewohnender Nutzpilze. Schon Ötzi behandelte seine Darmwürmer, die wohl Durchfall und Magenschmerzen verursachten, mit Fruchtkörpern des Birkenporlings (*Piptoporus betulinus*), die er einzeln an seinem Lederriemen trug.

Schwarze konnte *Trichoderma*-Arten identifizieren, die heute zur Regulation von vielen pilzlichen Schaderregern in der biologischen Schädlingsbekämpfung eingesetzt werden. Pilzarten dieser Gattung sind in der Umwelt und vor allem im Boden allgegenwärtig, jedoch im städtischen Grün sehr selten, besonders in naturfernen Baumsubstraten. Der Einsatz von *Trichoderma*-Kulturen im Stadtgebiet hat den Vorteil, dass die mikrobielle Aktivität im Erdreich maßgeblich erhöht werden könne. In der Baumpflege können diese Nützlinge sowohl zum Schutz vor Infektionen mit Schadpilzen nach Schnittmaßnahmen als auch bei Befall durch wurzelbürtige Schadpilze eingesetzt werden. Es werden Studien vorgestellt, die das antagonistische Potential verschiedener *Trichoderma*-Arten und ihre Wirkung unter Praxisbedingungen aufzeigen. Diese neue Bekämpfungsmethode ist kein Wundermittel, es besteht jedoch die Hoffnung, dass so mancher befallener Champion Tree langfristig erhalten werden kann, allerdings unter der Voraussetzung, dass *Trichoderma* schon im Frühstadium des Pilzbefalls appliziert wird und die Vitalität des Baums trotz des Schadpilzbefalls noch nicht zu schlecht ist.

Hiermit liegt für Gutachter, Baumpfleger, -kontrolleurinnen und den interessierten Laien eine komprimierte und empfehlenswerte Darstellung der häufigen Holz zerstörenden Baumpilze, deren Strategien der Holzzersetzung, Pathogenität und des oft unterschätzten Potentials des Abwehrwehrverhalten von Baumarten vor. Das vermittelte Wissen ermöglicht eine ganzheitliche und verletzungsfreie Beurteilung von Bäumen. Dieser Ansatz ist komplexer und anspruchsvoller als der einseitige Einsatz von Diagnosegeräten, die ausschließlich den Ist-Zustand einer Holzzersetzung im lebenden Baum ermitteln. Wer die Inhalte des Buches sorgsam studiert, wird schnell feststellen, dass die Beurteilung der Stand- und Bruchsicherheit von Bäumen in den meisten Fällen visuell und ohne den Einsatz invasiver Methoden erfolgen kann. Dieses praktische Fachbuch ist zwar nicht billig, aber seinen Preis wert, da zu diesem Themenkomplex kaum vergleichbares existiert.

Rainer Gerber, Haßfurt

Nathaniel Wallich. Von Martin Krieger. Wachholtz-Verlag, Kiel/Hamburg 2017. 332 Seiten, 33 Abbildungen, 15,5 × 24 cm. ISBN 978-3-529-06371-8. 24,80 €.

Martin Krieger ist Professor für nordeuropäische Geschichte an der Universität in Kiel. In dieser Monographie gelingt ihm eine gut lesbare, lebendige Darstellung des teilweise abenteuerlichen Lebens eines großen Dänen auf der Grundlage seines Briefnachlasses.

In Kopenhagen 1786 geboren, wurde Nathaniel Wallich mit 14 Jahren an einer chirurgischen Akademie in Norgesgade immatrikuliert. Mit 20 Jahren war er schon fertig ausgebildeter Wundarzt und fand seine Leidenschaft in der Botanik, vor allem der Heilpflanzenkunde. 1807 trat er die Stelle als Chirurgus an dem in Indien gelegenen dänischen Handelsplatz Serampore an.

Für den Leser, der Geschichte liebt, wird die Zeit von 1786 bis 1864 in Details beschrieben – auch wie die Kriege in Europa zwischen Frankreich, England und Dänemark die Situation in Indien zeitweise unangenehm beeinflussten. Technische Veränderungen der damaligen Zeit sind beispielsweise an der Dauer der Überfahrten von England nach Kalkutta abzulesen – erst 6 Monate mit dem Segelschiff und dann 3 Wochen mit dem Dampfschiff durch das Rote Meer, über die Halbinsel Sinai in der Kutsche und übers Mittelmeer wieder mit dem Dampfschiff. Nachrichten und Antworten sind nicht in Sekundenschnelle angekommen, so wie heute, sondern den Schiffen mitgegeben worden, kamen aber auch nicht sicher an. Die Schwierigkeiten, die auf diesen langen Fahrten für die Überführung von Pflanzen nach England bestanden, werden immer wieder thematisiert.

Der Erlebnishungrige erfährt in lebendigen Schilderungen, unter welchen Bedingungen Anfang des 19. Jh. in Südafrika, aber vor allem in Indien, Nepal oder Burma Pflanzen gesammelt wurden: Pferdekutsche, Ochsenkarren, dann Elefantenrücken und, wenn es zu steil wird, „Mulis". Anfangs wurde noch in festen Unterkünften, vor Ort aber im Zelt übernachtet. Nur wenige sind ohne Malaria oder andere Krankheiten zurück in die Heimat gekommen.

Wie wichtig ein Netzwerk war, um auf herausgehobene Stellungen berufen zu werden, zeigen lebendige Erläuterungen, wie WALLICH zum Superintendenten des Botanischen Gartens in Kalkutta (1815–1844) wurde. Die Netzwerker konnten sich aber auch abfällig äußern, wie z. B. der Franzose VICTOR JACQUEMONT.

In Kalkutta kümmerte sich WALLICH um die Entdeckung und Beschreibung unbekannter Pflanzen entlang des Ganges und bis nach Nepal. So wundert man sich nicht, dass viele Pflanzen nach ihm benannt wurden, z. B. *Pinus wallichiana* oder *Rhododendron wallichii*.

WALLICH setzte sich auch für die Nachzucht der für den Schiffsbau der Navy so wichtigen Baumart Teak ein, die schon sein Vorgänger ROXBURGH begonnen hatte. Er schlug vor, alternativ Schonungen von Sissu (*Dalbergia sissoo* ROXB., Indisches Palisander) oder Poon (*Calophylum inophyllum* L., Indisches Mahagoni) anzulegen oder Teak mit Sissu in Neuanpflanzungen zu mischen. Mehrere Expeditionen nach Assam widmeten sich der Analyse und Vermehrung von Pflanzen für Assam-Tee (*Camellia sinensis* var. *assamica*), nachdem es unmöglich war, ausreichend Teepflanzen aus China (*C. sinensis* var. *sinensis*) zu beschaffen

Wer den Hergest Croft Garden im Herzen der „Welsh Marshes", Wales, des heutigen Besitzers LAWRENCE BANKS kennt, erlebt in dem Buch die Bedeutung seines Urahnen JOSEPH BANKS als Vorsitzendem der Royal Horticultural Society und Förderers von NATHANIEL WALLICH. Dieser Urahn war auf der ersten Weltumsegelung von Sir FRANCIS DRAKE 1768–1771 dabei und hat auch die Teilnahme von zwei Botanikern und Hilfspersonal finanziert. Einer der Botaniker war der Schwede CARL PETER THUNBERG, ein Schüler LINNÉs.

1013 Fußnoten und ein umfangreiches Literaturverzeichnis ermöglichen die tiefere Beschäftigung auch mit botanischen Fragen in der ersten Hälfte des 19. Jh., wobei aus forstlicher und holzwirtschaftlicher Sicht besonders das Buch „Flottenbau und Forstbetrieb in Indien 1794–1823" von MICHAEL MANN lesenswert ist.

MICHAEL PAULITSCH, Warendorf

Obstgärten – Produktionsstätten, Bedeutungsträger, Kulturdenkmale. Das Brixener „Pomarium" im geschichtlichen und gartenbaulichen Kontext. Forschungen zur Denkmalpflege in Südtirol, Band 8. Von JOST ALBERT, WALTRAUD KOFLER ENGL und ERIKA SCHMIDT (Hrsg.). Verlag Gunter Oettel, Görlitz 2018. 184 Seiten, ca. 150, meist farbige Abbildungen, fester Einband, 29,7 × 21,0 cm. ISBN 978-3-944560-44-1. 25,00 €.

Obstgärten sind neben Zier- und Küchengärten seit Jahrhunderten beliebte wie nützliche Einrichtungen, die vielfältige Funktionen erfüllen. Wie schon im Titel herausgestellt, sollen im Buch Obst- und Baumgärten als Produktionsstätten, Bedeutungsträger und Kulturdenkmale thematisiert werden. Ausgangspunkt ist dabei ein ganz spezieller Obstgarten, das „Pomarium" der ehemals Fürstbischöflichen Hofburg in Brixen (Autonome Provinz Bozen/Südtirol, Italien). Dieser historische Obst- oder Baumgarten, in dem bis Mitte des 20. Jh. noch hochstämmige Obstbäume kultiviert und gepflegt wurden, wurde in den 1960er Jahren nach weitgehender Rodung in eine Obstplantage umgewandelt. Um ihn wieder als wesentlichen Bestandteil des denkmalgeschützten Hofburgensembles einer öffentlichen Nutzung zuzuführen, liegt im Ergebnis eines Entwurfswettbewerbs ein Konzept zur Neugestaltung vor. Eine internationale Fachtagung 2015 in Dresden und das aus der Tagung hervorgegangene Buch sind dem Brixener „Pomarium" gewidmet, nicht nur, um auf die Bedeutung des ehemaligen Obstgartens und seine wünschenswerte Wiederherstellung aufmerksam zu machen, sondern ihn in einen historischen und gartenbaulichen Kontext zu stellen. Die von 10 Autoren aus Italien, Deutschland, Österreich und Großbritannien verfassten Tagungsbeiträge erschienen 2018 in einem prachtvollen, reich illustrierten Werk, die in Deutsch geschriebenen Beiträge (9) mit einer italienischen, der in Italienisch verfasste Beitrag mit einer deutschen Zusammenfassung.

Der erste und umfangreichste Buchbeitrag ist der Funktion, Gestaltung und Bewirtschaftung des Brixener Obstbaumgartens in Geschichte und Gegenwart gewidmet. Die weiteren Beiträge behandeln aus unterschiedlichstem Blickwinkel Baum-, Obst- und Küchengärten aus historischer oder gartenhistorischer Sicht. Die Themen reichen von der Rolle des Obstgartens in der deutschen Gartenkunst und spätmittelalterlichem Obstanbau in NW-Italien über historische Anbaumethoden der

Obstkultur und Pomologie in der gartenbaulichen Literatur bis hin zur Bestimmung alter Apfelsorten mittels molekulargenetischer Untersuchungen, der führenden Rolle eines ehemaligen königlichen Gartens bei der Weiterentwicklung des Obstbaus in England (16.–19. Jh.) und 400 Jahre Obstkultur in einem herrschaftlichen Obstgarten in Deutschland.

Es ist den Bemühungen um die Wiederherstellung des Brixener historischen Obstgartens und der Ausrichtung einer Fachtagung mit der Absicht einer Beförderung der Umsetzung der Ideen zu dessen Neugestaltung zu verdanken, dass ein facettenreiches, in Inhalt wie Form sehr ansprechendes Werk zu Obst- und Baumgärten in Vergangenheit und Gegenwart entstand. Für alle, die sich für die Geschichte des Obstbaus, der Obst- und Baumgärten, der Entwicklung obstbaulicher Verfahren sowie die Gartenhistorie interessieren, bietet das Buch eine Fundgrube, ist ein „Muss". Es kann aber ebenso einem weiten Leserkreis empfohlen werden, der von Pomologen bis Dendrologen reicht. Alle, die sich mit Gehölzen befassen oder sich an ihnen erfreuen, werden einen Gewinn davon haben, in dem für eine solche Ausstattung preiswerten Buch zu blättern, sich in die Historie zu vertiefen, über Vergangenes zu staunen, Verlorenes zu bedauern, aber auch Anerkennung zu zollen für manche Anstrengungen zur Wiederbelebung von Traditionen.

Peter A. Schmidt, Coswig OT Sörnewitz

Wildes Obst. Seltene Arten für den Garten. Von Hans-Joachim Albrecht. BLV Buchverlag GmbH & Co. KG, München 2018. 159 Seiten, mit zahlreichen Farbtafeln und einigen Tabellen, fester Einband, 17,5 × 24,5 cm. ISBN 978-3-8354-1855-4. 30,00 €.

Vor drei Jahren habe ich die „Enzyklopädie der Wildobst- und seltenen Obstarten" von Helmut Pirc vorgestellt (s. MDDG 101/2015). Nun folgt eine Besprechung eines weiteren Titels der gegenwärtig großen Zuspruch findenden Bücher mit vergleichbarer Thematik. Wieder ist der Autor ein DDG-Mitglied (er war auch Fachreferent der DDG für Gartenbau) und ein ausgewiesener Spezialist für Wildobstgehölze. Wenn auch Hans-Joachim Albrecht national und international vor allem als Koryphäe für Sanddorn, als Vater oder „Papst" der Sanddornzüchtung (s. seinen Beitrag über Sanddorn von der Natur- zur Kulturpflanze in vorliegendem Jahrbuch), Bekanntheit erlangte und sich große Verdienste erwarb, so hat er sich ebenso mit anderen Wildobstgehölzen befasst, viele Arten in der Zuchtstation Berlin-Baumschulenweg kultiviert und mehrere wertvolle Sorten, die in den Handel gelangten, ausgelesen.

Um die Auswahl der im Buch behandelten Arten nachvollziehen zu können, muss zunächst gefragt werden, was der Autor denn unter „Wildobst" versteht. Als Wildobst fasst er alle essbaren oder zum Genuss verwertbaren Früchte von Gehölzen, die nicht zu den seit langer Zeit etablierten Obstarten (Kulturobst) wie Apfel, Birne, Kirsche, Johannisbeere usw. gehören, zusammen. Er verweist aber auf Ausführungen in einer früheren Veröffentlichung, wonach der Begriff umstritten ist, denn von den Wildobstarten wie Holunder, Sanddorn oder Apfelbeere ausgelesene Sorten sind „kein echtes Wildobst" mehr, sondern vom Menschen ausgelesene Kultursorten. Die Übergänge sind also fließend. H. Pirc legte in seinem o. g. Buch dar, dass „Wildobstarten", botanisch betrachtet, züchterisch nicht bearbeitete, durch Samen vermehrte Gehölzarten sind, deren Früchte gesammelt und vom Menschen genutzt werden. Unter den von H.-J. Albrecht behandelten Wildobstarten finden wir einerseits „Klassiker", die schon seit Jahrhunderten genutzt werden, und andererseits solche, die früher genutzt wurden, dann ein Schattendasein führten und jetzt wieder genutzt werden, also wiederentdecktes Wildobst. Aber manche Art ist erst in den letzten Jahrzehnten als Wildobst entdeckt oder bei uns eingeführt worden, darunter Arten, die eine regelrechte Karriere machten, teils auch durch die Werbung als Wunderpflanze, die gegen und für alles gut zu sein scheint, gepriesen.

In dem Buch werden Wildobstarten aus 38, alphabetisch nach den wissenschaftlichen Namen angeordneten Gattungen abgehandelt. Eine oder mehrere Arten je Gattung werden ausführlich besprochen, beginnend mit einer symbolischen Wuchsformskizze (mit Höhenangabe), dann untergliedert in die Kapitel „Über die Pflanze" (Heimat, Wuchs, Standortansprüche, Pflanze, Schädlinge und Krankheiten, Tipps), „Die Früchte" (Frucht und Ernte, Inhaltsstoffe, Verwertung), „Gute Sorten für den Garten". Zusätzlich werden weitere Arten kurz beschrieben. In kursiver Schrift werden interessante Anmerkungen eingestreut. Der Leser kann nur staunen, wieviel Arten als Wildobst nutzbar sind und vor allem, welche Vielfalt an Sorten inzwischen existiert. Nützlich sind die Tabellen am

Ende des Buches, in denen die Reife- und Erntezeiten der wichtigsten Arten aufgelistet sind.

Bei dem gegenwärtigen Angebot an Büchern zu dem Thema Wildobst könnte man versucht sein zu fragen: Noch ein Buch über Wildobst? Darauf möchte ich klar antworten: Ja, ein solches wie dieses ganz bestimmt. Das Buch bietet nicht nur einen reichen Fundus an Informationen und Ratschlägen zu den Arten und Sorten, oft auf eigenen Erfahrungen basierend, sondern weist ein Alleinstellungsmerkmal auf. Es bereitet große Freude und ist ein wahrhafter Genuss, in dem Buch zu blättern, aber nicht, weil es – wie die meisten Bücher dieser Art – reich mit Farbfotos illustriert ist, sondern mit sehr schönen, meist alten Quellen entstammenden Bildtafeln mit farbigen Illustrationen von Zweigen mit Blättern, Blüten und/oder Früchten, dazu Details der Blüten, Samen usw.

Es erscheint bei dem lobenswerten Werk fast kleinlich, auf einige Unkorrektheiten, was Literaturzitate (oft unvollständig), wissenschaftliche Benennungen oder Autoren betrifft, einzugehen, so sind z. B. bei *Actinidia deliciosa* und *A. kolomikta* nur der Klammerautor, nicht die Kombinationsautoren, angegeben (S. 14, 15), bei *Lonicera caerulea* var. *edulis* dagegen fehlt der Klammerautor, mancher Autor ist unüblich abgekürzt oder es fehlt der Punkt nach abgekürzten Autorennamen (z. B. bei Adans. S. 27, Poir. S. 31).

Das Buch kann einem breiten Leserkreis wärmstens empfohlen werden, nicht nur den an „wildem Obst“ und seltenen Wildobstarten für den Garten, den an ihrer Kultur und der Verwertung der Früchte interessierten Liebhabern, sondern allen, die sich beruflich oder in ihrer Freizeit mit Gehölzen beschäftigen und sich an ihnen erfreuen, nicht nur an den Früchten, auch an ihrer Schönheit, denn viele der Arten sind zugleich bestens als Ziergehölze für Parks und Gärten geeignet, worauf der Autor mehrfach hinweist.

Peter A. Schmidt, Coswig OT Sörnewitz

Vitalitätsbeurteilung von Bäumen. Aktueller Stand und Weiterentwicklung. Von Andreas Roloff. Haymarket Media, Braunschweig 2018. 208 Seiten, mit 190 Farbfotos, Grafiken und Tabellen, flexibler Einband, 17 × 24 cm. ISBN 978-3-87815-261-3. 44,80 €.

Die Vitalität eines Baumes zu beurteilen, ist ein anspruchsvolles Vorhaben, da sie von ganz verschiedenen Faktoren und Prozessen abhängig ist. Soll diese Beurteilung nicht auf der Basis zeit- und kostenaufwendiger wissenschaftlicher Experimente, sondern mit praktikablen und leicht erlernbaren Methoden erfolgen, liegt es nahe, Eigenschaften und Merkmale der Baumkrone heranzuziehen. Es bedarf einer ausgefeilten Methodik, um am Zustand und an der Entwicklung der Baumkronen (Kronenstruktur, Zustand der Belaubung, Kronentransparenz etc.) Wachstum bzw. Wuchspotenz und Regenerationspotenzial einzuschätzen. Daran arbeitet der Autor seit den 1980er Jahren und hat bereits mehrfach darüber publiziert. Es gab jedoch immer wieder neue Aspekte und Anforderungen, die Andreas Roloff veranlassten, die Methodik zu überarbeiten, zu aktualisieren und zu erweitern. Hatte er ursprünglich seine Methode der Vitalitätsbeurteilung für Bäume in Wirtschaftswäldern entwickelt, rückten mehr und mehr Stadt- und Straßenbäume (hier u. a. neu Beurteilung stark eingekürzter Bäume und Vertiefung zu Trockenstress) und schließlich alte bis sehr alte Bäume in den Fokus. Gerade bei Altbäumen ist zu berücksichtigen, dass es aufgrund nicht mehr als optimal eingeschätzter Vitalitätszustände zu keinen Fehlinterpretationen bezüglich der Erhaltenswürdigkeit eines Baumes kommen darf.

Mit dem vorliegenden Werk, das den Charakter eines Handbuches hat, ist es ihm hervorragend gelungen, Grundlagen und Methoden der Vitalitätsbeurteilung von Bäumen anhand von Kronenmerkmalen wissenschaftlich fundiert und anschaulich darzustellen, wobei dem Autor bewusst ist, dass für komplexe Vitalitäts-, Schadens- und Stressbeurteilungen wesentlich mehr Parameter existieren, aber hier die Praktikabilität im Vordergrund steht.

Da für die Baumbeurteilung und Baumpflege die Kenntnis baumbiologischer Grundlagen unerlässlich ist, werden diese einführend dargestellt. Die folgenden Kapitel behandeln für das Verständnis der Vitalität sowie die Zustandserfassung und Auswertung wesentliche Aspekte wie Alterungsprozess der Bäume, „Körpersprache“ von Bäumen (Baumdiagnostik) sowie Ursachen und Konsequenzen von Reiterationen. Den größten Umfang nimmt das Buchkapitel „Baumzustandserhebung, Konzepte der Vitalitätsbeurteilung, Vitalitätsstufen“ ein. Es enthält als Herzstück für den Anwender Vitalitätsschlüssel (samt Hinweisen zu ihrer Nutzung) für ausgewählte Baumarten, unter den Laubbäumen Buche (*Fagus sylvatica*), Eichen (*Quercus robur, Q. petraea*) und Linden (*Tilia cordata, T. platyphyllos*), unter den Nadelbäumen Fichten (*Picea abies, P. pungens*) und Kiefern (*Pinus sylvestris, P. nigra*). Obwohl der Autor bei diesen Arten, auch wenn einer Gattung angehörend, artspezifische Besonderheiten berücksichtigt, stellt er zumindest für Laubbäume einen allgemeinen, baumartenunabhängigen Vitalitätsschlüssel vor. Dies ist ein gewisses Wagnis, wenn man an gattungs- und artspezifische Charakteristika denkt. Auf einige Ausnahmen weist er selbst hin.

Im Ausblick geht der Autor auf offenen Fragen, das Erfordernis einer ständigen, neue Erkenntnisse berücksichtigenden Weiterentwicklung der Methodik ein, aber auch auf Konfliktpotenziale (Denkmal- und Naturschutz, Verkehrssicherungs-Rechtsprechung, Bürokratie ...) ein, bei denen in Diskussionen um einvernehmliche Lösungen gerungen werden muss und wird.

Das Buch kann allen, die sich für die Erhaltung und Pflege von Bäumen einsetzen, sei es beruflich oder in ihrer Freizeit, bestens empfohlen werden. Es wendet sich nicht nur an Baumpfleger, -kontrolleure oder -sachverständige, sondern ebenso an Forstwirtschaft und Gartenbau, an Landschaftsgestaltung und Naturschutz, an Wissenschaftler und Praktiker, an Baumfreunde und -liebhaber, damit also auch an Dendrologen aller Art und Ausrichtung.

Peter A. Schmidt, Coswig OT Sörnewitz

Jahrbuch der Baumpflege 2018. Von Dirk Dujesiefken (Hrsg.). Haymarket Media, Braunschweig 2018. 352 Seiten, über 170 Farbfotos, Grafiken und Tabellen, flexibler Einband, 17 × 24 cm. ISBN 978-3-87815-257-6. 41,80 €.

Die seit über 20 Jahren jährlich stattfindenden Deutschen Baumpflegetage in Augsburg entwickelten sich zu einem unverzichtbaren, inzwischen schon als traditionell zu bezeichnenden Forum für die Vermittlung aktuellen Fachwissens und für den Erfahrungsaustausch von Wissenschaftlern, Sachverständigen und Praktikern zum breit gefächerten Thema Baumpflege. Es ist außerordentlich zu begrüßen, dass nicht nur die Teilnehmer der Tagungen davon profitieren, denn die Veröffentlichung der Vorträge und wissenschaftlicher Kurzberichte in einem „Jahrbuch der Baumpflege" trägt wesentlich dazu bei, dass das aktuelle Fachwissen, die neuen Erkenntnisse und Erfahrungen einem weiten Kreis von Interessenten zugänglich werden. Dabei weisen Tagung und das anlässlich der Tagung erscheinende Jahrbuch jeweils Themenschwerpunkte auf. Im Jahrbuch der Baumpflege 2018, der 22. Ausgabe des Jahrbuches, sind die Themenschwerpunkte Naturschutz und Baumpflege (z. B. naturnahes Stadtgrün, Höhlenbäume, Wert von Stadtbäumen bezüglich Biodiversität), Baumkontrolle, Baumkrankheiten (z. B. Totäste in Bäumen, nach Baumarten differenzierte Baumkontrolle, Allergie und Rolle der Baumpollen, 1000-jährige Baumarten) sowie Baumkontrolle und Baummanagement (z. B. Haftung für sturmbedingte Schäden durch Bäume, Eschentriebsterben, Biber in historischen Parkanlagen, Bienen und Bäume). Nicht minder breit ist das Spektrum an Themen bei den Kurzberichten, so von statischen Zugversuchen über Schadinsekten bis zur Bedeutung genetischer Erkenntnisse und Methoden für Grünflächenmanagement oder die Art- und Herkunftsbestimmung von Bäumen. Die wissenschaftlichen, rechtlichen und praktischen Themen von hoher Aktualität werden nicht nur fachlich kompetent behandelt, sondern auch gut verständlich dargestellt.

Das Jahrbuch ist anschaulich mit Farbfotos, Grafiken und Tabellen illustriert. Die Wiedergabe der Farbbilder ist nicht immer optimal. Aus formaler Sicht sei ein Hinweis zur Schreibweise deutscher Pflanzennamen erlaubt. Dafür gibt es zwar keine Regeln, aber es ist schon empfehlenswert, bei zusammengesetzten Artnamen den Artbeinamen vom Gattungsnamen durch Bindestrich abzusetzen, so ist eine Küsten-**Tanne** im Gegensatz zu einer Hemlock**tanne** (*Tsuga*) eine Tanne (*Abies*-Art) oder eine Vogel-**Kirsche** ist wirklich eine Kirsche (*Prunus*-Art), während die Kornel**kirsche** zur Gattung *Cornus* gehört. Wenn man dem nicht folgen möchte, dann sollte die Redaktion aber auf einheitliche Schreibweise achten. Die Schreibweise im Jahrbuch ist jedoch nicht nur von Beitrag zu Beitrag verschieden, sondern man findet selbst in einem Beitrag oder sogar in einer Tabelle (S. 46) beide Schreibweisen für Arten einer Gattung nebeneinander, so Sa**l-W**eide neben Silbe**rw**eide, Gra**ue**rle und Schwar**z-E**rle oder Silbe**r-A**horn und Fäche**r-A**horn, aber Ber**ga**horn und Fel**da**horn.

In den Jahrbüchern der Baumpflege sind neben den Fachbeiträgen auch zweckdienliche Verzeichnisse enthalten, so Adressen von Verbänden, Forschungs- und Lehreinrichtungen sowie ein Adressverzeichnis Baumpflege (Firmen, Sachverständige etc.). Das Jahrbuch 2018 weist noch eine Besonderheit auf, ein Gesamtregister aller Bände (1997–2018) mit Autoren- und Stichwortverzeichnis.

Dass die Jahrbücher der Baumpflege für Dendrologen und für DDG-Mitglieder, unter denen nicht nur viele Teilnehmer, sondern auch Mitwirkende bei den Baumpflegetagen sind, außerordentlich bedeutsam und einer Anschaffung wert sind, braucht wohl kaum besonders betont zu werden. Der vorliegende Band 2018 kann allerdings besonders empfohlen werden, denn durch sein Gesamtregister für die bisher erschienenen 22 Jahrbücher stellt er ein Nachschlagewerk dar. Wer alle Jahrbücher besitzt, hat quasi ein Handbuch der Baumpflege zur Hand, da über die Stichwörter die Themen erschlossen werden können.

Wenn man dieses Nachschlagewerk auch zukünftig aktuell halten will, dann kann man sich schon den nächsten Band vormerken, denn der Verlag macht bereits auf das Jahrbuch der Baumpflege 2019 (23. Ausgabe) aufmerksam, das zu den Augsburger Baumpflegetagen 2019 erscheint (ab 07.05.2019 im Haymarket Shop oder im Buchhandel erhältlich; ISBN 978-3-87815-263-7).

Peter A. Schmidt, Coswig OT Sörnewitz

Aus den Publikationen dendrologischer Schwestervereinigungen

Die DDG steht im Schriftenaustausch mit anderen dendrologischen Gesellschaften. Deren Jahrbücher werden in der Bibliothek der DDG in Göttingen (Bereichsbibliothek Forstwissenschaften und Waldökologie der Universitätsbibliothek) aufbewahrt und können dort eingesehen und von Mitgliedern auch ausgeliehen werden. Nähere Informationen hierzu finden sich auf der Internetseite der DDG. Die Inhalte der rezenten Jahrbücher dieser dendrologischen Gesellschaften werden kurz vorgestellt. Dabei sollen im Wechsel jeweils die Publikationen ausgewählter Vereinigungen vorgestellt werden, in diesem Jahr die der polnischen, schwedischen und dänischen dendrologischen Gesellschaften.

Polskie Towarzystwo Dendrologiczne (Polnische Dendrologische Gesellschaft)

Seit 1926 erscheinen die Jahrbücher *Rocznik Polskiego Towarzystwa Dendrologicznego* (p-ISSN2080-4164) der polnischen dendrologischen Gesellschaft (PTD), die heute etwa 430 Mitglieder zählt. Die Beiträge erscheinen in polnischer Sprache mit englischer Zusammenfassung oder auf Englisch.

Rocznik Polskiego Towarzystwa Dendrologicznego LXV (2017), 108 Seiten.
Das Jahrbuch 55 (2017) der Polnischen Dendrologischen Gesellschaft enthält sieben größere Beiträge, von denen allein vier unter Mitwirkung des Schriftführers Jakub Dolatowski entstanden sind. So wird von einem Autorenteam um Jerzy Zieliński die Frage erörtert, ob die Frucht des Seidelbastes *Daphne* eine Beere oder eine Steinfrucht ist. Sie weisen nach, dass bei *Daphne* entgegen der Lehrmeinung eine Beere vorliegt.

Einer Darstellung über die Pflanzenbestände der überaus reichen dendrologischen Sammlung des Staatsinstitutes für ländliche Hauswirtschaft in Pożóg, Sadłowice und Włostowice in den 1930er Jahren (Teil III – Laubgehölze) folgt eine Abhandlung über die Holzmustersammlung des ukrainischen Botanikers Yevstakhiy Voloshak (1835–1918) in Lviv (Löw). Die 2800 Proben umfassende Sammlung repräsentiert etwa 600 Gehölzarten, die in dem Beitrag sämtlich aufgelistet werden. Eine Biographie des dänischstämmigen Historikers Otton Hedemanns (1887–1937) würdigt vor allem dessen Erforschung der polnischen Waldgeschichte. Die Geschichte der 1892 gegründeten Baumschule Brunicki in Podhorce bei Stryja ist Gegenstand eines Beitrages, der mit einer Skizze und Auflistung der noch existierenden Gehölze des Parks der Baumschule in Podhorze endet. In dem Park stehen außergewöhnlich große Exemplare heimischer Gehölze wie auch alter Sippen, darunter eine *Thuja occidentalis* 'Douglasii Pyramidalis' mit 160 cm StU. Im anschließenden Beitrag stellt Jerzy Zieliński in Text und Bild die in Kornik kultivierte neue Rosensorte 'Monty Python' vor, eine rosa gefüllt blühende Sorte mit kurzen Wurzelausläufern, die möglicherweise von *Rosa virginiana* und unbekanntem Elter abstammt. Gefunden hat sie der Autor an einem Straßenrand in Südwest-Polen. Der Schriftleiter des Jahrbuches, Jakub Dolatowski, schließt mit einem Beitrag über irreführende Orts- und Regionsbezeichnungen in der botanischen Nomenklatur ab.

Rocznik Polskiego Towarzystwa Dendrologicznego LXVI (2018), 152 Seiten.
Mehrere Beiträge des Bandes 66 (2018) beschäftigen sich mit der Rosenkultur. Der Beitrag von Dovilė Rylienė vom Botanischen Garten Kaunas gibt einen Überblick über die Rosenkultur des 18. und 19. Jh. in Litauen sowie über noch vorhandene historische Rosensorten dieser Periode. Die Recherche zu dem Thema bereitete Schwierigkeiten, da in der Zeit von 1864 bis 1904 ein Druckverbot für in lateinischem Alphabet geschriebene Texte von Seiten der russischen Behörden bestand; zuvor schon wurde 1832 die Universität Vilnius samt Botanischen Garten geschlossen, da sich die akademische Welt am Novemberaufstand 1831 gegen die zaristische Besatzung beteiligte. Wissenschaftliche botanische Publikationen kamen zum Erliegen. Die erste Erwähnung einer Kultur-Rose in Litauen erfolgte 1795; der Höhepunkt der Einfuhr von Rosen aus allen bedeutenden Rosenzentren Euro-

pas lag am Ende des 19. Jh. Bei der 2005–2017 erfolgten Inventur der historischen Rosensorten zeigte sich, dass die vor 1860 eingeführten Rosen in der Regel sehr hart und widerstandsfähig waren und noch heute zu finden sind, während die später eingeführten häufig die strengen Ausnahmewinter nicht überlebt haben. Die historischen Sorten gibt es noch, aber sie werden selten; Anstrengungen sollen unternommen werden, diese Rosen, die sich seit Jahrzehnten in Litauen bewährt haben, zu bewahren. Detailliert werden die aufgefundenen Rosen gelistet. Eine der häufigsten ist *Rosa rugosa* 'Tsaritsa Severa' ('Kaiserin des Nordens'), 1876 in der Baumschule Regel und Kesselring in Sankt Petersburg entstanden.

Jakub Dolatowski, Redakteur des Jahrbuches, und Marlis Buchholz von der Gedenkstätte Ahlem bei Hannover beschäftigen sich in ihrem Artikel mit der Rosenbaumschule von Katriel und Aron Eizyk. Die Brüder Eizyk gründeten 1912 eine Rosenbaumschule, die im Polen der Zwischenkriegszeit die bedeutendste ihrer Art war. Ende der 1930er Jahre wurden jährlich 300 000 Rosen in 1 100 Sorten verkauft. Die Baumschule war berühmt für Rosenneuheiten, und die über 100 Mitarbeiter wendeten modernste Anzuchttechniken an. Katriel wurde zuvor in der jüdischen Gartenbauschule in Ahlem, der „Israelitischen Erziehungs-Anstalt", ausgebildet. Später gaben die Brüder dort regelmäßig gärtnerischen Unterricht für Juden, die nach Palästina auswandern wollten. Im Zweiten Weltkrieg wurde die Baumschule völlig zerstört; Katriel überlebte in der Sowjetunion und wanderte nach Israel aus, Aron schaffte es, in Polen zu bleiben. Dort führte er nach dem Kriege bis zu seinem Tod 1979 die Rosenschule weiter.

Jerzy Zieliński und Kinga Nowak-Dyjeta vom Arboretum Kornik stellen die neue Rosensorte 'Gelsomina' vor, eine bis 1,7 m hoch werdende, kurze Ausläufer bildende, gefüllt rosafarbene Rose unbekannter Abstammung, die als Zufallssämling im Arboretum Kornik entstand.

Maja Graniszewska beschreibt in ihrem Beitrag die Gehölze aus dem Herbarium von Matthias Ernest Boretius (1694–1738), einem Königsberger Arzt. In diesem wahrscheinlich in Zusammenarbeit mit Georg Andreas Helwig (1666–1748) entstandenen Herbarium sind 86 Gehölze zu finden, die im heutigem Nordost-Polen (damals Preußen) gesammelt wurden, darunter z. B. *Philadelphus coronarius* und *Syringa vulgaris*, womit die Kultur dieser Pflanzen in der Region zum Ende des 17. Jh. nachgewiesen werden konnte. Wertvoll sind zudem die polnischen und regionalen Vernakularnamen der Pflanzen.

Über die Gurken-Magnolie (*Magnolia acuminata*) in Polen berichtet ein Autorenteam. Insgesamt wurden 81 Standorte bemerkenswerter Exemplare ausfindig gemacht, die Mehrzahl davon befindet sich in West- und Südwestpolen, aber auch im Norden; seltener ist sie im Osten anzutreffen. Die drei bemerkenswertesten Exemplare haben Stammumfänge von 385 cm (bei Krakau; Höhe des Baums 29 m), 355 cm (in der Nähe von Breslau) und 323 cm (in Danzig-Oliva, der früheren Wirkungsstätte von Erich Wocke). Mehrere Bäume produzieren keimfähiges Saatgut.

Piotr Daszkiewicz und Tomasz Samolijk gehen der Frage nach, wie die Diskussion über bestimmte ursprüngliche Waldtypen (Primärwald, Urwald, Naturwald) im Frankreich des späten 18. Jh. die heutige Klassifizierung und die Wahrnehmung des Bialowieza-Waldes mit geprägt hat. Der Beitrag von Johanna Dudek-Klimiuk behandelt die Schulgärten eines Warschauer Bezirks. Elżbieta Żygala schreibt über das Apfelsortiment von Baron Julian Brunicki, der in seiner Baumschule in Podhorce 130 Sorten kultivierte. Der Betrieb war die einzige Obstbaumschule im Österreichisch-Ungarischen Galizien in der heutigen Ukraine. Jerzy Wojtatowicz und Karolina Pietrzykowska listen in ihrem Beitrag 150 Gehölzsippen auf, die nachweislich als Futterpflanze für Drosseln dienen.

Raisa Aŭčynnìkava aus Weißrussland und Jakub Dolatowski informieren über die kaum bekannte Baumschule der dänischstämmigen Magnus und Jadwiga Hedemann im heutigen Weißrussland, die ab 1896 u. a. die berühmte Podzamzce Baumschule von Feliks Rożiński vor allem mit Obstbäumen belieferte. Schon im Jahrbuch 2017 beschrieb Dolatowski das Wirken des Sohnes Otton Hedemann.

Im letzten Beitrag berichtet Jakub Dolatowski vom dreisprachigen Wörterbuch der Pflanzennamen des Biologielehrers Lejb Pawe, der an einer Hebräisch-Schule in Ostpolen unterrichtete. Das Wörterbuch enthält neben lateinischen und hebräischen Namen auch zahlreiche umgangssprachliche polnische Pflanzennamen, die eine Fundgrube für Sprachforscher darstellen. Das Buch war bei Lehrern und Studenten gleichermaßen beliebt und eine wichtige Vorbereitung für die Auswanderwilligen nach Palästina. Nur wenige Exemplare des

Wörterbuchs sind erhalten geblieben. Lejb Pawe wurde zusammen mit seiner Familie 1942 von den Nazis ermordet.

Föreningen för Dendrologi och Parkvärd (Schwedische Vereinigung für Dendrologie und Parks)

Die Schwedische Gesellschaft für Dendrologie und Parks (FDP) wurde 1920 gegründet. Die Gründung wurde inspiriert durch die DDG, zu der gute Kontakte bestanden. Schirmherr war der schwedische König, und erster Präsident wurde Carl Swartz, der zeitweise sogar schwedischer Ministerpräsident war. Die Gesellschaft zählt momentan etwa 425 Mitglieder und gibt die Jahresschrift *Lustgården* (ISSN 0349-0033) heraus. Die Beiträge erscheinen in schwedischer Sprache, meist mit englischer Zusammenfassung. Alle Jahrgänge sind unter www.dendrologerna.se/lustgarden einsehbar.

Lustgården 96 (2016), 98 Seiten.
Zwei Beiträge von Tomas Lagerström befassen sich mit dem schwedischen Saatgutherkunftsprojekt E-planta (www.eplanta.se). Im ersten Beitrag stellt er die Frage, ob das schwedische Projekt der Saatgutherkünfte protektionistisch sei – dabei hat sich herausgestellt, dass schwedische Herkünfte eine deutlich verbesserte Winterhärte aufweisen. Saatgutplantagen wurden eingerichtet, zunächst von heimischen Gehölzen wie *Carpinus betulus, Acer platanoides, Prunus avium, Betula pendula* usw., später wurden von den winterhärtesten Selektionen des Spitz-Ahorns Klone vermehrt, die als Sorten herausgegeben werden, so die schmal säulenförmige *Acer platanoides* 'Ep Acera' (RAKET E). Der im Süden Schwedens beliebte Bodendecker *Hedera helix*, zumeist aus niederländischen Baumschulen bezogen, erfriert regelmäßig in harten Wintern. Einzig selektierte schwedische Efeu-Herkünfte werden nun in den Baumschulen vermehrt. Die heimische *Tilia cordata* wächst nur in Südschweden zufriedenstellend. Zwei Selektionen, *Tilia cordata* 'Elin' (LINN E) und SEANS E werden nun in Luleå in Nordschweden einer Eignungsprüfung unterzogen. Der zweite Beitrag handelt von aus dem Projekt hervorgegangenen Selektionen (so kommen mittlerweile alle schwedischen *Malus toringo* var. *sargentii* aus schwedischen Beständen). Vorgestellt werden u. a. die säulenförmige *Populus* ×*wettsteinii* PIRUETTE E, die aufrecht wachsende *Prunus padus* 'Ep Prupo' (POESI E) oder *Sorbus latifolia* 'Ep Sorpo' (POMPA E).

Pia Barklund und Åke Lindelöw berichten von einer steigenden Zahl von Krankheiten und Schädlingen an Lärchen (*Larix* spp.) in Schweden und führen dies auf die Ausweitung der Lärchenanpflanzungen (u. a. *Larix* ×*eurolepis* in Südschweden) zurück. Im Beitrag von Allan Gunnarson, Kenneth Lorentzon und Cecilia Öxell werden die Renovierungsarbeiten im Arboretum Valls Hage beschrieben. Das 170 km nördlich von Stockholm liegende 10 ha große Arboretum wurde in den 1950er Jahren angelegt und beherbergt eine Sammlung von ca. 250 Formen heimischer Gehölze. Ab ca. 1995 wurde das Arboretum vernachlässigt und kaum noch gepflegt. Erst 2014 wurde im Rahmen eines Projektes der Universität SLU Alnarp eine Inventur des Bestandes und eine Renovierung der Sammlung begonnen. Neben vielen interessanten Formen wird u. a. *Betula pendula* f. *gigas* beschrieben, die schnellwüchsig ist und als Straßenbaum empfohlen wird, da sie nicht nur eine attraktive weiße Borke aufweist, sondern auch kaum Blüten bildet, somit wenig Birkenpollen freisetzt und damit für Allergiker erträglicher zu sein scheint.

Anna Andréasson berichtet über gartenarchäologische Projekte in den nordischen Ländern. Untersuchungen haben ergeben, dass anders als angenommen Klostergärten nicht erst im Mittelalter aus dem Süden übernommen wurden, sondern es bereits früher eine Gartenkultur gab. Zudem wurde der Frage nachgegangen, ob die Gartenarchäologie der Einführungsgeschichte von Pflanzen neue Aspekte hinzufügen können – so wurde Hopfen (*Humulus lupulus*) gefunden, der im mittelalterlichen Schweden ausreifen konnte; heutige aus Deutschland eingeführte Sorten reifen nicht früh genug aus. Kleinere Beiträge handeln von einer über 1 km langen Lärchenallee im Södermanland oder beschreiben die Reisen der Schwedischen Dendrologischen Vereinigung, z. B. nach Berlin und in den Osten Deutschlands im September 2016.

Lustgården 97 (2017), 106 Seiten.
Zwei Beiträge behandeln das Thema Alleen: Chantal Pradines aus Paris gibt einen historischen Überblick über die Geschichte der Alleen Europas, die ab dem 15. Jh. in Italien und kurz darauf in Frankreich auftraten. Alleen bilden nicht nur ein architektonisches Element in der Landschaft,

sondern übernehmen vielfältige Funktionen ökologischer und kulturhistorischer Natur. Alleen sind aber in Europa vielfältig bedroht, viele sind bereits verschwunden, entweder wegen des Ausbaus von Straßen oder aus sicherheitstechnischen Überlegungen. Die Autorin setzt sich für eine europäische Initiative zum Schutz und Erhalt von Alleen ein.

Patrick Olsson geht auf die Geschichte der Alleen in Schweden ein, die dort ab dem 17. Jh. im Zuge der Landreform zur Grenzmarkierung gepflanzt wurden. Später kennzeichneten Alleen die Verbindung zwischen Dörfern und dienten in den schneereichen Gegenden als Wegmarkierung. Diese Alleen bestanden zum Teil aus Kopfweiden, die genutzt werden konnten. Erst danach wurden Alleen auch auf Einfahrten zu Gehöften und Herrenhäusern gepflanzt – wozu in Schweden häufig Linden verwendet wurden.

Von den *Sorbus*-Arten Schwedens handelt der Beitrag von Jonatan Leo, der vor allem auf *Sorbus intermedia, S. meinichii, S. hybrida* und *S. aucuparia* eingeht und deren mögliche Abstammung diskutiert, und zwar auf der Basis der Ergebnisse einer molekularen Studie der Universität Lund. So wurde bei schwedischen Populationen von *S. meinichii* festgestellt, dass sie entweder sterile Primärhybriden oder apomiktische Linien darstellen, deren Publikation als Kleinarten in Kürze erfolgen soll.

Die Kulturlandschaft Askhult wird von einem Autorenteam beschrieben. Das 1997 zum Naturschutzgebiet erhobene Gebiet wurde 2004 in ein Kulturreservat umgewandelt. Es sollen unterschiedliche Formen der Landnutzung des frühen 19. Jh. geschaffen oder erhalten werden.

Pia Berklund beschreibt zwei für Schweden neue Schaderreger an *Pinus sylvestris*: die Pilze *Diplodia pinea* und *Dothistroma septosporum*. Die in Süd- und Mitteleuropa bekannten Krankheitserreger treten erst seit den 1990er Jahren in Schweden auf, wo sie teilweise schwere Schädigungen hervorrufen. Mittlerweile wurden die Schaderreger in ganz Schweden nachgewiesen.

Lars E. Kers berichtet in seinem Artikel über Stockausschläge eines mehrhundertjährigen Eichenstubbens in der Nähe von Stockholm.

Vom Treffen der International Magnolia Society in Schweden im Mai 2017 handelt der Beitrag von Lennarth Jonsson und Sten Ridderlöf. Bedeutende Magnoliensammlungen in Schweden kultivieren eine große Anzahl interessanter winterharter Magnolien. Reiseberichte der Gesellschaft nach Teneriffa, Paris, Schottland, Ost-Gotland und Alnarp runden den Band ab.

Dansk Dendrologisk Forening (Dänische Dendrologische Vereinigung)

In der 1949 gegründeten Dänischen Dendrologischen Vereinigung (DDF) sind etwa 280 Mitglieder organisiert. Einmal jährlich erscheint das Jahrbuch der Gesellschaft, *Dansk Dendrologisk Årsskrift* (ISSN 0416-69069); eingebunden ist das Jahrbuch der Stiftung für Bäume und Umwelt (Fonden for Træer og Miljø). Diese Stiftung wurde 1974 von der DDF gegründet. Die Beiträge im Jahrbuch der DDF erscheinen nur auf Dänisch, ohne englische Zusammenfassungen.

Dansk Dendrologisk Årsskrift XXXIII (2016), 87 Seiten.

Einen ausführlichen Beitrag (56 Seiten) widmet Peter Friis Møller den heimischen Ahorn-Arten (*Acer campestre, A. platanoides* und *A. pseudoplatanus*) in Dänemark. Dabei werden neben taxonomischen Aspekten vor allem kulturhistorische und etymologische Erkenntnisse beschrieben. Es folgen zwei Exkursionsberichte: Im Juni 2016 wurde an einem verlängertem Wochenende Hamburg besucht, im August 2016 die Provinz Skåne in Südschweden.

Dansk Dendrologisk Årsskrift XXXIV (2017), 61 Seiten.

Über die Gattung *Sarcoccca* (Schleimbeere) schreibt Ove Lustü. Die in Dänemark kultivierten Taxa werden beschrieben, ein Bestimmungsschlüssel der Arten lässt ein vertiefendes Studium zu. Die mit 10 Taxa reichhaltigste Sammlung in Dänemark kultiviert der Botanische Garten Kopenhagen.

Ole K. Hansen stellt in seinem Beitrag *Abies*-Arten vor, die in Dänemark kultiviert werden (40 Taxa allein im Arboretum Horsholt), und berichtet von den Bestrebungen, alte *Abies*-Bestände zu rejuvenilisieren. Das Jahrbuch schließt mit Reiseberichten zur Studienreise nach Südengland im Mai sowie nach Birkholm und Herlev im Juni 2017.

Eike J. Jablonski, Kruchten

Register der botanischen Pflanzennamen

Synonyme sind durch eckige Klammern gekennzeichnet.

Hinweise für Autoren

Die „Mitteilungen der Deutschen Dendrologischen Gesellschaft" (interne Abkürzung MDDG, für das Zitieren nach internationalen Empfehlungen für bibliografische Abkürzungen von Zeitschriften: **Mitt. Deutsch. Dendrol. Ges.**) erscheinen in der Regel jährlich in einem Band (Jahrbuch). Es werden Beiträge aus dem Gesamtgebiet der wissenschaftlichen und angewandten Dendrologie in deutscher Sprache aufgenommen. Über die Annahme der Artikel entscheidet die Redaktion nach **Begutachtung der Manuskripte** durch Mitglieder des Redaktionsbeirates und weitere Experten/Expertinnen sowie unter Berücksichtigung der Gutachterhinweise, die den Autoren/Autorinnen für eine gegebenenfalls als erforderlich angesehene Überarbeitung übergeben werden.

Für den Inhalt der Beiträge sind die Autoren/Autorinnen verantwortlich. Ferner erklären sie, dass die Verwendung der darin enthaltenen Elemente (Fotos, Grafiken, Tabellen) nicht gegen die Rechte Dritter oder gegen gesetzliche Bestimmungen verstößt. Mit der Einreichung des Manuskripts erklären sie ferner, dass sie im Besitz aller diesbezüglichen Nutzungsrechte, insbesondere der Vervielfältigungs- und Verbreitungsrechte sind. Die Autoren/Autorinnen befreien den Herausgeber von jeglicher Verantwortung für Forderungen Dritter, die im Zuge des Inkrafttretens solcher Rechte entstehen, und erstatten dem Herausgeber alle daraus entstehenden Schäden und Kosten.

Die Artikel sollen einen **Umfang von 20 Druckseiten** nicht überschreiten (entspricht etwa 30 Manuskriptseiten, ohne Abbildungen). Über die Aufnahme größerer Beiträge entscheidet die Redaktion. Die Artikel können Tabellen, schwarzweiße und farbige Abbildungen enthalten. Längeren Artikeln sind eine Gliederung und eine kurze Zusammenfassung voranzustellen. Um wissenschaftliche Abhandlungen und dendrologische Fachbeiträge über den deutschen Sprachraum hinaus Interessenten zu erschließen, ist diesen Manuskripten eine **Zusammenfassung** (Summary bzw. Abstract) **in englischer Sprache** beizufügen. Für „Dendrologische Kurzbeiträge" bleibt es den Autoren überlassen, sich dem anzuschließen.

Zitierte Literatur, im laufenden Text nur mit Autor und Jahreszahl erscheinend, ist am Schluss des Beitrages in alphabetischer Folge aufzulisten, mit vollständigem Titel der Publikation, bei Büchern mit Angabe von Verlag und Erscheinungsort, bei Zeitschriften mit Jahrgang, ggf. Heftnummer und Seitenzahlen, bei Internetzugriffen mit Internetadresse und Zugriffsdatum. Bei Titeln mit ungeläufigen Sprachen sollte möglichst eine deutsche Übersetzung hinzugefügt werden. Titel kyrillisch geschriebener Publikationen sind transliteriert wiederzugeben.

Bitte richten Sie sich bei den bibliographischen Angaben im Literaturverzeichnis nach folgenden Beispielen:

Bei Büchern:
Roloff, A; Bärtels, A (2018): Flora der Gehölze. 5. Aufl. Ulmer, Stuttgart.

Bei Aufsätzen aus Zeitschriften (Periodika):
Liepe, K; Liesebach, M (2017): Einfluss der Genetik auf das Wachstum genauer bestimmen. AFZ-DerWald 72 (10): 25–27.

Bei Titeln aus Sammelwerken:
Schmidt, PA (2019): Familie Pinaceae, Kieferngewächse. In: Parolly, G; Rohwer, JG (Hrsg.): Schmeil-Fitschen – Die Flora Deutschlands und angrenzender Länder. 97. Aufl. Quelle & Meyer, Wiebelsheim. S. 166–170.

Bei Internetquellen:
Deutsche Dendrologische Gesellschaft, 2018: Rekordbaum-/Champion Tree-Kür. www.ddg-web.de/index.php/championtrees-info.html, Zugriff 01.02.2019

Da die MDDG alljährlich spätestens im Juli vor der Jahrestagung der DDG erscheinen sollen, sind für das jeweils nächste Jahrbuch vorgesehene Arbeiten **bis zum 30. September des Vorjahres** bei der Redaktion einzureichen:

Prof. Dr. Peter A. Schmidt
OT Sörnewitz
Am Wasserwerk 24
01640 Coswig
Tel. 03523-73183
E-Mail: peteraschmidt@yahoo.de

Die Beachtung der folgenden Hinweise erleichtert der Redaktion die Arbeit:

Die **Manuskripte** legen Sie bitte in elektronischer Form auf **CD, DVD oder USB-Stick** vor, möglichst im Word-Format (doc., docx oder rtf), und fügen einen verbindlichen **Ausdruck** (DIN A4, Schriftgröße 12 pt) bei. **Wissenschaftliche Gattungs- und Artnamen** sind *kursiv,* **Autorennamen in** Kapitälchen zu schreiben. Bitte geben Sie bei der ersten Nennung eines Pflanzennamens sowohl den wissenschaftlichen als auch den Trivialnamen an. Wichtige Begriffe können im Text **fett** hervorgehoben werden. Verwenden Sie als Auszeichnung **weder Unterstreichungen noch Sperrungen**. Statt Fußnoten setzen Sie bitte **Endnoten** ein.

Autorenadresse(n), Tabellen und Abbildungs-Unterschriften bitte am Ende des Textes (nach dem Literaturverzeichnis) zusammenstellen.

Bitte benutzen Sie bei **Tabellen** die Tabellenfunktion Ihres Textverarbeitungsprogramms oder trennen Sie die Spalten durch Tabstopps. Excel-Tabellen sind ebenfalls möglich.

Bilddateien liefern Sie bitte im TIF-, PNG- oder JPG-Format (möglichst gering komprimiert) mit einer Auflösung von mindestens 300 dpi als **separate Dateien** und legen Sie einen **farbigen Ausdruck** bei, den Sie mit der Bildnummer und evtl. der Legende beschriften. Bitte vermerken Sie im Text, wo die Abbildungen stehen sollen, und geben Sie entsprechende Hinweise, wenn Abbildungen kombiniert und z. B. als Tafel zusammengestellt werden sollen.

Grafiken schicken Sie uns bitte als Excel-Grafiken (xls, xlsx) oder Vektordaten (Dateiformate eps, ai) und separat die zugehörigen Dateien als Excel-Tabellen.

Der Autor/die Autorin erhält eine PDF-Datei mit seinem/ihrem Artikel.

Mit der Veröffentlichung in den Mitt. Deutsch. Dendrol. Ges. erklären sich die Autoren/Autorinnen damit einverstanden, dass der Beitrag zu einem späteren Zeitpunkt auch in digitalisierter Form online verfügbar wird.

Bäume brauchen eine Lobby

Deutsche
Dendrologische
Gesellschaft e.V.
gegründet 1892

Die Deutsche Dendrologische Gesellschaft (Vereinigung für Baumkunde) wurde 1892 gegründet. Ihre Mitglieder engagieren sich für Bäume, deshalb möchte die Gesellschaft gehölzkundliche Themen vermitteln, Interesse für Bäume und Sträucher wecken und Kenntnisse über Gehölze erweitern, auf wertvolle Gehölzbestände aufmerksam machen und dazu beizutragen, diese zu erhalten.

Sie möchten Mitglied in der Deutschen Dendrologischen Gesellschaft e.V. (DDG) werden, um über alle Aktivitäten informiert zu sein und sich aktiv für Bäume zu engagieren? Eine hervorragende Idee und eine, die Sie kaum bereuen dürften.

Bitte wenden Sie ich an unsere Geschäftsstelle – mit dem unten stehenden Formular, gerne auch per E-Mail an ddg-web@web.de – oder informieren Sie sich auf unserer Homepage www.ddg-web.de.

Eike Jablonski
Präsident der DDG

An die
Deutsche Dendrologische Gesellschaft e. V.
z. Hd. Herrn Dr. Mirko Liesebach
Hugo-Schilling-Weg 5
22926 Ahrensburg

Sehr geehrter Herr Dr. Liesebach,
ich habe Interesse an einer Mitgliedschaft in der Deutschen Dendrologischen Gesellschaft e.V. Bitte senden Sie mir einen Beitrittsantrag, die Satzung und ggf. weitere Informationen zu. Nachfolgend finden Sie meine Kontaktdaten:

Name: .... Vorname: ....

Anschrift: ....

....

Tel.: ....

E-Mail: ....